MÉMOIRES

TOUCHANT

LA VIE ET LES ÉCRITS

DE MARIE DE RABUTIN-CHANTAL

DAME DE BOURBILLY

MARQUISE DE SÉVIGNÉ

DURANT LE MINISTÈRE DU CARDINAL MAZARIN
ET LA JEUNESSE DE LOUIS XIV

SUIVIS

De Notes et d'Éclaircissements

PAR

M. LE BARON WALCKENAER

QUATRIÈME ÉDITION

REVUE ET CORRIGÉE

PARIS

LIBRAIRIE DE FIRMIN-DIDOT ET Cie

IMPRIMEURS DE L'INSTITUT DE FRANCE

RUE JACOB, 56

MÉMOIRES

SUR MADAME

DE SÉVIGNÉ

TROISIÈME PARTIE

TYPOGRAPHIE FIRMIN-DIDOT. — MESNIL (EURE).

MÉMOIRES

TOUCHANT

LA VIE ET LES ÉCRITS

DE MARIE DE RABUTIN-CHANTAL

DAME DE BOURBILLY

MARQUISE DE SÉVIGNÉ

DURANT LE MINISTÈRE DU CARDINAL MAZARIN
ET LA JEUNESSE DE LOUIS XIV

SUIVIS

De Notes et d'Éclaircissements

PAR

M. LE BARON WALCKENAER

QUATRIÈME ÉDITION

REVUE ET CORRIGÉE

PARIS

LIBRAIRIE DE FIRMIN-DIDOT ET CIE

IMPRIMEURS DE L'INSTITUT, RUE JACOB, 56

1880

MÉMOIRES

TOUCHANT LA VIE ET LES ÉCRITS

DE

MARIE DE RABUTIN-CHANTAL,

DAME DE BOURBILLY,

MARQUISE DE SÉVIGNÉ.

CHAPITRE PREMIER.

1664 — 1666.

Occupation de Bussy dans son exil. — Inconvénients qu'eurent pour lui les diverses éditions de l'*Histoire amoureuse des Gaules* et du cantique obscène et supposé qu'on y intercala. — Jouissances maternelles de madame de Sévigné. — Louis XIV; sa cour. — Ses maximes de gouvernement. — Boileau, Racine, la Rochefoucauld font paraître leurs premiers ouvrages. — Tous ces écrivains sont les censeurs de leur époque. — La satire est personnelle. — Répulsion que madame de Sévigné devait éprouver pour le caractère des nouveaux littérateurs. — Si elle goûtait peu leur personne, il n'en était pas de même de leurs écrits. — Elle assiste chez madame de Guénégaud à une lecture faite par Racine et par Boileau. — Pomponne, revenu de son exil, assiste aussi à cette lecture. — Détails sur les personnages qui s'y trouvaient, sur madame de Feuquières, madame de la Fayette, la Rochefoucauld, Gondrin, Louis de Bassompierre, l'abbé de Montigny, d'Avaux, Châtillon, Barillon, Caumartin. — Détails sur madame de Guénégaud. — Portrait de cette dame par Arnauld d'Andilly. — Ses liaisons avec d'Andilly et avec son fils de Pomponne. — Elle marie sa fille au duc de Caderousse. — Mademoiselle de Sévigné liée avec mademoiselle de Montmort, qui épouse M. de Bertillac. — M. de Guénégaud sort de la Bastille. — Description du château de Fresnes. — Plaisirs qu'on y goûtait. — Mascarade à l'hôtel de Guénégaud. — Vers adressés à madame de Guénégaud. — Pomponne est nommé ambassadeur en Suède. — Mort d'Anne d'Autriche et du prince de Conti. — Le roi passe l'été à Fontainebleau, et madame de Sévigné à Fresnes. — Correspondance entre Pomponne et la société du château de Fresnes. — Lettres de madame de la Fayette et de madame de Sévigné à Pomponne. — Détails sur l'évêque de Munster. — Détails sur madame et M. de Coulanges. — Lettres de Pomponne à la société réunie à Fresnes. — Réflexions.

Nous avons terminé la seconde partie de ces *Mémoires* à l'exil du comte de Bussy : ce courtisan disgracié s'occupait à embellir sa demeure, cherchant vainement, dans ses goûts pour les arts et la poésie, une distraction aux tourments de l'ambition déçue et aux angoisses de l'amour trompé. La vanité qui le dominait ne lui permettait pas de croire qu'il fallût renoncer à aucune de ses espérances, et il ne pouvait calmer les agitations d'un cœur en proie aux regrets, à la haine, à l'envie et à tous les sentiments les plus contraires au repos de l'âme. Il avait rangé dans la superbe galerie de son château les portraits des plus illustres personnages de l'histoire de France et, avec ses portraits de famille, ceux des hommes les plus célèbres et des femmes les plus belles et les plus spirituelles de son temps. Pour ces derniers portraits il avait composé des emblèmes et des inscriptions plus propres à faire briller la malice que la finesse de son esprit ; et, par ses vaniteuses rancunes, il entretenait imprudemment l'animosité de ses ennemis [1].

[1] Bussy, *Lettres*, t. III, p. 65 ; t. V, p. 41. — Millin, *Voyage dans*

Leur haine l'avait cependant aidé à obtenir plus promptement sa liberté. Le désir qu'ils avaient de se venger de lui leur fit outre-passer, dans leurs calomnies, la mesure de la vraisemblance. Nous avons dit, et avec juste raison, dans la seconde partie de ces *Mémoires*[1], que le fameux libelle de Bussy, intitulé *Histoire amoureuse des Gaules*, ne contenait pas les couplets infâmes qu'on y a insérés depuis; et nous avions pensé, d'après les éditions de cet ouvrage que nous avions réunies, qu'on ne les avait intercalés que longtemps après : en cela nous nous trompions[2]. Les ennemis de Bussy, aussitôt qu'il eut été mis à la Bastille, s'occupèrent de faire imprimer en Hollande l'ouvrage inculpé, et ils en firent faire une édition avec le nom de l'auteur[3]. Celui qui prépara la copie de cette édition, au titre un peu déguisé d'*Histoire amoureuse des Gaules*, substitua celui d'*Histoire amoureuse de France;* et, au lieu de laisser subsister les noms supposés, il mit en toutes lettres les véritables noms des personnages, d'une manière beaucoup plus complète et plus exacte que dans la *clef* des deux éditions anonymes et subreptices qui avaient paru. Restait le cantique chanté durant la semaine sainte au château de Roissy, mais qui n'était pas dans les deux premières éditions, parce que la copie

---

les départements du midi de la France, t. I, p. 208-219, chap. XIV, pl. XII de l'atlas. — CORRARD DE BREBAN, *Souvenirs d'un voyage aux ruines d'Alise et au château de Bussy-Rabutin;* Troyes, 1833, in-8°, p. 16-29.

[1] *Mémoires sur madame de Sévigné*, 2e partie, p. 138-142, 150, 350 et 351.

[2] Conférez p. 351, ligne 16, et la note p. 510 de la 1re édition.

[3] *Histoire amoureuse de France, par* BUSSY-RABUTIN, *avec ses Maximes d'amour*, 1666, petit in-12 de 237 pages, sans les Maximes, qui commencent le volume et ne sont pas paginées.

livrée à l'imprimeur par la marquise de la Baume ne le contenait pas. On avait fait d'assez nombreuses copies des couplets et vaudevilles composés à l'époque de la Fronde et du ministère du cardinal Mazarin, qui presque tous étaient dirigés contre ce ministre, le roi, la reine mère, ses filles d'honneur : plusieurs de nos bibliothèques conservent encore ces recueils, en écriture du temps, annotés et contenant des détails souvent vrais, souvent faux, sur les personnes chansonnées ; ce qui faisait dire à Ménage qu'il était impossible d'écrire sincèrement l'histoire de son temps sans un recueil de vaudevilles[1]. L'éditeur de l'*Histoire amoureuse de France* imagina d'aller chercher dans un de ces recueils tout ce qu'il y avait de plus immonde, de plus ordurier, de plus plat, dans les nombreux couplets dits *Alleluia*, parce qu'ils étaient sur l'air des noëls parodiés, composés contre le roi, Monsieur, Mazarin, la reine mère et ses filles d'honneur. Ce fut un libraire du Palais, nommé François Maugé, avec lequel Bussy avait été en relation, qui, de concert avec les puissants ennemis de ce dernier et entraîné par la cupidité, s'entendit avec un autre libraire de Bruxelles (Foppens)[2], pour faire paraître cette édition interpolée et scandaleuse de l'*Histoire amoureuse des Gaules,* la seule peut-être qui du vivant de l'auteur ait été publiée avec son nom ; du moins plusieurs de ceux qui réimprimèrent ensuite l'*Histoire amoureuse de France* d'après cette édition eurent-ils la pudeur de supprimer le nom de Bussy sur le titre[3].

---

[1] *Ménagiana*, t. III, p. 355.

[2] Bussy-Rabutin, *Mémoires;* Amsterdam, 1721, in-12, t. II, p. 373 et 377.

[3] *Histoire amoureuse de France, par* Bussy-Rabutin, *avec ses*

Deux syndics de la corporation des libraires de Paris, avertis par Foppens qu'il allait faire paraître cette édition, en instruisirent Bussy dans sa prison. Bussy se hâta d'écrire à Colbert à ce sujet, et il employa en même temps un habile commissaire de police pour découvrir ceux qui vendaient sous son nom l'*Histoire amoureuse de France*.

Deux libraires surpris en flagrant délit furent saisis et mis à la Bastille. Bussy apprit, par l'interrogatoire qu'on fit subir à Maugé, que cet homme l'avait déjà dénoncé en 1663, comme lui ayant troqué deux exemplaires du *Testament du cardinal Mazarin*. Ce fait fut trouvé faux d'après les propres déclarations de Maugé, qui fut mis au cachot pour sa calomnie. Il en sortit deux jours après, ce qui parut suspect à Bussy; car il sut en même temps alors, d'après cette dénonciation, qu'on avait été sur le point de l'arrêter, lui Bussy, quand la cour allait à Vincennes en 1664. et qu'on en fut empêché par l'entretien qu'il avait eu à Fontainebleau avec le roi. Bussy, dans cet entretien, se justifia non pas de ce qui concernait la dénonciation faite contre lui, puisqu'il l'ignorait alors, mais

Maximes d'amour, MDCLXVI, petit in-12 (sans nom de lieu ni d'imprimeur). Le récit de la débauche pendant la semaine sainte est à la page 190; le *Cantique*, p. 195 et 197; l'Histoire de madame de Sévigné, à la page 200. Autre édition, sans nom d'auteur, intitulée *Histoire amoureuse des Gaules*, édition nouvelle; à Liége, 1666 (avec la sphère), 260 pages. L'Histoire de madame de Chanville (Sévigné) est à la page 216. Autre édition, et sans nom d'auteur, intitulée *Histoire amoureuse de France*; Amsterdam, chez Isaac Van-Dyck, 1 vol. in-12, MDCLXXVII. Le *Cantique* est aux pages 198 à 200; l'Histoire de madame de Sévigné, à la page 202. Il y a de plus, dans cette édition, la Lettre au duc de Saint-Aignan, en date du 12 novembre 1665, qui est dans le *Discours de Bussy à ses enfants*, page 382.

d'être l'auteur des couplets ou des plaisanteries qu'on lui attribuait faussement. Le roi déclara au duc de Saint-Aignan qu'il était désabusé et satisfait des explications qui lui avaient été données par Bussy[1].

Quand parut l'édition de l'*Histoire amoureuse de France* avec l'ignoble cantique et le nom de Bussy, Louis XIV n'eut pas besoin d'une nouvelle explication pour ajouter foi aux protestations de Bussy. Il ne douta pas un instant qu'il ne pouvait avoir part à cette édition ni au cantique. Par le manuscrit que lui avait remis Bussy, Louis XIV connaissait le cantique chanté à Roissy, et il savait que ni Bussy ni aucun de ceux qui, dans leur débauche, avaient pendant la semaine sainte fait parade d'impiété n'avaient pu proférer les paroles qu'on leur prêtait. Les disciples des Petit[2], des Théophile, des auteurs du *Parnasse satirique*, d'où partaient de telles attaques, se cachaient dans de honteux galetas, et ne hantaient pas les palais. L'homme de cour ne se croyait pas moins un honnête homme en affichant l'incrédulité en religion et le libertinage des mœurs; mais il aurait cru renoncer à jamais à ce titre s'il avait employé, en vers ou en prose, l'argot crapuleux de la débauche et le langage de la canaille. Bussy, qui passait pour un des plus beaux esprits de la cour et un des plus délicats, quoiqu'un des plus mordants, pouvait, moins qu'un autre, être soupçonné d'un si honteux travers. S'il inséra dans

---

[1] Sur cette entrevue du roi, conférez Bussy, *Mémoires*, Amsterdam, 1721, t. II, p. 283, et *Discours du comte* DE BUSSY-RABUTIN *à ses enfants*; Paris, chez Anisson, directeur de l'Imprimerie royale, 1694, p. 365-367.

[2] Conférez les *Œuvres diverses du sieur* D***; Amsterdam, 1714, t. II, p. 229.

son roman historique le malin cantique chanté à Roissy, il ne le laissa certainement pas tel qu'il avait été improvisé, et il le supprima dans la copie qui fut communiquée à madame de la Baume. Les plaintes qu'il forma sur le tort que lui faisaient ses ennemis par l'édition de Bruxelles furent entendues et accueillies. Sa femme ayant alors demandé qu'il fût relâché pour se faire traiter d'une maladie dont il était atteint, Louis XIV envoya aussitôt Vallot, son premier médecin, et Félix, son premier chirurgien, pour visiter le prisonnier[1], et donna ordre de l'élargir. Bussy sortit enfin de la Bastille, pour n'y plus rentrer. Il avait écrit le 10 mars (1665) pour prier Colbert de faire arrêter les libraires qui débitaient l'édition de Bruxelles. Le 22 avril, la comtesse de Bussy avait adressé sa demande au roi, et le 17 mai Bussy était libre. Ces dates en disent plus que tous les arguments sur les couplets intercalés. Dans sa retraite, le duc de Saint-Aignan, le duc de Noailles et un grand nombre de personnages comblés des faveurs de Louis XIV continuèrent à correspondre avec Bussy, et s'honoraient d'être de ses amis. Mais ils ne purent jamais le faire rentrer au service, quoique la reine mère elle-même eût souvent intercédé pour lui lorsqu'il était en prison[2].

Nous savons que, lors de l'accusation intentée à Bussy pour avoir composé des écrits offensants contre le roi et la reine mère, le vendredi 17 avril 1665 au matin, le chevalier du guet Testu se transporta chez Bussy, et, d'après les ordres qu'il avait reçus, s'empara de tous ses papiers,

---

[1] Bussy, *Mémoires;* Amsterdam, 1721, t. II, p. 301. *Discours du comte* de Bussy-Rabutin *à ses enfants,* 1694, in-12, p. 404.
[2] Bussy, *Mémoires,* t. II, p. 337.

et même le fouilla. Au nombre des manuscrits que Testu saisit était celui de l'*Histoire amoureuse des Gaules,* le même que Bussy avait prêté au roi. Après que le lieutenant de justice criminel eut pris connaissance de ce manuscrit et de tous les papiers de Bussy, qu'il l'eut interrogé juridiquement et qu'on eut fait un rapport au roi sur le résultat de cette enquête, le roi déclara que Bussy n'avait rien écrit contre sa personne ni contre celle de la reine, et permit à ceux qui s'intéressaient à lui de parler en sa faveur. Mais cependant le roi dit en même temps qu'il retiendrait encore Bussy en prison, pour le dérober à la fureur des ennemis qu'il s'était faits par son libelle, parce que, sans cette précaution, ils le feraient assassiner; ce que Bussy confirme lui-même, puisqu'il avoue que, sur les avis qui lui furent donnés, il ne sortait plus qu'avec deux pistolets dans sa voiture, et qu'il se faisait suivre de quatre hommes à cheval, également armés [1]. On sut bientôt que c'était sur la dénonciation du prince de Condé, et non par suite d'aucun ressentiment du roi, que Bussy avait été arrêté [2]. Par les lettres du duc de Saint-Aignan, nous apprenons que ce fut le même motif qui força Louis XIV à exiler Bussy dans ses terres et qui l'empêchait de lui permettre de revenir à Paris et d'employer ses talents pour la guerre.

Malgré la protection de la reine mère, de MADAME, de MADEMOISELLE; malgré les vives sollicitations du duc de Saint-Aignan, du duc de Noailles, du comte de Gra-

---

[1] BUSSY, *Discours à ses enfants,* p. 375. — BARRIÈRE, *la Cour et la Ville,* p. 46. — *Ménagiana,* t. IV, p. 216. — MENAGII *Poemata,* octava editio; Amstelodani, *Ep.* p. 147, *epigram.* CXXXVIII.

[2] *Lettres,* GUI-PATIN (18 août 1665), t. III, p. 153; lettre 354. — *Ibid.,* BUSSY, *Mémoires;* Amsterdam, 1721, t. II, p. 300.

mont et de beaucoup d'autres [1], Bussy ne put être rappelé de son exil que dans l'âge où il n'était plus propre à faire le métier de courtisan et à recommencer celui de guerrier. Ces mêmes lettres du duc de Saint-Aignan nous disent que dans le cantique qui se trouvait dans le manuscrit remis au roi, d'après lequel Bussy avait fait ses lectures confidentielles, deux femmes d'un haut rang étaient diffamées, et que Turenne et Condé, qui prenaient à elles un vif intérêt, fortement courroucés contre l'auteur, s'opposaient toujours à ce qu'il reprît du service. Eux et leurs adhérents continuaient à attribuer à Bussy les nouveaux couplets et les épigrammes qui circulaient de temps à autre contre les généraux, le roi et sa cour. Le mécontentement de Bussy ne pouvait que donner crédit à cette accusation. L'édition de son libelle, réimprimé avec un titre plus clair, avec tous les noms et avec l'intercalation des *Alleluia*, en accrut encore le succès, et redonna à cette œuvre malheureuse le piquant de la nouveauté. Dans tous les temps, le public oiseux a aimé le scandale. Jamais la calomnie n'abandonne entièrement celui qui, par ses vices et ses travers, a prêté le flanc à ses coups : les blessures qu'elle lui fait sont incurables, et semblent être la juste punition de ses méfaits ignorés. Bussy remarque lui-même que les premières copies de l'*Histoire amoureuse des Gaules*, qui n'étaient pas falsifiées, furent mises de côté quand celles qui l'étaient parurent, parce que, dit-il, chacun court à la satire la plus forte, et trouve fade la véritable [2]. Chaque fois qu'on

---

[1] Bussy, *Lettres*, t. III et V, *passim*.
[2] Bussy, *De l'usage des adversités*, t. III, p. 269 ; des *Mémoires*. — Bayle, *Dictionnaire*, p. 2957.

réimprimait ce livre [1], comme on fit en 1671 et en 1677, il renouvelait les ressentiments qu'il avait excités lors de sa première apparition ; et peut-être est-ce à cette cause que nous devons attribuer ces retours d'aigreur que madame de Sévigné manifeste quelquefois envers son cousin, après avoir déclaré qu'elle lui avait pardonné. Tandis que, dans son exil, Bussy était au milieu des ouvriers et des décorateurs de son château, madame de Sévigné, dans les fêtes et les cercles où elle conduisait sa fille, s'enivrait des jouissances de l'orgueil maternel, et augmentait le nombre de ses amis et de ses admirateurs.

Cette cour, ce monde, où brillaient madame de Sévigné et sa fille, acquéraient chaque jour plus d'éclat par l'influence du jeune roi qui présidait aux destinées de la France. Ce n'est pas que nous soyons encore à l'époque la plus remarquable de son règne, mais nous sommes arrivés à celle qui est la plus utile à étudier pour l'historien et pour l'homme d'État. C'est pendant les années 1665 et 1666 que Louis XIV a consolidé les bases de son gouvernement, préparé les combinaisons de sa politique, arrêté

---

[1] *Histoire amoureuse de France;* Amsterdam, Van-Dyck, 1671, — *Ibid.*, 1677. — Une 3ᵉ édition, Bruxelles, chez Pierre Dobelcer, 1708, petit in-12; une 4ᵉ édition, par M***, chez Adrian Mœtjens, 1710, in-12. Cette dernière est celle que j'ai citée et que je croyais la première avec ce titre. La Lettre de Bussy au duc de Saint-Aignan est à la fin, après le Cantique. — J'ai tenu l'édition de 1666, avec le nom de Bussy; mais je ne connais que par la mention qu'en fait Barbier (t. II, p. 60, *Dictionnaire des Anonymes*) l'édition de Van-Dyck, 1677, et l'édition de Bruxelles, 1708. — Je possède l'*Histoire amoureuse des Gaules*, édition nouvelle; Liége, 1666, avec la sphère, sans nom d'auteur; et les deux éditions de Liége, sans date ni nom d'auteur ni d'imprimeur; une, avec une croix de Saint-André (Elzevier) : ces deux éditions ont précédé toutes les autres.

pour lui-même les règles de conduite qui ont fait sa grandeur [1]. Tant qu'il les a suivies, ses succès furent constants; il n'éprouva de revers que lorsque ses fortes facultés eurent ployé sous le poids des années, et quand, fasciné par ses victoires et par le long exercice du pouvoir, il eut perdu cette volonté ferme qui l'astreignait aux maximes que lui-même s'était prescrites. Jusque-là il a pu dire avec vérité : « L'État, c'est moi ; » car il était la pensée vivifiante de la monarchie, celui dont la main puissante comprimait toutes les ambitions coupables, dont les regards encourageaient tous les talents, dont les paroles dispensaient la fortune, les honneurs et la gloire.

C'est en effet au temps dont nous traitons qu'on vit apparaître, comme par enchantement, plusieurs des grands écrivains qui devaient illustrer ce siècle. C'est dans les années 1665 à 1666 que la Fontaine, le conteur, fit paraître son premier volume [2], la Rochefoucauld ses *Maximes* [3], Boileau son *Discours au roi* et sept de ses satires [4], Racine sa tragédie d'*Alexandre* [5]; que Molière mit le sceau à sa réputation par *le Tartuffe* et *le Misanthrope* [6].

Il est une chose digne de remarque relativement aux

---

[1] Louis XIV, *Instructions pour le Dauphin*, dans ses Œuvres, t. III, p. 189.

[2] *Contes et nouvelles en vers de M.* DE LA FONTAINE; Paris, 1665, in-12, chez Claude Barbin.

[3] *Réflexions ou Sentences et Maximes morales;* Paris, 1665, in-12, chez Claude Barbin.

[4] *Satires du sieur D****; Paris, 1666, in-12, chez Claude Barbin.

[5] *Alexandre le Grand,* tragédie; Paris, 1666, in-12, chez Pierre Trabouillet.

[6] MADEMOISELLE, *Mémoires*, t. XLIII, p. 127, de la collection de Petitot. — Les frères PARFAICT, *Histoire du théâtre françois*.

brillants athlètes qui s'élançaient simultanément dans l'arène littéraire : c'était leur audace; c'était leur dessein avoué de censurer en tout la société de cette époque; c'étaient leurs vives agressions contre les célébrités qui y primaient, contre les ridicules les plus en crédit, contre les ouvrages les plus prônés, les illusions les plus douces, les réputations les mieux établies, les doctrines les plus respectées. Le livre des *Maximes* tendait à faire disparaître ces idées chevaleresques, cette croyance à la sympathie des âmes et à l'amour platonique qui jusqu'alors avait souvent paré d'un semblant de vertu les vices d'une société dont ce livre était une amère satire. Molière et Boileau osaient, par de piquantes personnalités, donner plus de sel et de saveur à leurs redoutables sarcasmes. Racine, dédiant au roi sa tragédie d'*Alexandre*, dans une préface qu'il supprima depuis, s'attaque à Corneille, et lance des traits malins contre les admirateurs de ce grand homme. La comédie des *Plaideurs* parut la même année que la grande ordonnance sur la procédure civile (1667); et les maîtres, les protecteurs de la jeunesse du poëte irritable ayant osé blâmer ceux qui travaillaient pour le théâtre, il reversa [1] sur eux les traits acérés du ridicule, dont Pascal s'était servi pour les défendre. Lorsque ces pieux solitaires, par leurs nombreux prosélytes, avaient mis en crédit la réforme qu'ils projetaient dans la religion et dans les mœurs, les licencieux récits de l'auteur de *Joconde* paraissent avec privilége, et sont lus sans scrupule.

Madame de Sévigné avait, plus qu'aucune femme de

---

[1] Conférez les *Œuvres de* Racine et les frères Parfaict, *Histoire du théâtre françois*, t. X, p. 226.

son temps, l'instruction et le genre d'esprit nécessaires pour apprécier des génies de la trempe des Molière, des Boileau, des Racine et des la Fontaine; mais lorsque leurs premiers écrits parurent, elle était entièrement adonnée à l'éducation de ses enfants, et, sincèrement pieuse, elle faisait ses délices et son profit des traités de Nicole sur la morale. Quoiqu'elle ne se fût point interdit les fêtes, les spectacles et les plaisirs du monde, elle ne pouvait donner son approbation à des productions où Chapelain, Ménage, Saint-Pavin, Montreuil[1] et tant d'autres de ses amis étaient personnellement offensés. L'odieux libelle de Bussy, où madame de Sévigné était outragée, avait fait explosion en même temps que les vers du satirique ; et ce fut encore alors que, dans le Voyage de MM. Chapelle et de Bachaumont, qu'on venait de publier, la raillerie avait été poussée, à l'égard de « ce pauvre d'Assoucy[2], » à un degré de cynisme que Voltaire seul, à sa honte, a depuis surpassé[3].

Nous en avons assez dit pour faire comprendre pour-

---

[1] Las « de grossir impunément les feuillets d'un recueil, » Montreuil venait de publier ses *Œuvres;* Paris, 1666, in-12, chez Billaine. Conférez p. 5, 107 et 472 de cette édition, pour les lettres et les vers relatifs à madame de Sévigné.

[2] Voyez la *Lettre de* D'ASSOUCY *à Chapelle,* datée de Rome le 25 juillet 1665. — Dans *les Aventures de M.* D'ASSOUCY; Paris, 1677, in-12, chez Claude Audinet, t. II, p. 254 et 260-264; et le chapitre X, p. 283, intitulé *Ample Réponse de* D'ASSOUCY *au Voyage de M. Chapelle.*

[3] *Voyages de Messieurs* BACHAUMONT *et* CHAPELLE, *dans le Recueil de quelques pièces nouvelles et galantes,* 1663 ou 1667, p. 64-75; *Voyage de Messieurs* LE COIGNEU DE BACHAUMONT *et* CL. EMMAN. LUILLIER CHAPELLE; 1732, la Haye, in-12, p. 81 à 82. C'est la meilleure édition de toutes celles qu'on a publiées avant et après.

quoi madame de Sévigné éprouvait de la répulsion pour les jeunes poëtes dont la réputation commençait à s'établir. Mais elle avait un sentiment trop vif des beautés littéraires pour ne pas goûter leurs vers : comme elle ne voulait pas les admettre dans son intimité, elle aimait à se rendre dans les assemblées où ils les lisaient. Ainsi nous la trouvons avec sa fille chez son amie madame Duplessis de Guénégaud, écoutant Boileau réciter plusieurs de ses satires et Racine trois actes et demi de sa tragédie d'*Alexandre*, le 3 février 1665. Ce jour-là même arrive aussi chez madame de Guénégaud, après un long exil, M. de Pomponne, cet ami intime de madame de Sévigné, celui auquel elle avait assidûment écrit pour le mettre au courant de toutes les vicissitudes de crainte et d'espérance que lui avaient fait éprouver les interrogatoires du procès de Fouquet. On conçoit la joie de cette assemblée à l'aspect inattendu d'un tel hôte. Mais laissons de Pomponne s'expliquer lui-même. Il écrit le lendemain à son père, Arnauld d'Andilly, auprès duquel il s'était rendu et qu'il venait de quitter; il lui annonce son arrivée à Paris; il dit qu'il a d'abord été voir madame Ladvocat, sa belle-mère; ensuite M. de Bertillac, trésorier général de la reine, qui avait beaucoup contribué à son retour; qu'il avait reçu la visite de Hacqueville; et ensuite il continue ainsi [1] :

« Monsieur de Ladvocat me descendit à l'hôtel de Nevers [l'hôtel Guénégaud] [2], où le grand monde que j'appris qui était en haut ne m'empêcha point de paraître en

---

[1] *Lettres de* M. DE POMPONNE, à la suite des *Mémoires de* COULANGES, 1820, in-8°, p. 383.

[2] Voyez notre *Seconde partie des Mém. de madame* DE SÉVIGNÉ, p. 497; les *Mémoires de* COULANGES, p. 383, note 2 de M. MONMERQUÉ.

habit gris. J'y trouvai seulement madame et mademoiselle de Sévigné, madame de Feuquières et madame de la Fayette, M. de la Rochefoucauld, MM. de Sens, de Saintes, de Léon, MM. d'Avaux, de Barillon, de Châtillon, de Caumartin et quelques autres; et sur le tout Boileau, que vous connaissez, qui y était venu réciter de ses satires, qui me parurent admirables; et Racine, qui y récita aussi trois actes et demi d'une comédie de Porus, si célèbre contre Alexandre, qui est assurément d'une fort grande beauté. De vous dire quelle fut ma réception par tout ce monde, il me serait difficile; car elle fut agréable et pleine d'amitié et de plaisir de mon retour. Il parut d'un si bon augure de me revoir après trois ans de malheur, dans un moment si agréable, que M. de la Rochefoucauld ne m'en augura pas moins que d'être chancelier. »

Remarquons que, parmi toutes les notabilités qui se trouvaient dans cette assemblée, de Pomponne nomme d'abord madame de Sévigné et sa fille, et qu'il ne sépare pas madame de la Fayette du duc de la Rochefoucauld. La longue intimité de ces deux personnes, que la mort seule put dissoudre, avait commencé depuis longtemps, et le nom de l'une rappelait aussitôt celui de l'autre. Tous deux, ainsi que madame de Feuquières, sont nommés avant les évêques. La marquise de Feuquières, mariée seulement depuis deux ans, était sœur d'Antoine, duc de Gramont, et son mari était cousin d'Andilly et parent de M. de Pomponne [1]. M. de Sens [2] était Henri de Gondrin, oncle du marquis de Montespan. Gondrin fut nommé évêque en 1646, et mourut en 1674 [3]. Il s'acquit une

---

[1] *Mémoires de* COULANGES, p. 383.
[2] *Gallia christiana*, t. XII, p. 103 à 104.
[3] *Gallia christiana*, t. II, p. 1085, 1086. — MOTTEVILLE, *Mém.*,

malheureuse célébrité par ses rigueurs contre les jésuites et les capucins. M. de Saintes était Louis de Bassompierre, fils naturel du maréchal de Bassompierre et de la marquise d'Entragues; il eut son évêché en 1648, et madame de Sévigné en parle comme d'un des plus aimables hommes de son temps. Le comte d'Avaux, qui avait travaillé avec Servien au traité de Munster, était déjà devenu un personnage important. De Châtillon, Barillon et Caumartin étaient tous les trois de la société intime de madame de Sévigné. C'est le chevalier de Châtillon qui lui demanda plaisamment huit jours pour faire un impromptu. Il devint par la suite capitaine des gardes de MONSIEUR [1]. Quant à Barillon et à Caumartin, tous deux dans la robe, nous aurons occasion d'en parler plus d'une fois. Le premier fut ambassadeur en Angleterre; le second, qui n'était encore que maître des requêtes, parvint à être conseiller d'État et intendant de Champagne.

Les personnes les plus notables de cette assemblée avaient passé leur jeunesse à l'hôtel de Rambouillet [2]. Madame de Rambouillet venait de mourir; mais la réputation de ceux qu'elle avait admis à ses réunions lui survivait. C'était encore à eux que les jeunes poëtes de la nouvelle école aimaient à soumettre leurs productions avant de les produire au grand jour. Madame Duplessis-Guéné-

---

t. XXXIX, p. 302. — SÉVIGNÉ, *Lettres* en date du 1ᵉʳ juillet 1679, t. V, p. 8, édit. de G. de S.-G.; ou t. IV, p. 361 de l'édit. de Monmerqué.

[1] En 1674. Voyez SÉVIGNÉ, *Lettres* en date du 23 décembre 1671 et du 5 janvier 1674, t. II, p. 322, et t. III, p. 295 de l'édit. de G. de S.-G.; ou p. 199 de l'édit de M. — Conférez aussi Louis XIV, *Œuvres*, t. V, p. 362.

[2] ARNAULD D'ANDILLY, *Mém.*, t. XXXIV.

gaud, sœur du maréchal de Praslin et de la maréchale d'Étampes¹, réunissait, avec les beaux esprits du temps, ceux qui avaient fait partie de cette société célèbre, pendant l'hiver, dans son hôtel à Paris; durant l'été, dans son beau château de Fresnes. On jouissait chez elle de cette franchise, de cette sûreté de commerce, de cet abandon auxquels étaient accoutumés les amis de madame de Rambouillet et qu'on ne retrouvait pas à la cour toute splendide, toute galante de Louis XIV, où les soucis de l'ambition et les exigences de l'étiquette mettaient obstacle aux jouissances sociales.

Celles dont madame Duplessis-Guénégaud avait contracté l'habitude étaient, à cette époque, troublées par la captivité de son mari, qui se trouvait enveloppé dans la persécution dirigée contre les collaborateurs de Fouquet. Ce fut un motif pour les amis de madame de Guénégaud de se montrer plus assidus auprès d'elle; et il était juste que cette femme d'un si rare mérite trouvât de nombreux amis dans sa disgrâce, puisque elle-même, dans le temps de sa haute fortune, s'était montrée fidèle et courageuse en amitié. A cet égard il est d'autant plus opportun de citer ici un passage des Mémoires d'Arnauld d'Andilly que nous savons par lui-même qu'il fut écrit à l'époque dont nous traitons. Il raconte comment, sous Mazarin, il fut une première fois, pour l'affaire du jansénisme, exilé à Pomponne².

« A peine étais-je arrivé à Pomponne que madame Du-

---

¹ MOTTEVILLE, *Mémoires*, t. XXXIX, p. 298 et 393. — Voyez ci-dessus, 2ᵉ partie, p. 271, chap. XIX.

² Il faudrait écrire Pompone et non Pomponne (voyez LE BOEUF, *Hist. du Diocèse de Paris*, t. VI, p. 66 et suiv.); mais l'usage de la double *n* a prévalu.

plessis vint m'y prendre, et me mena dans sa maison de Fresnes, qui en est proche, sans que monsieur son mari ni elle aient jamais voulu m'en laisser partir tant que cet exil dura... Notre amitié d'elle et de moi commença lors des guerres de Paris, où, nous trouvant ensemble à Port-Royal aux sermons de M. Singlin, nous parlions aussi hautement pour le service du roi qu'on pourrait le faire aujourd'hui... J'ai trouvé en madame du Plessis tout ce que l'on peut souhaiter pour rendre une amitié parfaite. Son esprit, son cœur, sa vertu semblent disputer à qui doit avoir l'avantage. Son esprit est capable de tout, sans que son application aux plus grandes choses l'empêche d'en avoir en même temps pour les moindres. Son cœur lui aurait, dans un autre sexe, fait faire des actions de courage tout héroïques; et sa vertu est si élevée au-dessus de la bonne et de la mauvaise fortune que ce ne serait pas la connaître que de la croire capable de se laisser éblouir par l'une et abattre par l'autre ; enfin, pour le dire en un mot, c'est l'une de ces grandes âmes dont j'ai parlé dans un autre endroit de ces Mémoires [1]. »

L'amitié qui existait entre Arnauld d'Andilly et madame de Guénégaud était entretenue par la proximité de leurs habitations et rendue plus chère et plus précieuse à tous deux par les revers et les retours de fortune que tous deux éprouvèrent en même temps. La terre de Pomponne, terre noble de toute antiquité et depuis longtemps érigée en marquisat [2], située sur les bords de la Marne, près de Lagny, n'était qu'à une lieue et demie du château de Fresnes. Arnauld d'Andilly, au mois d'août

---

[1] Arnauld d'Andilly, *Mémoires*, t. XXXIV, p. 92.
[2] Le Boeuf, *Hist. du Diocèse de Paris*, t. VI, p. 66 à 77.

1664, par suite des persécutions suscitées contre les religieuses de Port-Royal, avait été exilé à cette terre de Pomponne. Mais on eut honte des rigueurs exercées envers un vieillard qui avait rendu tant de services à l'État. Comme on l'avait privé de trois de ses filles, qui furent expulsées de Port-Royal et transportées dans un autre couvent, on permit à son fils, que son attachement à Fouquet avait fait reléguer à Verdun en mars 1662[1], de revenir et d'aller rejoindre son père à sa terre de Pomponne[2]. La lettre de cachet qui lui accordait encore la faculté de rentrer dans Paris est datée du 2 février 1665[3] : l'on peut, d'après cette date, juger de l'empressement qu'il mit à se rendre chez madame de Guénégaud, puisqu'il se trouvait chez elle le lendemain au soir, assez à temps pour entendre les lectures qu'y firent Boileau et Racine. M. de Guénégaud recouvra peu de temps après sa liberté, et la joie se répandit de nouveau à l'hôtel de Nevers et au château de Fresnes : joie de temps en temps un peu troublée par les exigences de la chambre de justice, auxquelles M. de Guénégaud espérait se soustraire. La somme considérable à laquelle il fut taxé ne l'empêcha pas de donner deux cent mille livres (400,000 livres, monnaie actuelle) en dot à sa fille, lorsqu'il la maria au duc de Cade-

---

[1] Monmerqué, *Biographie universelle*, art. Pomponne, t. XXXV, p. 321.

[2] *Lettre de* Pomponne, du 22 mai 1666. — *Mémoires de* Coulanges, p. 406. Cette lettre prouve que la terre de Pomponne alors appartenait au fils, probablement par cession du père; car le fils porta d'abord le nom de Briote, qui était celui d'une terre de sa mère.

[3] Monmerqué, *Mém. de* Coulanges, p. 384, note 3; et la *Lettre de* Pomponne, en date du 4 février 1665, p. 382; et du 12 mars 1666, p. 397.

rousse. Ce duc (car, quoique de Pomponne ne lui donne que le titre de marquis, en sa qualité d'Avignonais il était, depuis quelque temps, duc de la façon du pape Alexandre VII [1]); ce duc, dis-je, avant d'épouser mademoiselle de Guénégaud, avait recherché en mariage mademoiselle de Sévigné. Nous ignorons les causes qui ont empêché la conclusion de cet hymen, mais nous verrons par la suite que madame de Sévigné dut se féliciter d'avoir échappé au malheur d'une telle union [2]. Celle qui devait être la victime de cet homme immoral fut, par une bizarrerie du sort, mariée en même temps que lui. La jeune de Montmort, alors amie de mademoiselle de Sévigné, épousa le fils de ce M. de Bertillac qui s'était montré si dévoué aux intérêts de M. de Pomponne [3].

Madame de Guénégaud avait plusieurs motifs pour rappeler autour d'elle les plaisirs trop longtemps bannis de son séjour par le malheur qui avait frappé son mari. Enfin ce mari lui était rendu; et son gendre, âgé de vingt ans, beau, aimable, dont rien n'indiquait les inclinations vicieuses, devait, d'après les conventions de son contrat, être pendant deux ans, avec sa femme, l'hôte et le commensal de son beau-père et de sa belle-mère. Aussi, cette année, les divertissements furent fréquents à Fresnes,

[1] Une des trois parties de la seigneurie de Caderousse fut érigée en duché par bulle du pape du 18 septembre 1663. Voyez le *Dictionnaire de la France*, par D'EXPILLY, in-folio, t. II, p. 4, article CADEROUSSE.

[2] SÉVIGNÉ, *Lettres* en date du 1er août 1667, t. I, p. 117; du 9 août 1671, t. II, p. 149; t. III, p. 73, et t. VI, p. 123 et 153, éd. de Monmerqué.

[3] Voyez ci-dessus, p. 14; et SÉVIGNÉ, *Lettres* du 7 août 1675 et du 24 janvier 1680, t. III, p. 367, édit. M.; t. VI, p. 321 de l'édit. de G. de S.-G.; ou t. VI, p. 124 et 153 de l'édit de Monmerqué. — *Mémoires de* COULANGES, p. 383 et 395. Ce mariage eut lieu le 17 décembre 1665.

et la société y fut très-animée. Ce château de Fresnes, situé un peu au delà de Claye, près du confluent que forme la Beuvronne en se jetant dans la Marne, avait été, d'après les ordres de M. de Guénégaud, presque entièrement reconstruit par François Mansard. Les environs de Paris, si riches en magnifiques demeures, n'en offraient aucune qui surpassât Fresnes par la beauté des points de vue, la facilité qu'il présentait aux promeneurs de jouir sans fatigue de tous les agréments d'une belle nature, enfin par la commodité et la splendeur des appartements. Fresnes, par la grandeur et la magnificence du parc et des jardins, rappelait Vaux, cette splendide création de Fouquet. Par l'amabilité, l'esprit cultivé de madame de Guénégaud, on pouvait à Fresnes se croire encore à l'hôtel de Rambouillet, mais avec cette gaieté, ce sans-gêne que permettent les résidences à la campagne et que n'admettent point les salons de la ville. Madame de Sévigné, quand elle n'allait point à Livry, cédait volontiers aux invitations de madame de Guénégaud, et passait avec sa fille une partie de l'été à Fresnes. Les hôtes habitués de ce charmant séjour avaient gardé la coutume de l'hôtel de Rambouillet, de se désigner mutuellement par des noms empruntés aux romans ou à la mythologie, ou par des sobriquets baroques. Madame de Guénégaud était connue sous le nom d'Amalthée[1], sans doute à cause de l'abondance qu'elle faisait régner autour d'elle ; M. de Pomponne portait le nom de Clidamant et M. Duplessis-Guénégaud celui d'Alcandre[2] ; Timanes

---

[1] *Recueil de quelques pièces nouvelles et galantes;* Cologne, Pierre Marteau, t. II, p. 79.
[2] *Lettres de* M. DUPLESSIS-GUÉNÉGAUD et *Lettres de* POMPONNE, dans les *Mémoires de* COULANGES, p. 396-398, 402-404.

est certainement M. de la Rochefoucauld ; et quant aux autres personages, Aniandre, Méliande, Cléodon, il est difficile de déterminer avec certitude ceux que ces noms servaient à désigner. Cet usage est cause que plusieurs des allusions qu'on trouve dans les lettres qui nous restent de M. de Pomponne sont aujourd'hui inexplicables. Il fait mention, dans une de ces lettres, des espiègleries que mademoiselle de Sévigné [1] s'était permises envers quelques-uns des *Quiquoix :* c'était le nom jovial par lequel on désignait ceux qui fréquentaient habituellement le château de Fresnes et l'hôtel de Nevers. Enfin, tous les *Quiquoix*, lorsqu'ils étaient à Fresnes, femmes et hommes, se considéraient comme les nymphes et les tritons de la Béuvronne [2].

Ces *Quiquoix* étaient des hôtes fort gais, très-aimables et très-spirituels, si nous en jugeons par les pièces de vers qu'adressèrent quatre d'entre eux à madame de Guénégaud, chez laquelle, pendant le carnaval, ils avaient, déguisés en muets du Grand Seigneur et masqués, dansé un ballet, sans avoir été reconnus. Ils supposent qu'ils en étaient morts de douleur et qu'ils lui écrivent des enfers :

> Du noir cabinet de Pluton,
> Et d'un des fuseaux de Clothon,
> Nous vous écrivons cette lettre,
> Qu'un Songe vient de nous promettre

---

[1] Pomponne, *Lettre* en date du 5 juin 1667. — *Mém. de* Coulanges, p. 405.

[2] Pomponne, *Lettre* en date du 17 avril 1666, p. 402. Pomponne écrit toujours Brévone, et peut-être est-ce le véritable nom de cette petite rivière, nommée *Beuvronne* sur nos cartes modernes.

De vous porter dès cette nuit
Sans vous faire ni peur ni bruit.
. . . .
Sous mille formes différentes,
Nos ombres, vos humbles servantes,
D'un vol prompt quittant les enfers,
Vont droit à l'hôtel de Nevers ;
Les beautés des champs Élysées
Pour ce beau lieu sont méprisées :
Mânes, fantômes et lutins,
Esprits plus follets que malins,
Un caprice nous y transporte
Par la fenêtre et par la porte.
Là, comme de notre vivant,
Tantôt, derrière un paravent,
Nous prenons grand plaisir d'entendre
Un entretien galant et tendre ;
Tantôt, du coin du cabinet,
Nous observons ce qui se fait ;
Tantôt, sous le tapis de table,
Nous jugeons d'un conte agréable ;
Tantôt, sous les rideaux du lit,
Nous rions lorsque quelqu'un rit.
. . . .
Quoique nos ombres amoureuses
Aiment les heures ténébreuses,
Et qu'elles vous fassent leur cour
La nuit plus souvent que le jour,
Pour n'être pas toutes contentes,
Elles ne sont pas déplaisantes.
. . . .
Le mal, à ne rien celer,
Est que nous ne saurions parler.
. . . .
Quiconque en l'empire nocturne
Descend muet et taciturne
N'y devient pas fort éloquent,
Ou ce miracle est peu fréquent ;
La mort prend tout, et la friponne

Ne rend la parole à personne :
Ainsi notre unique recours
Est de vous écrire toujours.
Lisez donc, charmante Amalthée,
Une lettre qui fut dictée
Du pays d'où nul ne revint,
L'an mil six cent soixante-cinq [1].

Peut-être ces vers étaient-ils de M. de Pomponne : il en avait fait beaucoup dans sa jeunesse. Deux des madrigaux de la fameuse *Guirlande de Julie d'Angennes* sont signés DE BRIOTE, qui était son premier nom, et on a imprimé de lui une ode qui prouve un vrai talent pour la poésie [2].

Mais il était occupé, au temps dont nous traitons, d'affaires plus sérieuses. La cessation des rigueurs du pouvoir fut pour de Pomponne le commencement d'une haute faveur. Le maréchal de Gramont et de Lionne, tous deux ses amis, parvinrent à le faire rentrer dans les emplois publics. Louis XIV le nomma ambassadeur extraordinaire en Suède à la fin de cette même année 1665 [3]. Le jeune roi était attentif à s'entourer de tous les hommes capables, et il ne se laissait dominer par aucune prévention quand il s'agissait de l'intérêt de l'État. Non-seulement il avait permis au cardinal de Retz de rentrer, mais il traitait avec égard cet ancien chef de la Fronde, parce qu'il prévoyait en avoir besoin [4]. Le

---

[1] *Recueil de quelques pièces nouvelles et galantes;* Cologne, chez Pierre Marteau, 1667, in-18, 2ᵉ partie, p. 80-83.

[2] *Recueil de poésies diverses*, par M. DE LA FONTAINE, 1671, in-12, t. II, p. 113 et 114. — *Guirlande de Julie*, à la suite des *Mémoires de M. le duc* DE MONTAUSIER, p. 193 et 199.

[3] L'abbé ARNAULD, *Mém.*, t. XXXIV, p. 18. — MONMERQUÉ, *Biographie universelle*, t. XXXIV, p. 318.

[4] LOUIS XIV, *Lettres*, t. V, p. 395.

même motif l'avait déterminé à faire d'un exilé un ambassadeur. L'emploi de toutes ses heures était réglé d'une manière invariable[1]. Il ne s'en fiait point à ses généraux et à ses ministres pour les détails qui concernaient la guerre; il les faisait surveiller par des hommes habiles et sûrs, et entretenait pour cet effet une vaste correspondance. Il passait lui-même en revue l'armée avec une scrupuleuse attention[2]. Par sa vigilance toujours active, son autorité était partout présente; elle agissait sur tous comme une divinité à la fois bienfaisante et redoutable. Il ne se contentait pas d'augmenter ses forces de terre et de mer; par ses négociateurs, il travaillait à faire concourir toutes les puissances aux desseins de sa politique. Il opposait secrètement le Portugal à l'Espagne, et ouvertement la Hollande à l'Angleterre. La marine, qu'il avait créée et organisée, réprimait la piraterie; il imposait ainsi aux nations qui jusque-là avaient eu la prétention de dominer sur les mers[3].

La mort d'Anne d'Autriche, arrivée au commencement de l'année 1666, et ensuite celle du prince de Conti attristèrent la cour, et firent suspendre les fêtes. Lous XIV avait passé l'hiver à Saint-Germain en Laye, et résida la plus grande partie de l'été à Fontainebleau, fortement occupé de ses préparatifs de guerre, de ses négociations et de l'administration de son royaume. Madame de Sévigné ne faisait donc aucun sacrifice à madame de Guénégaud en consentant à aller passer à Fresnes la belle saison. Elle n'y put jouir de la société de

---

[1] SAINT-SIMON, *Mémoires authentiques*, t. XII, p. 369.
[2] Louis XIV, *Instructions au Dauphin*, t. II, p. 78-82, 141, 180, 205, 230, 250 des *Œuvres*.
[3] Louis XIV, *Instructions au Dauphin*, Œuvres, t. I, p. 141.

M. de Pomponne, qui s'était rendu à Stockholm. Au sein des grandeurs et des affaires, sous le climat glacé de la Baltique, l'ambassadeur regrettait vivement le ciel de la patrie, son vieux père, les délices de son domaine, tous ses amis, les femmes aimables qui composaient la société de Fresnes et surtout madame de Sévigné et madame de la Fayette. Pour tromper un peu son ennui, il entretenait avec M. et madame de Guénégaud une correspondance sur ce ton badin qui, passé en habitude dans cette société de vrais amis, était comme l'indice de l'intimité de leur liaison. Une de ses lettres, qui est une réponse à celle qu'il avait reçue de M. de Guénégaud, est datée de Stockholm le 17 avril 1666, et se termine ainsi : « De toutes les langues, je ne parle qu'un latin de négociations et d'affaires, qui n'est pas tout à fait aussi poli que celui de la cour d'Auguste. Je ne vois, pour tous livres, que des traités de guerre, de commerce et de pacification ; et les intérêts du Nord, de l'Angleterre et de la Hollande sont les plus galantes choses dont je m'entretienne. Peut-être serai-je assez heureux pour reprendre bientôt le langage d'Amalthée ; et c'est en celui de l'amitié, que l'on y parle mieux qu'en lieu du monde, ou plutôt que l'on ne parle que là, que je vous assure que nul triton n'est si inviolablement acquis que moi à toutes les nymphes et tous les tritons de la Brévone. » Puis il signe CLIDAMANT [1].

Toute la société de Fresnes se réunit pour répondre à cet aimable ambassadeur. Nous n'avons plus la portion de la lettre écrite par M. et madame de Guénégaud et par

---

[1] *Lettre de* M. DE POMPONNE *à M. Duplessis-Guénégaud*, datée de Stockholm le 17 avril 1666, dans les *Mémoires de* COULANGES, p. 398-402.

M. de la Rochefoucauld; mais il nous reste celle qui fut tracée par madame de la Fayette et madame de Sévigné; et si nous négligions de la citer, on ne pourrait bien apprécier ni l'amitié qui unissait toute la société de Fresnes ni les succès qu'obtenait déjà dans le monde mademoiselle de Sévigné[1].

DE MADAME DE LA FAYETTE A M. DE POMPONNE.

« A Fresnes, ce 1ᵉʳ mai 1666.

« Je suis si honteuse de ne vous avoir point écrit depuis que vous êtes parti que je crois que je n'aurais jamais osé m'y hasarder sans une occasion comme celle-ci. A l'abri des noms qui sont de l'autre côté de cette lettre [le nom de M. de Guénégaud et celui de M. de la Rochefoucauld], j'espère que vous vous apercevrez du mien. Aussi bien il y en a un qui le suit assez souvent. Mais apparemment, puisqu'il est question de mademoiselle de Sévigné, vous jugez bien que l'on ne parlera plus de moi, au moins sur ce propos; car ne plus parler de moi, ce n'est pas chose possible à Fresnes et à l'hôtel de Nevers. J'y suis le souffre-douleur; on s'y moque de moi incessamment. Si la douceur de madame de Coulanges et de madame de Sévigné ne me consolait un peu, je crois que je m'enfuirais dans le Nord. »

DE MADAME DE SÉVIGNÉ AU MÊME.

« Pour moi, je suis comme madame de la Fayette : si j'avais encore été longtemps sans vous écrire, je crois que je vous aurais souhaité mort, pour être défaite de vous;

---

[1] *Mémoires de* COULANGES, p. 402.

chi offende non perdona, comme vous savez. Cependant c'eût été grand dommage, car j'apprends que Votre Excellence fait autant de merveilles qu'elle se fait aimer quand elle est à Fresnes. Je suis donc fort aise de vous écrire, afin de ne vous plus souhaiter tant de mal. Nous sommes tous ici dans une compagnie choisie; si vous y étiez, il n'y aurait rien à désirer. J'ai causé ce matin deux heures avec monsieur votre père : si vous saviez comme nous nous aimons, vous en seriez jaloux. Adieu, monsieur l'ambassadeur; si l'évêque de Munster voit cette lettre, je serai bien aise qu'il sache que je vous aime de tout mon cœur. »

Christophe-Bernard Van Galen, prince-évêque de Munster, soudoyé par l'Angleterre, avait attaqué les Hollandais. Louis XIV envoya à leur secours six mille hommes[1], qui firent les troupes de l'évêque prisonnières dans Oudenbosch. Van Galen cherchait alors à négocier avec la France; mais son caractère violent donnait lieu de craindre qu'il n'arrêtât les courriers qui passaient pour se rendre en France; et c'est à cette circonstance que madame de Sévigné fait allusion dans sa lettre.

Madame de Coulanges, qui se trouvait alors à Fresnes, avait épousé en 1659 le joyeux cousin de madame de Sévigné[2]. Le nom de madame de Coulanges était Marie-Angélique Dugué de Bagnols; elle s'était fait remarquer de bonne heure par son esprit vif, brillant, mais caustique; et ce fut peut-être ce défaut qui l'empêcha d'acquérir l'influence et le crédit que paraissaient lui pro-

---

[1] Louis XIV, *Instructions au Dauphin*, dans ses *Œuvres*, t. II, p. 39.

[2] Cf. 1re partie de ces *Mémoires*, p. 8; et les *Mémoires de Coulanges*, p. 53.

mettre sa parenté et ses succès dans le monde. Nièce du chancelier le Tellier, cousine germaine du ministre Louvois, accueillie, recherchée avec empressement dans tous les cercles d'élite, invitée dans toutes les fêtes de la cour et de tous les voyages, elle ne put jamais obtenir une intendance pour son mari. L'incapacité de celui-ci pour les affaires en fut la cause. Il avait été nommé conseiller au parlement de Metz en 1657; et son inaptitude à remplir ses fonctions est restée célèbre, parce qu'elle a introduit dans la langue une phrase proverbiale souvent employée. Deux paysans, dont l'un se nommait Grappin, se disputaient une mare d'eau : Coulanges, ayant à faire le résumé de cette affaire, avant de lire les conclusions de l'arrêt, s'embrouilla tellement dans les détails qu'il ne put s'en tirer; il resta court et quitta subitement son tribunal en disant : « Pardon, messieurs, je me noie dans la mare à Grappin. Je suis votre serviteur. » Madame de Coulanges, à l'époque où elle se trouvait à Fresnes, en 1666, avait environ vingt-sept ans. Elle fut plus coquette que madame de Sévigné, et eut une vertu moins ferme et plus contestée. Ceux qui s'empressaient alors autour d'elle étaient le galant abbé Testu, Brancas le distrait, le séduisant la Fare, mais plus particulièrement et plus assidûment le marquis de la Trousse, son parent et parent aussi de madame de Sévigné.

La réponse que fit M. de Pomponne à la lettre collective démontre que mademoiselle de Sévigné avait déjà passé l'âge de la timidité virginale et qu'elle commençait à prendre part à tout ce qui se passait dans la société.

« J'ai bien envie, dit de Pomponne, de murmurer contre l'ambassade; j'ai manqué le *salement* de mademoiselle de Sévigné. De tout ce que j'ai vu et entendu au pays de Brévone¹, rien ne m'a paru si digne de curiosité. Mais n'êtes-vous pas cruels, tous tant que vous êtes, de ne point m'expliquer de tels mots? Quelle honte qu'il ne se trouve personne parmi vous qui ait cette charité pour un pauvre *Quiquoix* dépaysé! Et cette madame de la Fayette, à qui l'on me renvoie, n'aurait-elle pas mieux fait de me le dire que de m'apprendre que l'on se moque d'elle depuis le matin jusqu'au soir, comme si ce m'était une chose fort nouvelle? Elle a été moquée et le sera; je l'ai été avant elle et le serai; enfin, c'est un honneur que nous partagerons longtemps ensemble. Pour madame de Sévigné, je comprends qu'elle avait assez d'affaires à voir saler sa pauvre fille pour ne lui pas reprocher de m'en avoir caché le mystère et pour n'avoir qu'à la remercier très-humblement des marques de son amitié, qu'elle a bien voulu hasarder à la discrétion de M. de Munster². »

Heureux temps, où le sérieux des plus grandes affaires n'excluait pas la gaieté et les plus grotesques fantaisies; où l'urbanité, la décence et la grâce dominaient jusque dans l'abandon des plus folâtres jeux et du commerce le plus familier!

---

[1] A Fresnes. Voyez ci-dessus, p. 22, la note 2.
[2] *Lettre de* M. DE POMPONNE, en date du 5 juin 1666. Dans les *Mémoires de* COULANGES, p. 405, 406.

CHAPITRE II.

1666 — 1667.

Mademoiselle de Sévigné est chantée par les poëtes. — Ménage compose des vers pour elle. — La Fontaine lui dédie une de ses plus jolies fables. — Saint-Pavin lui écrit une lettre. — Il lui adresse des stances au sujet de son goût pour le reversis. — La froideur de mademoiselle de Sévigné empêchait les passions de naître. — Sa mère cherche à la marier. — Correspondance de Bussy et de madame de Sévigné à ce sujet. — Le duc de Caderousse et Desmoutiers, comte de Mérinville, se présentent pour l'épouser. — Ils sont éloignés, et pourquoi. — Madame de Sévigné va passer l'hiver aux Rochers. — Lettre en vers que lui écrit Saint-Pavin pour l'engager à revenir à Paris. — La cour réside, cet hiver, à Saint-Germain en Laye. — On y danse le ballet des *Muses*. — Molière compose, pour ce ballet, *Mélicerte* et *l'Amour sicilien*. — Madame de Sévigné profite de son séjour aux Rochers pour augmenter et embellir sa terre. — Elle revient au printemps à Paris. — Le roi était parti pour l'armée. — Commencement de la guerre avec l'Espagne. — Prétextes allégués. — Administration intérieure bien réglée. — Réformes de la justice. — Lettres et beaux-arts encouragés. — Victoires de Louis XIV. — Changement dans sa conduite à l'égard de ses maîtresses après la mort de la reine mère. — La Vallière est faite duchesse. — Intrigues du roi avec la princesse de Monaco. — Espiègleries de Lauzun. — Madame de Montespan prend la première place dans le cœur du roi.

Trois ans s'étaient écoulés depuis que mademoiselle de Sévigné avait paru pour la première fois dans les ballets du roi. Depuis cette époque, ses attraits plus développés avaient acquis plus d'éclat. Son esprit et ses grâces, perfectionnés par l'éducation, en avaient fait une femme accomplie. L'admiration que partout elle faisait naître entretenait dans le cœur de madame de Sévigné un orgueilleux sentiment de tendresse et d'amour qui absorbait toutes ses pensées. Dans son entière abnégation de toute autre jouissance, elle semblait ne plus considérer toutes les choses de ce monde que dans leurs rapports avec sa fille. Les louanges qu'on avait coutume de lui adresser à elle-même lui paraissaient un larcin fait à cet objet chéri; et dès lors, pour lui plaire, ce fut pour sa fille, et non pour elle, que les poëtes ses amis composèrent des vers. Ménage adressa à mademoiselle de Sévigné un madrigal en italien, langue qu'elle comprenait déjà très-bien [1]. Le bon la Fontaine lui dédia une de ses plus jolies fables, celle du Lion amoureux.

> Sévigné, de qui les attraits
> Servent aux Grâces de modèle,
> Et qui naquites toute belle,
> A votre indifférence près,
> Pourriez-vous être favorable
> Aux jeux innocents d'une fable,
> Et voir sans vous épouvanter
> Un lion qu'Amour sut dompter.
> Amour est un étrange maître :
> Heureux qui ne peut le connaître
> Que par récit, lui ni ses coups!
> Quand on en parle devant vous,
> Si la vérité vous offense,
> La fable au moins peut se souffrir
> Celle-ci prend bien l'assurance
> De venir à vos pieds s'offrir
> Par zèle et par reconnaissance [2].

[1] Ægidii Menagii *Poemata*, octava edit.; Amstel., 1667, in-12, p. 337, ou 5ᵉ édit., 1668, p. 279.

[2] La Fontaine, *Fables*, liv. IV, fable I, édit. 1668, in-4°, p. 145;

CHAPITRE II.

Saint-Pavin avait écrit une lettre en vers à mademoiselle de Sévigné avant qu'elle eût commencé à prendre son essor dans le monde ; et cette petite pièce est empreinte d'une facilité qui nous engage à la transcrire tout entière.

A MADEMOISELLE DE SÉVIGNÉ.

L'autre jour, chagrin de mon mal,
Me promenant sur mon cheval
Sur les bords des vertes prairies,
J'entretenais mes rêveries,
Quand j'aperçus votre moineau
Sur le haut d'un jeune arbrisseau.
Beaucoup moins gai que de coutume,
Il avait le bec dans la plume,
Comme un oiseau qui languissait
Loin de celle qu'il chérissait.
Je l'appelai comme on l'appelle :
Il vint à moi battant de l'aile ;
Et, sur mon bras s'étant lancé,
Je le pris et le caressai ;
Mais après, faisant le colère,
Je lui dis d'un ton bien sévère :
Apprenez-moi, petit fripon,
Ce qui vous fait quitter Manon.
« Ah ! me dit-il en son langage,
Ma belle maîtresse, à son âge,
S'offense et ne peut trouver bon
Qu'on l'appelle encor de ce nom.
Je sais que vous l'avez connue ;
Mais tout autre elle est devenue :

---

t. II, p. 3 de l'édit. 1638, in-12. — Cette fable commence le volume dans cette édition, et ce second volume (dans le seul exemplaire de ce format que j'aie encore rencontré) porte la date de 1668, tandis que le premier volume a celle de 1669 : celle-ci est la vraie date, l'édition in-4° ayant précédé l'autre. La date des éditions où parut pour la première fois cette fable n'est pas indifférente à notre objet.

Son esprit, qui s'est élevé,
Plus que son corps est achevé;
Il est bien juste qu'on la traite
En fille déjà toute faite.
Elle entend tout à demi-mot,
Discerne l'habile du sot ;
Et sa maman, seule attrapée,
La croit encor fille à poupée.
Tous les matins dans son miroir
Elle prend plaisir à se voir,
Et n'ignore pas la manière
De rendre une âme prisonnière ;
Elle consulte ses attraits,
Sait déjà lancer mille traits
Dont on ne peut plus se défendre
Pour peu qu'on s'en laisse surprendre.
Depuis qu'elle est dans cette humeur,
Elle m'a banni de son cœur,
Et ne m'a pas cru davantage
Un oiseau digne de sa cage.
Désespéré, j'ai pris l'essor,
Résolu plutôt à la mort
Que voir une ingrate maîtresse
N'avoir pour moi soin ni tendresse.
Je sais que vous l'aimez aussi ;
Gardez qu'elle vous traite ainsi ;
Elle est finette, elle est accorte,
Et n'aime que de bonne sorte. »
Ce fut ainsi qu'il me parla,
Puis aussitôt il s'envola [1].

Dans des stances que Saint-Pavin adressa à mademoiselle de Sévigné, qui doivent être postérieures à cette épitre, il la raille sur son goût pour le reversis.

La jeune Iris n'a de souci
Que pour le jeu de reversi,

---

[1] SAINT-PAVIN, dans l'édition des *Lettres de* SÉVIGNÉ, par M. MONMERQUÉ, 1820, in-8°, t. I; *Choix de Poésies*, p. VII et VIII.

De son cœur il s'est rendu maître :
A voir tout le plaisir qu'elle a
Quand elle tient un *quinola*,
Heureux celui qui pourrait l'être !

. . . .

Son cœur devrait-il t'échapper,
Amour? Fais, pour la détromper,
Qu'elle ait d'autres amants en foule ;
La belle au change gagnera [1].

Ainsi que je l'ai dit dans une des précédentes parties de ces Mémoires, l'air froid, indifférent, dédaigneux même de mademoiselle de Sévigné, que sa mère, sa grande admiratrice, lui reproche doucement dans une de ses lettres, détruisait en partie l'effet produit par sa beauté. Sa conversation intéressait d'abord, parce qu'elle avait de l'esprit et du savoir ; mais, comme rien ne partait du cœur, que rien n'y était suggéré, animé par ses impressions du moment, on s'en lassait bientôt. Il paraît que plus tard, et dans l'âge où l'on fait de sérieuses réflexions sur soi-même, elle reconnut elle-même ce qui lui avait toujours manqué pour faire, comme sa mère, les délices des sociétés où elle se trouvait ; car elle écrit à celle-ci : « D'abord on me croit assez aimable, et quand on me connaît davantage on ne m'aime plus. » Sentence qui fait jeter les hauts cris à madame de Sévigné ; mais la manière dont elle la combat [2] prouve que madame de Grignan continuait à être ce qu'avait été mademoiselle de Sévigné. Par une ferme résolution, nous pouvons perfectionner notre nature, mais nous ne pouvons la changer ; elle reste toujours la même malgré le blâme de notre raison ; et il est plus

---

[1] *Ibid.*, t. I, p. VIII.
[2] Madame DE SÉVIGNÉ, *Lettre* en date du 22 septembre 1680, t. VI, p. 469, édit. de Monmerqué.

facile de reconnaître en nous ce qui fait défaut que d'acquérir ce qui nous manque.

Cependant il était arrivé pour madame de Sévigné ce moment à la fois cruel et doux où une mère doit enfin consentir à confier à un mari les destinées de sa fille chérie, où elle doit se résoudre à n'être plus le seul et principal objet de ses affections, la confidente unique de ses pensées.

A l'époque dont nous parlons, madame de Sévigné était péniblement préoccupée de ce grand devoir de mère. Peu de partis se présentaient, du moins de ceux qui pouvaient être acceptés. Les preuves de cette assertion se trouvent dans les lettres mêmes de madame de Sévigné et dans celles de Bussy, qui, en bon parent, partageait à cet égard les sollicitudes de sa cousine : il l'entretenait souvent de mademoiselle de Sévigné, dont il admirait l'esprit et la beauté, et il la désignait presque toujours par ces mots : « La plus jolie fille de France. »

Lorsque mademoiselle de Brancas, liée avec mademoiselle de Sévigné, venait d'épouser (le 2 février 1667) Charles de Lorraine, prince d'Harcourt, Bussy écrivait à sa cousine : « Mademoiselle de Sévigné a raison de me faire ses amitiés : après vous, je n'estime et n'aime rien autant qu'elle. Je suis assuré qu'elle n'est pas si mal satisfaite de sa mauvaise fortune que moi ; et sa vertu lui fera attendre sans impatience un établissement avantageux, que l'estime extraordinaire que j'ai pour elle me persuade être trop lent à venir. — Voilà de grandes paroles, madame ; en un mot, je l'aime fort, et je trouve qu'elle devrait être plutôt princesse que mademoiselle de Brancas[1]. »

---

[1] Bussy, *Lettre à madame de Sévigné*, en date du 23 mai 1667, dans les *Lettres de* Sévigné, édit. de M., t, I, p. 11 ; t. I, p. 162, édit. de G.

Un an plus tard, l'impatience de madame de Sévigné se trahit vivement par ces paroles contenues dans plusieurs réponses faites à Bussy : « La plus jolie fille de France vous fait ses compliments : ce nom paraît assez agréable ; je suis pourtant lasse d'en faire les honneurs [1]. »

Bussy répond : « La plus jolie fille de France sait bien ce que je lui suis. Il me tarde autant qu'à vous qu'un autre vous aide à en faire les honneurs ; c'est sur son sujet que je reconnais la bizarrerie du destin aussi bien que sur mes affaires [2]. »

Un mois après, madame de Sévigné écrit encore à Bussy : « La plus jolie fille de France est plus digne que jamais de votre estime et de votre amitié. Sa destinée est si difficile à comprendre que, pour moi, je m'y perds [3]. »

Je pense que le mot de cette énigme était parfaitement connu de madame de Sévigné et de Bussy, mais qu'ils ne voulaient pas se le dire mutuellement, parce qu'ils osaient à peine se l'avouer à eux-mêmes.

La froideur de mademoiselle de Sévigné pouvait bien, ainsi que je l'ai dit, l'empêcher d'inspirer de grandes passions ; mais alors, plus qu'à toute autre époque, ce n'était pas l'amour qui faisait contracter les mariages, c'étaient l'ambition et l'intérêt ; c'étaient surtout les espérances que l'on pouvait fonder sur la faveur du monarque. Or, mademoiselle de Sévigné appartenait à une famille frondeuse et janséniste, dans laquelle ne se trouvait aucun homme

---

[1] Sévigné, *Lettre* en date du 26 juillet 1668, t. I, p. 189, dans l'édition de G. de S.-G. ; t. I, p. 133, édit. de Monmerqué.

[2] *Lettre de* Bussy à madame de Sévigné, en date du 29 juillet 1668, dans les *Lettres de* Sévigné, t. I, p. 141, éd. de M.; t. I, p. 198, éd. de G.

[3] Sévigné, *Lettre* en date du 28 août 1668, t. I, p. 148, édit. de Monmerqué ; t. I, p. 207, édit. de G. de S.-G.

puissant qui fût intéressé à sa grandeur. Le choc des factions avait abattu la haute fortune de Retz; Bussy, que ses talents militaires auraient pu faire parvenir aux plus hautes dignités de l'État, était, par sa faute, depuis longtemps disgracié. Ainsi aucun des chefs de cette famille ne pouvait contribuer à l'élévation de celui qui aurait contracté alliance avec elle; et cependant madame de Sévigné pensait que la beauté et la riche dot de sa fille lui donnaient le droit de n'accueillir pour elle que des propositions où le rang et la naissance se trouvaient en parfaite convenance avec ce qu'elle croyait avoir droit d'exiger; et comme elle portait naturellement ses prétentions au niveau de l'admiration qu'elle avait pour sa fille, peu de partis lui convenaient : ceux qui auraient pu la flatter, par les raisons que je viens d'exposer, ne se présentaient pas.

Il s'en offrit pourtant plusieurs qui semblaient réunir toutes les conditions propres à être agréés, et les lettres de madame de Sévigné nous en font connaître deux : l'un, le duc de Caderousse, dont nous avons parlé, qui épousa mademoiselle de Guénégaud [1]; l'autre, Charles de Mérinville, fis de François Desmoutiers, comte de Mérinville, chevalier des ordres du roi et alors lieutenant général de Provence. Le comte de Mérinville se trouvait à Paris en 1667, absent de son gouvernement; et il profita de cette occasion pour présenter son fils chez madame de Sévigné et lui demander sa fille en mariage [2]. Cette proposition parut satisfaire madame de Sévigné, et l'union

---

[1] SÉVIGNÉ, *Lettre* en date des 1ᵉʳ août 1667 et 9 août 1671, t. I, p. 117; et t. II, p. 149, édit. de Monmerqué. — *Mémoires de* COULANGES, p. 391.

[2] PAPON, *Histoire générale de Provence*, in-4°, t. IV, p. 819. Sur

fut sur le point de se conclure. Le jeune homme était de l'âge de mademoiselle de Sévigné, mais il lui plaisait peu ; et madame de Sévigné fit naître tant d'incidents par la crainte qu'elle avait d'arriver à une conclusion que les négociations commencées se rompirent [1]. Ce ne fut que plus tard, ainsi que nous le dirons, que M. le comte de Grignan, beaucoup plus âgé que Mérinville et deux fois veuf, fut agréé par la mère et par la fille [2].

Mais avant et dès le temps où elle s'était résolue à établir sa fille, madame de Sévigné avait songé à faire des économies. C'est pour y parvenir que, dans l'automne de l'année 1666, elle se rendit à sa maison des Rochers, et qu'elle se résolut à y prolonger son séjour pendant tout l'hiver [3]. Ce fut là un grand sujet de contrariété et d'ennui pour ses amis de Paris et pour toutes les sociétés qu'elle animait par sa gaieté et par son esprit. Saint-Pavin se rendit leur organe, et lui adressa en Bretagne une lettre en vers, pour lui exprimer le désir que l'on avait de la voir revenir dans la capitale.

> Paris vous demande justice ;
> Vous l'avez quitté par caprice.
> A quoi bon de tant façonner,
> Marquise ? il y faut retourner.

---

les exploits de Mérinville le père à la guerre, conférez Loret, *Gazette*, année 1656, liv. VII, p. 36.

[1] Sévigné, *Lettres* (9 août 1671), t. II, p. 149, édit. de Monmerqué. — Papon, *Histoire générale de Provence*, t. IV, p. 819.

[2] Sévigné, *Lettres*, t. I, p. 86 et 106 ; t. III, p. 418, édit. de Monmerqué. — Saint-Simon, *Mémoires*, t. XII, p. 59.

[3] Sévigné, *Lettres* en date du 21 novembre 1666 et du 20 mai 1667, t. I, p. 109 et 111, édit. de M. ; t. I, p. 154 et 156, édit. de G.

>L'hiver approche, et la campagne,
>Mais surtout celle de Bretagne,
>N'est pas un aimable séjour
>Pour une dame de la cour.
>Qui vous retient ? Est-ce paresse ?
>Est-ce chagrin ? est-ce finesse ?
>Ou plutôt quelque métayer
>Devenu trop lent à payer ?
>De vous revoir on meurt d'envie ;
>On languit ici, on s'ennuie ;
>Et les Plaisirs, déconcertés,
>Vous y cherchent de tous côtés.
>Votre absence les désespère ;
>Sans vous ils n'oseraient nous plaire.
>Si vous étiez ici demain,
>La cour quitterait Saint-Germain ;
>Et les Jeux, les Ris et les Grâces,
>Qui marchent toujours sur vos traces,
>Y rendraient l'Amour désormais
>Plus galant qu'il ne fut jamais.

Après nous avoir appris, par des contre-vérités sur mademoiselle de Sévigné, qu'elle s'appliquait avec succès à l'étude de l'espagnol et de l'italien, Saint-Pavin continue ainsi :

>Il faut quitter ce badinage.
>Votre fille est le seul ouvrage
>Que la nature ait achevé :
>Dans les autres elle a rêvé.
>Aussi la terre est trop petite
>Pour y trouver qui la mérite ;
>Et la belle, qui le sait bien,
>Méprise tout et ne veut rien.
>C'est assez pour cet ordinaire,
>Et trop peut-être pour vous plaire ;
>S'il est vrai, gardez le secret,
>Et donnez ma lettre à Loret :

Je crois qu'en Bretagne on ignore
S'il est mort ou s'il vit encore [1].
....
..............Songez à partir.
La réponse la plus touchante
Ne pourrait payer mon attente ;
Tout le plaisir est à se voir.
Les sens se peuvent émouvoir :
Tel est vieux et n'ose paraître
Qui, vous voyant, ne croit plus l'être [2].

La cour, ainsi que le dit Saint-Pavin, avait résidé à Saint-Germain durant l'hiver que madame de Sévigné passa en Bretagne ; mais quoique les divertissements n'y eussent pas été aussi brillants que ceux des années précédentes, cependant ils ne furent que peu de temps suspendus par la mort de la reine mère. Benserade composa pour l'hiver de 1666 le *Ballet des Muses*, dans lequel le roi dansa avec MADAME, mademoiselle de la Vallière, madame de Montespan et d'autres beautés. Ce fut à cette occasion que Molière rima son insipide pastorale de *Mélicerte*, qu'il se repentit d'avoir écrite et qu'il remplaça depuis par la jolie pièce du *Sicilien ou l'Amour peintre* [3].

---

[1] Loret était mort depuis peu de temps. Dans sa dernière gazette, qui est du 28 mars 1665, il expose ses infirmités, et dit presque adieu à ses lecteurs. Voyez *la Muse historique*, liv. XVI, p. 51 et 52.

[2] *Recueil des plus belles Poésies des poëtes françois*; Paris, chez Claude Barbin, 1692, in-12, p. 325-328. — *Poésies de* SAINT-PAVIN; chez Leprieur, 1759, in-12, p. 62-71. — SÉVIGNÉ, *Lettres*, t. I; *Choix de Poésies*, p. III, édition de Monmerqué.

[3] *Ballet royal des Muses*, dansé par Sa Majesté en 1666, dans les *Œuvres de* BENSERADE, t. II, p. 357. — *Mélicerte*, comédie pastorale héroïque, par J.-B. P. DE MOLIÈRE, représentée pour la première fois à Saint-Germain en Laye, pour le Roy, au ballet des Muses, en décembre 1666, par la troupe du Roy ; dans les *Œuvres posthumes* de mon-

Madame de Sévigné profita de son séjour aux Rochers pour agrandir et embellir sa demeure sans nuire à ses projets d'économie. « J'ai fait planter, écrivait-elle à Bussy, une infinité de petits arbres et un labyrinthe d'où l'on ne sortira pas sans le fil d'Ariane ; j'ai encore acheté plusieurs terres, à qui j'ai dit, selon la manière accoutumée : Je vous fais parc. De sorte que j'ai étendu mes promenoirs sans qu'il m'en ait coûté beaucoup [1]. »

Madame de Sévigné ne revint à Paris qu'au printemps suivant, vers la fin du mois de mai [2]. Louis XIV était alors à Compiègne ; mais il partit bientôt pour aller rejoindre son armée, et commencer enfin cette grande lutte contre l'Espagne à laquelle il se préparait depuis longtemps : vaste scène qui s'ouvrait pour l'Europe entière, et qui, après de sanglants combats, se termina par la conquête de la Flandre et celle de la Franche-Comté [3]. Ainsi fut constitué ce beau royaume de France en une masse compacte et formidable, restée intacte malgré les désastres de la fin de

sieur DE MOLIÈRE ; chez Denis Thierry, 1682, in-12, *imprimées pour la première fois,* t. VII des *Œuvres,* p. 229.

[1] SÉVIGNÉ, *Lettre* en date du 20 mai 1667, t. I, p. 113, édit. de Monmerqué, et p. 156 de l'édit. de G. de S.-G.

[2] Louis XIV partit de Paris le 16 mai, et alla coucher à Champlâtreux. Conférez DALLICOURT, *Campagne royale,* p. 4.

[3] BUSSY, *Lettres,* t. III, p. 29 et 30. — Sur les causes ou les prétextes de cette guerre, conférez *Dialogues sur les droits de la Reyne très-chrétienne;* Paris, de l'imprimerie d'Antoine Vitré, 1667, in-12 (23 pages). Ce fut Louis XIV qui fit composer et répandre ce petit écrit ; il est avoué par lui dans l'avertissement. La permission d'imprimer est du 10 mai 1667. Grimoard, dans les *Œuvres de* Louis XIV, t. III, p. 37, parle d'un *Traité des droits de la Reyne,* dont il y eut trois éditions. Est-ce le même écrit que le Dialogue ? — Cf. MIGNET, *Négociations relatives à la succession d'Espagne,* 1825, in-4°, t. I, p. 177-297, 391-495.

ce glorieux règne, malgré la corruption et la mollesse des deux règnes suivants, malgré les affreuses convulsions de l'anarchie et la délirante ambition du génie des batailles.

Tandis que Louis XIV, à Versailles, à Saint-Germain, aux Tuileries ou dans les camps, ne semblait s'occuper que de plaisirs, de politique et de guerre, toutes les réformes, toutes les institutions, tous les établissements qui devaient accroître les richesses et la prospérité de la France s'exécutaient comme il les avait déterminés dans son conseil. Quand, pour donner plus d'activité au commerce, il créa, en 1665, la compagnie des Indes occidentales, les commerçants qui devaient la composer furent assemblés au Louvre, sous la présidence de Colbert; et le roi parut en personne au milieu d'eux, pour les exhorter à se livrer avec toute sécurité à leurs opérations commerciales et pour leur donner l'assurance que ses vaisseaux les protégeraient jusqu'aux extrémités de l'univers [1]. C'est dans cette année 1667, si mémorable par tant de succès guerriers[2], de traités et de négociations importantes[3], que furent promulguées ces belles ordonnances pour l'administration de la justice, admirées des jurisconsultes, et qu'on avait surnommées le Code Louis [4]; que fut instituée l'Académie des sciences; que fut établie à Rome une Académie des beaux-arts; qu'on jeta les fondements de ce

---

[1] LORET, *Muse historique*, lettre 13, du 28 mars 1665, livre XVI, p. 50.

[2] RAMSAY, *Hist. du vicomte de Turenne*, édit. in-12, t. II, p. 141-144.

[3] MONGLAT, *Mémoires*, t. LI, p. 139-142.

[4] Le président HÉNAULT, *Abrégé chronologique*, année 1667, t. III, p. 864, édit. W. — BUSSY, *Hist. de Louis XIV*, 159-166.

séjour de tant de savantes et impérissables découvertes, l'Observatoire de Paris ; que furent commencés les travaux du canal qui devait joindre l'Océan à la Méditerranée ; qu'enfin des prix furent distribués aux peintres, aux artistes ; des récompenses données aux savants étrangers, afin de rattacher au drapeau de la France les talents les plus éminents, les plus hautes capacités [1].

Le roi, en s'exposant plus qu'il n'était nécessaire, donna des preuves de bravoure personnelle [2] ; mais cependant ses ennemis étaient si mal préparés à se défendre, ses succès furent si rapides que, si on excepte le siége de Lille, cette campagne ressembla plus à une marche triomphale qu'à une lutte guerrière [3].

Louis XIV conduisait avec lui la jeune reine ; il la montrait aux peuples soumis comme leur légitime souveraine ; car c'était pour soutenir les droits de sa femme à la souveraineté de ces contrées et à la succession d'Espagne, à laquelle cependant on avait renoncé par le traité des Pyrénées, qu'il entreprenait cette guerre [4]. Une riante et gracieuse escorte de jeunes et belles femmes accompa-

---

[1] Louis XIV, *Œuvres*, t. II, p. 267-272. — Bussy, *Lettres*, t. V, p. 35. — Lépicié, *Vies des peintres du Roi*, p. 46. — Eckard, *États au vrai de toutes les sommes employées par Louis XIV*, chap. XVI, p. 59. — *Recueil de la Société des bibliophiles*, 1826, 1 vol. in-8°. Gratifications faites par Louis XIV aux savants et aux hommes de lettres depuis 1664 jusqu'en 1679 (102 pages).

[2] Monglat, *Mémoires*, t. LI, p. 141 et 142.

[3] Louis XIV, *Mémoires historiques* et *Instructions au Dauphin*, dans les *Œuvres*, t. II, p. 328. — P. Dalicourt, *la Campagne royale ès années* 1667 *et* 1668 ; Paris, chez la veuve Gervais, 1668, in-12, p. 77-131.

[4] Monglat, *Mém.*, p. 51-146. — Louis XIV, *Mém. historiques*, t. II, p. 304, 306, 307.

gnait Louis dans ses conquêtes. Partout, après les combats, des fêtes étaient préparées, spontanément offertes, ou commandées sous la tente et sur les champs de bataille : au milieu des dangers de la mort, incessamment bravés pour la patrie, la volupté semblait acquérir quelque chose de grand et de martial, qui désarmait la censure des esprits sévères.

Le jeune roi donnait, sous ce rapport, à ses peuples, un exemple fatal, dont sa cour était fortement préoccupée. La mort de la reine mère avait achevé d'ôter à Louis XIV le peu de contrainte qu'il s'était imposée par égard pour elle. La femme si douce et si tendre qui ne voyait dans le roi qu'un amant, qui aurait voulu ensevelir dans l'ombre le secret d'une liaison coupable, celle dont le cœur, avant d'être touché par l'amour de Dieu, ne palpita jamais que pour un seul homme, fut condamnée à porter le titre de duchesse, à laisser légitimer par lettres patentes sa honte et ses dignités, à subir l'ennui d'un nombreux cortége, à dévoiler le mystère de ses accouchements, à voir ses deux enfants ravis dès leur naissance à sa tendresse maternelle, et, sous les noms de comte de Vermandois et de mademoiselle de Blois, reconnus, par actes publics, comme les honorés rejetons d'un royal adultère [1].

Ce ne furent pas là encore ses plus grandes afflictions. Lorsque Louis XIV augmentait, par des faveurs qu'elle eût voulu repousser, les remords de la Vallière, il froissait son cœur par de fréquentes infidélités, indices certains de

---

[1] Dreux du Radier, *Mémoires historiques et critiques des reines et régentes de France*, t. VI, p. 416 et 417. Les lettres patentes qui créent la terre de Vaujour et la baronnie de Saint-Christophe en duché-pairie sont du mois de mai 1671, datées de Saint-Germain en Laye.

l'affaiblissement de son amour. Une de ces liaisons passagères, qui eut lieu avec la princesse de Monaco, fille du duc de Gramont, acquit plus de publicité que toutes les autres, parce qu'elle occasionna la disgrâce du duc de Lauzun, amant favorisé de la princesse avant le roi. Lauzun fut mis à la Bastille, non-seulement pour n'avoir pas voulu un grade supérieur qui l'éloignait de la cour, mais pour avoir forcé sa perfide maîtresse à recevoir un soir les tendres protestations du roi à travers le trou d'une serrure dont Lauzun avait su dérober la clef. Louis XIV pardonna à Lauzun cette audacieuse espièglerie, parce que le goût qu'il avait pour celle qui en avait été l'objet se passa promptement[1].

Mais une autre femme, réputée belle entre les belles, d'un caractère haut et fier, mariée à un homme plein d'honneur, respectée par la médisance, même à la cour, toucha vivement le cœur de Louis XIV. C'était madame de Montespan, qui, par son esprit caustique, ses saillies, ses bons mots, son talent de narrer avec gaieté, s'était fait aimer de la reine et de madame de la Vallière. Celle-ci devina avant tout le monde (l'instinct de l'amour est le plus vif de tous) qu'elle était trahie, et que madame de Montespan allait être pour elle la cause du plus grand des malheurs, celui d'être obligée de se séparer d'un amant pour lequel l'ardeur de sa passion n'avait cessé de s'accroître. Ce secret fut divulgué à la cour durant cette campagne, et il ouvrait

---

[1] BUSSY, *Supplément aux Mémoires*, t. I, p. 59. — IDEM, *Lettres*, t. V, p. 37 (*Lettre de* BENSERADE à Bussy, en date du 15 septembre 1667). — IDEM, t. III, p. 148 et 149 (*Lettre de* Bussy, en date du 10 août 1669, à madame D... (de Montmorency), (L***, à la fin de la page 148, est Lauzun). — LA FARE, *Mémoires*, t. LXV, p. 105. — LA BEAUMELLE, dans les *Mémoires de Maintenon*, t. I, p. 69.

une nouvelle carrière aux intrigues qui s'agitaient sans cesse autour de ce monarque, dès son début couronné par la victoire, et déjà, si jeune, flatté par la renommée [1]. La cour se tenait à Compiègne, afin de se trouver plus rapprochée des opérations de la guerre ; et lorsqu'elles étaient suspendues, Louis XIV se hâtait de retourner à Compiègne, où l'attiraient les enchantements de sa nouvelle passion.

[1] La Fare, *Mémoires*, t. LXV, p. 165. — Montpensier, *Mémoires*, t. XLIII, p. 107, 109, 112, 115, 119, 120. — Choisy, *Mémoires*, t. LXIII, p. 397-403.

CHAPITRE III.

1667.

Madame de Sévigné revient à Paris, et écrit à Bussy. — Celui-ci dissimule avec elle. — Il demande au roi de rentrer au service. — Bussy avait conservé des amis, et entretenait une nombreuse correspondance. — Madame de Sévigné était la plus exacte à lui écrire. — La marquise de Gouville continuait de correspondre avec lui. — La marquise de Monglat s'efforce en vain de se remettre bien avec lui. — Les principaux correspondants de Bussy étaient le duc de Saint-Aignan, le duc de Noailles, le comte de Gramont, Benserade, Corbinelli, dom Cosme, général des feuillants, le P. Bouhours. — Jugement sur ce dernier. — Premier recueil des lettres de madame de Sévigné, données par Bussy, avec celles qu'il avait écrites. — Autres correspondants de Bussy en femmes : la marquise de Gouville, madame de Montmorency, la comtesse du Bouchet, mademoiselle d'Armentières, la maréchale d'Humières, la marquise d'Hauterive, mademoiselle Dupré. — Détails sur cette demoiselle, mise par Ménage au nombre des femmes illustres avec madame de Sévigné. — Madame de Scudéry. — Caractère de cette dame. — Comparée à madame de Sévigné. — Ce qu'elle écrit à Bussy sur les regrets d'avoir perdu son mari. — Des amis des deux sexes qu'avait madame de Scudéry. — De ses liaisons et de son cercle. — De son amitié pour le P. Rapin. — Elle le fait entrer en correspondance avec Bussy, et rend service à tous deux. — Pour se venger des vers de Boileau contre son mari, elle veut animer Bussy contre Boileau. — Vers de Boileau qui lui en ont fourni l'occasion. — Louis XIV demande l'explication de ces vers. — Ce qu'on lui répond. — Licence des mœurs de cette époque, autorisée par le monarque, la presse et le théâtre. — On joue l'*Amphitryon* et *George Dandin*. — Bussy ne se trouve pas offensé par le vers de Boileau, et refuse de s'associer au ressentiment de madame de Scudéry contre ce poëte. — Bussy demande au roi de servir, et n'obtient rien. — Il occupe alternativement son château de Chaseu et celui de Bussy. — Description que Bussy fait de la galerie de portraits qui se trouvait dans ce dernier château.

Lorsque madame de Sévigné revint à Paris, toute la haute société avait quitté cette capitale, tous ses amis étaient absents; et si elle recherchait parfois la solitude, ce n'était pas lorsqu'elle était en ville. Elle se résolut donc à passer l'été à Livry.

« Toute la cour est à l'armée, écrivait-elle [1] à Bussy ; et toute l'armée est à la cour. Paris est un désert ; et, désert pour désert, j'aime beaucoup mieux celui de la forêt de Livry, où je passerai l'été.

> En attendant que nos guerriers
> Reviennent couverts de lauriers. »

Ainsi que je l'ai exposé dans la seconde partie de ces Mémoires, la correspondance de madame de Sévigné avec Bussy, qui s'était renouée vers cette époque, ne devait plus se rompre. Ce que nous en possédons nous prouve que madame de Sévigné prenait une part très-vive aux succès de Louis XIV et de son armée : à chaque nouvelle victoire, elle exprime des regrets sincères que Bussy n'ait pas obtenu un commandement qui le mît à portée d'obtenir sa part de tant de gloire. Bussy, toujours dominé par son excessive vanité, dissimule avec sa cousine; il fait le dédaigneux et le philosophe : cependant il lui envoie régulièrement les suppliques qu'il adressait au roi à l'ouverture de chaque campagne, pour offrir ses services ; mais il ne lui disait pas qu'il écrivait sans cesse

---

[1] Sévigné, *Lettre* en date du 20 mai 1667, t. I, p. 112 de l'édit. de Monmerqué. — *Ibid.*, t. I, p. 156, édit. de G. de S.-G.

à ses amis, pour qu'ils intercédassent aussi en sa faveur [1].

Bussy avait conservé, malgré les défauts de son caractère, un bon nombre d'amis puissants et dévoués ; il entretenait avec eux une correspondance très-active [2] ; il en avait une très-étendue avec des gens de lettres et avec des femmes spirituelles, qui l'instruisaient de toutes les nouvelles du jour et des intrigues de cour. Quelques-unes de ces femmes s'étaient rendues célèbres dans les cercles de précieuses et de beaux esprits, qui s'étaient multipliés dans Paris. Les unes étaient flattées d'être en commerce de lettres avec un homme de qualité et de l'Académie ; les autres étaient des dames de la cour, dont quelques-unes avaient été ses maîtresses et avaient conservé avec lui des rapports d'amitié. La marquise de Monglat aurait bien voulu se remettre avec lui sur ce pied [3]. Elle lui écrivit plusieurs fois pour se justifier, et tâcha de ranimer en lui ce qu'elle voulait conserver de son ancienne affection. Elle aussi avait beaucoup d'amis qui lui étaient sincèrement attachés : son caractère aimable était fort goûté de madame de Sévigné, qui la voyait souvent. Elle fit écrire à Bussy par plusieurs de ses cor-

---

[1] SÉVIGNÉ, *Lettres*, t. I, p. 159-161 de l'édit. de G. de S.-G. ; t. I, p. 114 de l'édit. de Monmerqué. —*Suite des Mémoires du comte* DE BUSSY-RABUTIN, mss. n° 221 de la bibliothèque de l'Institut.— BUSSY, *Lettres*, t. I, p. 7 (en date du 23 mai 1667).—*Ibid.*, p. 12 (4 février et 6 avril 1668), p. 38 (27 mars 1670), p. 56 (13 mars 1671), p. 62 (19 septembre 1671), p. 66 (8 décembre 1671), p. 128 (9 juin 1674), p. 134 (20 août 1674), p. 178 (20 novembre 1675).

[2] BUSSY, *Lettres* ; Paris, in-12, 4 vol., 4ᵉ édition ; et *Nouvelles Lettres*, t. V, VI et VII, 1727, in-12.

[3] BUSSY, *Lettres*, t. V, p. 66 (24 mars 1667, à madame de Montmorency) ; t. III, p. 49 ; *lettre de la marquise* DE GOUVILLE, en date du 12 août 1667.

respondantes[1], qui ne purent rien gagner sur cet homme orgueilleux et vindicatif. Comme la santé de madame de Monglat s'était affaiblie et qu'elle eut quelques velléités de religion, elle s'était mise en rapport avec dom Cosme, prédicateur renommé et général des feuillants, pour lequel Bussy avait beaucoup de considération et d'estime. Elle l'employa comme intercesseur, mais ce fut encore en vain[2] ; et elle ne put empêcher que des tableaux emblématiques de son inconstance et de sa légèreté ne fussent placés dans le grand salon du château de Bussy[3], et que les devises mises sur ces peintures et au bas de son portrait ne donnassent matière aux entretiens d'un monde auquel la médisance plaît toujours.

Parmi les principaux correspondants de Bussy, il faut d'abord nommer celui qui lui était le plus dévoué, le duc de Saint-Aignan, si aimé du roi et si bien instruit des secrets les plus intimes de son intérieur. Madame de Sévigné a dit avec raison de lui « qu'il a rendu à Bussy des services que nul autre courtisan n'aurait osé ni voulu lui rendre[4]. » Le duc de Saint-Aignan avait composé des mémoires où il justifiait Bussy; et il eut le généreux courage de les montrer au roi[5].

[1] Bussy, *Lettres*, t. V, p. 66, lettre en date du 24 mars 1669.
[2] Bussy, *Lettres*, t. III, p. 33 et 65 (en date du 16 juin et du 25 décembre 1667); cette dernière est adressée à dom Cosme.
[3] Bussy, *Lettres*, t. V, p. 41, en date du 18 octobre 1667, à mademoiselle d'Armentières. — Millin, *Voyage*, t. I, p. 208-219, pl. XII de l'atlas.
[4] Sévigné, *Lettres*, t. VIII, p. 249 (Lettre à Bussy, en date du 17 juin 1687), et t. III, p. 371; t. V, p. 468; t. VII, p. 55 de l'édit. de G. de S.-G.
[5] Bussy, *Lettres*, t. III, p. 264; Lettre de madame de Scudéry, en date du 26 septembre 1670; Lettres de mesdames de Scudéry, de Solvan-Sallier, etc.; Paris, 1806, Léopold Collin, p. 33.

Les autres correspondants de Bussy à la cour étaient le duc de Noailles, qui fut capitaine des gardes[1], et le comte de Gramont, rendu célèbre par les piquants mémoires que son beau-frère Hamilton a écrits sur les folies de sa jeunesse[2]; le comte de Guiche, ceinturé comme son esprit, disait madame de Sévigné, et qui se trouvait alors enveloppé dans la disgrâce de Vardes[3]. Parmi les ecclésiastiques et les gens de lettres, on doit nommer l'abbé de Choisy, plus célèbre par ses scandaleuses aventures que par le grand nombre de livres qu'il a composés; Benserade et Corbinelli (ce dernier alors était en Languedoc, entraîné aussi dans l'exil de Vardes[4]); puis dom Cosme, dont nous avons parlé; et enfin le P. Rapin[5] et le P. Bouhours. C'est à Bouhours que nous devons l'édition tronquée des *Mémoires de Bussy*, et, je crois, aussi l'édition si confusément ordonnée de sa correspondance. Bouhours était à la fois homme du monde, homme d'Église et homme de lettres; ayant les prétentions d'un puriste, et affectant l'autorité d'un critique; recherchant la réputation de bel esprit, et s'arrogeant l'importance d'un profond théologien ; écrivant alternativement et avec facilité sur des sujets saints ou profanes, sérieux ou légers; auteur fécond, mais souvent futile ; écrivain correct, mais non exempt d'affectation, et qui,

---

[1] SÉVIGNÉ, *Lettres*, t. VII, p. 35 ; t. XI, p. 176, édit. de G. de S.-G.

[2] BUSSY, *Lettres*, t. IV, p. 73. — HAMILTON, *Mémoires d'Hamilton*. (La traduction anglaise imprimée chez Bentley, 3 vol. in-8°, avec portraits coloriés, est préférable, à cause des notes.)

[3] BUSSY, *Lettres*, t. III, p. 136, 137, 155, 207, 308, 522, 523 ; t. V, p. 170 et 172. (Toutes les lettres de C** sont de Corbinelli.)

[4] SÉVIGNÉ, *Lettres*, t. II, p. 350 (en date du 5 janvier 1672), édit. de G. de S.-G.

[5] BUSSY, *Lettres*, t. III, p. 378 à 547 ; t. IV, p. 10 à 345.

fort admiré de madame de Sévigné, jouissait d'une réputation très-supérieure à ses talents [1].

La correspondance de Bussy avec les femmes était bien plus nombreuse et d'une plus grande valeur. Parmi elles, la première à nommer est madame de Sévigné. Les lettres de Bussy à sa cousine, avec les réponses, remplissent presque entièrement les deux volumes du recueil de la correspondance qui fut publié par la marquise de Coligny, fille de Bussy, en 1697 [2]. Bayle fit l'éloge de ce recueil [3]. Bussy composait beaucoup de vers, et il les envoyait à sa cousine pour les soumettre à son jugement; ces vers ont été imprimés, avec les lettres où ils se trouvaient insérés, dans le recueil dont nous parlons; et si les éditeurs de madame de Sévigné ont eu raison de débarrasser sa correspondance de cet inutile bagage, en réimprimant les lettres que Bussy lui avait adressées, ils ont eu tort de supprimer de ces lettres les passages qui concernaient les envois de ces pièces de vers, puisqu'ils constataient que ce goût de Bussy pour la poésie était partagé par sa cousine [4].

Après madame de Sévigné, la marquise de Gouville mérite d'être mentionnée comme celle qui correspondait

---

[1] Bussy, *Lettres*, t. VI, p. 45 à 356.

[2] Monmerqué, *Notices biographiques sur les différentes éditions de madame de Sévigné.*

[3] Bayle, *Œuvres*, in-folio, t. IV, p. 776 (lettre du 4 décembre 1698). — *Lettres choisies;* Rotterdam, 1714, t. II, p. 652.

[4] Bussy, *Lettres*, édit. 1720, t. I, p. 18, 29, 68, 93, 341-364 (29 septembre 1668, 1ᵉʳ mai 1672, 4 septembre 1680). Cette dernière lettre, qui renferme un grand nombre d'épigrammes de Martial et de Catulle, assez bien traduites par Bussy, a été entièrement omise par les éditeurs de madame de Sévigné, et forme une lacune dans sa correspondance avec son cousin, qui devra être réparée.

le plus assidûment avec Bussy. Ses lettres sont les plus spirituelles, les plus riches en détails amusants, narrés avec esprit et finesse [1]. Elle avait pendant quelque temps enchaîné Bussy ; et l'intimité qui avait existé entre eux donnait à leur commerce plus d'agrément, de franchise et de vérité. Il faut joindre à la marquise de Gouville son intime amie la comtesse de Fiesque, que Bussy appelait sa cousine. Folâtre et insouciante, elle était initiée et elle initiait Bussy à tous les secrets de la petite cour de MADEMOISELLE, dont elle faisait partie.

Une dame qui par son mari portait le beau nom de Montmorency se montre le plus instructif des correspondants de Bussy. Ses lettres sont des espèces de bulletins de ce qui se passait à la cour, des promotions, des mariages, des décès, des intrigues, des nouvelles politiques qu'on y débitait, des anecdotes scandaleuses qu'on y racontait ; le tout dit en deux mots, sans réflexions, sans phrases, et exprimé avec une concision remarquable. Des pièces de vers qui avaient circulé se trouvent aussi insérées dans ces lettres. Le nom de famille de cette madame de Montmorency était Isabelle d'Harville de Palaiseau, et elle appartenait à cette noble famille de guerriers qui, dès le commencement du quinzième siècle, s'étaient illustrés à la bataille d'Azincourt [2]. Ni Bussy ni les mémoires contemporains ne nous apprennent rien sur cette dame de Montmorency. Au bas de son portrait Bussy avait mis cette inscription : « Digne non pas d'un homme de plus grande qualité, mais d'un homme plus

---

[1] BUSSY, *Lettres*, t. III, p. 39, 49, 50, 55, 64, 233 ; t. V, p. 11, 40, 300, 310, 342.

[2] Cf. LE BOEUF, *Histoire du diocèse de Paris*, 8ᵉ partie, p. 9-11.

aimable¹. » Cette inscription prouve du moins que ce mari d'Isabelle de Palaiseau était de la noble famille dont il portait le nom. Madame de Montmorency était peu favorisée de la fortune, quoique amie de la duchesse de Nemours, qui possédait de si grands biens et aurait pu se montrer plus généreuse à son égard ².

La comtesse du Bouchet écrivait aussi souvent à Bussy avec une liberté d'expression qui devait lui plaire beaucoup : accoutumée à tout dire, sa franchise donnait un grand prix à ses lettres ³.

Henriette de Conflans, demoiselle d'Armentières, belle quoiqu'elle ne se mariât point, pieuse quoique amie de Bussy, était encore pour lui un correspondant qui avait toute sa confiance : c'était celle qui plaidait auprès de lui la cause de madame de Monglat avec le plus de chaleur, parce que celle-ci paraissait vouloir alors se mettre sous la direction de dom Cosme et renoncer à la vie mondaine ⁴.

Parmi les autres femmes auxquelles Bussy écrivait plus souvent, on distingue la femme de son cousin, la maréchale d'Humières, dont le portrait, dans sa galerie, était accompagné de cette inscription : « D'une vertu qui, sans être austère ni rustique, eût contenté les plus délicats. » Elle était dame du palais de la reine : liée avec madame de Sé-

---

¹ CORRARD DE BRÉBAN, *Souvenirs d'une visite aux ruines d'Alis et au château de Bussy*, p. 22. — MILLIN, *Voyage dans les départements du midi de la France*, 1807, in-8°, t. I, p. 212. — Dans Millin, l'inscription paraît être rapportée moins exactement : il y a *Harville de Paloise*, au lieu d'*Harville de Palaiseau*.

² *Lettres de madame* DE SCUDÉRY, p. 54, collection de Léopold Collin, lettre en date du 17 mars 1670. —*Lettres de mesdames* DE MONTPENSIER, MONTMORENCY, etc., 1806, in-12.

³ BUSSY, *Lettres*, t. V, p. 202, 203 (18 et 24 août 1671).

⁴ BUSSY, *Lettres*, t. III, p. 77, 80-90, 112 ; t. V, p. 7, 41, 52, 70.

vigné, belle et pieuse, elle termina [1] sa longue vie aux Carmélites de la rue Saint-Jacques [2]. Après cette dame respectable nous devons nommer la marquise d'Hauterive, fille du duc de Villeroy, à laquelle on reprochait de s'être mésalliée, quoiqu'elle eût épousé un bon et honorable gentilhomme, élégant dans ses goûts, amateur éclairé des beaux-arts et grand protecteur du Poussin [3]. La correspondance de Bussy avec la marquise d'Hauterive n'a point été imprimée; mais nous savons, d'après une lettre du marquis d'Hauterive, que le portrait de cette dame devait occuper une place parmi les autres portraits de femmes avec lesquelles Bussy entretenait un commerce épistolaire [4].

Mais, de tous les nombreux personnages qui correspondaient avec Bussy, il n'y en avait pas dont il eût, après madame de Sévigné, plus de plaisir à lire les lettres que celles de deux femmes sans rang, sans beauté, sans fortune, sans naissance : c'étaient mademoiselle Dupré et madame de Scudéry. Toutes les deux, il est vrai, étaient pleines de sens et d'esprit, et possédaient le talent d'écrire avec enjouement, pureté et élégance. La

---

[1] SÉVIGNÉ, *Lettres*, t. III, p. 251 et 259, édit. de Monmerqué (lettres en date des 24 janvier et 20 mars 1675). — CORRARD DE BRÉBAN, p. 23. — BUSSY, *Lettres*, t. IV, p. 211, 337, 409; t. V, p. 155.

[2] SÉVIGNÉ, *Lettres*, t. X, p. 102, édit. de Monmerqué; t. XI, p. 182, édit. de G. de S.-G.; Lettre de madame DE COULANGES à madame de Sévigné, le 20 juin 1695. — SAINT-SIMON, *Mémoires*, t. XX, p. 477.

[3] SÉVIGNÉ, *Lettres*, t. I, p. 284, édit. de G. de S.-G. et la note; t. I, p. 213, édit. de Monmerqué (lettre en date du 15 décembre 1670).

[4] BUSSY, *Lettres*, t. V, p. 114 (Lettre du marquis D'HAUTERIVE, en date du 8 novembre 1690).

seconde était, sous ce rapport, très-supérieure à la première; mais celle-ci avait plus de célébrité, parce qu'elle appartenait à une famille d'érudits et de poëtes. Elle était la nièce et l'élève de Roland Desmarets [1] et de Desmarets de Saint-Sorlin, l'auteur de la comédie des *Visionnaires*. Marie Dupré était laide, mais savante; car, si l'on en croit Bussy, elle parlait quatre langues également bien [2]; elle avait, dit-on, approfondi la philosophie de Descartes, dont elle était enthousiaste, ce qui semble peu s'accorder avec son goût pour les bouts-rimés et les petits vers : on en trouve un grand nombre de sa composition dans les recueils du temps et dans les lettres de Bussy. Amie de Conrart, ce fondateur de l'Académie française, mademoiselle Dupré fut célébrée, en vers comme en prose, par un grand nombre d'hommes de lettres de son temps. Le savant Huet a rapporté dans ses Mémoires le madrigal en vers latins qu'il fit pour elle. Ménage ne lui adressa point de vers, mais il la nomme, dans son commentaire en langue italienne sur le septième sonnet de Pétrarque, au nombre des illustres contemporaines, avec mademoiselle de la Vigne, son amie, madame de la Fayette, madame de Scudéry, madame de Rohan-Montbazon, abbesse de Malnoue, et madame de Mortemart, abbesse de Fontevrault; puis enfin madame de Sévigné,

> Donna bella, gentil, cortese e saggia,
> Di castità, di fede e d'amor tempio [3];

[1] Sur Roland Desmarets, conférez le *Ménagiana*, t. IV, p. 198; et WEISS et BEUCHOT, *Biographie universelle*, t. XI, p. 202. — NICERON, *Mémoires*, t. XXXV.

[2] BUSSY, *Lettres*, t. V, p. 93, 97, 102; et t. III, p. 172-193, 201-244, 303-071, 506-520.

[3] *Lezione* D'EGIDIO MENAGIO *sopra 'l sonnetto* VII *di misser Francesco Petrarca*, p. 62, à la suite du traité de MÉNAGE, intitulé *Histo-*

car rarement Ménage, soit qu'il écrivît en vers ou en prose, en grec, en latin, en italien ou en français, se permit de nommer madame de Sévigné dans ses ouvrages, sans ajouter quelques vers à sa louange. Mademoiselle Dupré allait souvent passer la belle saison aux eaux minérales de Sainte-Reine, chez des amis dont le séjour était voisin du château de Bussy ; et Bussy profitait de cette occasion pour l'attirer chez lui le plus souvent qu'il pouvait, ce qui prévenait entre eux cette tiédeur et cet alanguissement de l'intimité qu'une trop longue séparation ne manque jamais de produire[1].

Madame de Scudéry n'était point savante ; elle ne faisait point de vers. Par son mari et sa belle-sœur, le nom qu'elle portait avait acquis une assez grande célébrité ; elle n'en rechercha et n'en obtint aucune pour elle-même. Plusieurs ignorent qu'elle a existé. Quand il est parlé d'elle, on la confond avec la sœur de Scudéry[2]. Cependant, de toutes les femmes que la correspondance de Bussy nous fait connaître, madame de Scudéry est incontestablement, après madame de Sévigné, celle qui mérite la préférence. Elle est loin d'avoir l'imagination vive et brillante de la petite-fille de sainte Chantal ; mais son style, moins figuré, moins animé, est plus correct ; sa

---

ria mulierum philosopharum. — Conférez HUETII Ep. A. *Commentarius de rebus ad eum pertinentibus*, p. 204, 205. — BOUHOURS, *Recueil de vers choisis*; Paris, 1697, p. 45, 48, 51, ou p. 58 à 60 de l'édit. 1701. — MORÉRI, *Dictionnaire*, t. IV, article MARIE DUPRÉ. — WEISS, *Biographie universelle*, t. XII, p. 313, article MARIE DUPRÉ. — TITON DU TILLET, *le Parnasse françois*, in-folio, 1732, p. 507.

[1] BUSSY, *Lettres*, t. III, p. 172 à 507. — Mademoiselle DUPRÉ, *Lettres*, dans les *Lettres de mademoiselle* DE MONTPENSIER, DE MOTTEVILLE, etc.; Paris, 1806, Léopold Collin, p. 148 à 204.

[2] *Carpentariana*, 1741, in-12, p. 383.

raison est plus calme et son jugement moins variable. Elle a sur madame de Sévigné le triste avantage d'avoir connu l'adversité, d'être née dans une condition qui l'exemptait des préjugés de naissance auxquels madame de Sévigné n'a pas échappé. Elle apprécie mieux le monde; ses réflexions, elle les tient de son expérience et de ses propres observations. L'expression de ses pensées est toujours simple, forte, naturelle et digne, en parfait rapport avec la noblesse de ses sentiments et l'élévation de son âme. L'académicien Charpentier déclare qu'elle n'écrit pas moins bien que mademoiselle de Scudéry, l'auteur de *Clélie* et de *Cyrus*[1]. De toutes les amies de Bussy, quoique la plus humble par le rang, madame de Scudéry fut celle qui lui rendit le service le plus important[2], puisqu'elle le fit rappeler de son exil. Elle était fort jeune et sans fortune lorsque Scudéry, dans un âge déjà avancé, l'épousa[3]. Elle perdit son mari l'année même dont nous nous occupons, le 14 mai 1667. Restée veuve à l'âge de trente-six ans, elle ne contracta point de nouveaux liens, et s'adonna à l'éducation de son fils unique, qui entra dans les ordres. Les regrets qu'elle eut de perdre son mari sont vivement exprimés dans deux lettres à Bussy, à Bussy peu capable d'apprécier les sentiments d'une telle femme.

« Quand j'ai commencé ma lettre[4], j'avais oublié que

---

[1] *Carpentariana*, 1741, p. 383.

[2] Bussy, *Lettres*, t. III, p. 92 à 549; t. V, p. 174 à 429.

[3] Elle se nommait Marie-Françoise-Martin Vast; c'était une demoiselle de Normandie. (Le Vast est un petit village à trois lieues de Valogne, département de la Manche.)

[4] Bussy, *Lettres*, t. III, p. 356. — Madame DE SCUDÉRY, *Lettres*, 1806, in-12, p. 62 (lettre en date du 27 juin 1671), collect. Léop. Collin.

j'étais en colère contre vous. Comment, monsieur, me dire que je suis bien aise d'être veuve, moi qui, trois ans durant, ai pensé mourir de douleur d'avoir perdu un fort bon homme qui était de mes amis, comme s'il n'eût pas été mon mari ; qui m'a toujours louée, toujours estimée, toujours bien traitée, et qui me déchargeait tout au moins de la moitié du mal que j'ai, à cette heure, de souffrir ma mauvaise fortune toute seule ? Sachez, s'il vous plaît, monsieur, que, quand je parle des sentiments ordinaires des femmes, je ne m'y comprends point. Si j'ose le dire, je me trouve toujours fort au-dessus d'elles, et je vis d'une manière où la liberté ne me sert de rien : la société d'un honnête homme m'était plus douce. Faites-moi donc toutes les réparations que vous me devez. »

Ces réparations, Bussy crut les avoir faites ; mais elles ne pouvaient la satisfaire, et elle lui répondit [1] :

« Vous me faites injustice de ne me passer que six mois de véritable douleur de la mort de feu M. de Scudéry. J'en ai encore, je vous le jure ; et comme je ne fais rien de cette liberté que vous dites qui console d'avoir perdu un mari, et que je n'en veux rien faire, vous voyez que j'ai perdu une grande douceur en son amitié. Je ne sais plus que faire de mon cœur, je n'ai point trouvé de véritable ami depuis sa mort ; cependant je vous avoue que c'est la seule rose sans épines qu'il y ait au monde, que l'amitié. Je crois que vous ne connaissez pas cela, vous autres ; car j'ai ouï dire que ceux qui ont eu de l'attachement pour le frère n'en ont jamais eu pour la sœur........ Il y a longtemps que je me suis donné le même avis que vous

---

[1] Bussy, *Lettres*, t. III, p. 391 et 392. — Madame DE SCUDÉRY, *Lettres*, p. 76 (lettre en date du 11 août 1671).

me donnez, de vivre avec le moins de chagrin qu'il me sera possible. J'ai réglé mon *rien* d'une manière qui fait que ma pauvreté ne paraît à personne, et je me passe assez doucement de tout ce que je n'ai pas. Il n'y a que la disette d'amis qui m'est insupportable ; car j'avais toutes les qualités propres à être une amie du premier ordre ; cependant tout cela ne me sert de rien, et je ne sais qui aimer.... Il faut s'accoutumer à ne vivre qu'en société ; car pour en amitié, cela est presque impossible. »

Cette femme qui se plaignait si vivement de manquer d'amis en était cependant sans cesse entourée, selon l'acception du monde. Sans être de la cour, elle voyait un assez bon nombre de gens de cour, et des plus hauts en dignités; sans aucune prétention à la littérature, les hommes de lettres se plaisaient à la fréquenter. Par la solidité de son caractère, l'égalité de son humeur, la finesse de son esprit, son tact parfait des convenances, elle était parvenue à réunir dans son modeste appartement une société choisie, préférable aux cercles les plus fameux de beaux esprits, aux assemblées brillantes des palais les plus somptueux. Mais elle savait distinguer ces liaisons du monde, ces attachements d'habitude fondés sur le besoin de se soustraire à l'ennui d'avec ceux où le cœur avait quelque part; et ses plus tendres sentiments étaient réservés pour deux personnes de son sexe : l'une était mademoiselle de Portes, personne pieuse, retirée aux Carmélites de la rue Saint-Jacques, dans cette même maison où se réfugia de même, longtemps après elle, dans le même but de piété, la maréchale d'Humières[1] ; l'autre était cette demoiselle

---

[1] SÉVIGNÉ, *Lettres*, t. X, p. 102, édit. de Monmerqué; t. XI, p. 182, édit. de G. de S.-G. (lettre en date du 20 juin 1695). — SAINT-SIMON, *Mémoires*, t. XX, p. 477.

de Vandy que nous trouvons en relation assez étroite avec MADEMOISELLE, qui parle d'elle très-longuement dans un endroit de ses Mémoires[1].

Après ces deux amies, les femmes que madame de Scudéry voyait le plus souvent étaient toutes de la cour : c'étaient madame du Vigean, la mère de la maréchale de Richelieu; madame de Villette, qui lui attira par la suite la protection et les bienfaits de madame de Maintenon; la marquise de Rongère[2], et madame de Montmorency, cette amie de Bussy dont nous avons parlé : celle-ci était une des femmes qu'elle goûtait le plus.

La société de madame de Scudéry, conforme à ce que comportait sa situation dans le monde, était plus nombreuse en hommes qu'en femmes, et se composait également de plusieurs des correspondants de Bussy. Les ducs de Saint-Aignan et de Noailles étaient d'abord les deux personnages qui la voyaient le plus souvent; ils étaient aussi, par leur crédit et la faveur du monarque, les plus importants de son cercle; puis après venaient le comte de Guiche, d'Elbène[3], Sobieski, depuis roi de Pologne, et plusieurs autres. Parmi les hommes de lettres, on y remarquait l'abbé de Choisy, qui était aussi homme de cour; le P. Rapin; et plus tard Fontenelle, qui usa de son intervention pour être reçu à l'Académie française[4]. Mais, de tous ceux qui se réunissaient chez madame de Scudéry, le

---

[1] MONTPENSIER, *Mémoires*, t. XLII, p. 37 et 44.—TALLEMANT DES RÉAUX, *Historiettes*, article VANDY, t. V, p. 102, édit. in-8°. — SCUDÉRY, *Lettres*, p. 107 (lettre en date du 27 février 1673).

[2] Madame DE SCUDÉRY, *Lettres*, p. 151, édit. in-12. — BUSSY, *Lettres*, t. VI, p. 52.

[3] Madame DE SCUDÉRY, *Lettres*, p. 97.

[4] *Ibid.*, p. 175.

P. Rapin fut celui qu'elle préférait, et avec lequel elle était le plus liée. Comme plusieurs de son ordre, sans négliger le monde, le P. Rapin se livrait à la fois à la prédication, aux belles-lettres, à la théologie; il composait alternativement des livres de piété et de littérature; ce qui faisait dire, par ses envieux, qu'il servait Dieu et le monde par semestre. A cette époque, il venait de compléter et de mettre au jour son poëme sur les Jardins, qui semblait comme un écho de la muse gracieuse de Virgile [1] et qui lui valut une si belle renommée. C'est à madame de Scudéry que le P. Rapin dut l'honneur qu'il ambitionnait d'entrer en relation avec Bussy; et Bussy, le plaisir, auquel il fut très-sensible, d'avoir pour correspondant un homme de lettres aussi célèbre, un religieux aussi considéré. Leur correspondance fut très-active et longtemps prolongée. Le P. Rapin y trouvait des occasions, qu'il ne laissait jamais échapper, d'exhorter Bussy à se soumettre au joug salutaire de la religion; et Bussy, un moyen de donner, par l'espoir de sa conversion, plus de créance à ses projets de réforme, et de se procurer à la cour, afin de faire terminer son exil, un solliciteur qui, pour n'être pas au nombre des courtisans, n'en avait que plus de crédit auprès du roi [2].

La lettre de madame de Scudéry qui détermina cette liaison entre deux hommes si différents par leur caractère, leurs mœurs, leur profession est remarquable; elle nous fait connaître cette femme intéressante et le P. Rapin sous les rapports les plus propres à les faire esti-

---

[1] RAPIN, *Hortorum libri quatuor*, 1666, in-12.
[2] BUSSY, *Lettres*, t. III, p. 378-380, 420-473, 530-547; t. IV, p. 8, 45-70, 101-159, 214-260, 315-375, 408-488; t. VI, p. 6, 55, 108, 188.

mer tous deux. « Il a, dit-elle à Bussy en parlant de celui qu'elle recommande, une physionomie qui découvre une partie de sa bonté et de sa douceur. Il a une qualité dans l'esprit qui, à mon gré, est la marque de l'avoir véritablement grand : c'est qu'il le hausse et qu'il le baisse tant qu'il lui plaît... On peut dire de lui que ce n'est pas un docteur tout cru ; mais sa science est si bien digérée qu'il ne paraît dans sa conversation ordinaire que du bon sens et de la raison.... Personne ne sait plus précisément parler à chacun de ce qu'il sait le mieux et de ce qui lui plaît davantage. Cela est admirable à un jésuite de savoir si bien une chose qui, à mon gré, est la plus grande science du monde [1]. »

Madame de Scudéry ne put jamais pardonner à Boileau les vers qu'il avait faits contre son mari, dont il avait légèrement changé le nom en celui de *Scutari*. Comme ces vers parurent moins d'un an avant qu'elle le perdît [2], peut-être avait-elle des raisons fondées de croire qu'ils avaient hâté la fin de ce vieillard, qu'elle chérissait comme

[1] Madame DE SCUDÉRY, *Lettres*, 1806, in-12, p. 63-65 (lettre en date du 27 juin 1671).— BUSSY, *Lettres*, t. III, p. 357, 360, 363, 365, 378, 380 (lettres des 27 juin, 17, 22, 24 juillet et 18 août 1671).

[2] *Satires du sieur* D*** ; Paris, chez Claude Barbin, 1666, in-12, p. 16.—*Ibid.*, 2ᵉ édition, chez Frédéric Léonard ; Paris, 1667, p. 25.

> Bienheureux Scutari, dont la fertile plume
> Peut tous les mois sans peine enfanter un volume,
> Tes écrits, il est vrai, sans force et languissants,
> Semblent être formés en dépit du bon sens :
> Mais ils trouvent pourtant, quoi qu'on en puisse dire,
> Un marchand pour les vendre, et des sots pour les lire.

Je ponctue ces vers comme ils le sont dans les deux premières éditions. Il y en avait deux autres avant, où le nom de Scudéry se trouvait sans déguisement ; mais elles étaient subreptices et non avouées par l'auteur. Voyez BERRIAT SAINT-PRIX, *Boileau*, t. I, p. CXXX, CXXXI.

CHAPITRE III.

un père et comme un ami. Aussi elle crut pouvoir profiter de la publication d'une nouvelle satire que le poëte venait de composer pour animer contre lui Bussy, qui s'y trouvait nommé. C'était la huitième satire, adressée à Morel, docteur de Sorbonne[1], dans laquelle Boileau introduit un marquis qui s'effraye du mariage, à cause des accidents dont il est trop ordinairement accompagné, et qui dit :

> Moi j'irais épouser une femme coquette!
> J'irais, par ma constance, aux affronts endurci,
> Me mettre au rang des saints qu'a célébrés Bussy!
> Assez de sots sans moi feront parler la ville[2].

Le mot *sot* avait alors en notre langue une double signification[3], qui rendait ce dernier vers plus piquant et l'allusion au livre de Bussy, contenue dans le vers qui le précède, beaucoup plus claire. Ce livre était, par les indiscrétions de Bussy et de ceux auxquels il l'avait montré, bien connu à la cour, quoiqu'il eût été vu de peu de personnes : c'était un petit volume in-16, élégamment relié en maroquin *jaune*, doublé de maroquin rouge enrichi de dorures, avec des clous et des fermoirs en or, au dos duquel était écrit : Prières. L'intérieur de ce volume

---

[1] On nommait ainsi par ellipse les docteurs qui appartenaient à la maison de Sorbonne, pour les distinguer de ceux qui appartenaient à la maison de Navarre.

[2] *Satires du sieur* D***, quatrième édition; Paris, chez Louis Billaine, Denys Thierry, Frédéric Léonard et Claude Barbin, 1668, in-12 (14 pages, sans l'extrait du privilége). — Malgré le titre, qui porte *Satires* au pluriel, ce livre ne contient que la satire VIII, imprimée en plus petits caractères que ceux de la première et de la seconde édition. Les vers cités sont à la page 3, ligne 6-11.

[3] Voyez une de nos notes dans notre édition de la Fontaine, ou des Poésies de Maucroix.

contenait des portraits de femmes de la cour connues par leurs galanteries, représentées avec les emblèmes de sainte Cécile, de sainte Dorothée, de sainte Catherine, de sainte Agnès et autres saintes, selon les noms de baptême qu'elles portaient; et aussi des portraits d'hommes bien connus par leur rang, leurs dignités ou leur mérite, qui avaient reçu, dans l'état de mariage, de ces sortes d'échecs dont la Fontaine, d'après l'Arioste, dans son recueil de contes récemment imprimé, avait plaisamment démontré les avantages pour ceux qui les éprouvaient [1]. Ces personnages étaient représentés sous les formes de saints et de martyrs, et travestis, l'un en saint Sébastien, l'autre en saint Jean-Baptiste, l'autre en saint George; chacun d'eux selon les noms qu'on leur avait donnés dès leur naissance. Au bas de ces portraits, tous encadrés en or, on lisait des explications en forme d'oraisons, qui ont depuis été grattées ou couvertes de tabis, ainsi que les peintures qui ont pu s'y trouver, par des hommes plus scrupuleux que Bussy, possesseurs après lui de ce mystérieux volume. Le fini et la parfaite exécution des miniatures l'ont sauvé d'une entière destruction [2]. Lorsque Louis XIV eut entendu réciter les vers de Boileau, il en demanda l'explication : on lui dit que c'était une allusion à un badinage un peu impie du comte de Bussy; Louis XIV se contenta de cette réponse, et, dit-on, n'y

---

[1] *Contes et Nouvelles en vers, par* M. DE LA FONTAINE; Paris, chez Louis Billaine, 1669, in-12 (avec privilége du Roy). *La Coupe enchantée*, p. 204 à 208.

[2] *Catalogue des livres de la bibliothèque de la Vallière*, 1re partie, t. III, p. 265. — Malgré les mutilations qu'avait éprouvées le manuscrit de Bussy, le prix en fut porté à 2,400 livres à la vente de la Vallière.

pensa plus. Si on lui donna plus de détails, sans doute il considéra cette nouvelle espièglerie de Bussy comme une chose sans conséquence, qui d'ailleurs étant secrète, ou n'ayant de publicité que par l'indiscrétion d'un poëte, ne pouvait être passible d'aucune censure. Alors, presque chaque année, il paraissait une nouvelle édition [1] plus complète du recueil des contes de la Fontaine, avec privilége du roi; en même temps, par permission du roi, on jouait *Sganarelle*, puis l'*Amphitryon* et *George Dandin*. Ces deux comédies de Molière disputaient la foule à l'*Andromaque* de Racine [2]. Afin de satisfaire sa nouvelle passion, Louis XIV aussi alors usait de sa toute-puissance pour imposer silence aux plaintes d'un époux justement irrité. Il semblait donc que c'était se montrer bon courtisan que de s'égayer, comme faisaient la Fontaine, Molière et Bussy, aux dépens des maris trompés. Le jeune roi ne comprenait pas que les licences du théâtre et de la presse, qu'il encourageait, avaient sur les mœurs publiques une influence plus fatale que le scandale donné par lui aux grands de sa cour, alors trop séparés des autres classes du peuple pour que leurs exemples fussent aussi contagieux qu'ils le sont devenus depuis.

Madame de Scudéry écrivit à Bussy ce qui s'était passé chez le roi : elle espérait que l'orgueilleux Bussy, irrité de l'audace de Boileau, romprait avec lui; mais Bussy, soit que sa vanité fût satisfaite de ce que l'auteur des Satires eût dans ses vers donné de la célébrité aux malices de son esprit, soit qu'il jugeât qu'il serait téméraire à lui

---

[1] *Contes et Nouvelles en vers*, par M. DE LA FONTAINE, 1re édit., 1665; 2e édit., 1665; 3e édit., 1666; 4e édit., 1667; 5e édit., 1669, etc.
[2] Les frères PARFAICT, *Histoire du théâtre franç.*, t. X, p. 185, 259, 294.

d'ébruiter une affaire aussi délicate, soutint à madame de Scudéry que le vers de Boileau et la réponse faite au roi ne lui faisaient ni bien ni mal ; qu'il ne devait nullement s'en offenser. « D'ailleurs, ajoute-t-il, Despréaux est un garçon d'esprit et de mérite, que j'aime fort[1]. »

Bussy, malgré ses vives sollicitations, ses flatteries et les louanges du roi répétées dans toutes ses lettres, même dans celles qui étaient adressées à ses amis les plus intimes, non-seulement ne put rentrer au service dans cette campagne ni dans la suivante, mais il n'obtint même pas alors d'être rappelé de son exil[2]. Il fut réduit à passer du château de Chazeu à celui de Bussy, et de résider alternativement dans l'un et dans l'autre[3]. Mais c'est au château de Bussy qu'il faisait de plus longs séjours ; c'est là qu'était sa belle collection de portraits[4], dont il donne, en ces termes, la description dans une lettre adressée à la comtesse du Bouchet :

« Je suis bien aise que notre ami Hauterive ait trouvé ma maison de Bussy à son gré. Il y a des choses fort amusantes qu'on ne trouve point ailleurs : par exemple, j'ai une galerie où sont tous les portraits de tous les rois

---

[1] Madame DE SCUDÉRY, *Lettres*, 1806, in-12, p. XII. — BOILEAU, *Œuvres*, édit. de Saint-Marc, 1747, t. I, p. 118 ; édit. Saint-Surin, t. I, p. 183.

[2] BUSSY, *Lettres*, t. III, p. 1, 8, 9, 13, 48, 96, etc.

[3] Le château de Chazeu est dans la paroisse de Laizy, près d'Autun, et non de Loizy, comme il est écrit dans la dissertation de M. Xavier Girault sur les ancêtres de madame de Sévigné, p. LIV des *Lettres* inédites de Sévigné, édit. 1819, in-12, ou p. XL de l'édition de 1816, in-8°. Loizy est dans la sous-préfecture de Louhans, loin d'Autun. — Bussy-le-Grand est près de Flavigny. — Conférez CORRARD DE BRÉBAN, *Souvenirs*, p. 18 et 19.

[4] BUSSY, *Lettres*, t. I, p. 38 ; t. III, p. 39.

de la dernière race, depuis Hugues Capet jusqu'au roi, et sous chacun d'eux un écriteau qui apprend tout ce qu'il faut savoir de leurs actions. D'un autre côté, les grands hommes d'État et de lettres. Pour égayer tout cela, on trouve en un autre endroit les maîtresses et les bonnes amies des rois, depuis la belle Agnès, maîtresse de Charles VII. Une grande antichambre précède cette galerie, où sont les hommes illustres à la guerre, depuis le comte de Dunois, avec des souscriptions qui, en parlant de leurs actions, apprennent ce qui s'est passé dans chaque siècle où ils ont vécu. Une grande chambre est ensuite, où est seulement ma famille; et cet appartement est terminé par un grand salon, où sont les plus belles femmes de la cour qui m'ont donné leurs portraits. Tout cela compose quatre pièces fort ornées et qui sont un abrégé d'histoire ancienne et moderne, qui est tout ce que je voudrais que mes enfants sussent sur cette matière [1]. »

[1] Bussy, *Lettres*, t. V, p. 203, 204 (lettre en date du 24 août 1671).

CHAPITRE IV.

1666 — 1667.

Madame de Sévigné va passer l'automne au château de Fresnes.—Sa correspondance avec de Pomponne continue. — Elle lui fait la description du salon de Fresnes et de la société qui s'y trouvait rassemblée. — Réflexions sur les agréments de la vie de château. — Détails sur Arnauld d'Andilly. — Sur madame de la Fayette.— Sur le comte de la Rochefoucauld. — Sur madame de Motteville. —Sur madame Duplessis de Guénégaud et sur la galerie de tableaux qu'elle avait formée. — Détails sur le comte de Cessac et sur les causes de sa disgrâce. — Sur madame de Caderousse, mademoiselle de Sévigné et mademoiselle Duplessis-Guénégaud.—Sur la mort du comte de Boufflers, qui fut le mari de cette dernière. — Effets malheureux des guerres. — Madame de Sévigné ne veut choisir un gendre que dans la noblesse d'épée. — Incertitude où l'on est sur ce qu'elle fit pendant l'hiver. — Brillant état des théâtres de Paris à cette époque. — Représentation du *Sicilien* et du *Misanthrope*. —Grand succès d'*Andromaque*. — Motifs qui font croire que madame de Sévigné a passé l'hiver à Paris. — Détails sur l'abbé le Tellier.— Lettre de mademoiselle de Sévigné à l'abbé le Tellier. — Devise du cachet de cette lettre. — Madame de Sévigné et sa fille partagent le goût du temps pour les emblèmes et les devises.

Madame de Sévigné ne passa point tout l'été à Livry, comme elle en avait manifesté le projet dans sa lettre à Bussy. Une lettre adressée à de Pomponne, en date du 1er août 1667, nous la montre établie à demeure avec ses enfants dans le château de madame de Guénégaud, avec l'intention d'y rester jusqu'en novembre, époque à laquelle on devait jouer, à Fresnes, une pièce intitulée *les transformations de Louis Bayard* [1]. Nous savons que madame

---

[1] MONMERQUÉ, dans l'édition de SÉVIGNÉ, 1820, in-8°, t. I, p. 119, notes.

de Sévigné aimait à jouer la comédie, qu'elle était bonne actrice [1]; peut-être avait-elle promis de jouer un rôle dans cette pièce. Dans une seconde lettre à de Pomponne, elle peint, avec la vivacité qui lui est naturelle, la société alors rassemblée dans le salon du château de Fresnes. « N'en déplaise au service du roi, je crois, monsieur l'ambassadeur, que vous seriez tout aussi aise d'être ici avec nous que d'être à Stockholm, à ne regarder le soleil que du coin de l'œil. Il faut que je vous dise comme je suis présentement. J'ai M. d'Andilly à ma main gauche, c'est-à-dire du côté de mon cœur; j'ai madame de la Fayette à ma droite, madame du Plessis devant moi, qui s'amuse à barbouiller de petites images ; madame de Motteville un peu plus loin, qui rêve profondément; notre oncle de Cessac, que je crains, parce que je ne le connais guère ; madame de Caderousse, mademoiselle sa sœur, qui est un fruit nouveau que vous ne connaissez pas; et mademoiselle de Sévigné sur le tout, allant et venant par le petit cabinet, comme de petits frelons. Je suis assurée, monsieur, que cette compagnie vous plairait fort [2]. »

Il était difficile de réunir une compagnie qui présentât une plus grande variété d'âge, de sexe, d'esprits, de talents et de caractères ; qui fût plus propre à réaliser cette heureuse existence de la vie de château, où toutes les jouissances d'un luxe bien ordonné s'allient aux plaisirs champêtres ; où l'on goûte à la fois les délices d'un commerce intime, les distractions de la société et les douceurs de la solitude ; ou une fréquentation habituelle permet à chacun

---

[1] SÉVIGNÉ, Lettres, t. II, p. 295, édit. de Monmerqué (lettre en date du 15 janvier 1672); t. II, p. 348, édit. de G. de S.-G.
[2] SÉVIGNÉ, Lettres, t. I, p. 116, édit. de M.; t. I, p. 164, édit. de G. de S.-G. (lettre du 1er août 1667).

de développer, sans fatigue et sans contrainte, ses moyens de plaire, de faire apprécier les qualités solides ou brillantes de son esprit. Là, du moins, l'estime et l'amitié, qui seules peuvent rendre les liaisons durables, ont le temps de naître et de se consolider. La société n'est plus une agrégation fortuite d'individus qui ne se voient qu'à de longs intervalles et pendant de courts instants : c'est une nombreuse famille, dont chaque membre ne se console de la nécessité de se séparer que par l'espoir de se retrouver encore, au retour de la belle saison, sous le même toit, le même ciel et les mêmes ombrages.

Le patriarche de cette société, qui l'était aussi de Port-Royal, l'ancien des réunions de l'hôtel de Rambouillet, alors âgé de soixante et dix-huit ans, s'occupait à écrire les mémoires que nous avons de lui [1], d'après la prière que lui en avait faite Arnauld de Pomponne, son fils, auquel il en transmettait successivement tous les cahiers. On avait, l'année précédente, publié un recueil de ses lettres, qui faisaient connaître la part importante qu'il avait eue dans les affaires, les relations qu'il avait entretenues avec les personnages les plus élevés en dignités et les plus notables de son temps et les luttes qu'il avait eues à soutenir [2]. La nécessité où il se trouvait alors de repasser

---

[1] ARNAULD D'ANDILLY, *Mémoires*, t. XXXIII et XXXIV, collection de Petitot.

[2] *Lettres de* M. ARNAULD D'ANDILLY; Paris, chez Michel Bobin, 1666, in-12. Dans l'article de la *Biographie universelle* sur cet auteur il n'est fait aucune mention de ses lettres; mais Bayle les avait lues, et en parle. Voyez BAYLE, *Dictionnaire hist. et crit.*, édit. 1720, in-fol., t. I, p. 337, art. ARNAULD D'ANDILLY (Robert). J'apprends, par cet article, que Richelet a donné une nouvelle édition de ces lettres en 1694. Voyez PERRAULT, *les Hommes illustres qui ont paru*

dans sa mémoire les faits les plus remarquables de sa vie, ou ceux qui avaient le plus intéressé la génération précédente, devait accroître le plaisir que l'on avait toujours à l'écouter.

Madame de la Fayette, qui étonnait Ménage et le P. Rapin par sa sagacité dans l'interprétation des passages difficiles d'Horace et de Virgile, ses deux poëtes favoris, avait déjà fait pressentir son talent comme romancier par la petite nouvelle intitulée *la Princesse de Montpensier*[1]; et il y a tout lieu de présumer qu'elle s'occupait alors de la composition de *Zayde*[2]. Le comte de la Rochefoucauld ne se trouvait point à Fresnes avec madame de la Fayette : quoiqu'il n'eût reçu, ainsi que le prince de Condé, aucun commandement pour cette campagne, il s'était rendu à l'armée comme simple volontaire ; et, malgré la goutte qui le tourmentait, il était au camp devant Lille. Cette conduite lui valut une bonne réception de la part du roi et une riche abbaye pour son fils d'Anville[3].

Madame de Motteville, cette sage amie de deux reines[4],

---

en France; Paris, 1697, in-folio, p. 55. La notice sur Arnauld d'Andilly y est accompagnée d'un beau portrait gravé.

[1] *La Princesse de Montpensier*; Paris, chez Charles de Sercy, 1662, in-12 de 142 pages (le privilége est accordé à Augustin Courbé).

[2] Petr. Daniel Huetii *Commentarius de rebus ad eum pertinentibus*, 1718, in-8°, p. 204. — Id., *Origines de la ville de Caen*, 2ᵉ édit., 1706, p. 408, chap. XXIV, art. Jean Renaud, sieur de Segrais. — Petitot, *Notice sur madame de la Fayette*, t. LIV de la collection des *Mém. sur l'hist. de France.* — Segrais, *Œuvres*, t. II, p. 7 et 27.

[3] Sévigné, *Lettres*, t. I, p. 187, édit. de G. de S.-G. *Lettre de* la Rochefoucauld *au comte de Guitaud*, 20 août 1667.

[4] Anne d'Autriche et Henriette-Marie, femme de Charles Iᵉʳ.

qui perdit si jeune un époux âgé et déploya, dans un long veuvage, tant de vertu ; dans l'infortune, tant de résignation ; dans la faveur, tant de désintéressement ; dans l'amitié, tant de constance ; dans le commerce de la vie, un caractère si égal, un enjouement si naturel, un esprit si fin et si judicieux ; madame de Motteville était alors retirée de la cour, où elle n'allait plus depuis que la mort lui avait enlevé la reine mère, son appui. En désapprouvant l'amour du roi pour la Vallière, madame de Motteville s'aperçut qu'elle avait déplu : parvenue alors à l'âge de quarante-cinq ans, elle ne vécut plus que pour ses amis, et consacra ses loisirs à la rédaction de ses mémoires, que son impartialité, sa candeur, l'élégance du style, l'importance des faits, la justesse des réflexions ont placés au nombre des monuments les plus utiles et les plus précieux de l'histoire de ces temps [1].

C'est en plaisantant que madame de Sévigné dit de la dame de Fresnes, de la reine de cette réunion, de madame Duplessis-Guénégaud, qu'elle s'amusait à barbouiller des images. Cette dame s'occupait de peinture avec succès ; elle était dirigée par Nicolas Loir, excellent peintre français, et par son frère le graveur. Elle et son mari étaient des amateurs éclairés des beaux-arts. La chapelle qu'ils avaient fait construire à Fresnes, par François Mansart, passait pour un chef-d'œuvre ; et la collection qu'ils avaient réunie dans la galerie de leur château était une des plus riches et une des plus complètes en maîtres de tous les genres qu'on eût encore rassemblée. C'est pour M. de Guénégaud que Poussin fit une Bacchanale, citée comme une

---

[1] *Mémoires de* MOTTEVILLE, et *Notice*, t. XXXVI à XL de la collection des *Mém. sur l'hist. de France*, par PETITOT.

de ses plus belles compositions [1]. Madame Duplessis-Guénégaud brodait aussi avec une rare habileté, ainsi que nous l'apprenons d'après des stances qui lui furent adressées au sujet d'un petit sac brodé de sa main, tout rempli de vers nouveaux [2], qu'elle avait donné à mademoiselle du Vigean.

Ce que madame de Sévigné dit de M. de Cessac est bien remarquable quand on a scruté la vie de ce personnage. Elle l'appelle d'abord, par plaisanterie, notre oncle, parce que probablement il était parent de madame Duplessis-Guénégaud; puis elle ajoute « qu'elle le craint, parce qu'elle ne le connaît guère. » Était-ce talent de physionomiste? était-ce une sorte de pressentiment qui faisait éprouver à madame de Sévigné un peu d'effroi à la seule vue de M. de Cessac? ou plutôt serait-ce par une sorte de contre-vérité qu'elle exprime ce qu'elle pense de l'immoralité dont M. de Cessac donna, par la suite, des preuves qui le perdirent? De Cessac était le frère cadet de Louis Guilhem de Castelnau, comte de Clermont-Lodève, avec lequel, au grand détriment de celui-ci, il a été à tort confondu [3]. N'ayant rien à prétendre dans l'héritage paternel, qui revenait en entier de droit à son frère aîné, et réduit à sa légitime, de Cessac dut chercher à se créer une existence. Il se fit d'abord abbé; mais, ne se sentant nullement propre à l'état ecclésiastique, il obtint un régiment de cavalerie, et, sous le ministère du cardinal Mazarin,

[1] Gault de Saint-Germain, dans son édition des *Lettres de madame de Sévigné*, t. I, p. 165, note 1.

[2] *Nouveau recueil de pièces choisies;* Paris, chez Claude Barbin, 1664, in-12, p. 114 à 116.

[3] Sévigné, *Lettres*, t. I, p. 164, note 5, édit. de G. de S.-G.; t. I, p. 117, note et édit. de M.

il gagna au jeu, en trichant, des sommes énormes [1] au financier d'Hervart. De Cessac osa, chez le roi, exercer sa coupable industrie ; pris sur le fait, il fut simplement exilé et obligé de se défaire de sa charge ; ensuite compromis dans l'affaire des poisons ; puis rappelé ; et, par tous ces motifs, nous verrons plusieurs fois reparaître son nom sous la plume de madame de Sévigné [2].

Avec la jeune et nouvelle mariée, madame de Caderousse, madame de Sévigné mentionne sa sœur Angélique de Guénégaud, qui était encore trop jeune pour être produite dans le monde, lorsque de Pomponne partit pour aller à Stockholm ; voilà pourquoi madame de Sévigné dit qu'elle était pour lui un fruit nouveau. Depuis, elle épousa le comte François de Boufflers, frère aîné du maréchal

---

[1] SANDRAZ DE COURTIS, *Histoire du maréchal duc de la Feuillade, nouvelle galante et historique*, 1713, p. 111-113. Sandraz écrit Sessac, et Saint-Évremont Saissac. En écartant le romanesque du mauvais ouvrage de Sandraz, on y trouve des faits vrais, conformes à ce qu'on lit ailleurs. Saint-Évremont fait allusion à son habitude de tricher au jeu, qui était incommode pour ses amis. MIGNET, *Négociations de Louis XIV*, p. 253 et 254.

[2] *Lettres de madame* DE RABUTIN-CHANTAL, *marquise* DE SÉVIGNÉ, *à madame la comtesse de Grignan, sa fille* ; la Haye, Pierre Gosse, 1726, in-12, t. II. p. 36 et 37. Le nom est écrit Sessac en toutes lettres ; on ne laissa que les initiales dans les éditions suivantes. Tallemant des Réaux écrit Cessac, t. I, p. 304, in-8°, ou t. II, p. 102, in-12. — SÉVIGNÉ, *Lettres*, t. I. p. 217 et 293, édit. M. ; t. I, p. 164 et 380, édit. de G. de S.-G. (lettres en date du 1er août 1667 et du 10 mars 1675) ; t. III, p. 208 (du 12 janvier 1674) ; t. VI, p. 136 (du 31 janvier 1680). — SÉVIGNÉ, *Lettres*, t. X, p. 310, édit. de M. — Conférez TALLEMANT DES RÉAUX, *Historiettes*, t. I, p. 304, édit. in-8° ; t. II, p. 102, in-12. —*Historiettes*, XLIV, D'ALINCOURT. Cette historiette est relative au frère aîné, le comte de Clermont-Lodève, marquis de Cessac.

de ce nom. Elle devint veuve presque aussitôt après ses noces; une lettre de madame de Sévigné nous apprend la singulière et tragique aventure de son mari, qui a fourni à la Fontaine le sujet d'une fable [1].

Ces trois jeunes personnes, madame de Caderousse, mademoiselle de Guénégaud et mademoiselle de Sévigné, dans la fraîcheur et dans la joie du bel âge, égayèrent la société par leurs folâtres jeux; et comme des mouches brillantes, auxquelles madame de Sévigné les compare, elles voltigeaient partout, se mêlaient à tout sans jamais s'arrêter à rien.

Cependant, même au milieu des plaisirs et de la tranquillité intérieure, la guerre produisait ses résultats ordinaires. « Presque tout le monde, dit madame de Sévigné en terminant sa lettre à de Pomponne, est en inquiétude de son frère ou de son mari; car, malgré toutes nos prospérités, il y a toujours quelque blessé ou quelque tué. Pour moi, qui espère y avoir quelque gendre, je souhaite, en général, la conservation de toute la chevalerie [2]. »

On voit, par ces mots, qu'elle ne trouvait digne de s'allier aux Rabutin et aux Sévigné que la noblesse d'épée, et qu'elle excluait celle de robe.

Sa correspondance ne nous apprend pas si elle attendit à la campagne le commencement de ce qu'elle appelle les magies d'Amalthée [3], c'est-à-dire l'ouverture du théâtre de

---

[1] Sévigné, *Lettres*, t. II, p. 330 et 339, édit. de M. (lettres en date des 17 janvier et 26 février 1672). — La Fontaine, VII, 11, *le Curé et le Mort*, t. II, p. 33, édit. 1827, in-8°.

[2] Sévigné, *Lettres*, t. I, p. 119, édit. de M. — Ibid., t. I, p. 167, édit. de G. de S.-G. (lettre en date du 1er août 1667).

[3] Voyez ci-dessus, chap. I, p. 21 et 24. — *Recueil de quelques pièces nouvelles et galantes*, 1667, 2e partie, p. 80 et 83.

Fresnes, qui ne devait avoir lieu qu'à la Saint-Martin [1] ; ou si, revenue dans la capitale, elle alla jouir, à l'hôtel de Bourgogne ou au Palais-Royal, des enchantements produits par des magiciens bien autrement puissants sur la scène que ceux de madame Duplessis-Guénégaud. Alors Molière faisait représenter, avec son *Misanthrope,* ce joli acte du *Sicilien* ou *l'Amour peintre,* qui, par la délicatesse des sentiments, les grâces du dialogue, le comique de bon ton et la pureté du style, devait tant plaire à madame de Sévigné et à toutes les précieuses qui avaient fréquenté l'hôtel de Rambouillet ; et le talent de Racine, à peine annoncé par le succès de la tragédie d'*Alexandre,* brillait de tout son éclat dans la tragédie d'*Andromaque,* chaque jour applaudie avec un enthousiasme dont on n'avait pas été témoin depuis *le Cid* [2].

Une lettre de mademoiselle de Sévigné nous fait croire que madame de Sévigné put assister aux premières représentations de ce chef-d'œuvre tragique et qu'elle passa l'automne à Paris. Cette lettre est adressée à l'abbé le Tellier, qui voyageait alors en Italie et se trouvait à Rome, où il s'était rendu probablement à l'époque du conclave ouvert après la mort d'Alexandre VII [3]. L'abbé le Tellier

---

[1] Sévigné, *Lettres,* t. I, p. 117, édit. de M. (lettre en date du 1er août 1667).

[2] Frères Parfaict, *Histoire du Théâtre françois,* t. X, p. 151 à 189. — Taschereau, *Hist. de Molière,* 3ᵉ édit., p. 113.

[3] Peut-être le Tellier avait-il été chargé d'épier les démarches du cardinal de Retz, qui rendit de grands services à Louis XIV en faisant nommer pape le cardinal Rospigliosi, favorable à la France. Son exaltation eut lieu le 20 juin 1667, sous le nom de Clément IX. Retz retourna aussitôt en France, et se trouvait à Commercy le 13 août ; mais le Tellier resta à Rome, comme le prouve la lettre de madame de Sévigné. Conférez la lettre de Retz, datée de Rome le 20 juin,

était fils et frère de ministres. Déjà pourvu de cinq ou six abbayes, il préludait ainsi à l'épiscopat, qu'il obtint l'année suivante, avec la coadjutorerie à l'archevêché de Reims, où il fut lui-même nommé quatre ans après [1]. C'était un homme hardi, orgueilleux, pétulant, spirituel, plus propre à manier le sabre qu'à porter la crosse, fort répandu dans le monde, aimable avec les femmes [2]. Avant de partir, il avait dit à mademoiselle de Sévigné qu'il pousserait la hardiesse jusqu'à lui écrire, et il ne le fit pas. C'est pour lui reprocher ce manque de parole que mademoiselle de Sévigné lui écrivit la lettre suivante :

LETTRE DE MADEMOISELLE DE SÉVIGNÉ
A L'ABBÉ LE TELLIER.

« 21 octobre 1667.

« Vous m'avez menacée d'une si grande hardiesse quand vous auriez passé les monts que je n'osais l'augmenter par une de mes lettres ; mais je vois bien, monsieur, que je n'ai rien à craindre que votre oubli ; et c'est la marque d'un si grand mépris, après qu'on a promis aux gens de se souvenir d'eux, que j'en suis fort offensée. J'étais déjà

dans SÉVIGNÉ, Lettres, édit. de G. de Saint-Germain, t. I, p. 163.— Autre lettre de Retz, du 14 août 1667, dans la Vie du cardinal de Rais, 1836, in-8°, p. 609, édition Champollion.

[1] En 1671. Conférez Gallia christiana, t. IX, p. 161, 164. — BUSSY, Lettres, t. III, p. 97 (lettre du chancelier le Tellier, en date du 3 juillet 1668). Le Tellier était abbé de Saint-Remy de Reims, et avait été d'abord coadjuteur de l'évêque de Langres. — FR. DE MAUCROIX, Mémoires, 1842, in-12, p. 17 et 34, chap. XIV et XXI.

[2] CHOISY, Mémoires, t. LXIII, p. 449-459. — SÉVIGNÉ, t. III, p. 336 (5 février 1674); t. IV, p. 16 (6 août 1675); t. XI, p. 196 (8 juillet 1695), édit. de G. de S.-G.

préparée à la liberté que vous deviez prendre de m'écrire, et je ne saurais m'accoutumer à celle que vous prenez de m'oublier. Vous voyez que je ne vous la donne pas longtemps. J'ai soin de mes intérêts. Je n'ai pas même voulu les mettre entre les mains de madame de Coulanges, pour vous faire ressouvenir de moi. Il m'a paru qu'elle n'était pas propre à vous en faire souvenir agréablement. Il ne faut point confondre tant de rares merveilles, et je ne prendrai point de chemins détournés pour me mettre du nombre de vos amies. Je serais honteuse de devoir cet honneur à d'autres qu'à moi. Je vous marque assez l'envie que j'en ai en faisant un pas comme celui de vous écrire : s'il ne suffit, et que vous ne m'en jugiez pas digne, j'en aurai l'affront ; mais aussi ma vanité sera satisfaite si je viens à bout de cette entreprise. Je suis votre servante.

« M. (Marguerite) DE SÉVIGNÉ.

« Ma mère est votre très-humble servante. »

Peut-être n'est-il pas au-dessous du soin que le biographe doit prendre de n'omettre aucun des détails qui puissent jeter quelque jour sur les inclinations et les habitudes des temps et des personnages qu'il a entrepris de faire connaître de dire ici que cette lettre de mademoiselle de Sévigné, trouvée à la Bibliothèque royale parmi les papiers de l'archevêque de Reims, avait été close au moyen d'une faveur couleur de rose, retenue aux deux bouts par un double cachet carré, très-petit, en cire noire, portant l'empreinte d'une grenade fermée, avec ces mots italiens *Il piv* (piu). *grato. nasconde :* « Ce qu'elle a de meilleur, elle le cache. » On reconnaît ici le goût, si général alors, pour les emblèmes et les devises. Les carrousels et les ballets, si fréquents dans les fêtes de la cour depuis le règne du dernier roi, avaient introduit cette mode, qui fut adoptée et propagée par les beaux esprits galants et les *précieuses* chevaleresques de l'hôtel de Rambouillet. Ce goût était partagé par madame de Sévigné, et elle l'avait communiqué à sa fille. Clément, conseiller à la cour des aides et intendant du duc de Nemours, avait, dans sa riche bibliothèque, réuni les ouvrages sur les emblèmes et les devises publiées en différentes langues, mais plus particulièrement en italien ; lui-même composait des devises fort ingénieuses, et avait acquis par là une petite célébrité. Ce fut lui qui donna à mademoiselle de Sévigné la devise gravée sur son cachet, devise que, depuis, madame de Coulanges appliqua à la Dauphine [1].

[1] MICHEL DE MAROLLES, *Mémoires*, 1755, in-12, t. II, p. 103 ; et t. III, p. 260. — SÉVIGNÉ (31 mai et 21 juin 1680), t. VII, p. 11, 59, édit. de G. ; t. VI, p. 297 et p. 333, édit. M.

L'*Histoire de madame de Maintenon* (voir son histoire par M. le duc de Noailles, t. II, p. 2, 1848, in-8°) raconte la chose autrement : ce fut madame de Maintenon qui appliqua cette devise à la Dauphine, en faisant présent au Dauphin d'une canne dont la pomme renfermait le portrait de la Dauphine avec cette devise : *Il piu grato nasconde.*

CHAPITRE V.
1668 — 1669.

Louis XIV s'empare de la Franche-Comté. — Formation de la triple alliance. — Louis XIV avait le génie du gouvernement, mais non le génie militaire. — Avis différents donnés par les généraux et les ministres. — Ces derniers l'emportent. — La paix d'Aix-la-Chapelle est conclue. — Louis XIV rend la Franche-Comté et garde les conquêtes de Flandre. — Fêtes données à Versailles le 18 juillet 1668. — Madame et mademoiselle de Sévigné y étaient. — Relation manuscrite de cette fête par l'abbé de Montigny, ami de madame de Sévigné. — Pourquoi cette relation est préférable à celle que Félibien a publiée. — Magnificence des divertissements. — Trois cents dames furent invitées à cette fête. — On y joue, pour la première fois, la comédie de *George Dandin*, de Molière. — Molière compose aussi les vers des intermèdes et des ballets mis en musique par Lulli. — Madame et mademoiselle de Sévigné soupent à la table du roi. — Bruits qui couraient sur l'inclination de Louis XIV pour mademoiselle de Sévigné. — Le duc de la Feuillade cherchait à faire naître cette inclination. — Lettre de madame de Montmorency à Bussy de Rabutin à ce sujet. — Réponse de Bussy. — MADAME favorise la princesse de Soubise auprès du roi. — La froideur de mademoiselle de Sévigné la garantit de la séduction. — L'infidélité de Louis XIV envers la Vallière était la cause de toutes ces intrigues. — Madame de Montespan n'était pas encore maîtresse en titre. — A la fête, madame de Montespan n'était point à la table du roi. — A la même table étaient madame de Montespan et madame Scarron. — Détails sur madame Scarron. — Elle veut s'exiler. — Madame de Montespan la protége, et fait rétablir sa pension. — Madame de Sévigné se rencontrait fréquemment avec elle. — Madame Scarron tourne à la grande dévotion. — Elle est satisfaite de son sort. — Publication des lettres et œuvres inédites de Scarron.

De tous côtés on négociait[1] : toutes les puissances voulaient faire cesser la guerre que l'ambition de Louis XIV

---

[1] Louis XIV, *Œuvres*, t. II, p. 344.

avait allumée; toutes voulaient mettre un terme aux agrandissements de la France. Les Espagnols espéraient obtenir des rigueurs de l'hiver une trêve que le vainqueur voulait leur faire acheter à trop haut prix. En effet, toutes les opérations militaires étaient suspendues; une partie des troupes qui avaient servi à l'envahissement des Pays-Bas rentraient forcément dans l'intérieur. En même temps, des régiments qui se trouvaient dans le Midi marchaient vers le Nord; mais on savait que leur destination était pour la Bourgogne, et que le prince de Condé, gouverneur de cette province, y devait tenir les états[1]. De fréquents courriers étaient dépêchés par ce prince à un grand nombre d'officiers généraux, avec injonction de se rendre sans délai près de lui à Dijon. Les approvisionnements et les apprêts de tout ce qui était nécessaire pour entrer en campagne étaient hâtés par le roi, au milieu de l'hiver, avec une activité inaccoutumée. On sut que, pour pouvoir suffire à tous les ordres qu'il donnait, il interrompait ses heures de sommeil; et on vit bien qu'il n'était pas, comme il voulait le faire croire, uniquement occupé des plaisirs de sa cour, des embellissements du château de Saint-Germain et des grandes et étonnantes constructions qui s'exécutaient à Versailles. L'imminence du danger fit sortir de son assoupissement l'indolence espagnole, et bientôt le secret que le roi de France avait dissimulé avec tant de soin fut divulgué, mais trop tard. Par des marches habilement déguisées, une armée, dont les divers corps étaient naguère disséminés dans toutes les parties du royaume, se trouva tout à coup réunie et prête à marcher. Condé, qui n'avait sup-

[1] Louis XIV, *Œuvres*, t. II, p. 233; t. III, p. 89.

porté qu'avec douleur le repos auquel il avait été condamné, en prit le commandement. En deux jours, il s'empare de Besançon [1] ; Luxembourg, qui servait sous lui, prend en même temps Salins [2]. Dôle veut résister : Louis XIV y vient en personne, et, après quatre jours de siége, s'en rend maître [3]. Deux jours après, Gray se donne à lui, et toute la Franche-Comté lui fait sa soumission. La conquête de cette grande et belle province fut achevée durant le plus grand froid de l'année, entre le 7 et le 22 février (1668), c'est-à-dire en quinze jours [4].

Cependant, aussitôt que les alliés de Louis XIV avaient commencé à pénétrer le secret de ses desseins, ils s'étaient tournés contre lui. Dès le mois de janvier de cette année, l'Angleterre, la Suède et la Hollande avaient projeté entre elles une triple alliance, qui fut confirmée presque aussitôt après la conquête de la Franche-Comté. De concert avec l'Espagne, ces puissances ouvrirent des négociations avec l'ambitieux conquérant, pour le forcer à la paix [5].

Louis XIV ne manquait pas de bravoure ; il était froid et calme au milieu du danger ; il savait s'y exposer, pour l'exemple. Il en donna des preuves au siége de Lille, jusqu'à mécontenter sérieusement Turenne ; mais ce n'était

---

[1] Monglat, *Mémoires*, t. LI, p. 149.

[2] Bussy, *Lettres*, t. V, p. 49 (16 février 1668).

[3] Louis XIV, *Œuvres*, t. II, p. 349. — Bussy, *Lettres*, t. III, p. 82 (16 février 1668).

[4] Montpensier, *Mémoires*, t. XLIII, p. 120. — Monglat, *Mémoires*, t. LI, p. 56. — Louis XIV, *Œuvres*, t. II, p. 354. (Monglat dit douze jours, Louis XIV quinze.)

[5] Monglat, *Mémoires*, t. LI, p. 159-160.

pas par entraînement et par goût que Louis XIV aimait les batailles, c'était pour l'agrandissement de la France, qui en devait être le résultat. Quoique pendant son jeune âge il eût avec toute la cour toujours suivi les armées, il s'était peu appliqué à la stratégie. Mazarin, qui avait voulu prendre un grand ascendant sur son esprit, avait plutôt cherché à le rendre attentif aux choses où lui-même excellait qu'à celles qu'il ignorait. Il l'avait rendu plus habile à conduire les affaires d'un royaume qu'à commander les armées. Cependant le bon sens du jeune monarque et son instinct de gloire lui avaient révélé que l'art du commandement et les talents guerriers étaient les qualités les plus essentielles à un roi de France, sans cesse obligé de comprimer l'envie ou l'ambition des grandes puissances qui l'environnent. Depuis qu'il gouvernait par lui-même, Louis XIV s'était appliqué à acquérir tout ce qui lui manquait à cet égard; et, dans la campagne de Lille, il avait noblement et hautement déclaré qu'il se mettait sous la direction de M. de Turenne, pour prendre de lui des leçons sur le grand art de la guerre [1]. En étudiant soigneusement la correspondance particulière de Louis XIV avec ses généraux et ses ministres, on voit qu'il était doué d'une bonne mémoire, qu'il avait un grand esprit de détail et beaucoup de persévérance dans tout ce qu'il entreprenait. Il était parfaitement instruit de ce qui concerne l'administration et le matériel d'une armée; il était même devenu savant dans les campements, les évolutions des troupes et dans la conduite des siéges. Mais cette perspicacité qui révèle les moyens de tirer

---

[1] RAMSAY, *Histoire du vicomte de Turenne*; Paris, 1773, in-12, t. II, p. 144.

tout le parti possible des hommes que l'on commande et du terrain sur lequel on doit les faire mouvoir ; qui, par des plans savamment combinés, sait préparer les succès d'une campagne, prévoit tous les obstacles, et devine toutes les chances de succès ou de revers ; cette vivacité de conception qui permet de changer et de modifier sans cesse les projets conçus, selon les entreprises habiles ou inhabiles de l'ennemi ; enfin, ce coup d'œil qui sur un champ de bataille, d'après l'aspect du terrain et des forces qui s'y trouvent réunies, aperçoit aussitôt et comme par inspiration toutes les dispositions qu'il faut prendre, tous les ordres qui sont à donner pour disputer ou s'assurer la victoire ; ce calme et cette présence d'esprit qui, au milieu de la destruction et du désordre des combats, suit avec méthode ses combinaisons, en reforme de nouvelles selon les alternatives de la fortune, et, toujours à propos, fait la part de l'audace et celle de la prudence, tout cela manquait à Louis XIV[1]. Tout cela constitue le génie guerrier, et le génie ne s'apprend pas ; il résulte d'une organisation et d'un ensemble de facultés que les circonstances exaltent, que l'étude et l'application perfectionnent, mais qu'elles ne peuvent donner. La nature, qui fait le poëte sublime et l'orateur puissant, fait aussi le grand capitaine. Condé et Turenne s'étaient, dès leur plus jeune âge, montrés dans les batailles supérieurs à tous ceux de leur temps ; il en fut ainsi d'Alexandre et de César dans l'antiquité, et, dans nos temps modernes, de Frédéric et de Napoléon. Louis XIV, s'il n'était pas né roi, aurait pu être un Colbert ou un

---

[1] Le général GRIMOARD, *Lettres aux éditeurs des Œuvres de Louis XIV*, t. III, p. 7.

Louvois; mais il n'eût jamais pu être un Turenne ni un Condé. Ses ministres ne l'ignoraient pas; et, intéressés à seconder ses penchants et à le flatter par des choses dans lesquelles il excellait, ils désiraient la paix, qui devait augmenter leur influence et annuler celle des généraux et des guerriers, dont la cour était presque entièrement composée. Turenne surtout portait ombrage aux ministres : non-seulement le roi avait en lui une entière confiance pour tout ce qui concernait la guerre, mais il le consultait et l'employait secrètement pour les affaires politiques. Familier et affectueux avec les simples officiers, ayant pour les soldats des soins paternels, Turenne était adoré des uns et des autres; mais l'ambition qu'il montrait pour l'élévation de sa maison, sa hauteur et sa dureté envers les autres généraux lui faisaient de nombreux ennemis, et les ministres trouvaient en eux un appui pour combattre l'ascendant qu'il prenait chaque jour sur l'esprit du roi[1]. Ils engagèrent donc celui-ci à écouter les propositions de paix qui lui étaient faites. Il ne devait pas, suivant eux, effrayer plus longtemps l'Europe en montrant une trop grande avidité pour les conquêtes. Il était urgent de diviser et de rompre la triple alliance avant qu'elle se fût transformée en une coalition nombreuse et formidable. La paix pouvait assurer pour toujours à l'État une partie des conquêtes du roi, et il dépendait du roi de la conclure. Plus tard, s'il éprouvait des revers ou même une plus grande résistance, la lutte pouvait se prolonger de manière à épuiser les ressources du royaume. Condé et Turenne ouvraient un avis con-

[1] RACINE, *Fragments historiques*, t. V, p. 303, édit. de 1820, in-8°, article TURENNE. — BUSSY-RABUTIN, *Lettres*, t. V, p. 59. — Id., *Supplément aux Mémoires*, t. I, p. 75.

traire. L'armée, en quelque sorte, n'avait pas eu d'ennemis à combattre; elle n'avait éprouvé aucune perte notable; c'était une des plus belles, une des mieux pourvues d'artillerie et de toutes sortes de munitions qu'on eût encore rassemblée. Pleine d'ardeur et sous la conduite de son roi, ses succès seraient aussi certains que rapides : il fallait donc la faire marcher sur les Pays-Bas et en achever la conquête. Elle serait accomplie avant même que la triple alliance ait eu le temps de rassembler ses troupes. Alors la paix offerte par le roi deviendrait plus facile à conclure avantageusement. Si, à la première annonce d'une coalition, on prenait le parti de la modération, on donnerait à la triple alliance plus de confiance en ses forces. Le prompt résultat qu'elle aurait dès à présent obtenu lui démontrerait la nécessité de resserrer ses liens, afin de se prémunir contre les dangers à venir. Ce n'était donc pas là le moment de poser les armes, mais bien de continuer la guerre[1]. Ce conseil était sans nul doute le meilleur à suivre; mais Louis XIV voulait terminer Versailles, et il était dans le premier feu de son amour pour madame de Montespan[2]. L'opinion de ses ministres fut préférée à celle de ses généraux : la paix d'Aix-la-Chapelle fut conclue. La France rendit la Franche-Comté, et garda les conquêtes qu'elle avait faites en Flandre[3].

A la suite de ces glorieuses et profitables expéditions, les promotions de maréchaux et d'autres grâces confé-

---

[1] Louis XIV, *Œuvres*, t. II, p. 363; t. III, p. 109.

[2] La Fare, *Mémoires,* t. LXV, p. 166. — Eckard, *Dépenses effectives de Louis XIV en bâtiments*, p. 23-39, 41-48. — Id., *États au vrai*, p. 23 à 29.

[3] Monglat, *Mémoires*, t. LI, p. 161. — La Fare, *Mémoires*, t. LXV, p. 167.

rées par le monarque répandirent la joie à la cour : une diminution dans les impôts, des encouragements donnés aux arts et à l'industrie par des dons gratuits, une nombreuse quantité d'ouvriers et d'artistes employés aux constructions ou embellissements de Versailles, du Louvre, des Tuileries, de Fontainebleau, de Chambord firent circuler l'argent dans toutes les classes[1]. C'est dans ces circonstances et au milieu du bonheur général que Louis XIV donna une de ces fêtes qui, par l'éclat et la magnificence qu'il savait y mettre, devenaient l'objet de l'attention et de l'admiration de l'Europe. Cette fête commença le 18 juillet (1668) le matin, et se termina le lendemain à l'aurore. Elle eut lieu dans le château et les jardins de Versailles, qui, quoique non encore achevés, surpassaient déjà en magnificence toutes les demeures royales qu'on avait construites auparavant, comme elle surpasse encore toutes celles qu'on a élevées depuis[2]. Cette fête n'avait rien de la pompe chevaleresque et guerrière du fameux carrousel de 1662 ; mais le grand nombre de belles femmes qui s'y trouvaient réunies et qui y figuraient; la magnificence de ces grandes galeries, ornées de dorure et des chefs-d'œuvre des grands peintres; les cascades des jardins, les jets d'eau, les statues de marbre et de bronze ; la lumière d'un beau soleil, les frais ombrages, les fleurs ; les emblèmes ingénieux, les décorations, les costumes, les

---

[1] Eckard, *États au vrai de toutes les sommes employées par Louis XIV*, etc., p. 25, 39, 55, 57 et 59. — Lépicié, *Vie des premiers peintres du roi*, t. I, p. 46; Paris, 1752, in-12. — Guérin, *Description de l'Académie royale de peinture et de sculpture*.

[2] La Fontaine, *Psyché*, et les notes insérées t. V, p. 30 à 36, de l'édition in-8° de 1826. — Félibien, *Description sommaire du château de Versailles*, 1674, in-12.

chants, les danses, les festins; la comédie joyeuse de Molière et la musique de Lulli; les explosions bruyantes et volcaniques des feux d'artifice, les lustres, les illuminations, les globes de feu et toutes les pompes de la nuit; enfin, cette multiplicité de divertissements, de plaisirs et de surprises, qui variaient à toutes les heures et auxquelles les heures ne pouvaient suffire, tout contribua à donner à cette fête un caractère de féerie, qui laissa des souvenirs enchanteurs, ineffaçables à toutes les personnes qui y avaient assisté.

Madame de Sévigné et sa fille étaient de ce nombre : nous l'apprenons par une lettre du petit abbé de Montigny [1]. Cette lettre est une relation de la fête, écrite le lendemain par ordre de la reine, pour être envoyée au marquis de Fuentès [2], précédemment ambassadeur d'Espagne en France et alors en résidence à Madrid [3]. Cette relation est bien supérieure par le style et par les curieux détails qu'elle renferme à celle qui a été donnée par Félibien et dont on encombre les éditions de Molière [4], par la seule raison que notre grand comique composa, pour les intermèdes et les ballets de cette fête, des vers aussi

---

[1] Sur l'abbé de Montigny, qui devint évêque de Léon, voyez SÉVIGNÉ, *Lettres*, t. II, p. 237 et 245, édit. de G. de S.-G. (en date des 23 et 30 sept. 1671).

[2] *Relation de la fête de Versailles donnée le 18 juillet 1668 à M. le marquis de Fuentès, par l'abbé* DE MONTIGNY (*Manuscrits de* CONRART, t. IX, p. 1109, bibliothèque de l'Arsenal).

[3] GOURVILLE, *Mémoires*, t. LII, p. 410.

[4] MOLIÈRE, *Œuvres*, édition d'Auger, t. VII, p. 287 à 331; édition d'Aimé-Martin, t. VI, p. 267-318. — FÉLIBIEN, *Relation de la fête de Versailles du 18 juillet 1668*; Paris, in-folio, 1679, avec cinq planches. — Idem, *Descript. de divers ouvrages de peinture faits pour le roi*; 1671, in-12, p. 229 à 315.

doucereux que ceux de Benserade, et y fit jouer la comédie de *George Dandin* ou *le Mari confondu.*

Nous savons, par la lettre de Montigny, que les dames invitées étaient au nombre de trois cents. Toutes se rendirent dès le matin, parées pour la journée, au château de Versailles. On avait orné et parfumé les appartements pour les recevoir. Afin qu'elles ne fussent pas gênées par les lois de l'étiquette, et qu'elles pussent parcourir à leur gré les appartements de ce somptueux séjour et se rendre plus librement aux offres qui leur étaient faites par les officiers du roi, chargés de se conformer à leurs désirs, Louis XIV s'était retiré, avec toute la famille royale, dans un pavillon voisin du château. Après avoir fait leur premier repas, elles descendirent toutes dans le jardin, montèrent dans des calèches qu'on leur avait préparées, et accompagnèrent la reine dans une promenade autour du parc. Quand cette promenade fut terminée, on vit commencer les enchantements de cette fête ravissante. Après chaque divertissement, les calèches se trouvaient prêtes pour transporter les dames aux lieux où les attendaient des jouissances nouvelles et inattendues. Tous les ambassadeurs assistaient à cette fête, et on y remarquait beaucoup d'étrangers, surtout beaucoup d'Anglais, venus à la suite du beau duc de Montmouth, dont les attentions pour Henriette d'Angleterre excitaient la jalousie du duc d'Orléans et affermissaient dans son esprit le crédit du chevalier de Lorraine, ennemi de cette princesse [1].

Vers la fin de la journée et lors du souper et du feu

---

[1] Choisy, *Mémoires*, t. LXIII, p. 397. — Montpensier, *Mémoires*, t. XLIII, p. 121.

d'artifice, les jardins furent ouverts au public; des rafraîchissements furent distribués à tous ceux qui en voulurent; et le peuple put participer à ce que cette fête offrait pour lui de plus surprenant et de plus éclatant.

L'abbé de Montigny avait joint à sa lettre des listes de toutes les dames invitées, indiquant de quelle manière elles se trouvaient placées au souper, qui fut le repas principal de la journée. Ces détails ne sont pas sans intérêt, parce qu'ils jettent du jour sur la position des personnages de la haute société de cette époque et sur les intrigues de cour, que la jeunesse du roi et ses galantes inclinations rendaient très-actives.

Madame de Sévigné et sa fille étaient placées à la table du roi, et sont inscrites sur la liste après madame de la Fayette et avant madame de Thianges. Cette circonstance dut singulièrement accréditer les bruits qu'on avait répandus de l'inclination du roi pour mademoiselle de Sévigné. Madame de Montmorency, faisant part à Bussy de ce qui se disait à la cour, lui écrit, le 15 juillet 1668 (trois jours avant la fête) : « Pour des nouvelles, vous saurez que M. de Rohan parle avec mépris de madame de Mazarin. Il dit qu'on veut avoir ses bonnes grâces, mais sans en faire cas quand on les a. On croit qu'il retourne à madame de Soubise, que MADAME fait valoir tant qu'elle peut auprès du roi, et souhaite fort cette galanterie. D'un autre côté, la Feuillade fait ce qu'il peut pour mademoiselle de Sévigné ; mais cela est encore bien faible. » Bussy, cet homme si fier et si hautain, loin de voir un déshonneur pour sa famille dans la supposition que le roi pourrait jeter les yeux sur mademoiselle de Sévigné, répond à madame de Montmorency, le 17 juillet (c'est-à-dire la veille de la fête) : « Je serais fort aise que le roi s'attachât à mademoiselle de Sévigné, car la demoiselle est fort de mes amies, et il ne pourrait être mieux en maîtresse [1]. » Le même jour, Bussy écrit à sa cousine pour lui recommander une affaire, et, en terminant sa lettre, il ne manque pas de lui parler de sa fille : « Je suis bien à vous, ma chère cousine, et à la plus jolie fille de France ; je n'ai que faire, après cela, de faire mon compliment à mademoiselle de Sévigné [2]. » Cette préoccupation de Bussy pour mademoiselle de Sévigné fait présumer qu'il savait gré à la Feuillade de ses projets, parce qu'il voyait dans leur réussite une chance favorable à son ambition.

Au reste, toutes ces rumeurs, toutes ces intrigues provenaient de ce que la liaison du roi avec madame de Montespan, encore enveloppée des voiles du mystère, n'était considérée que comme un goût passager : on s'aperçut dès lors que la maîtresse en titre avait cessé d'occuper la première place dans le cœur du monarque, et que des rivales, plus belles et plus jeunes, pouvaient tenter de la supplanter. Madame de Sévigné nous fournira l'occasion de faire remarquer par la suite le succès des intrigues conduites, avec une si grande réserve et une si habile dissimulation, par madame de Soubise, et déjà signalées dans la lettre de madame de Montmorency. Quant à mademoiselle de Sévigné, sa froideur dédaigneuse, jointe à la vertu vigilante de sa mère, la garantit d'un péril qui ne fut peut-être jamais bien menaçant et que probablement elle ne connut qu'après son mariage.

[1] Lettres inédites, tirées du 3ᵉ volume des *Mémoires inédits de Bussy*, mss. de la bibl. de l'Institut, n° 221 ; *Lettres de* Sévigné, t. I, p. 43 de la Notice bibliographique, édit. de Monmerqué.

[2] Sévigné, *Lettres*, t. I, p. 182, édit. de G. de S.-G. (en date du 17 juillet 1668).

Madame de la Trousse, cette tante de madame de Sévigné dont il est si souvent fait mention dans ses lettres, se trouvait aussi à la même table qu'elle; mais elle est nommée après madame de Thianges. Au reste, Félibien remarque qu'à cette table du roi, après que lui et Monsieur se furent assis, les dames qui avaient été nommées pour y prendre place s'assirent sans garder aucun rang [1].

A la table présidée par madame d'Humières, dont le mari, neveu de Bussy, venait d'être promu à l'éminente dignité de maréchal de France, se trouvaient mademoiselle de Bussy-Lameth, également parente de Bussy, et la marquise de la Baume, qui s'était montrée si perfide envers madame de Sévigné et Bussy [2]. A cette même table était aussi madame la comtesse de Guitaut, amie intime de madame de Sévigné, dame d'Époisses [3]; puis encore madame de la Troche, autre amie de madame de Sévigné et dont le nom reparaît si souvent dans sa correspondance [4]. C'est elle dont l'abbé Arnauld, dans ses Mémoires, loue l'esprit et la beauté quand il nomme celles qui, particulièrement liées avec madame Renaud de Sévigné et sa fille, faisaient les délices de la société de la ville d'Angers en 1652 [5].

---

[1] Félibien, *Relation de la fête du* 18 *juillet* 1668, dans les *Œuvres de* Molière, t. VII, p. 287 à 315, édit. d'Auger; ou t. VI, p. 300, édit. d'Aimé-Martin, 1824, in-8°. — Idem, *Recueil de descriptions de peintures et autres ouvrages faits pour le roi*, 1671, p. 283.

[2] Voyez p. 345 de la seconde partie de ces *Mémoires*, ch. xxiv.

[3] Sévigné, *Lettres*, t. I, p. 120, édit. de Monmerqué. — Idem, t. I, p. 172, édit. de G. de S.-G. (lettre en date du 6 juin 1668).

[4] Sévigné, *Lettres*, t. II, p. 2, 3, 465; t. IV, p. 240; t. VII, p. 133; t. IX, p. 191; t. X, p. 413.

[5] L'abbé Arnauld, *Mémoires*, t. XXXIV, p. 302, 305, 306, et ci-dessus, 2e partie de ces *Mémoires*, p. 101 et 102, chap. viii.

Ce qui était digne de remarque, c'est que madame de Montespan, qui avait dans cette fête le rôle principal, ne se trouvait pas à la table du roi. Elle était placée à celle dont la duchesse de Montausier faisait les honneurs, entre la duchesse de Crussol et la duchesse de Gesvres. Il y avait aussi à cette même table madame de Tallemont, madame et mademoiselle de Raré, mademoiselle de Scudéry et enfin madame Scarron. Réduite à l'indigence par la suppression de la pension de deux milles livres que lui faisait la reine mère, pension dont elle avait en vain sollicité le rétablissement, madame Scarron avait refusé d'épouser un homme riche de naissance, mais de mœurs dissolues. Pour ne pas être à charge à ses puissants amis, qui offraient de la recueillir chez eux, elle avait mieux aimé se résoudre à s'expatrier, et consentir à se mettre à la suite de mademoiselle d'Aumale, princesse de Nemours, qui allait à Lisbonne pour être reine de Portugal. Mais madame de Thianges, qui connaissait avec quelle répugnance madame Scarron avait pris cette résolution, s'opposa à son départ, et la présenta à sa sœur madame de Montespan, qui la prit en amitié. Madame de Montespan, alors au commencement de sa liaison avec le roi, obtint facilement ce que les Richelieu, les Chalais, les d'Albret, les Villeroy et madame d'Heudicourt avaient en vain sollicité [1]. Malgré la vive opposition de Colbert, la pension de madame Scarron fut rétablie. Louis XIV, habile à donner un plus grand prix à toutes ses grâces par la manière dont il

---

[1] MAINTENON, *Lettres*, t. I, p. 38. — Idem, édit. de Collin, 1806, t. I, p. 36-44 (lettres à madame de Chanteloup, 28 avril, 11 juillet 1666). — CAYLUS, *Souvenirs*, collect. de Petitot, t. LXVI, p. 443. — Idem, édit. Renouard, 1806, in-12, p. 84. — AVRIGNY, *Mém. chronologiques* (édit. 1725), t. III, p. 189. — LA BEAUMELLE, *Mémoires*.

les conférait, tira parti de ses refus et de ses délais mêmes, lorsque madame Scarron, présentée par madame de Montespan, vint lui faire ses remercîments. « Madame, lui dit-il, je vous ai fait attendre longtemps. J'ai été jaloux de vos amis, et j'ai voulu avoir ce mérite auprès de vous[1]. » Telle fut la première entrevue de deux êtres depuis si intimement unis, séparés alors par un si grand intervalle, qui croyaient n'avoir plus jamais aucune autre occasion de se voir ou au moins de se parler. Pourtant madame de Montespan continua de goûter de plus en plus la société de madame Scarron, qui, toujours prudente et réservée, ne se prodiguait pas, et tournait déjà à la grande dévotion. Madame de Sévigné, qui avait été liée avec Scarron, ne cessa point de voir sa veuve, et la rencontrait souvent chez la maréchale d'Albret, à l'hôtel de Richelieu et chez madame d'Heudicourt. Le public de cette époque n'était pas encore déshabitué du style burlesque mis en crédit par Scarron ; et après lui Loret et ses continuateurs avaient, par leurs gazettes du monde élégant, continué à en maintenir la vogue dans la haute société. Aussi les œuvres de Scarron[2], qui furent alors réunies et publiées avec ses lettres inédites, livrées à l'éditeur par d'Elbène, eurent-elles un grand succès. Une de ces lettres, adressée à madame de Sévigné[3], dont nous

---

[1] La Beaumelle, *Mémoires de Maintenon*, t. I, p. 285. — Maintenon, *Lettres*, t. I, p. 43 (lettre à madame de Chanteloup, en date du 11 juillet 1666). — *Ibid.*, t. I, p. 40, 41, 48.

[2] *Œuvres de* M. Scarron, revues, corrigées et augmentées ; Paris, Guillaume de Luyne, 1669, in-12.

[3] *Les dernières Œuvres de* M. Scarron, divisées en deux parties ; Paris, Guillaume de Luyne, 1669, in-12, t. I, p. 21, à madame de Sévigny la veuve. (La lettre suivante, à tort intitulée *à madame de Sévigny la marquise*, est adressée à madame Renaud de Sévigné,

avons déjà parlé à sa date, constatait l'admiration qu'avait eue pour elle ce bel esprit bouffon ; et plusieurs autres lettres, de même pour la première fois publiées, démontraient la sollicitude de Scarron pour sa femme, la tendresse et le respect qu'elle avait su lui inspirer, et ajoutaient encore à l'intérêt qu'on prenait à elle. L'ambition de madame Scarron parut comblée lorsqu'on eut rétabli sa pension. Du moins elle écrivit à madame de Chanteloup, son amie : « Deux mille livres ! c'est plus qu'il n'en faut pour ma solitude et pour mon salut [1]. » Par la suite, cette somme ne suffisait pas au salaire d'une de ses femmes de service.

mère de madame de la Fayette. Conférez la 1re partie de ces *Mémoires*, chap. XVI, t. I, p. 226.)

[1] MAINTENON, *Lettres*, édit. de 1806, in-12, t. I, p. 43 (à madame de Chanteloup, 11 juillet 1666).

CHAPITRE VI.

1668 — 1669.

La fête donnée à Versailles ajoute à la célébrité de ce lieu. — La description de Versailles, dans le roman de *Psyché*, de la Fontaine, contribue au succès de cet ouvrage. — Madame de Sévigné lisait tous les écrits de cet auteur. — Elle aimait les divertissements du théâtre. — Elle approuvait Louis XIV d'avoir soutenu le *Tartuffe*. — Chefs-d'œuvre de Molière, de la Fontaine, de Racine et de Boileau qui parurent à cette époque. — Ce grand mouvement littéraire exerce de l'influence sur le talent de madame de Sévigné. — L'amour maternel suppléait chez elle à l'amour de la gloire. — Louis XIV fait cesser les persécutions contre les jansénistes, et les rappelle de leur exil. — Madame de Sévigné les revoit chez elle et chez la duchesse de Longueville. — Elle lit les *Essais de morale* de Nicole. — Succès du P. Desmares à Saint-Roch. — Prédiction de madame de Sévigné sur le P. Bourdaloue. Elle se rétracte. — De Bossuet. — Madame de la Fayette fait paraître *Zayde* ; — Huet, son *Traité sur l'origine des romans*. — Madame de Sévigné ignorait qu'elle participerait à la gloire du grand siècle. — Elle se mettait au-dessous de toutes les femmes auteurs de son temps. — Les lettres qu'elle écrit à Bussy sont au nombre de ses meilleures. — Bussy les recueille, et les insère dans ses Mémoires. — Inscription qu'il met au bas du portrait de madame de Sévigné. — Elle et Bussy se faisaient valoir mutuellement. — Mot de madame de Sévigné à ce sujet. — Jugement que Bayle porte des lettres de madame de Sévigné à Bussy. — Poëme d'Hervé de Montaigu sur le style épistolaire. — Éloge qu'il fait de madame de Sévigné. — Elle a entretenu une correspondance très-active avec le cardinal de Retz. — Retz s'était volontairement retiré à Commercy. — Il s'était réconcilié avec Louis XIV, auquel il rendit d'importants services. — Il va deux fois à Rome, et contribue à la nomination de deux papes. — Madame de Sévigné lui écrit pour lui recommander Corbinelli et une affaire qui intéresse le maréchal d'Albret. — Réponse qu'elle en reçoit.

L'éclat et la pompe de la grande fête qui eut lieu à Versailles, après la paix d'Aix-la-Chapelle, avaient donné beaucoup de célébrité à cette ville nouvelle, à ce château, à ces jardins, à ce parc, magnifiques créations de Louis XIV, presque aussi rapides et aussi étonnantes que ses conquêtes. La Fontaine fit alors paraître son charmant poëme d'*Adonis* et son gracieux roman de *Psyché*[1]. Les descriptions du lieu où l'auteur a placé les interlocuteurs de ce roman nous paraissent avec raison aujourd'hui un hors-d'œuvre; mais alors, au contraire, ces descriptions, où la poésie venait au secours de la prose, contribuèrent beaucoup au succès de l'ouvrage. Versailles était alors si peu connu, et tant de personnes cependant avaient pu récemment admirer ce prodige, tant d'autres n'en avaient rien appris que par des récits vulgaires, que la Fontaine intéressait tous les lecteurs en s'adressant aux souvenirs des uns et à l'imagination des autres. Le sujet de ce volume était encore l'amour, non cet amour sensuel dont l'auteur s'était trop complu à tracer la dangereuse peinture dans ses deux recueils de contes, mais cet amour que l'âme partage et dont il dit que les peines sont plus douces que les plaisirs[2]. Un an avant l'apparition de ce roman, la Fontaine s'était acquis une gloire plus du-

---

[1] Les *Amours de Psiché* (sic) *et de Cupidon*, par M. DE LA FONTAINE; Paris, chez Claude Barbin, 1669, in-8°. — A la page 441 commence le poëme d'*Adonis*; le privilége est du 2 mai 1668. — Conférez l'*Histoire de la vie et des ouvrages de la Fontaine*, 3ᵉ édition, p. 172 à 190.

[2] « Et leurs plaisirs sont moins doux que ses peines. » *Psyché*, p. 56, édit. 1669.

rable par la publication de son premier recueil de *Fables*, dédié au jeune Dauphin. Le duc de Montausier avait été nommé gouverneur de ce prince, Bossuet son précepteur, et Huet son sous-précepteur [1]. La noble conduite de la Fontaine lors de la disgrâce de Fouquet avait accru l'amitié de madame de Sévigné pour ce poëte. Elle faisait ses délices de ses écrits, et nous apprenons par ses lettres qu'elle lui pardonnait les licencieuses productions de sa muse [2]. Madame de Sévigné ne partageait pas non plus le rigorisme des jansénistes ses amis, qui voulaient proscrire comme irréligieux les divertissements du théâtre. Elle les aimait : une plaisanterie qui lui est échappée [3], sur l'abbé Roquette, démontre qu'elle approuvait Louis XIV d'avoir résisté à ceux qui s'opposaient à la représentation du *Tartuffe*. Elle trouvait bon qu'il eût employé plus de temps pour élever sur la scène française ce chef-d'œuvre de Molière et pour l'y maintenir que pour conquérir la Flandre et la Franche-Comté [4].

Malgré l'admiration un peu trop exclusive de madame de Sévigné pour Corneille et l'approbation qu'elle avait donnée, dans sa jeunesse, aux poëtes médiocres qui s'étaient acquis de la réputation, les chefs-d'œuvre dont le théâtre et la presse enrichissaient la littérature durent, à cette époque, être pour elle la source de vives jouis-

---

[1] *Vie de monsieur le duc de Montausier*, t. II, p. 8, 18 et 20.

[2] *Hist. de la vie et des ouvr. de la Fontaine*, 3ᵉ édit., p. 210.

[3] SÉVIGNÉ, *Lettres*, t. V, p. 216, édit. de M. — *Ibid.*, t. V, p. 378, édit. de G. de S.-G.

[4] ÉTIENNE, *Notice sur le Tartuffe* (dans la 1ʳᵉ livraison du *Théâtre français* de Panckouke ; il n'a paru que cette livraison). — AUGER, *Œuvres de Molière*, t. VI, p. 192-199. — TASCHEREAU, *Vie de Molière*, 2ᵉ édit., 1818, in-8°, p. 189 à 213. — *Ibid.*, 3ᵉ édit., in-12, p. 115-126.

sances. C'est pendant les deux années qui précédèrent celles où madame de Sévigné commença à laisser courir journellement sa plume pour correspondre avec sa fille que l'on vit éclore les productions littéraires les plus propres à développer le goût du beau et du naturel. Ce fut dans cet espace de temps qu'on joua pour la première fois *les Plaideurs* de Racine et sa tragédie de *Britannicus* [1]; que Molière fit représenter et imprimer le *Tartuffe* [2], le *Misanthrope*, *l'Amphitryon*, *l'Avare;* que la Fontaine publia ses *Fables choisies* [3], Boileau ses deux premières *Épîtres* et cette neuvième *Satire* [4] qui fit dire à Bussy que le poëte s'y était surpassé lui-même [5].

Nul doute que le grand mouvement littéraire de cette époque n'ait beaucoup contribué à développer le talent naturel de madame de Sévigné comme écrivain. Sa sensibilité et sa vive imagination lui donnaient les moyens d'employer toutes les ressources de son esprit pour distraire sa fille et pour se distraire elle-même de la peine

---

[1] *Britannicus;* Paris, Claude Barbin, 1670, in-12 (80 pages sans l'épître et la préface). — RACINE, *Œuvres;* Paris, 1687, in-12, p. 225 à 229.

[2] *Le Tartuffe* ou *l'Imposteur*, comédie de J.-B. P. DE MOLIÈRE, imprimée aux dépens de l'auteur. Chez Ribou, 1669, petit in-12.

[3] *Fables choisies*, *mises en vers par* M. DE LA FONTAINE, 1668, in-4°. — *Ibid.*, in-12, 1668 et 1669.

[4] *Satires du sieur D***;* Paris, Louis Billaine, 1668, in-12. — Quoique ce mot *satires* soit au pluriel sur le titre, il n'y a que la satire IX précédée du discours (16 pages). — *Satires du sieur D***;* Paris, Louis Billaine, 1669, in-12, 76 pages et le discours; cette édition contient les neuf premières satires.

[5] Bussy, *Lettres*, t. III, p. 108 et 109 (lettre en date du 16 septembre 1668). Cette lettre apprend que la neuvième satire de Boileau avait été envoyée à Bussy le mois précédent.

d'être séparée d'elle. Sans un motif puissant, il n'y a pas de puissants efforts, il n'y a pas de grands résultats. L'amour maternel suppléa, dans madame de Sévigné, à l'amour de la gloire; et les jouissances du cœur tinrent lieu de celles de l'orgueil et de la vanité.

D'autre causes encore, qu'il ne faut pas omettre, contribuèrent à former le talent de madame de Sévigné à l'époque où elle fut appelée à le mettre en pratique pour sa seule satisfaction, pour celle de sa fille et celle de ses amis.

Elle alliait le goût de la société et du monde avec celui de la retraite, la plus franche gaieté avec des pensées sérieuses, un grand penchant aux plaisirs et un sincère attachement aux sévères pratiques de la religion. Tous les sentiments, joyeux ou mélancoliques, tendres ou sublimes, énergiques ou délicats, trouvaient en elle des sympathies. Son esprit était nourri de ce qu'il y avait de plus élevé dans la littérature sacrée et de plus ingénieux et de plus parfait dans la littérature profane : Louis XIV faisait alors représenter le *Tartuffe,* il ordonnait de cesser toute persécution contre les jansénistes; de Sacy était sorti de la Bastille; Arnauld, le grand Arnauld, était rentré dans Paris; tous les solitaires de Port-Royal avaient repris leur poste dans la Vallée; madame de Sévigné profitait, chez elle et chez la duchesse de Longueville (dont l'hôtel était devenu comme le chef-lieu du parti[1]), de la conver-

---

[1] Fr. Bourgoin de Villefort, *la Véritable vie d'Anne-Geneviève de Bourbon, duchesse de Longueville;* Amsterdam, chez Jean-Fr. Joly, 1739, in-12, t. II, p. 105-118, 119-124, liv. vi. — (L'édition de Paris de ce même ouvrage, qui porte pour titre *Vie de madame la duchesse de Longueville,* t. V, 1738, est très-incomplète; les retranchements ont surtout porté sur ce livre vi.)

sation de ces hommes de savoir et de génie; et elle goûtait encore plus leurs préceptes de morale que leurs subtilités religieuses. Les *Essais de Nicole* étaient au nombre de ses lectures favorites[1]. A cette époque aussi le fameux prédicateur janséniste, le P. Desmares, interdit depuis plusieurs années, remonta en chaire, et attira la foule à l'église Saint-Roch[2]. Il était sans rival lorsque Bossuet, évêque de Condom, eut cessé de prêcher à Paris. Alors aussi le jeune Bourdaloue débuta dans la prédication au collège des jésuites. Madame de Sévigné, accompagnée de sa fille, alla l'écouter : prévenue, par ses amis les jansénistes, contre l'ordre des jésuites, auquel appartenait le P. Bourdaloue, elle attribuait la supériorité de talent qu'elle reconnut dans le nouveau prédicateur à la petitesse de l'église où il prêchait : « Il ne jouera bien, dit-elle, que dans son tripot[3]. » A quoi l'esprit de parti ne se prend-il pas? Heureusement pour madame de Sévigné que son bon goût était plus fort que ses préventions. Elle ne tarda pas à rétracter son indiscrète prédiction sur Bourdaloue, et elle devint une des plus vives admiratrices de son éloquence. Quant à Bossuet, il s'éleva, dès son début dans l'oraison funèbre, à

---

[1] SÉVIGNÉ, *Lettres*, t. II, p. 246 et 252 ; t. IV, p. 260; t. V, p. 249; t. VII, p. 6, 215; t. X, p. 237; t. XI, p. 239, édit. de G. de S.-G.

[2] PETITOT, *Notice sur Port-Royal*, collection des Mémoires, t. XXXIII, p. 199. Le souvenir du P. Desmares se conserva longtemps; car, plus de vingt ans après, Boileau disait :

Desmares dans Saint-Roch n'aurait pas mieux prêché. (*Sat. X.*)

[3] SÉVIGNÉ, *Lettres*, t. I, p. 208-284. — Idem, p. 286-288, édit. de M.

une telle hauteur que, pour la puissance des mots, la profondeur des pensées, la grandeur des images, la majesté du discours, il ne fut plus possible de lui comparer personne chez les anciens ni chez les modernes. C'était un genre d'éloquence que la sublimité de la religion et le génie de Bossuet pouvaient seuls créer [1].

Ce n'est pas sans de justes motifs que nous passons ici en revue tous les grands écrivains contemporains de madame de Sévigné. Sans doute les génies qui ont brillé dans la littérature et dans les arts sont mieux appréciés à mesure qu'une longue suite d'années a permis de les comparer avec un plus grand nombre de ceux qui ont cherché à les imiter ou ont aspiré à les surpasser; mais de leur vivant ces hommes supérieurs exercent par eux-mêmes et par leurs ouvrages une plus forte influence, parce que l'admiration qu'ils excitent est mêlée de surprise et a toute la puissance magique de la nouveauté; leurs succès forcent à réfléchir et font naître des résolutions courageuses; on veut profiter des richesses nouvelles avant qu'elles soient flétries par un usage banal ou une inhabile médiocrité. La parole d'ailleurs et le geste ont bien un autre effet que celui d'une froide lecture. La controverse animée et les éclairs qui jaillissent inattendus de la conversation des grands esprits exercent sur les âmes et les intelligences un empire auquel le livre le mieux fait ne saurait prétendre.

Nous ignorons si madame de Sévigné fut dans le secret de son amie madame de la Fayette, qui alors publia sous le nom de Segrais le roman de *Zayde*, dont elle était l'au-

---

[1] L.-F. DE BAUSSET, *Hist. de J.-B. Bossuet*, 1814, in-8°, liv. III, t. I, p. 231 à 234.

teur¹. Madame la comtesse du Bouchet envoya ce roman à Bussy aussitôt qu'il parut, en lui écrivant que c'était le plus joli qu'on pût lire². Huet, qui ainsi que Segrais avait assisté madame de la Fayette dans la composition de cet ouvrage, écrivit, pour lui donner plus de valeur, son savant *Traité sur l'origine des Romans*, sous la forme d'une lettre adressée à Segrais, qui fut imprimée en tête de *Zayde*. A ce sujet, madame de la Fayette disait à Huet : « Nous avons marié nos enfants ensemble³. » Ce traité de Huet⁴ dut plaire autant que le roman même à madame de Sévigné, car c'était une sorte d'apologie, faite par un homme sérieux et savant, d'un genre de lecture qu'elle aima à toutes les époques de sa vie. Dans sa jeunesse, l'*Astrée* de d'Urfé et la *Clélie* de mademoiselle de Scudéry avaient amusé ses loisirs ; et dans son âge mûr elle admirait encore dans *Cléopâtre* l'idéal des belles âmes et les grands coups d'épée retracés par la Calprenède.

Un auteur bien plus caché que madame de la Fayette, et du même sexe, c'était madame de Sévigné elle-même. Par les lettres qui s'échappaient rapidement de sa plume, elle était loin de se douter qu'elle aussi travaillait à la

---

¹ *Zayde, histoire espagnole*, par M. SEGRAIS, avec un *Traité sur l'origine des romans*, par M. HUET ; Paris, Claude Barbin, 1670, in-8° (le privilége est du 8 octobre 1669).

² BUSSY, *Nouvelles lettres*, 2 vol., t. V, p. 126 (lettre en date du 18 décembre 1669). C'était bien une nouveauté, car à la fin du privilége de *Zayde* il est dit : « Achevé d'imprimer pour la première fois le 20 novembre 1669. »

³ HUETII *Commentarius de rebus ad eum pertinentibus*, 1718, in-12, p. 20. — Les *Origines de la ville de Caen*, 2ᵉ édit., in-8°, 1706, p. 409, Id.

⁴ Il s'en fit un grand nombre d'éditions séparées. — *Traité sur l'origine des romans*, de M. HUET ; 1685, in-12, 6ᵉ édit.

gloire du grand siècle. Elle ignora toujours que, devenue un modèle inimitable dans le genre épistolaire, elle mériterait d'être placée au nombre des grands écrivains. Il est certain, au contraire, que, malgré la bonne opinion qu'elle avait de son esprit, elle se mettait, sous le rapport du style, bien au-dessous de mademoiselle de Scudéry, de madame de la Fayette, de madame Deshoulières et des autres femmes de cette époque qui cultivaient les lettres et qui avaient osé affronter la publicité.

Nous ne pouvons douter qu'au temps dont nous traitons madame de Sévigné, fort répandue dans le monde, n'ait eu une correspondance très-active avec diverses personnes ; mais il ne nous reste d'elle, pendant ces deux années, que les lettres qu'elle écrivit à Bussy. Il est vrai qu'elles sont au nombre des mieux écrites et des plus spirituelles de celles qu'on a recueillies. On peut en dire autant des lettres de Bussy à sa cousine. En lisant leur correspondance, on reconnaît que, suivant la juste observation de Bussy, ils se faisaient valoir mutuellement[1]. Madame de Sévigné trouvait qu'elle écrivait avec plus de vivacité et de feu quand il lui fallait répondre à son cousin. C'est ce qu'elle exprime avec une familière originalité quand elle lui dit : « Vous êtes le fagot de mon esprit. »

Bussy, dont en littérature le jugement était droit et le tact fin, ne tarit pas sur les éloges qu'il donne aux lettres de sa cousine. Il conservait avec soin toutes celles qu'elle lui écrivait; et lorsque, par la suite, il se mit à écrire ses *Mémoires*, il y inséra les lettres qu'il avait reçues d'elle,

---

[1] SÉVIGNÉ, *Lettres*, t. I, p. 152, édit. de M. — Idem, t. I, p. 211, édit. de G. de S.-G. (7 septembre 1668).

parce qu'il les considérait avec juste raison comme un des principaux ornements et une des portions les plus agréables à lire de son ouvrage[1].

Parmi les épigraphes, le plus souvent satiriques, dont Bussy affublait les portraits des femmes qu'il s'occupait alors à placer dans la galerie de son château, il en avait composé une d'un tout autre style pour le portrait de sa cousine, au bas duquel on lisait ce qui suit :

« MARIE DE RABUTIN, FILLE DU BARON DE CHANTAL, MARQUISE DE SÉVIGNÉ, FEMME D'UN GÉNIE EXTRAORDINAIRE ET D'UNE VERTU COMPATIBLE AVEC LA JOIE ET LES AGRÉMENTS[2]. »

Lorsque parut cette correspondance de Bussy, Bayle, qui alors travaillait à son Dictionnaire, fut tellement frappé par la lecture des lettres de madame de Sévigné qui s'y trouvaient mêlées qu'il demanda à un de ses amis de Paris des renseignements sur celle qui les avait écrites, disant : « Je ne vois personne qui doute que les lettres de madame de Sévigné ne soient meilleures que celles de Rabutin. Cette dame avait bien du sens et de l'esprit... Elle mérite une place parmi les femmes illustres de notre siècle.... M. Perrault ne fera-t-il pas un livre pour elles aussi bien que pour les hommes ?... Je voudrais bien savoir

---

[1] BUSSY-RABUTIN, *Mémoires*, 1694, 2 vol. in-4°.—*Lettres du comte de Bussy*, 1697, in-12. — *Lettres de madame de Sévigné au comte de Bussy-Rabutin*, tirées du *Recueil de lettres* de ce dernier; Amsterdam et Paris, Delalain, 1775, in-12.

[2] BUSSY-RABUTIN, dans SÉVIGNÉ, *Lettres*, t. I, p. 157, édit. de M., et t. I, p. 217, édit. de G. de S.-G. — MILLIN, *Voyage dans les départements du midi de la France*, t. I, p. 213. — CONRARD DE BRÉBAN, *Souvenirs d'une visite au château de Bussy-Rabutin*, 1833, p. 27.

quelque chose de l'histoire de celle-là. Je la mettrais volontiers dans mon Dictionnaire[1]. »

Bayle écrivait ces lignes deux ans après la mort de madame de Sévigné; et Hervey de Montaigu, lorsqu'il fit paraître son élégant poëme latin *sur le style épistolaire,* n'hésite pas d'avouer que les femmes ont sur les hommes la supériorité dans ce genre d'écrits. Pour le prouver, il cite en exemple madame de Sévigné, et par conséquent les lettres qu'elle avait écrites à Bussy, les seules qui eussent été publiées, les seules que Hervé de Montaigu aussi bien que Bayle ont pu connaître. Voici comment s'exprime le moderne poëte latin :

« Les femmes se jouent avec plus de facilité que les hommes du style épistolaire; elles ont moins d'art, mais plus de naturel. Les mêmes doigts qui savent ourdir avec dextérité un fil délicat manient aussi la plume avec une égale habileté. Je t'en prends à témoin, aimable Sévigné; et je chanterais tes louanges si je pouvais t'emprunter ton style enchanteur, dont l'éclat est si pur, la grâce si parfaite, qui recèle tant d'esprit et de finesse sous une apparente simplicité. Tes lettres coulent sous ta plume avec tant de rapidité que tu sembles plutôt les transcrire que les composer[2]. »

---

[1] BAYLE, *Lettres choisies;* Rotterdam, 1714, t. II, p. 652. (Des Maiseaux a redonné une meilleure édition de ces *Lettres* en 1729.) — BAYLE, *Œuvres,* in-folio, t. IV, p. 986. (*Lettres* en date du 18 décembre 1698. L'édition des *Lettres* de Rotterdam dit le 4 décembre.)

[2] Aptius ipsa viris scribendo femina ludit ;
   Natura mulier, vir magis arte valet.
  Quæque manus subtile trahit de stamine filum
   Æquali calamum dexteritate movet.

CHAPITRE VI.

On ne peut douter que madame de Sévigné ne trouvât dans cette facilité même un attrait pour nouer des correspondances avec des personnes dont l'esprit lui plaisait. Diverses lettres d'elle qu'on a retrouvées le démontrent, entre autres les quatre lettres à son cousin de Coulanges, écrites vers le temps dont nous nous sommes occupé et qui furent publiées les premières après celles de Bussy [1].

Quoiqu'il ne nous reste aucune lettre de madame de Sévigné au cardinal de Retz, nous apprenons, par plusieurs de celles qu'elle écrivit à sa fille, que sa correspondance avec cet homme éminent était au moins aussi fréquente que celle qu'elle entretenait avec Bussy ; et cela est confirmé par les lettres de Bussy à ce dernier. Si Retz se tenait dans sa retraite de Commercy, c'est qu'il avait formé l'honorable résolution de vivre écouomiquement, pour payer ses dettes ; et s'il ne jugeait pas à propos de paraître à la cour, ce n'est pas qu'il en fût exclu. Retz avait plusieurs fois écrit au roi pour le féliciter sur le rétablissement de sa santé et sur les victoires qu'il avait remportées ; et Retz avait reçu du roi des réponses aimables et

Testis erat SEVINEA. Suas me scribere laudes
   Si patitur, calamum commodet ipsa suum.
Tam purus nitor est, adeo sincera venustas,
   Si salibus condit scripta, lepore sales.
Tam facilis procedit epistola, pene videtur
   Composuisse minor quam perarasse labor.
     Ratio conscribendæ epistolæ, carmen auctore CLAUDIO HERVÆO DE MONTAIGU, *e societate Jesu*; Parisiis, 1713, in-12 (15 pages), p. 7.

[1] *Lettres de* MARIE RABUTIN DE CHANTAL, *marquise* DE SÉVIGNÉ, *à madame la comtesse de Grignan, sa fille* ; 1726, in-12, p. 15-49. Ce sont quatre lettres à Coulanges qui ouvrent ce recueil. La première (c'est la fameuse lettre sur le mariage de Lauzun) est datée du 15 décembre 1670 ; la dernière, du 15 mars 1671.

gracieuses. L'intérêt de l'État et le soleil de la gloire avaient dissipé tous les nuages qu'auraient pu soulever de fâcheuses réminiscences sur cet ancien chef de la Fronde. Les services qu'il avait rendus dans le conclave et la part qu'il avait eue dans l'élection de Clément IX avaient achevé de faire connaître tout ce qu'on pouvait espérer de son habileté, de son zèle et de la confiance qu'on avait en lui [1]. Aussi, dès qu'on eut reçu la nouvelle que Clément IX, après avoir occupé pendant dix-huit mois seulement le trône de saint Pierre, avait terminé ses jours, Louis XIV se hâta d'envoyer un courrier à Commercy pour réclamer le secours du cardinal de Retz, qui partit de nouveau pour Rome et exerça pour l'élection de Clément X la même influence que pour la nomination de Clément IX [2].

Dans l'année qui précéda ce prompt départ de Retz pour Rome, madame de Sévigné lui avait écrit pour lui recommander Corbinelli, qui, alors exilé avec Vardes dans le midi de la France, écrivait fréquemment à Bussy de longues lettres, entremêlées de nombreuses citations d'Horace et d'autres auteurs anciens [3]. Madame de Sévigné, qui sa-

---

[1] Louis XIV, *Œuvres*, t. V, p. 81, 144, 395, 397, 412, 424, 555 (lettres en date des 17 mars 1662, 18 juin 1663, 19 novembre 1666, 1ᵉʳ juillet 1667, 9 mars 1668, 13 août 1676).

[2] Ce pape fut nommé le 29 avril 1670. — Conférez *Mémoires du cardinal* DE RETZ, publiés d'après les manuscrits autographes, collection MICHAUD, p. 609. (*Lettres de* Louis XIV *au cardinal de Retz*, 10 décembre 1669. Ibid., p. 610 à 611. — Lettres en date des 10, 13 et 17 déc. 1669.)

[3] BUSSY, *Lettres*, t. III, p. 19, 155, 207, 296, 384, 386, 408 ; t. V p. 75, 97-170 (toutes les lettres avec l'initiale C. sont de CORBINELLI). — Idem, t. V, p. 126, Lettre de madame DU BOUCHET, en date du 18 décembre 1667. — Louis XIV, *Œuvres*, t. V, p. 424.

vait que Retz jouissait de nouveau d'un assez grand crédit, l'avait aussi prié de ne point prendre parti contre le maréchal d'Albret dans un procès que celui-ci avait avec la trop fameuse duchesse de Châtillon, qui s'était remariée, en 1664, à Christian-Louis, duc de Mecklembourg. Il était naturel que madame de Sévigné prît plus d'intérêt au maréchal d'Albret qu'à la duchesse de Mecklembourg, à cause de l'amitié qu'elle avait pour lui et aussi parce qu'il avait épousé une sœur de M. de Guénégaud [1]. Retz répondit à madame de Sévigné qu'il avait été trompé par un faussaire dans l'affaire de Corbinelli, et que c'était ce faussaire qui avait profité de la recommandation faite pour le protégé de madame de Sévigné. Retz, qui a montré tant de capacité et de finesse dans les négociations comme chef de parti ou dans les commissions qui lui furent données par le roi, a cependant prouvé que, dans les grandes comme dans les petites affaires, il était facile à tromper : il fut presque toujours dupe des femmes qu'il croyait séduire, et la victime des trames qu'il avait ourdies au profit de son ambition personnelle. Comme il était ami chaud et sincère, il se montra désolé de ce qui lui était arrivé dans cette circonstance. « Vous ne pouvez vous imaginer, écrit-il à madame de Sévigné, le chagrin que cela m'a donné. J'y remédierai par le premier ordinaire avec toute la force qui me sera possible. » Sa lettre commençait ainsi : « Si les intérêts de madame de Mecklembourg et de M. le maréchal d'Albret vous sont indifférents, madame, je solliciterai pour le cavalier, parce que je l'aime quatre fois plus que la dame; si vous voulez que je sollicite pour la dame, je le ferai de très-bon

---

[1] SAINT-SIMON, *Œuvres*, t. II, p. 21. — MORERI, t. V, p. 426.

cœur, parce que je vous aime quatre millions de fois plus que le cavalier ; si vous m'ordonnez la neutralité, je la garderai ; enfin parlez, et vous serez ponctuellement obéie[1]. »

Le cardinal de Retz avait vendu, en 1665, sa seigneurie de Commercy à la princesse de Lislebonne cinq cents cinquante mille livres, mais en s'en réservant l'usufruit. La duchesse de Lorraine avait ajouté à cette réserve l'usufruit de la souveraineté du Château-Bas, ce qui rendait le cardinal maître de tout le Commercy quant aux droits honorifiques[2]. Il ne faut pas croire qu'en s'éloignant du monde et de la cour pour payer ses dettes il s'imposât à Commercy de grandes privations ; il y vivait, au contraire, en prince de l'Église, et aimait à y exercer le pouvoir de petit souverain. En sa qualité de damoiseau de Commercy, il publiait des décrets, ordonnait des prières publiques, fondait des corporations pieuses et charitables, leur donnait des constitutions et des règlements. Il avait sa justice, son président des grands jours, son lieutenant de cavalerie, ses deux gentilshommes, ses comédiens, sa musique, un chanteur et une chanteuse pour sa chapelle, un brillant équipage. Enfin, le personnel de sa maison, ou, comme on disait, le nombre de ses domestiques, se montait à soixante et deux individus, en y comprenant son intendant, messire Hippolyte Rousseau, seigneur de Chevincourt, conseiller du roi et correcteur de la chambre

---

[1] SÉVIGNÉ, t. I, p. 159, édit. de M., ou t. II, p. 220 de l'édit. de G. de S.-G. — BUSSY, *Lettres*, t. V, p. 126. — SAINT-SIMON, *Mém. authentiques*, t. XI, p. 131.

[2] DUMONT, *Histoire de la ville et des seigneurs de Commercy*, t. II, p. 159.

des comptes[1]. Retz occupait aussi ses loisirs à l'étude et à des discussions de métaphysique et de philosophie cartésienne avec dom Robert des Gabets, bénédictin et prieur de l'abbaye de Breuil[2], à Commercy. Retz écrivit aussi vers ce temps (en 1670) ses Mémoires, à la prière de madame de Caumartin, dont le mari était son parent[3]; mais il mourut avant de les avoir terminés. Il les composa en partie au château de la Ville-Issey, et les continua dans cette ville et à l'abbaye de Saint-Mihiel, où l'abbé dom Hennezon, qui avait toute sa confiance[4], et plusieurs de ses religieux en écrivirent une portion sous sa dictée. Il est faux qu'il ait, comme on l'a dit, employé des religieuses pour lui rendre ce service. Il aimait à se promener dans la forêt voisine, et plusieurs des animaux sauvages qu'elle nourrissait furent enfermés par lui dans une ménagerie qu'il avait fait construire à grands frais à la Ville-Issey. Si alors il eût voulu revenir à la cour, il y eût été très-bien accueilli. Le duc d'Enghien vint lui rendre visite à Commercy en 1670, et le duc d'Orléans deux ans après. Lorsqu'il venait à Paris pour ses affaires, il logeait chez sa nièce, madame de Lesdiguiè-

---

[1] Dumont, avocat à Saint-Mihiel, *Histoire de la ville et des seigneurs de Commercy*; Bar-le-Duc, 1843, in-8°, t. II, p. 149 et 152.

[2] Cousin, *Analyse des Mss. de Robert des Gabets*, Journal des Savants, 1842, in-4°, p. 129 à 144; p. 193 à 210, et p. 288 à 305.

[3] Madame de Sévigné en fait l'éloge. — Sévigné, *Lettres* (7 juin 1675), t. III, p. 288, édit. M.; t. III, p. 410, édit. de G. de S.-G.

[4] MM. Champollion, *Notice sur le cardinal de Retz*, dans la *Nouvelle collection des Mémoires pour servir à l'histoire de France*, t. I, p. 9 et 12. — Dumont, *Hist. de Commercy*. — Madame Charlotte-Élisabeth de Bavière, *Fragments de lettres originales*, t. I, p. 24. — Madame la duchesse d'Orléans, princesse palatine; 1832, in-8°, p. 361.

res, ou dans son abbaye de Saint-Denis : alors il y célébrait l'office divin dans les jours de grandes solennités. Il donna, en 1675, sa démission du cardinalat; mais le pape ne voulut pas l'accepter, ce qui le força, quoique souffrant de la goutte, à faire encore le voyage de Rome (en 1676) pour l'élection d'un nouveau pape. Ses meilleurs amis et même ses plus anciennes amies ne se doutaient point qu'il eût écrit ses Mémoires, car ils étaient presque terminés lorsqu'ils le pressaient de les commencer. Il savait que madame de Sévigné aurait fortement désapprouvé ce qu'il y disait de lui-même et des autres. Elle l'aimait avec tendresse [1] et sans aucune vue d'intérêt [2], quoi qu'en ait dit un illustre écrivain [3]. Elle n'ignorait pas que tout ce qu'il possédait était engagé pour le payement de ses dettes et qu'il ne faisait pas d'économie sur ses riches revenus. C'est une erreur d'avancer que l'admiration de madame de Sévigné pour le cardinal diminuât à mesure qu'il approchait de sa fin; c'est le contraire de cette assertion qui est la vérité. Les plus grands éloges qu'elle lui ait donnés datent de l'année qui a précédé sa mort [4], qui fut d'ailleurs subite et imprévue. Les lettres de madame de Sévigné au comte de Guitaud et à Bussy témoignent de la profonde douleur qu'elle ressentit par la perte de celui « dont elle était l'amie depuis trente ans et dont l'amitié lui était également honorable et

---

[1] Sévigné, *Lettres*, 5 et 24 juillet 1675, t. III, p. 321 et 336, édit. de M.; t. III, p. 445 et 462, édit. de G. de S.-G.

[2] Sévigné, *Lettres* (7 et 19 juin 1675), t. III, p. 289 et 299, édit. de M., et t. III, p. 410 et 419, édit. de G. de S.-G.

[3] Chateaubriand, *Vie de Rancé*, 1844, in-8°, p. 125, 1re édit.

[4] Sévigné, *Lettres* (27 juin 1678), t. VI, p. 7 et 8, édit. de G. de S.-G.; t. V, p. 340, édit. de M.

délicieuse ¹. » N'anticipons pas sur les années. Je n'ose entrer en discussion avec l'auteur du *Génie du Christianisme*, qui prononce que madame de Sévigné était « légère d'esprit; » mais je doute que beaucoup de mes lecteurs (si j'ai des lecteurs) veuillent souscrire à ce jugement; et quant au reproche jeté à cette mère de famille, d'être « positive dans sa conduite et calculée dans ses affaires, » je conviens que sa vie entière le justifie. Mais je le demande à toutes celles auxquelles leur tendresse maternelle a imposé pour toujours, dans l'âge des grands périls, les rigueurs du veuvage, si ces torts, qu'on attribue à madame de Sévigné, ne sont pas de ceux dont elles se féliciteraient d'être accusées.

¹ SÉVIGNÉ, *Lettres* (25 août 1679), t. VI, p. 109 et 110 : cette lettre n'est pas dans toutes les éditions ; et p. 111 (lettre à Bussy), édit. de G. de S.-G. — *Ibid.*, t. V, p. 421, édit. de M.

CHAPITRE VII.

1668 — 1669.

Bonheur dont jouissait madame de Sévigné. — Réflexion sur la brièveté des moments les plus heureux de la vie. — Ses deux enfants devaient bientôt la quitter. — Son fils, le baron de Sévigné, s'engage comme volontaire pour aller faire la guerre contre les Turcs. — Politique de la France à l'égard de l'Allemagne et de l'empire ottoman. — Guerre des Turcs et des Vénitiens. — Candie est assiégée. — Louis XIV désirait secourir les Vénitiens, et ne le pouvait à cause des traités. — Il accepte l'offre de la Feuillade de conduire à ses frais cinq cents gentilshommes comme volontaires au secours de Candie. — Avant de partir pour cette expédition, le baron de Sévigné consulte Turenne, le cardinal de Retz et le duc de la Rochefoucauld, qui tous l'engagent à exécuter son projet. — Motifs particuliers que chacun d'eux avait pour lui donner ce conseil. — Sévigné part dans l'escadron du comte de Saint-Paul. — Cette expédition eut une fin malheureuse. — Les Français se montrèrent aussi braves qu'indisciplinés. — La Feuillade revient après avoir perdu la moitié des siens. — Le baron de Sévigné revient avec lui, et rejoint sa mère.

L'ascendant que madame de Sévigné obtenait dans le monde par le pouvoir de sa plume le cédait à celui qu'elle exerçait par sa présence. Ses attraits, qui, même sur le retour de l'âge, ne l'avaient point abandonnée, et les charmes de son commerce spirituel et enjoué lui conciliaient les cœurs, lui soumettaient les volontés. Son fils venait d'achever son éducation, et, par sa figure comme par ses qualités acquises, il était compté parmi les jeunes gens de son âge au nombre des plus agréables.

Sa fille, renommée par sa beauté, brillait par l'instruction, les talents, qui donnaient encore plus de prix à sa beauté. Mère heureuse et femme charmante, madame de Sévigné jouissait de son automne sans avoir à regretter ni son brillant printemps ni son éclatant été, deux saisons de la vie qui, dans l'état de veuvage qu'elle avait voulu garder, étaient, pour une femme aussi vertueuse, accompagnées de trop d'orages et de douloureux combats, pour ne pas éveiller en elle quelques pénibles souvenirs.

On aperçoit, non sans en être attendri, les traces de ces sentiments dans un court billet qu'elle écrivit à Ménage, qui lui avait envoyé la cinquième édition de ses poésies. Cette édition avait cela de particulier que la première idylle, intitulée *le Pécheur* ou *Alexis*, dédiée à la marquise de Sévigné [1], commençait par les deux vers suivants, qui ne se trouvent pas dans les quatre éditions précédentes :

> Digne objet de mes vœux, à qui tous les mortels
> Partout, à mon exemple, élèvent des autels [2].

Sans doute que le signet de l'exemplaire que Ménage en-

---

[1] Conférez première part., chap. XXII, p. 451.
[2] ÆGIDII MENAGII *Poemata, octava editio, prioribus longe auctior et emendatior, et quam solam Menagius agnoscit;* Amstelodami, Henr. Westenium, 1668, in-12, p. 202. — *Quinta editio*, 1668, p. 146. — *Septima editio, prioribus longe emendatior;* Parisiis, Petrum le Petit, 1680, in-12, p. 170. (Je crois que cette édition est la dernière revue par Ménage, et que celle de Hollande, 1688, n'en est qu'une réimpression.) Dans la 4ᵉ édition, 1663, in-18 (*in officina Elzeviriana*), les deux premiers vers sont ainsi :

> Des ouvrages du ciel le plus parfait ouvrage,
> Miracle de ces lieux, merveille de notre âge.

voya à madame de Sévigné se trouvait à cet endroit du livre, car elle lui répondit :

« Votre souvenir m'a donné une joie sensible, et m'a réveillé tout l'agrément de notre ancienne amitié. Vos vers m'ont fait souvenir de ma jeunesse; et je voudrais bien savoir pourquoi le souvenir d'un bien aussi irréparable ne donne point de tristesse. Au lieu du plaisir que j'ai senti, il me semble qu'on devrait pleurer ; mais, sans examiner ce sentiment, je veux m'attacher à celui que me donne la reconnaissance de votre présent. Vous ne pouvez douter qu'il ne me soit agréable, puisque mon amour-propre y trouve si bien son compte et que j'y suis célébrée par le plus bel esprit de mon temps. Il faudrait, pour l'honneur de vos vers, que j'eusse mieux mérité tout celui que vous me faites. Telle que j'ai été et telle que je suis, je n'oublierai jamais votre véritable et solide amitié, et je serai toute ma vie la plus reconnaissante comme la plus ancienne de vos très-humbles servantes [1]. »

Qu'ils sont rares et courts les moments de la vie où se trouvent réunies les circonstances qui concourent à nous faire jouir de tout le bonheur auquel l'avare destinée nous permet d'atteindre ! Certes, il est peu de femmes qui aient été aussi bien partagées par la nature et la fortune que madame de Sévigné ; et on doit penser qu'elle eût été bien ingrate de se plaindre de l'une et de l'autre. Cependant elle l'avait acquise, cette félicité, par des privations continuelles imposées à ses plus belles années, par l'abnégation des plaisirs les plus entraînants, par la violence faite aux sentiments les plus puissants. À peine était-

---

[1] SÉVIGNÉ, t. I, p. 125, édit. de M.; *ibid.*, t. I, p. 179, édit. de G. de S.-G. (lettre du 23 juin 1688).

elle parvenue à savourer, sans mélange d'aucune amertume, les fruits de ses sacrifices et de sa vertu qu'elle se trouva isolée, sans consolation, privée de son bien le plus précieux, séparée de ce qui faisait son orgueil et ses délices. Ses deux enfants quittèrent presque en même temps la maison maternelle. Son fils, que son jeune âge et la paix qui venait de se conclure semblaient devoir fixer près d'elle pendant quelques années, fut le premier qui l'abandonna. Il s'éloigna pour aller, au delà des mers, affronter des périls qui étaient pour elle la cause des plus mortelles inquiétudes. Les meilleurs amis de madame de Sévigné, Retz, la Rochefoucauld, Turenne, furent ceux qui, par leur approbation, contribuèrent le plus à l'exécution du projet que ce jeune homme, avide de gloire militaire, comme toute la noblesse française de cette époque, avait formé à l'insu de sa tendre mère, qui versa, lorsqu'elle l'apprit, d'abondantes larmes [1].

Depuis François Ier, la France, par la nécessité où elle était d'abaisser l'Autriche, sa rivale, se trouvait engagée dans une politique contraire à ses sentiments religieux, contraire à ses habitudes de déférence envers le chef de l'Église catholique. Dans aucun pays on n'avait montré plus de zèle pour la propagation de la foi, dans aucun pays la soumission au pape n'avait été plus absolue qu'en France, et nulle part les persécutions contre les protestants n'avaient été plus cruelles et plus acharnées : cependant, sous Henri IV comme sous François Ier, sous Louis XIV comme sous Louis XII, le gouvernement avait toujours soutenu, tantôt secrètement,

---

[1] SÉVIGNÉ, *Lettres*, t. I, p. 205, édit. de G. de S.-G., ou t. I, p. 147, édit. de M. (lettre en date du 8 août 1668).

tantôt ouvertement, le Grand Turc et les protestants d'Allemagne contre l'Autriche. Les gouvernements qui se succédaient en France, cédant à l'opinion générale de l'Europe, aux intérêts de l'Église et de la religion en France et à leurs propres inclinations, agissaient souvent d'une manière contraire à leur politique et aux traités qu'ils avaient conclus. Au dedans, ils mécontentaient les protestants d'Allemagne par la violation des engagements contractés avec eux, en se montrant intolérants envers les protestants français ; au dehors, ils fournissaient contre les Turcs, alliés de la France, des hommes et des chevaux et secouraient leurs ennemis.

Depuis vingt-quatre ans, la riche, mais petite république de Venise soutenait contre les Ottomans une lutte inégale. Candie était assiégée depuis huit ans. L'attaque comme la défense avait présenté des prodiges de valeur, qui avaient fait dire que c'était une guerre de géants. Venise sollicitait des secours de toute la chrétienté, et elle s'adressait surtout à son plus puissant monarque, à Louis XIV, vainqueur de l'Espagne ; mais les traités qui liaient la France à la Turquie ne permettaient pas au roi de céder aux instances de l'ambassadeur de la république Le pape, cependant, pressait vivement le monarque de prêter secours aux Vénitiens contre les infidèles. Dans ces circonstances embarrassantes, Louis XIV accepta la proposition qui lui fut faite par un de ses jeunes courtisans, qui, plein d'un enthousiasme chevaleresque, lui offrit de conduire à ses frais, au secours de Candie, un corps de cinq cents gentilshommes français, comme volontaires du saint-siége. L'auteur de cette proposition était d'Aubusson de la Feuillade, alors nommé duc de Roannès, parce qu'il venait d'épouser la sœur de l'héritier de ce nom, qui se démit de tous ses droits en faveur de son beau-frère, créé duc et pair à cette occasion [1]. Tout ce qu'il y avait dans la noblesse française de jeunes gens impatients à se signaler dans les combats s'enrôla sous les drapeaux de la Feuillade. Parmi ceux qui étaient sous ses ordres on comptait des d'Aubusson, des Beauvau, des Langeron, des Créquy, des Fénelon, des Chamilly, des Saint-Marcel, des Villemorts, des Oxienstern, des la Rochejacquelein, des Xaintrailles, des du Chastelet, des Chavigny. Il avait pour lieutenants le duc de Caderousse, le duc de Château-Thierry et le comte de Saint-Paul [2].

Le baron de Sévigné (tel fut le titre que prit le fils de la marquise de Sévigné en entrant dans le monde et qu'il conserva tant qu'elle vécut) était alors âgé de vingt ans. Avant de prendre part à cette expédition, il consulta d'abord Turenne, qui, avec toute la chaleur d'un nouveau converti, l'exhorta à partir pour cette espèce de croisade. En

---

[1] SAINT-SIMON, *Mémoires complets et authentiques*, édit. 1829, t. I, p. 439 (année 1696). — HÉNAULT, *Nouvel Abrégé chronologique de l'histoire de France*, 1768, in-4°, t. II, p. 634 (année 1667); et t. III, p. 866 de l'édit. in-8°; 1821, p. 866. — Hénault écrit à tort *Rouannois*, et Saint-Simon assez bien *Roannais*; le vrai nom est *Roannès* ou *Roannez*. — Hénault et d'Expilly (*Dict. des Gaules et de la France*, t. VI, p. 334) ont, à ce sujet, d'autres inexactitudes.

[2] DARU, *Histoire de Venise*, 1819, in-8°, t. IV, p. 602, 608-610. — LOUIS XIV, *Lettres*, t. V, p. 423, 443, 444, 459 (lettres du 16 mars 1668, 20 septembre 1669). — BUSSY, *Lettres*, t. III, p. 132-147-152, 164; et t. V, p. 89, 90. — *Journal véritable de ce qui s'est passé à Candie sous M. le duc de la Feuillade*, par M. DESROCHES, aide-major; Paris, 1670, in-18, chez Charles de Sercy, cité par AUBENAS, *Histoire de madame de Sévigné*; Paris, 1842, in-8°, p. 148 à 152. — DU LONDEL, *Fastes des rois de la maison d'Orléans et de celle de Bourbon*, 1697, in-8°, p. 204. Du Londel place au 29 octobre 1668 l'arrivée du duc de la Feuillade à Candie; Desroches, au 1er novembre.

effet, tous les historiens nous montrent Turenne depuis la mort de sa femme, qui était comme lui de la religion prétendue réformée, vacillant dans la croyance de ses ancêtres par la lecture de quelques-uns des écrits substantiels qu'avaient publiés les solitaires de Port-Royal sur les vraies doctrines de la religion, et aussi par les entretiens de plusieurs de ses doctes amis, Choiseul, évêque de Tournay, Vialart, évêque de Châlons [1], et par les arguments de son jeune neveu le duc d'Albret. Enfin, il fut tout à fait convaincu par l'excellent traité que Bossuet composa exprès pour lui sur les points les plus controversés entre les deux communions. Les protestants attribuèrent cette conversion au désir qu'ils supposaient à Turenne de contrebalancer la confiance que Louis XIV semblait vouloir accorder à Condé pour les choses de la guerre. Ce qui pouvait donner lieu à cette croyance, c'est qu'on fit valoir auprès du pape le crédit dont jouissait Turenne à la cour de France et l'influence qu'il pouvait avoir sur les déterminations du roi pour envoyer des troupes au secours des Vénitiens. Ce motif engagea le souverain pontife à confirmer le choix que Louis XIV avait fait du duc d'Albret, neveu de Turenne, pour être promu à la dignité de cardinal. Ce jeune abbé n'avait encore reçu aucune dignité ecclésiastique ; il sortait à peine d'être reçu docteur [2]. Trop de causes enga-

---

[1] DE BAUSSET, t. I, p. 111 et 112, liv. 1 ; et p. 442, n° 2 des Pièces justificatives. — RAMSAY, *Vie de Turenne*, 1773, in-12, t. II, p. 153, 154-160. — RAGUENET, *Histoire du vicomte de Turenne*, t. II, p. 47. — CHOISY, *Mémoires*, t. III, p. 460. — BOSSUET, *Exposition de la doctrine de l'Église catholique, augmentée d'une traduction latine par l'abbé de Fleury*, 1761, in-12 (conférez surtout la Préface historique). Une addition particulière à cet ouvrage de Bossuet fut faite pour M. de Turenne, et n'a été imprimée qu'en 1671.

[2] CHOISY, *Mémoires*, t. LXIII de la collection de Petitot, p. 156.

CHAPITRE VII. 123

geaient donc Turenne à déterminer ceux qui voulaient faire leur apprentissage de la guerre à secourir Candie pour qu'il en détournât le jeune Sévigné, malgré l'ancienne amitié qu'il avait pour sa mère. Le cardinal de Retz, qui désirait que ce jeune homme, son parent, se distinguât dans la carrière militaire, la seule qui convînt à son rang et à sa naissance, approuva la courageuse résolution qu'il avait prise. Quant à la Rochefoucauld, il lui suffisait que le comte de Saint-Paul se fût engagé à partir pour souhaiter vivement qu'il eût un grand nombre de compagnons d'armes. Aussi, bien loin de combattre les projets du baron de Sévigné, il l'exhorta à les mettre à exécution. Si la Rochefoucauld avait réfléchi à ce qui s'était passé à cette occasion entre Retz, Turenne et le baron de Sévigné, il aurait peut-être à son recueil de Maximes chagrines ajouté celle-ci : Dans les conseils que nous donnons à nos amis, nous commençons par considérer l'avantage qui peut en résulter pour nous-mêmes. — Le motif de la tendresse que le duc de la Rochefoucauld avait pour l'unique héritier du nom de Longueville n'était ignoré de personne. C'était cet enfant dont la duchesse de Longueville avait accouché à l'hôtel de ville de Paris durant les troubles de la Fronde et lors de son intime liaison avec le duc de la Rochefoucauld. Celui-ci engagea le jeune baron de Sévigné à s'enrôler dans l'escadron, composé d'environ cent cinquante gentilshommes, que devait commander le comte de Saint-Paul.

458-460-464-465-468. — Louis XIV, *Œuvres*, 1806, in-8°, t. V, p. 442-444. 451 (lettre au pape, en date du 31 janvier 1669). — Bussy, *Lettres*, t. V, p. 59; ibid., *Supplément aux Mémoires*, t. I, p. 75. — *Histoire de la vie et des œuvres de la Fontaine*, liv. II, p. 169-171 de la 3ᵉ édition, 1824, in-8°.

L'expédition, partie de Toulon le 25 septembre 1668, sur trois navires fournis par le roi, arriva à Candie au commencement de novembre, et ne fut pas heureuse. La troupe de la Feuillade, composée de jeunes gens pleins d'ardeur, mais indisciplinés et sans aucune expérience du métier de la guerre, fit des prodiges de valeur contre les Turcs; mais par ses imprudences elle compromit la défense de la place plutôt qu'elle ne lui fut utile. Mal secondée par la garnison vénitienne et en désaccord avec ceux qui la commandaient, elle se rembarqua, et arriva à Toulon le 6 mars 1669, après six mois d'absence. Elle avait perdu plus de la moitié de ceux qui la composaient. La peste, dont elle remporta le germe, moissonna la plus grande partie de ceux qui restaient. La Feuillade avait reçu trois blessures; l'escadron commandé par le comte de Saint-Paul fut celui qui donna le plus de preuves de bravoure éclatante, mais ce fut aussi celui qui se montra le plus indiscipliné et qui perdit le plus de monde. Le jeune baron de Sévigné, qui en faisait partie, eut le bonheur d'échapper à tous ces périls, et revint rejoindre sa mère [1].

---

[1] Daru, *Histoire de Venise*, t. IV, p. 608-610. — Sévigné, t. I, p. 148, édit. de M.; et t. I, p. 207, édit. de G. de S.-G. — Desroches, *Journal véritable de ce qui s'est passé à Candie sous M. le duc de la Feuillade*, cité par Aubenas, *Vie de madame de Sévigné*, p. 149, 152, 153.

CHAPITRE VIII.

1668 — 1669.

Madame de Sévigné annonce à Bussy le départ de son fils.— Sévigné n'était parti qu'avec la permission de sa mère. —Sentiments de Sévigné pour sa mère et sa sœur. — Son désintéressement. — Il laisse en partant une procuration pour consentir au mariage de sa sœur et pour signer le contrat. — Dot que madame de Sévigné donne à sa fille en la mariant au comte de Grignan. — Signature du contrat.—Liste de tous les personnages dénommés au contrat. — Détails sur le comte de Grignan et sur sa famille. — Des motifs qui faisaient désirer à madame de Sévigné de l'avoir pour gendre.—De son impatience des délais apportés à la conclusion de ce mariage. — Elle écrit à Bussy pour le lui annoncer et demander son consentement. — Bussy le lui donne par lettre. — Elle lui envoie une procuration à signer pour consentir, par-devant les notaires, au contrat. — Il ne la signe pas. — Son nom ne paraît point au contrat. — Par quelle raison. — Obstacles au mariage causés par les hésitations de mademoiselle de Sévigné et par les conseils du cardinal de Retz. — Madame de Sévigné lui écrit qu'elle ne peut avoir aucun renseignement précis sur l'état de la fortune de M. de Grignan et qu'elle s'en rapporte à cet égard à la Providence. — Réflexions du cardinal à ce sujet. — Date de la célébration du mariage, donnée par madame de Sévigné. — Son imprévoyance. — Réflexions à ce sujet.

En écrivant à Bussy la nouvelle du départ du baron de Sévigné, dans sa lettre en date du 28 août 1668, madame de Sévigné disait : « Je crois que vous ne savez pas que mon fils est allé en Candie avec M. de Roannès et le comte de Saint-Paul. Cette fantaisie lui est entrée fortement dans la tête ; il l'a dit à M. de Turenne, au cardinal de Retz, à M. de la Rochefoucauld : voyez quels personnages ! Tous ces messieurs l'ont tellement approuvé que la chose a été résolue et répandue avant que j'en susse rien. Enfin il est parti : j'en ai pleuré amèrement ; j'en suis sensiblement affligée. Je n'aurai pas un moment de repos pendant tout ce voyage ; j'en vois tous les périls, j'en suis morte ; mais, enfin, je n'en ai pas été maîtresse, et, dans ces occasions-là, les mères n'ont pas beaucoup de voix au chapitre [1]. »

Non sans doute, quand on a de pareilles inspirations et la ferme volonté de les suivre, on ne consulte point sa mère. Mais, pourtant, Sévigné ne partit pas sans avoir obtenu le consentement de la sienne. La correspondance de celle-ci nous prouve que, malgré ses défauts et les travers de sa jeunesse, Sévigné se montra toujours plein de tendresse et de déférence pour sa mère ; il savait apprécier ses aimables qualités, et se trouvait heureux de lui prouver son affection par ses complaisances et ses attentions. Bien souvent il préféra à tous les plaisirs de la cour et du monde les longues journées de lectures et de promenades passées en tête à tête avec cette mère chérie, dans la solitude des Rochers. Frère aussi excellent qu'il était bon fils, la préférence marquée que madame de Sévigné manifestait en toute occasion pour sa fille ne lui inspira jamais ni jalousie ni envie. Il aimait tendrement sa sœur, et le lui prouva surtout par son désintéressement.

Au commencement de l'année 1679, Sévigné n'était pas encore de retour de son expédition de Candie, lorsque madame de Sévigné recevait quittance de deux cent mille livres tournois par elle payées, à compte[2] des trois cent

---

[1] Sévigné, *Lettres* (18 août 1668), t. I, p. 148, édit. de M.; *ibid.*, t. I, p. 207, édit. de G. de S.-G.

[2] « En louis d'argent, louis d'or et pistoles d'Espagne, » dit la quit-

mille livres de dot qu'elle donnait à sa fille en la mariant au comte de Grignan. Sévigné, la veille du jour où il avait quitté sa mère pour se rendre à Toulon [1], avait passé une procuration à l'effet de signer en son nom et d'approuver tous les avantages pécuniaires qui seraient faits à sa sœur par son contrat de mariage. Ce contrat fut signé le 28 janvier 1669, et il est utile, pour l'intelligence de ces Mémoires et des lettres de madame de Sévigné, de faire connaître, selon l'ordre où ils sont mentionnés dans cet acte, tous les personnages qui y comparurent alors, soit en personne, soit par procuration [2].

C'est d'abord le futur époux :

« François Adhémar de Grignan, chevalier, comte dudit Grignan et autres lieux, conseiller du roi, lieutenant général pour Sa Majesté en Languedoc, demeurant à Paris, rue Béthizy, paroisse Saint-Germain l'Auxerrois. »

Puis ensuite : « Marie de Rabutin-Chantal, veuve de Henri, marquis de Sévigné, seigneur des Rochers, de la Haye-de-Torré, du Buron, Bodegat et autres lieux, conseiller du roi, maréchal de ses camps et gouverneur pour Sa Majesté des villes et châteaux de Fougères; stipulant pour mademoiselle Françoise-Marguerite de Sévigné, sa fille, et demeurant rue du Temple, paroisse Saint-Nicolas des Champs. »

Du côté de l'époux comparaissent, pour donner leur

---

tance annexée au contrat, dont la grosse originale, signée des notaires GIGAULT et SIMONNET, est sous nos yeux. La dot de mademoiselle de Sévigné était de plus de six cent mille francs, monnaie actuelle.

[1] Le 22 août 1668.

[2] Nous avons laissé l'orthographe des noms telle qu'elle est dans l'acte, quoique ce ne soit pas toujours celle qui a été suivie dans cet ouvrage, d'après l'usage établi et les livres imprimés.

consentement au mariage : « Jacques Adhémar de Grignan, évêque et comte d'Uzès, oncle paternel [1].

« Joseph Adhémar de Monteil de Grignan, chevalier, comte de Venosan, capitaine d'une compagnie de chevau-légers [2]; et Louis, abbé de Grignan, aussi frère [c'est-à-dire tous deux frères du comte de Grignan [3]].

« Charles de Sainte-Maure, duc de Montausier, pair de France, etc.; et dame Julie d'Angennes, duchesse de Montausier, beau-frère et belle-sœur [du comte de Grignan par le premier mariage de ce dernier avec la deuxième fille de madame de Rambouillet [4]].

« Madame du Puy du Fou de Champagne, marquise de Mirepoix, belle-sœur [par le second mariage de M. de Grignan avec Marie-Angélique, fille du marquis du Puy du Fou et de Champagne et de Madeleine de Bellièvre [5]].

---

[1] SÉVIGNÉ, *Lettres*, 6 mars, 11 et 28 octobre 1671.

[2] SÉVIGNÉ, *Lettres*, 9 juillet, 1er novembre 1671, 7 août 1675, 28 octobre 1676 (le chevalier de la Gloire), 1er novembre 1688; 6 juillet, 31 août 1689; 11 janvier 1690.

[3] SÉVIGNÉ, *Lettres*, 30 mars 1672, 9 septembre 1675 (le plus beau de tous les prélats); 21 août 1680, 9 janvier 1683, 22 septembre 1688 (M. de Carcassonne); 7 février, 16 juin, 17 juillet 1689 (*idem*); 17 août 1690. — Sur Louis-Joseph Adhémar de Monteil de Grignan, dit *le bel abbé*, qui fut successivement évêque d'Évreux et de Carcassonne; conférez encore les *Lettres inédites et restituées de madame* DE GRIGNAN *et de l'abbé* DE COULANGES, publiées par M. VALLET DE VIRIVILLE, t. IV, p. 320 de la *Bibliothèque de l'École des Chartes*, 1843, in-8° (lettre du 22 décembre 1677), p. 5 du tirage à part.—*Catalogue des archives de la maison de Grignan*, 1844, in-8°, p. 30-36.

[4] SÉVIGNÉ, *Lettres*, 4 septembre 1668, 16 mars 1672; 7 août, 24 novembre 1675; 21 février 1680, 1er décembre 1688, 15 février 1690. — LOUIS XIV, *Œuvres*, t. V, p. 373. — CONRART, *Mémoires*, t. XLVIII, p. 64, 76. — MONGLAT, *Mémoires*, t. L, p. 393, sur madame de Montausier. — SÉVIGNÉ, *Lettres*, 22 novembre 1671.

[5] La marquise du Puy du Fou la mère mourut en mars 1696, à

« Pomponne de Bellièvre, chevalier, marquis de Grignan, conseiller du roi en ses conseils et d'honneur en sa cour du parlement, oncle.

« De Crussol, comte dudit lieu, et dame Julie-Françoise de Sainte-Maure son épouse, nièce [1].

« Henri de Lorraine, prince d'Harcourt, cousin germain maternel, et Françoise de Brancas, princesse d'Harcourt, son épouse [2].

« Antoine-Escalin Adhémar de la Garde, chevalier, comte de la Garde, gouverneur de la ville de Furnes, cousin germain maternel [3].

« Simiane de Gordes, chevalier des ordres du roi, marquis de Gordes, comte de Carser, chevalier d'honneur de la reine, et dame Marie de Sourdis, son épouse, cousine [4].

« Toussaint de Forbin, évêque de Marseille [5].

« Madame d'Uzès [6].

l'âge de quatre-vingt-trois ans. Voyez le *Mercure galant*, mars 1696, p. 221. Cf. *Archives de la maison de Grignan*, p. 32, n° 195.

[1] Conférez SÉVIGNÉ, *Lettres*, en date du 15 mai 1671, du 18 novembre 1671, du 22 janvier 1672, t. II, p. 71, 292 et 357, édit. de G. de S.-G. — *Vie du duc de Montausier*, t. II, p. 15 et 17. — MONTPENSIER, *Mémoires*, t. XLIII, p. 196. — TALLEMANT, *Hist.*, t. II, p. 33, édit. in-8°.

[2] SÉVIGNÉ, *Lettres*, 23 mai 1667, 6 janvier et 26 décembre 1672, 1er janvier 1674, 20 juillet 1679. — CHOISY, *Mém.*, t. LXIII, p. 432.

[3] SÉVIGNÉ, *Lettres*, 7 et 11 août 1675, 28 octobre 1676, 16 juillet 1677, 20 juillet 1689.

[4] SÉVIGNÉ, *Lettres*, 19 février 1672, 19 novembre 1673.

[5] Conférez SÉVIGNÉ, *Lettres*, 28 novembre 1670, 8 avril 1671, 19 et 27 novembre 1673 (il est nommé *la Grêle* dans cette lettre), 24 novembre 1675 (nommé seulement *l'évêque* dans cette lettre), 18 août 1680, 22 février 1690 (c'est le cardinal de Forbin).

[6] Madame DE GRIGNAN, *Lettres* à son mari, 1843, in-8°, p. 18 et 19 du tirage à part.

« Charlotte d'Étampes de Vallencey, marquise de Puysieux[1].

« Armand de Simiane, abbé de Gordes, premier aumônier de la reine, comte de Lyon et prieur de la Roé et de Saint-Lô de Rouen[2].

« Cousins et cousines.

« Marie d'Alougny-Rochefort, épouse de Jacque le Coigneux, chevalier, conseiller du roi et grand président en la cour du parlement[3].

« De Brancas[4].

« Anne-Marie d'Aiguebonne, comtesse de Bury[5].

« Vicomte de Polignac, chevalier des ordres du roi et gouverneur de la ville du Puy; dame du Rouvre, son épouse[6].

« Henri de Guénégaud, chevalier, marquis de Plancy, seigneur de Fresne et autres lieux, conseiller secrétaire d'État et de commandement de Sa Majesté, commandeur de ses ordres; et dame Claire-Bénédict de Guénégaud, duchesse de Cadrousse, cousine[7].

---

[1] SÉVIGNÉ, *Lettres*, 19 novembre 1670, 13 mars 1671, 23 août 1675, 15 septembre 1677 (lettre de Bussy). — TALLEMANT, *Historiettes*, t. I, p. 293 et 294. — MONTPENSIER, *Mémoires*, t. XLIII, p. 159, 205, 271, édit. in-8°. — *Biographie universelle*, t. XXXVI, p. 304.

[2] SÉVIGNÉ, *Lettres*, 3 novembre 1688 (évêque de Langres), 19 novembre 1695.

[3] SÉVIGNÉ, *Lettres* (lettre de Bussy, du 14 novembre 1685.) — *Journal de* DANGEAU, 24 avril 1686.

[4] SÉVIGNÉ, *Lettres*, 25 juin 1670; 24 et 27 avril, 13 mai, 10 juin, 28 décembre 1671; 2 juin 1672, 25 septembre 1676, 29 nov. 1679.

[5] SÉVIGNÉ, *Lettres*, 17 et 24 janvier 1680, 26 juin 1689 (la sotte amie de madame de la Faluère).

[6] SÉVIGNÉ, *Lettres*, 13 décembre 1684, 3 et 29 avril 1686, juillet 1690, t. III, p. 319, édit. de G. de S.-G.

[7] SÉVIGNÉ, *Lettres*, 9 août 1671.

« Le marquis de Montanègre [1].

« Le marquis de Valavoire, et dame Amat, son épouse [2].

« De Reffuges, chevalier, lieutenant général des armées du roi; dame de Buzeau, son épouse [3].

« Claude de Seur, chevalier, conseiller du roi et directeur de ses finances.

« Dame Catherine de Tignard, marquise de Saint-Auban.

« L'abbé de Valbelle [4].

« L'abbé de Rochebonne, comte de Lyon [5].

« Dame Jacqueline de Laugère, comtesse douairière du Roure.

« Le comte du Roure, lieutenant général pour Sa Majesté en Languedoc, gouverneur du Pont-Saint-Esprit; et dame Dugas, son épouse.

« M. de Montbel. »

Après cette énumération de personnages, « tous parents, amis et alliés dudit seigneur futur époux, » l'acte nomme ensuite tous les parents et amis qui ont comparu devant les notaires de la part de la future épouse; et d'abord est nommé le premier :

---

[1] SÉVIGNÉ, *Lettres*, 31 mai 1680.
[2] SÉVIGNÉ, *Lettres*, 13 janvier 1672, 22 mars 1676, 29 août 1677. — MONTPENSIER, *Mémoires*, t. XLI, p. 218 et 219. — LORET, *Muse historique*, t. IX, p. 136, 164.
[3] Madame de Sévigné ne fait aucune mention de Reffuges, personnage intéressant que Saint-Simon fait bien connaître. Conférez SAINT-SIMON, *Mémoires*, t. X, p. 332 et 334. Reffuges mourut en 1712. — Une Charlotte Reffuges épousa Guy d'Elbène. Voy. deuxième partie de ces *Mémoires*, p. 419.
[4] SÉVIGNÉ, *Lettres* (19 janvier 1674, 17 juillet 1680). — LORET, *Muse historique*, t. XII, p. 36.
[5] SÉVIGNÉ, *Lettres* (16 août 1671, 27 juillet 1672).

« Pierre de la Mousse [1], prêtre et docteur en théologie, prieur de la Grossé, comme fondé de procuration de Charles de Sévigné, chevalier, marquis dudit lieu, seigneur des Rochers, la Haye-de-Torré, le Buron, Bodegat, la Baudière et autres lieux, frère de ladite demoiselle future épouse. »

Après Pierre de la Mousse et Sévigné, l'acte nomme ensuite : « D'Hacqueville [2], conseiller du roi, abbé, tant en son nom que comme fondé de procuration de Son Éminence Jean-François-Paul de Gondy, cardinal de Retz, souverain du Commercy, grand-oncle. » Le cardinal de Retz prend le titre de souverain du Commercy, parce que ce petit district de Lorraine, doyenné du diocèse de Toul, était devenu une souveraineté jugeant les procès en dernier ressort et dont les sessions se nommaient les *grands jours*. Le cardinal de Retz était devenu seigneur, ou, comme on disait spécialement, *damoiseau* du Commercy, par héritage de sa tante Madeleine de Silly, dame du Fargis. Retz, pour payer ses dettes, vendit la nue-propriété de cette terre à Charles IV, duc de Lorraine; mais il s'en conserva l'usufruit [3]. Il y demeurait alors, et sa procuration donnée à d'Hacqueville fut dressée par Vanesson et Collignon, notaires à Commercy.

« André Marquevin Besnard, bourgeois de Paris,

---

[1] SÉVIGNÉ, *Lettres*, 27 avril, 23 mai, 20 et 30 septembre 1671; 19 février 1690, t. II, p. 45, 233; t. X, p. 264, édit. G. de S.-G.

[2] SÉVIGNÉ, *Lettres*, 24 avril, 5 juillet, 27 septembre 1671; 15 décembre 1673, 19 et 24 juillet 1675, 5 août 1676. — RETZ, *Mémoires*, t. XLVI, p. 49, 226, 360. — JOLY, *Mémoires*, p. 261 et 473.

[3] Conférez P. BENOÎT, *Histoire ecclésiastique et politique de la ville et du diocèse de Toul*, 1707, in 4°, p. 79. — L'abbé D'EXPILLY, *Dictionnaire géographique, historique et politique des Gaules et de la France*, 1764, in-folio, t. II, p. 401. — SÉVIGNÉ, *Lettres*,

comme fondé de procuration du duc de Retz, grand-oncle.

« Réné Renault de Sévigné, seigneur de Champiré, grand-oncle [1].

« Charles de Sévigné, chevalier, comte de Montmoron, conseiller du roi en sa cour du parlement de Bretagne, cousin paternel [2].

« François de Morais, chevalier, marquis de Brezolles, capitaine enseigne des gens d'armes de MONSIEUR, duc d'Orléans, frère unique du roi.

« Et Charles-Nicolas de Créqui, chevalier, marquis de Ragny [3], cousin.

« Henri-François, chevalier, marquis de Vassé, cousin germain paternel [4].

« Christophle de Colanges, abbé de Livry, grand-oncle maternel [5].

« Louis de Colanges, chevalier, seigneur de Chezières, grand-oncle maternel [6].

---

10 octobre 1654, 15 avril 1672; 19 et 26 juin, 9 et 22 août, 20 décembre 1675; 11 et 12 août 1676 (notre bon ermite), 12 et 15 octobre 1677 (le cardinal, le parrain de Pauline), 28 avril et 20 juin 1678 (de Bussy), 27 juin 1678, 25 et 28 août 1679 (de Bussy), 13 mai 1680.

[1] SÉVIGNÉ, *Lettres*, 9 mars 1672, 22 mars 1676.

[2] SÉVIGNÉ, *Lettres*, 2 décembre 1672.

[3] SÉVIGNÉ, *Lettres*, 1er mai 1672 (lettre de Bussy); 13 mai, 26 août 1675; 8 décembre 1677, février 1683 (t. VII, p. 362 de l'édit. de G. de S.-G.), 14 février 1687.

[4] SÉVIGNÉ, *Lettres*, 7 juin 1676. — TALLEMANT, *Historiettes*, t. IV, p. 119, édit. in-8°. — MONTPENSIER, *Mémoires*, t. XLI, p. 232.

[5] SÉVIGNÉ, *Lettres*, 16 février 1671 (l'abbé), 18 mai 1672 (notre abbé), 6 octobre 1676, 2 septembre 1687. (L'acte porte toujours *Colanges*; c'est, dit M. Monmerqué, l'ancienne orthographe de ce nom, en faisant observer que l'abbé de Coulanges signait toujours *Colanges*.) — *Mémoires de* COULANGES, p. 346.

[6] SÉVIGNÉ, *Lettres*, 5 et 23 août 1671, 27 mai 1672, 30 avril 1675.

« Charles de Colanges, chevalier, seigneur de Saint-Aubin, aussi grand-oncle maternel [1].

« Dame Henriette de Colanges, veuve de François le Hardy, chevalier, marquis de la Trousse, maréchal des camps et armées du roi, grande-tante [2].

« Philippe-Auguste le Hardy de la Trousse, chevalier, marquis dudit lieu, capitaine sous-lieutenant de gendarmes de monseigneur le Dauphin, cousin germain maternel [3].

« Philippe-Emmanuel de Colanges, chevalier, conseiller du roi en sa cour de parlement, cousin germain maternel; et dame Angélique Dugué, son épouse [4].

« Henri de Lancy Raray, chevalier, marquis dudit lieu, aussi cousin maternel.

« Gaston-Jean-Baptiste de Lancy Raray chevalier aussi, marquis dudit lieu, cousin maternel [5].

« Charles de Lancy, seigneur de Ribecourt et Pimpré, conseiller du roi en son conseil d'État, cousin maternel.

---

[1] SÉVIGNÉ, *Lettres*, 6 octobre 1679; 15, 17, 19 novembre 1688. — COULANGES, *Mémoires*, p. 49.

[2] SÉVIGNÉ, *Lettres*, 23 août et 18 octobre 1671 (ma tante), 24 juin et 1er juillet 1672.

[3] SÉVIGNÉ, *Lettres*, 9 juillet 1656 (de Bussy), 20 juillet 1656, 19 août et 14 septembre 1675; 31 juillet 1680, 15 novembre 1684, 22 juillet 1685, 8 octobre 1688; 3 janvier, 20 mars et 12 juin 1689; 4 janvier 1690. — DANGEAU, mss., 24 mars 1685.

[4] Dans les lettres qui nous restent de madame de Sévigné, on en compte trente-cinq où madame de Coulanges et son mari sont mentionnés: plusieurs sont écrites par eux à madame de Sévigné ou leur sont adressées par elle.

[5] SÉVIGNÉ, *Lettres*, 31 juillet 1680. — Conférez MONTPENSIER, *Mémoires*, t. XLI, p. 456, 457.

« Roger Duplessis, duc de la Rocheguyon, pair de France, seigneur de Liancourt, comte de Duretal; et dame Jeanne de Schomberg, son épouse.

« Marie d'Hautefort, veuve de François de Schomberg, duc d'Alvin, pair et maréchal de France, gouverneur de Metz en pays Messin, colonel général des Suisses et Grisons [1].

« François, duc de la Rochefoucauld, pair de France, prince de Marsillac, chevalier des ordres du roi [2].

« La princesse mademoiselle Anne-Élisabeth de Lorraine.

« Félix Vialar, évêque de Châlons, comte et pair de France.

« Jean-Antoine de Mesmes, chevalier, comte d'Avaux, conseiller du roi en tous ses conseils, grand président en sa cour de parlement de Paris [3].

« Olivier Lefèvre d'Ormesson, chevalier, seigneur d'Amboille [4].

« Philbert-Emmanuel de Beaumanoir de Lavardin, conseiller du roi en ses conseils, évêque du Mans, commandant des ordres de Sa Majesté [5].

---

[1] Conférez la 2ᵉ partie des *Mémoires*, ch. VI, p. 61-67. — SÉVIGNÉ, *Lettres*, du 5 janvier 1674, 30 juillet 1677.

[2] SÉVIGNÉ, *Lettres*, 19 novembre 1652, t. I, p. 19, 67, 90, 94, 158, 167, 170, édit. de G. de S.-G. (lettres de la Rochefoucauld à de Guitaud), 22 septembre et 15 novembre 1664; 11 mai, 20 août 1667; 24 septembre 1667; 21 mars, 12 juillet 1671; 20 juin 1672 (il y a un homme dans le monde, etc.), 14 juillet 1673, 30 juillet 1677, 21 décembre 1678 (de Bussy), 6 et 25 octobre 1679, 15 et 29 mars 1680.

[3] SÉVIGNÉ, *Lettres*, 11 mars 1671.

[4] SÉVIGNÉ, *Lettres*, 24, 26 et 27 novembre 1664 (le rapporteur).

[5] SÉVIGNÉ, *Lettres*, 11 mars 1671 (je dîne tous les vendredis chez le Mans), 2 août 1671; t. I, p. 371; t. II, p. 167, édit. de G. de S.-G.

« Marguerite-Rénée de Rostaing, veuve de Henri de Beaumanoir, chevalier, marquis de Lavardin, maréchal des camps et armées du roi [1].

« Marie-Madeleine de la Vergne, épouse du marquis de la Fayette [2].

« Dame Françoise de Montalais, veuve du comte de Marans.

« Alliés et amis de ladite demoiselle future épouse. »

Cette longue liste ne nous donne pas une connaissance complète de tous les membres de la famille dans laquelle la fille de madame de Sévigné allait entrer ; il y manque encore :

François Adhémar de Monteil de Grignan, archevêque d'Arles, oncle paternel de M. de Grignan [3].

Jean-Baptiste Adhémar de Monteil de Grignan, frère de M. de Grignan, coadjuteur de son oncle l'archevêque d'Arles [4].

— LORET, *la Muse historique*, t. III, p. 46 ; t. IX, p. 130 ; t. XI, p. 34.

[1] SÉVIGNÉ, *Lettres*, 15 avril 1671 (Savardin), 9 et 12 juin 1680 10 avril 1691, avril 1694 (édit. de G. de S.-G., t. XI, p. 25).

[2] SÉVIGNÉ, *Lettres*, 17 avril, 16 mars 1671 (princesse de Clèves), 9 février 1673, 26 mai, 30 juin 1673 (lettre de madame de la Fayette), 15 décembre 1675, 12 janvier 1676, 18 et 22 mars, 19 juin 1678 (lettre de Bussy), 17 mars 1680, juin 1693 (édit. de G. de S.-G., t. X, p. 461). — BUSSY, *Lettres*, t. V, p. 154, du 1er mai 1670. — DELORT, *Voyage aux environs de Paris*, t. I, p. 217 et 224. — COSTAR, *Lettres*, p. 540. — BARRIÈRE, *la Cour et la Ville*, p. 70. — LORET, *Muse historique*, t. XII, p. 142. — LA FAYETTE, *Histoire d'Henriette*, t. LXIV, p. 395, collect. de Petitot.

[3] SÉVIGNÉ, *Lettres*, 19 novembre 1670, 22 septembre 1673, 21 janvier 1689 (l'oncle) ; 12 avril, 23 octobre 1689. — *Archives de la maison de Grignan*, 1844, in-8°, n° 192.

[4] SÉVIGNÉ, *Lettres*, 19 novembre 1670, 17 avril 1671 (seigneur

CHAPITRE VIII. 137

Charles-Philippe Adhémar de Monteil, chevalier de Grignan, chevalier de Malte, autre frère de M. de Grignan[1].

Marie Adhémar de Monteil de Grignan, sœur de M. de Grignan, religieuse à Aubenas dans le Vivarais[2].

M. de Grignan avait encore deux autres sœurs, dont l'une, Marguerite de Grignan, avait épousé le marquis de Saint-Andiol[3]; l'autre, Thérèse de Grignan, fut mariée au comte de Rochebonne[4].

M. de Grignan avait de sa première femme Claire d'Angennes, qu'il épousa le 27 avril 1658, deux filles, toutes deux fort jeunes encore lorsqu'il se maria pour la troisième fois à mademoiselle de Sévigné, l'une nommée Louise-Catherine de Grignan[5], l'autre Françoise-Julie de Grignan, plus connue sous le nom de mademoiselle d'Alérac[6].

Corbeau), 14 novembre 1671 (M. de Claudiopolis), 31 mai 1675 (l'abbé d'Aiguebeve), 5 juin, 16 et 19 août 1675 (le coadjuteur). — Madame DE GRIGNAN, *Lettres à son mari* (5 janvier 1688), p. 5 et 20 du tirage à part; lettre du 22 décembre 1677, t. IV, p. 320 et 333 de la *Bibliothèque de l'École des chartes*. — *Archives de Grignan*, p. 31, n° 192.

[1] SÉVIGNÉ, *Lettres*, 22 janvier et 10 février 1672.

[2] SÉVIGNÉ, *Lettres*, 9 juin 1680.

[3] *Lettres de madame* RABUTIN-CHANTAL, *marquise* DE SÉVIGNÉ, *à madame de Grignan*; la Haye, 1726, in-12, t. I, p. 39 (18 mars 1671). — SÉVIGNÉ, *Lettres*, 8 juillet 1675, 21 février 1735 (lettre de madame de Simiane, dans l'édit. de G. de S.-G., t. XII, p. 118). Dans les éditions modernes, le passage sur Saint-Andiol, qui se trouve dans la première édition, a été retranché. Conférez ch. XVII.

[4] SÉVIGNÉ, *Lettres*, 16 août 1671, 27 juillet 1672, 6 novembre 1675, 18 septembre 1679, 15 mai 1689.

[5] SÉVIGNÉ, *Lettres*, 1er mai, 25 octobre 1686.

[6] SÉVIGNÉ, *Lettres*, 11 septembre 1680 (la fille terrestre de M. de

Nous aurons, dans le cours de ces Mémoires, plus d'une occasion de parler des personnages dont les noms viennent d'être mentionnés. Ce qu'il importe pour le présent, c'est de bien faire connaître l'aîné et le chef de cette nombreuse famille des Grignan, puisqu'en l'adoptant pour gendre madame de Sévigné croyait voir réaliser toutes les espérances que sa tendresse lui avait suggérées pour le bonheur de celle qui était l'objet de ses pensées les plus chères et de ses jouissances les plus vives. Quoiqu'en épousant mademoiselle de Sévigné le comte de Grignan fût à ses troisièmes noces, cependant il n'avait alors que trente-sept ans[1]. Mademoiselle de Sévigné avait atteint vingt-trois ans ; or, une supériorité d'âge de la part de l'époux qui n'excède pas le nombre de treize années a toujours paru propre à établir dans l'union conjugale cette similitude de goûts et d'inclinations que la différence des sexes tend à faire disparaître entre personnes de même âge, à mesure qu'elles s'avancent vers les dernières périodes de la vie. Le comte de Grignan était plutôt laid que beau de visage ; mais il avait une physionomie expressive, une belle taille, un air noble et gracieux. Il possédait cette politesse exquise, ce suprême bon ton, cet art de conver-

---

Grignan), 13 décembre 1684, 14 février 1685, 1ᵉʳ mai 1686, 27 septembre 1687, 9 mars et 30 avril 1689. — Madame DE GRIGNAN, *Lettres à son mari* (22 décembre 1677 et 5 janvier 1688), t. IV, p. 321 et 333 de la *Bibliothèque de l'École des chartes*, 1843, in-8°, ou p. 6 et 18 du tirage à part, ou *Lettre de madame* DE GRIGNAN *au comte de Grignan, son mari*, Paris, imprimerie de Firmin Didot, décembre 1832, in-8°, p. 7 et 8. (C'est la lettre du 5 janvier 1688, publiée, d'après l'autographe, à 50 exemplaires seulement.)

[1] SAINT-SIMON, *Mémoires complets et authentiques*, ch. V, t. XII, p. 59.

ser agréablement qui, même à la cour élégante et polie de Louis XIV, faisaient distinguer avantageusement ceux qui, dans leur jeunesse, avaient fréquenté l'hôtel de Rambouillet. Sans être un homme remarquable par sa capacité et par son esprit, il s'était acquitté avec distinction de tous les emplois dont il avait été chargé : grand, généreux, aimant les arts, le luxe, il s'était fait de nombreux amis, et, bien vu du roi, il pouvait aspirer aux plus hautes dignités, aux plus belles fonctions de l'État [1]. Par ses deux premières femmes, qu'il avait rendues heureuses, il donnait à celle qu'il allait épouser des garanties de la douceur de son caractère dans les relations conjugales, garanties que bien peu d'hommes de son âge pouvaient offrir. Sa noblesse était non-seulement fort ancienne, mais illustre ; il était Grignan par les femmes, Castellane par les hommes. Sa famille, par ses alliances et ses origines, se trouvait encore greffée à celles des Adhémar et des Ornano ; elle réunissait tous ces beaux noms, et écartelait en quatre quartiers, sur son écusson, les insignes de ces quatre souches [2]. Encore florissante et nombreuse, cette famille se maintenait dans un grand éclat par les dignités ecclésias-

---

[1] Saint-Simon, *Mémoires*, t. XII, p. 59.
[2] Conférez le chevalier Perrin, *Préface des Lettres de madame de Sévigné à madame de Grignan, sa fille*, p. xxviij, édit. de 1754. — Moreri, *Dictionnaire*, t. V, p. 375. — D'Expilly, *Dictionnaire géographique de France*, 1764, in-folio, t. II, p. 114. — *Lettre de M. de Grignan-Grignan à M. Grouvelle, Gazette de France* du mercredi 4 juin 1806. — Aubenas, *Notice historique sur la maison de Grignan*, dans l'*Histoire de madame de Sévigné*, 1842, in-8°, p. 521 à 528. — Vallet de Viriville, *Catalogue des Archives de la maison de Grignan*, 1844, in-8° (n° 1 est de l'an 1267). — Voyez, dans l'édition des *Lettres de madame* de Sévigné, 1820, in-8°, t. I, les armes des familles de Sévigné, Bussy, Grignan et Simiane.

tiques et les grades militaires de plusieurs de ses membres, tous oncles ou frères de M. de Grignan ; et lui, par ses prudents mariages, n'avait point terni la splendeur de sa maison. La famille des d'Angennes de Rambouillet est suffisamment connue par ce que nous avons déjà dit d'elle dans ces Mémoires. M. de Grignan avait perdu sa première femme, Angélique-Clarice d'Angennes, en janvier 1665[1]. Elle lui avait laissé deux filles, dont mademoiselle de Sévigné, en se mariant, allait devenir la belle-mère. La seconde femme qu'il avait épousée était d'une noblesse encore plus ancienne, quoique moins illustre que les d'Angennes : c'était Marie-Angélique du Puy du Fou, fille de Gabriel, sire du Puy du Fou, marquis de Combronde, seigneur de Champagne, et de Madeleine Peschseul de Bellièvre[2]. Elle mourut au mois de juin de l'année 1667, en couche d'un fils qui ne vécut pas. Ces deux alliances n'avaient pas été moins avantageuses sous le rapport de la fortune que sous celui de la naissance, ce qui semblait dispenser madame de Sévigné d'un rigoureux examen et lui permettre de s'en tenir à cet égard aux apparences, que les belles possessions territoriales du comte de Grignan présentaient sous un jour favorable. Depuis son dernier veuvage, M. de Grignan paraissait décidé à vivre à la cour. Sa charge de lieutenant général du roi en Languedoc y mettait peu d'obstacle. A cette époque, le gouvernement militaire du Languedoc se composait d'un gouverneur général, d'un commandant et de trois lieutenants généraux. La présence de M. de Grignan,

---

[1] SÉVIGNÉ, *Lettres*, t. I, p. 106, édit. de Monmerqué, 1820, in-8° ; et t. I, p. 150, édit. de G. de S.-G. (janvier 1665).

[2] *Tableau généalogique de la maison du Puy du Fou*, 40 pages in-folio, sans la table.

qui était un de ces trois, n'était nécessaire que dans des cas extraordinaires [1]; et madame de Sévigné était surtout charmée de l'espoir de conserver près d'elle sa fille, de diriger ses premiers pas dans le monde, de partager ses plaisirs et d'alléger ses peines. Ses lettres nous la montrent enchantée de ce mariage, négocié par son ami le comte de Brancas [2]. Son ambition et sa tendresse maternelle y trouvaient un double sujet de satisfaction. Elle s'impatientait des délais que la nécessité des formes et les considérations de parenté forçaient d'y apporter. Le 4 décembre 1668, elle écrivait à Bussy, dont, en sa qualité de curateur, l'approbation, au moins pour la forme, devait être demandée [3] :

« Il faut que je vous apprenne ce qui, sans doute, vous donnera de la joie : c'est qu'enfin la plus jolie fille de France épouse non le plus joli garçon, mais un des plus honnêtes hommes du royaume, que vous connaissez il y a longtemps. Toutes ses femmes sont mortes pour faire place à votre cousine, et même son père et son fils, par une bonté extraordinaire; de sorte qu'étant plus riche qu'il n'a jamais été, et se trouvant d'ailleurs, et par sa naissance, et par ses établissements, et par ses bonnes qualités, tel que nous le pouvions souhaiter, nous ne le marchandons point, comme on a accoutumé de faire; nous nous en fions bien aux deux familles qui ont passé devant

---

[1] D'Expilly, *Dictionnaire géographique et historique de la France*, t. IV, p. 132.

[2] Sévigné, *Lettres*, 22 juin 1670, t. I, p. 190, édit. de M. — *Ibid.*, t. I, p. 258, édit. de G. de S.-G. — 2 septembre 1676, t. IV, p. 451, édit. de M. ; t. V, p. 106, édit. de G. de S.-G.

[3] Sévigné, *Lettres*, 4 décembre 1668, t. I, p. 153 et 154, édit. de M., ou t. I, p. 214, édit. de G. de S.-G.

nous. Il paraît fort content de notre alliance ; et aussitôt que nous aurons reçu des nouvelles de l'archevêque d'Arles, son oncle, son autre oncle l'évêque d'Uzès étant ici, ce sera une affaire qui s'achèvera avant la fin de l'année. Comme je suis une dame assez régulière, je n'ai pas voulu manquer à vous demander votre avis et votre approbation. Le public paraît content, c'est beaucoup ; car on est si sot que c'est quasi sur cela qu'on se règle. »

Bussy, qui alors était avec sa cousine dans le fort de la discussion sur les torts qu'ils avaient eus l'un envers l'autre et qui aimait peu le comte de Grignan, répond, quatre jours après [1] :

« Vous avez raison de croire que la nouvelle du mariage de mademoiselle de Sévigné me donnera de la joie : l'aimant et l'estimant comme je fais, peu de choses m'en peuvent donner davantage ; et d'autant plus que M. de Grignan est un homme de qualité et de mérite, et qu'il a une charge considérable. Il n'y a qu'une chose qui me fait peur pour la plus jolie fille de France, c'est que Grignan, qui n'est pas encore vieux, est déjà à sa troisième femme ; il en use presque autant que d'habits ou du moins que de carrosses : à cela près, je trouve ma cousine bien heureuse ; mais, pour lui, il ne manque rien à sa bonne fortune. Au reste, madame, je vous suis trop obligé des égards que vous avez pour moi en cette rencontre. Mademoiselle de Sévigné ne pouvait épouser personne à qui je donnasse de meilleur cœur mon approbation. »

Un mois après, le 7 janvier, madame de Sévigné écrit encore à Bussy : « Je suis fort aise que vous approuviez le mariage de M. de Grignan. Il est vrai que c'est un très-bon

---

[1] Sévigné (lettre de Bussy, en date du 8 décembre 1668), t. I, n. 156, édit. de M. ; t. I, p. 217, édit. de G. de S.-G.

et très-honnête homme, qui a du bien, de la qualité, une charge, de l'estime et de la considération dans le monde. Que faut-il davantage? Je trouve que nous sommes fort bien sortis d'intrigues. Puisque vous êtes de cette opinion, signez la procuration que je vous envoie, mon cher cousin, et soyez persuadé que, par mon goût, vous seriez tout le beau premier de la fête. Bon Dieu, que vous y tiendriez bien votre place! Depuis que vous êtes parti de ce pays-ci, je ne trouve plus d'esprit qui me contente pleinement, et mille fois je me dis en moi-même : Bon Dieu, quelle différence[1] ! »

Bussy, malgré cette pressante invitation et ces cajoleries de sa cousine, ne signa point de procuration, mécontent du comte de Grignan, qui ne lui avait point écrit et qui n'avait pas, selon lui, agi, comme proche parent[2], avec assez de déférence. Bussy se contenta de l'adhésion qu'il avait donnée au mariage, en termes froids, mais polis, dans sa lettre à madame de Sévigné. Mais cette lettre ne pouvait suffire pour insérer son nom dans le contrat, et il n'y parut pas.

Le cardinal de Retz n'avait cessé d'exhorter madame de Sévigné de prendre, avant de conclure, des renseignements sur l'état de fortune du comte de Grignan; mademoiselle de Sévigné, peu susceptible de se passionner pour aucun homme, ne voyait qu'avec crainte s'approcher le moment qui devait la livrer à celui qui, déjà deux fois marié, semblait, comme disait Bussy, « avoir pris l'habitude de changer de femmes comme de carrosses. »

[1] SÉVIGNÉ, *Lettres* (7 janvier 1669), t. I, p. 224, édit. de G. de S.-G.

[2] SÉVIGNÉ, *Lettres* (lettre de Bussy, en date du 16 mai 1669), t. I, p. 226, édit. de G. de S.-G.

Dans sa réponse au cardinal de Retz, madame de Sévigné lui faisait part de l'hésitation de sa fille, et en même temps elle lui mandait qu'elle n'avait pu obtenir des renseignements précis sur l'état de fortune du comte de Grignan et qu'elle était à cet égard forcée de s'en rapporter à la Providence.

Le cardinal de Retz lui répond[1] :

« Je ne suis point surpris des frayeurs de ma nièce; il y a longtemps que je me suis aperçu qu'elle dégénère ; mais, quelque grand que vous me dépeigniez son transissement sur le jour de la conclusion, je doute qu'il puisse être égal au mien sur les suites, depuis que j'ai vu, par une de vos lettres, que vous n'avez ni n'espérez guère d'éclaircissements et que vous vous abandonnez en quelque sorte au destin, qui est souvent très-ingrat et reconnaît assez mal la confiance que l'on a placée en lui. Je me trouve en vérité, sans comparaison, plus sensible à ce qui vous regarde, vous et la petite, qu'à ce qui m'a jamais touché moi-même sensiblement. »

Malgré ces avertissements et le peu de désir que montrait sa fille, madame de Sévigné n'en poursuivit pas moins avec ardeur l'accomplissement du projet qui lui paraissait la réalisation de ses plus flatteuses espérances. C'est elle-même qui, en datant trois ans après, jour pour jour, une de ses lettres, nous apprend[2] que sa fille fut fiancée au comte de Grignan le lendemain de la signature du contrat, le 29 janvier 1669, jour de la fête de saint François de Sales. Alors déjà cette tendre mère avait une

---

[1] Sévigné, *Lettres* (20 décembre 1668), t. I, p. 221, édit. de G. de S.-G.

[2] Sévigné, *Lettres* (29 janvier 1669), t. II, p. 309, édit. de M.; t. II, p. 365, édit. de G. de S.-G.

occasion de se convaincre combien elle s'était montrée imprévoyante en n'adhérant pas assez strictement aux conseils qui lui étaient donnés par un homme aussi expérimenté que le cardinal de Retz. Quoiqu'elle ne se fût pas trompée sur le caractère et les excellentes qualités du comte de Grignan, déjà elle avait éprouvé qu'une union sur laquelle elle avait fondé les plus douces et les plus paisibles jouissances de son âge mûr et de sa vieillesse ferait couler de ses yeux plus de larmes qu'elle n'en avait jamais répandu dans sa vie!

CHAPITRE IX.

1669.

Réflexions sur les impressions produites par des événements heureux selon la différence des caractères. — Du caractère de madame de Sévigné. — Elle est encore une fois parfaitement heureuse. — Une nouvelle altercation a lieu entre elle et Bussy. — Tout contribuait à désespérer Bussy. — Il fait de nouvelles offres de service lors de la guerre de la Franche-Comté. — Il est refusé. — Son dépit. — Bussy et Saint-Évremond sollicitaient tous deux leur rappel. — Des causes qui les empêchaient de l'obtenir. — On leur attribuait des pièces satiriques contre Louis XIV. — Ils n'en étaient point les auteurs. — Comment ils se nuisaient à eux-mêmes en flattant le roi aux dépens de Mazarin. — Politique de Louis XIV, la même que celle de Mazarin. — Sa dissimulation envers ses ministres et sa conduite à l'égard de Condé, de Turenne, de ses ambassadeurs et de ses agents; envers Gourville, le pape et les jansénistes. — Bussy n'aimait point Grignan, et n'en était point aimé. — Madame de Sévigné entreprend de persuader à Bussy qu'il faut qu'il écrive le premier à M. de Grignan. — Bussy refuse de le faire. — Nouvelle lettre de madame de Sévigné à Bussy sur ce sujet. — Bussy s'en offense. — Étonnement de madame de Sévigné. — Ses plaintes d'avoir été mal jugée. — Bussy reconnaît qu'il a eu tort. — Madame de Sévigné insiste pour que Bussy écrive à M. de Grignan. — Bussy consent, à condition que madame de Sévigné lui saura gré de la violence qu'il se fait.

Il est des personnes dont la pensée, toujours tendue sur l'instabilité des choses humaines, n'accueille qu'avec crainte les sentiments de joie qu'un événement heureux leur inspire et qui n'osent se fier aux gages de bonheur que le sort favorable semble leur assurer. Madame de Sévigné n'était pas de ce nombre. Sa sensibilité vive, prompte, entraînante engendrait facilement dans son âme la mélancolie lorsqu'elle était blessée ou simplement contrariée dans ses affections de cœur ; mais, par son caractère porté à la gaieté, elle se livrait volontiers aux illusions de l'espérance, et elle ne troublait pas, par d'importunes prévisions, les jouissances dont elle était en possession. Sa pieuse confiance en la Providence affermissait encore ses penchants naturels. « Pour ma Providence, dit-elle dans une de ses lettres [1], je ne pourrais pas vivre en paix si je ne la regardais souvent ; elle est la consolation des tristes états de la vie, elle abrége toutes les plaintes, elle calme toutes les douleurs, elle fixe toutes les pensées ; c'est-à-dire elle devrait faire tout cela ; mais il s'en faut bien que nous soyons assez sages pour nous servir si salutairement de cette vue ; nous ne sommes encore que trop agités et trop sensibles. »

Jamais cette Providence que madame de Sévigné adorait ne réunit autour d'elle autant d'éléments de bonheur que dans le cours de cette année 1669. Elle avait un gendre de son choix, depuis longtemps connu d'elle ; et par lui elle était alliée à une nombreuse et puissante famille, dont sa fille, par sa jeunesse, son esprit et sa beauté, devenait l'ornement et la gloire. Elle produisait celle-ci dans le monde et à la cour avec tous ses avantages personnels et tous ceux que lui procuraient la naissance et le rang de son époux. Madame de Sévigné se glorifiait encore de son fils, récemment échappé aux dangers d'une campagne meurtrière et recueillant la considération et l'estime que confèrent à un jeune homme les inclinations guerrières et les premières preuves de valeur et d'audace. Enfin elle s'était

---

[1] Sévigné, *Lettres* (1664), t. VI, p. 182, édit. de Leyde, 1736.

réconciliée avec son cousin, son plus proche parent, l'ami de sa jeunesse, celui qui l'avait le plus cruellement offensée, le plus constamment aimée, admirée et flattée. Mais ce mariage, qui eut lieu à l'époque de cette réconciliation, fit surgir entre elle et Bussy un nouveau sujet de débat, dont il est nécessaire de développer les causes pour bien comprendre le caractère de ce dernier et sa correspondance avec madame de Sévigné.

Tout semblait se réunir pour mettre obstacle aux désirs et aux projets de Bussy. La haute opinion qu'il avait de lui-même et de l'antiquité de sa race l'empêchait de mettre des bornes à son ambition et de dissimuler son orgueil. Il ne voulait reconnaître presque aucune noblesse plus ancienne que celle des Rabutin. Sa cousine, qui venait de produire les titres de son mari aux états de Bretagne et qui avait, à cause du mariage de sa fille, intérêt de ne pas laisser passer sans la combattre cette prétention de Bussy, lui donne dans une de ses lettres ce détail généalogique de la famille des Sévigné[1] : « Quatorze contrats de mariage de père en fils; trois cent cinquante ans de chevalerie; les pères quelquefois considérables dans les guerres de Bretagne et bien marqués dans l'histoire; quelquefois retirés chez eux comme des Bretons; quelquefois de grands biens, quelquefois de médiocres, mais toujours de bonnes et de grandes alliances; celles de trois cent cinquante ans, au bout desquels on ne voit que des noms de baptême, sont du Quelnec, Montmorency, Baraton et Châteaugiron : ces noms sont grands; ces femmes avaient pour maris des Rohan et des Clisson. Depuis ces quatre, ce sont des Guesclin,

---

[1] Sévigné, *Lettres* (4 décembre 1668), t. I, p. 155, édit. de M.; t. I, p. 215, édit. de G. de S.-G.

des Coaquin, des Rosmadec, des Clindon, des Sévigné de leur même maison, des du Bellay, des Rieux, des Bodegat, des Plessis-Ireul et d'autres qui ne me reviennent pas présentement, jusqu'à Vassé et jusqu'à Rabutin. Tout cela est vrai, il faut m'en croire... »

La vanité de Bussy souffrit tellement en lisant cette énumération de sa cousine qu'il en biffa les dernières lignes, et il nous en a ainsi dérobé les conclusions. Pour lui, il n'en voulut pas démordre, et dans sa réponse il dit : « Pour les maisons que vous me mandez, qui sont meilleures que la nôtre, je n'en demeure pas d'accord. Je le cède aux Montmorency pour les honneurs, et non pour l'ancienneté; mais pour les autres, je ne les connais pas; je n'y entends non plus qu'au bas-breton [1]. »

Madame de Sévigné répond avec raison que, s'il ne connaît pas ces familles bretonnes qui lui paraissent barbares, elle en appelle de ce qu'elle a dit et vu à Bouchet, le savant généalogiste. « Je ne vous dis pas cela, ajoute-t-elle, pour dénigrer nos Rabutin : hélas! je ne les aime que trop [2]. »

Lors de la guerre de Flandre, Bussy avait cru qu'il lui suffisait d'offrir ses services au roi pour qu'ils fussent acceptés. Il pensait qu'avec ses talents militaires il lui serait facile de se distinguer dans cette campagne, et de regagner par ses exploits, par son esprit, par sa connaissance de la cour, par sa souplesse de courtisan, la faveur du jeune monarque; qu'ainsi, étant, par droit d'ancienneté et par ses services, le premier dans la catégorie de ceux qui devaient

---

[1] Sévigné, *Lettres* (4 décembre 1668), t. I, p. 257, édit. de M.— *Ibid.*, t. I, p. 218, édit. de G. de S.-G.

[2] Sévigné, *Lettres* (7 janvier 1669), t. I, p. 162, édit. de M.; *ibid.*, t. I, p. 223.

être faits maréchaux de France, cette haute dignité, objet de ses vœux les plus ardents, ne pouvait lui échapper [1]. Cependant il eut la douleur de voir ses offres refusées ; et la promotion de maréchaux qui eut lieu peu de temps après la campagne de Flandre excita en lui un dépit que, malgré son esprit, il dissimulait mal sous une apparence de dédain et de philosophique indifférence [2]. Pourtant il se consolait en pensant que le plus illustre guerrier du siècle, le grand Condé lui-même, n'avait point été compris au nombre des généraux employés dans cette guerre et qu'il était, comme lui, resté oisif dans ses châteaux, à Chantilly et à Saint-Maur.

Mais Bussy revint à la charge, et fit les plus grands efforts pour rentrer au service lorsqu'il vit que des troupes venues de divers points du royaume s'approchaient des lieux de son exil. Quand les officiers généraux qui commandaient ces troupes acceptèrent l'hospitalité qui leur était offerte par lui ; quand il apprit (ce qui était resté secret pour tout le monde) que le théâtre de la guerre allait être porté dans la province la plus voisine de celle où il résidait, de celle dont il était une des plus grandes notabilités militaires ; quand il sut, enfin, que Condé allait commander en chef l'expédition contre la Franche-Comté, alors Bussy demanda, sollicita avec plus d'instance ; mais le roi lui fit dire de se tenir tranquille dans sa terre et d'attendre. Cette réponse, quoique accompagnée de tous les adoucissements et les égards qu'on put y mettre,

---

[1] Bussy, *Lettres*, t. III, p. 8, 9, 24, 27, 48, 54, 59, 81 ; Paris, Delaulme, 1737, in-12. Les volumes V, VI et VII de mon exemplaire portent le millésime 1727, avec le titre de *Nouvelles Lettres* ; les premiers volumes ont donc été réimprimés, ou on a changé les titres.

[2] Bussy, *Lettres*, t. V, p. 80 et 81 (12 et 6 juillet 1669).

l'atterra[1] : il désespéra de sa fortune ; son humeur jalouse s'aigrit. Il continuait toujours à tenir le même langage de soumission et de dévouement à l'égard du monarque dans les placets qu'il ne cessait de lui adresser[2] ou dans les lettres qu'il écrivait à ses amis et à ses connaissances de cour ; mais dans l'intimité ses sentiments se trahissaient. On le savait, et l'on n'ignorait pas non plus qu'un grand nombre de hauts personnages, sans être exilés comme Bussy, étaient aussi dans la classe des mécontents : les uns parce qu'on ne les employait pas ; les autres parce que, peu satisfaits des grâces qu'ils avaient reçues, ils étaient jaloux de ceux auxquels on en avait conféré de plus grandes. Un nombre bien plus considérable d'hommes indépendants par leur caractère, leur fortune ou les charges et emplois qu'on ne pouvait leur ôter désapprouvaient le despotisme du roi, son ambition, ses guerres, ses prodigalités. Ce parti, formé des débris de toutes les Frondes, était nombreux dans le parlement et la noblesse. Les plus probes et les plus sincères d'entre eux, croyant n'obéir qu'à des motifs généreux de bien public, se déguisaient à eux-mêmes l'impulsion qui leur était donné par des intérêts particuliers. Les femmes des princes et des grands les plus comblés de faveurs étaient révoltées et humiliées des préférences et des préséances que le roi accordait à ses maîtresses. Tous ceux qui étaient sincèrement attachés à la religion blâmaient la dissolution des mœurs de la cour. A la vérité, elle n'était pas nouvelle ; mais on pensait que le roi, au lieu de chercher à y remédier, l'ac-

---

[1] Bussy, *Lettres*, t. III, p. 86 (lettre 57, 5 mars 1669 ; cette lettre est à tort datée 1668).

[2] Bussy, *Lettres*, t. V, p. 86 (lettre 63, 1ᵉʳ août 1669, à madame de Montespan).

croissait encore par le scandale de ses amours. Les âmes indépendantes et fières (le nombre en était beaucoup plus grand au commencement de ce règne qu'à la fin) ne pouvaient pardonner à Louis XIV cet orgueil révoltant qu'il manifestait en toute occasion. Il s'était fait à lui-même une sorte d'apothéose, et semblait s'être isolé de tous les mortels en prenant pour emblème le soleil ; en se déclarant, par la devise qu'il y ajoutait, lui seul supérieur à tous les autres monarques de la terre réunis ; en faisant reproduire par la poésie, la peinture, la sculpture et la gravure les serviles flatteries dont il était l'objet, et en encourageant en même temps les plus beaux génies du siècle à ridiculiser sur la scène ou à bafouer dans des satires toutes les classes, tous les rangs, toutes les professions.

Louis XIV, par sa vigilance et sa fermeté, par l'action constante d'un gouvernement bienfaiteur, pouvait empêcher les mécontents de dégénérer en factieux, les forcer à la soumission et les rendre incapables d'entraver la marche de son autorité ; mais, avec les passions qui le dominaient, il ne pouvait faire disparaître les causes de mécontentement ni les empêcher de s'exhaler en secret par des sarcasmes virulents, par des vaudevilles, des épigrammes, de scandaleux libelles dont on multipliait les copies manuscrites ou qu'on imprimait en Hollande : ils circulaient en grand nombre, sans qu'on pût parvenir à en connaître les auteurs.

Les pièces les plus mordantes et les plus spirituelles étaient attribuées à Bussy ou à Saint-Évremond, parce que l'un et l'autre s'étaient acquis la réputation de beaux esprits malins et caustiques. Cependant ni l'un ni l'autre ne songeaient alors à composer des écrits satiriques contre Louis XIV. Tous deux, au contraire, sollicitaient en même temps d'être rappelés de leur exil, et désiraient de rentrer en grâce auprès du monarque. Mais, lors même qu'ils n'eussent point été en butte aux préventions dont il leur était impossible de se garantir, ils n'auraient pu, par les moyens qu'ils faisaient valoir à l'appui de leurs demandes, réussir à obtenir leur rappel. Tous deux se trompaient, et de la même manière; tous deux avaient mal saisi le caractère du roi, mal interprété ses secrets sentiments ; et par la maladresse de leurs flatteries, au lieu de capter sa bienveillance et de se faire pardonner le passé, ils aggravaient, sans le savoir, les torts qui leur étaient imputés. L'esprit de discernement manque bien souvent aux gens d'esprit. Bussy et Saint-Évremond pensaient que, comme leur opposition à la politique et aux intrigues de Mazarin durant la régence avait été la cause première et principale de leur disgrâce, c'était se montrer habile que d'exalter le roi, la grandeur de ses vues, la sagesse de ses conseils, et de mettre en parallèle les glorieux commencements de son règne avec les calamités de la Fronde. Mais plus ils développaient bien ce thème (et Saint-Évremond le fit avec un remarquable talent dans sa longue lettre à de Lionne [1]), plus ils rappelaient à Louis XIV les éminents services de son ancien ministre et les utiles leçons qu'il en avait reçues, plus ils lui ôtaient l'envie de faire cesser l'exil des ennemis de sa mémoire et d'accepter leurs offres de service. Le roi, armé du sceptre et portant la couronne, n'était pas astreint à la même dissimulation et aux mêmes ruses que le cardinal, enveloppé de sa robe de pourpre et n'exerçant qu'un pouvoir délégué. Sans doute Louis XIV avait des formes plus

---

[1] Saint-Évremond, *Œuvres*, édit. 1753, in-12, t. I, p. 88-93 (Vie de l'auteur, par des Maizeaux); t. III, p. 189, 190, 197.

nobles et en apparence plus franches que celles de Mazarin; mais Louis XIV, tant que l'âge lui conserva ses facultés, se conforma avec autant de finesse que de succès à la pratique de cette politique souple et déliée que lui avait inculquée son ministre. Ainsi il employait Condé et le comblait de joie en lui donnant le commandement en chef de l'armée qui devait conquérir la Franche-Comté et en se confiant à lui pour la conduite des intrigues corruptrices et des négociations secrètes qui devaient faciliter cette conquête [1] ; mais lorsque Casimir, roi de Pologne, se démit de la couronne, et que des chances se présentèrent pour faire passer cette couronne sur la tête de Condé, Louis XIV travailla par ses négociations à les faire avorter [2]. Il jugeait, avec raison, qu'il était important pour la France et pour lui qu'un aussi grand capitaine fût toujours son sujet, et jamais son égal. De même il autorisait Louvois à employer Gourville dans des intrigues diplomatiques auprès de l'évêque d'Osnabruck et autres, pour obtenir des troupes et une alliance avantageuse; et il laissait Colbert poursuivre dans Gourville le complice des dilapidations de Fouquet, et empêcher sa rentrée en France jusqu'à ce qu'il eût payé à l'épargne la somme énorme dont le jugement d'une commission le rendait redevable [3]. Quand Louis XIV éprouvait des difficultés dans ses relations avec le pape, les jansénistes, que Rome avait en horreur, étaient favorisés en France ; quand il était satisfait du pape, aussitôt des scrupules de conscience forçaient le roi à compri-

---

[1] Louis XIV, *Œuvres*, t. III, p. 77-82.

[2] Turpin, *Vie de Condé*, t. II, p. 151. — *Mémoires de M. de****, *pour servir à l'histoire du dix-huitième siècle*, dans la collection de Petitot, t. LVIII, p. 484. — *Histoire de la vie et des ouvrages de la Fontaine*, 3ᵉ édit., p. 162-165.

[3] Gourville, *Mémoires*, t. LII, p. 397-399.

mer cette secte orgueilleuse, et portait l'alarme à l'hôtel de Longueville. Pour la guerre, sa confiance en Turenne était entière, et il avait avec lui de fréquents entretiens ; mais, pour qu'aucune capacité, quelque grande qu'elle fût, ne pût se croire indispensable, il affectait de consulter aussi Condé, et il tenait en respect ces deux grands guerriers, tous deux ambitieux, tous deux devenus jaloux de se concilier sa faveur. Il entretenait avec soin la division et la rivalité entre ses ministres, afin que rien ne lui fût caché. Son conseil entier était tenu sur ses gardes, et on savait que les fils les plus déliés de sa vaste administration étaient surveillés par des correspondances secrètes et des agents inconnus, qui bien souvent étaient les seuls vrais interprètes et les seuls exécuteurs de ses pensées intimes. Pour mieux voiler ses desseins, il en dérobait la connaissance à ses représentants officiels [1]. Nul espoir ne restait de pouvoir tromper ou d'abuser celui qui avait su se réserver la faculté de tromper tout le monde et de dérouter toutes les intrigues. On peut juger, d'après cet exposé, combien était grande l'erreur de Bussy et de Saint-Évremond, qui croyaient faire leur cour en critiquant la politique de Mazarin. Bussy et Saint-Évremond subissaient le sort de ceux qui, après s'être longtemps agités dans le tourbillon du monde, s'en trouvent séparés pendant quelque temps, et croient facile de se prévaloir de l'expérience du passé pour mettre le présent au service de l'avenir. Mais le monde se modifie rapidement ; ceux qui le quittent ne le retrouvent plus le lendemain tel qu'ils l'avaient laissé la veille ; il change à tout instant de forme et d'aspect, comme

---

[1] Louis XIV, *Œuvres*, t. V, p. 399 et 405; Lettres au comte d'Estrades, en date du 24 décembre 1666 et du 18 avril 1667.

un ciel orageux, où roulent sans cesse des nuages poussés par des vents violents et variables. Bussy et Saint-Évremond, en louant Louis XIV, en cherchant à justifier leur conduite passée, se souvenaient trop de l'époque où, ami de ses plaisirs, accessible aux flatteurs, le roi adolescent se montrait contrarié d'être forcé de quitter la répétition d'un ballet pour assister au conseil tenu par le cardinal.

Le refus qu'avait éprouvé Bussy ne lui faisait pas prendre en gré M. de Grignan, dont les services étaient loin d'égaler les siens et qui cependant jouissait de la faveur du monarque. Bussy avait donné par sa lettre son consentement au mariage, parce que, sans offenser sa cousine, il lui était impossible de faire autrement; mais il avait, ainsi que je l'ai dit, fait en sorte que son nom ne parût point au contrat. De son côté, le comte de Grignan avait ses raisons pour ne pas aimer Bussy et ne pas se lier avec lui; peut-être parce que Bussy n'était pas bien en cour; peut-être parce qu'il s'était fait des ennemis de Condé et de Turenne et de plusieurs autres personnages amis de Grignan ou dont Grignan avait besoin. Quoi qu'il en soit, il est certain que Grignan s'abstint d'écrire à Bussy, comme la simple politesse l'obligeait à le faire, en épousant la fille de Marie de Rabutin-Chantal. Il importait à madame de Sévigné que son gendre fût en bons termes avec son cousin, et que tous deux pussent se voir et se parler affectueusement, s'ils se rencontraient chez elle ou dans le monde. Pour opérer ce rapprochement, il fallait nécessairement que M. de Grignan écrivît une lettre convenable à Bussy. Madame de Sévigné pensa qu'elle contraindrait son gendre à faire cette démarche, si elle pouvait persuader à Bussy d'écrire le premier à Grignan une de ces lettres aimables et spirituelles pour lesquelles il excellait. La hautaine susceptibilité de Bussy, son mécontentement et ses mauvaises dispositions envers Grignan semblaient rendre la chose presque impossible. Cependant madame de Sévigné l'entreprit ; et elle fondait l'espoir du succès sur la nature des sentiments qu'elle avait inspirés à son cousin et dont la femme la moins coquette trouve du plaisir à essayer le pouvoir.

D'abord elle échoua ; et il faut croire pourtant que sa lettre était bien séduisante, puisque Bussy lui répond qu'ayant passé une partie de sa vie à l'offenser, il ne doutait pas qu'il n'en consacrât le reste à l'aimer *éperdument*. Puis, après avoir avoué qu'il a eu tort de n'avoir point écrit à madame de Sévigné sur le mariage de sa fille, il ajoute [1] :

« Madame de Grignan a raison aussi de se plaindre de moi ; c'est à elle à qui je devais de nécessité écrire après son mariage, et je lui en vais crier merci ; j'avoue franchement ma dette. Il faut aussi que vous soyez sincère sur le sujet de M. de Grignan : de quelque côté qu'on nous regarde tous deux, et particulièrement quand il épouse la fille de ma cousine germaine, il me doit écrire le premier ; car je n'imagine pas que d'être persécuté ce me doive être une exclusion à cette grâce ; il y a mille gens qui m'en écriraient plus volontiers, et cela n'est pas de la politesse de Rambouillet. Je sais bien que les amitiés sont libres ; mais je ne pensais pas que les choses qui regardent la bienséance le fussent aussi. Voilà ce que c'est que d'être longtemps hors de la cour, on s'enrouille dans la province. »

---

[1] SÉVIGNÉ, *Lettres* (16 mai 1669), t. I, p. 166, édit. de M. ; t. I, p. 228, édit. de G. de S.-G.

Il semble qu'il n'y avait rien à répondre à une objection aussi légitime, et qu'une ironie aussi bien méritée ne laissait plus à madame de Sévigné aucune espérance de réussite. Mais elle connaissait Bussy, et les expressions de son refus lui prouvaient le vif désir qu'il avait de lui faire oublier, par les preuves efficaces de son affection, les torts graves qu'il avait à se reprocher. Cependant la chaleur même de ces expressions a renouvelé les défiances de madame de Sévigné ; elle craint d'avoir été trop loin dans les témoignages de son attachement, et que son cousin n'ait, avec sa présomption ordinaire, prêté à certaines phrases de sa première lettre un sens qu'elles n'avaient pas. Dans sa seconde lettre, tout en poursuivant son dessein, elle éprouve la nécessité de se mettre en défense, et elle commence par plaisanter Bussy sur ce mot *éperdument* [1].

« Pour vous dire le vrai, je ne me plaignais point de vous, car nous nous étions rendu tous les devoirs de proximité dans le mariage de ma fille ; mais je vous faisais une espèce de querelle d'Allemand pour avoir de vos lettres, qui ont toujours le bonheur de me plaire. N'allez pas pour cela vous mettre à m'aimer *éperdument,* comme vous m'en menacez : que voudriez-vous que je fisse de votre *éperdument* sur le point d'être grand'mère? Je pense qu'en cet état je m'accommoderais mieux de votre haine que de votre extrême tendresse. Vous êtes un homme bien excessif! N'est-ce pas une chose étrange que vous ne puissiez trouver de milieu entre m'offenser outrageusement ou m'aimer plus que votre vie? Des mouvements si impétueux sentent le fagot, je vous le dis franchement.

---

[1] SÉVIGNÉ, *Lettres* (4 juin 1669), t. I, p. 167, édit. de M.—*Ibid.,* t. I, p. 229, édit. de G. de S.-G.

Vous trouver à mille lieues de l'indifférence est un état qui ne vous devrait pas brouiller avec moi, si j'étais une femme comme une autre ; mais je suis si unie, si tranquille et si reposée que vos bouillonnements ne vous profitent pas comme ils feraient ailleurs. Madame de Grignan vous écrit pour monsieur son époux ; il jure qu'il ne vous écrira pas sottement, comme tous les maris ont accoutumé de faire à tous les parents de leur épousée ; il veut que ce soit vous qui lui fassiez un compliment sur l'inconcevable bonheur qu'il a eu de posséder mademoiselle de Sévigné ; il prétend que pour un tel sujet il n'y a pas de règle générale. Comme il dit tout cela fort plaisamment et d'un bon ton, et qu'il vous aime et vous estime avant ce jour, je vous prie, comte, de lui écrire une lettre badine, comme vous savez si bien faire ; vous me ferez plaisir, à moi que vous aimez, et à lui qui, entre nous, est le plus souhaitable mari et le plus divin pour la société qui soit au monde. Je ne sais pas ce que j'aurais fait d'un *jobelin* qui eût sorti de l'Académie, qui ne saurait ni la langue ni le pays, qu'il faudrait produire et expliquer partout, et qui ne ferait pas une sottise qui ne nous fît rougir. »

Bussy prit au sérieux le badinage de madame de Sévigné, et son mécontentement s'accrut probablement par la lecture de la lettre froide et compassée de madame de Grignan. Il ne put supporter sans impatience les éloges de Grignan contenus dans la lettre de madame de Sévigné et la prétention de la mère et de la fille à vouloir soutenir que la femme pouvait payer pour le mari ; que, madame de Grignan lui ayant écrit la première sur le fait du mariage, c'était à lui, Bussy, à écrire le premier à M. de Grignan. Il imagine que sa cousine a montré sa lettre à M. et à madame de Grignan, et que la réponse qu'elle lui avait faite avait été concertée entre eux. Bouleversé par cette idée, il lui écrit une lettre pleine de colère et de fiel ; il se croit insulté par elle, et il le lui dit. Il termine enfin par une sanglante ironie sur Grignan, auquel, dit-il, sa bonne fortune a fait tourner la tête [1].

Madame de Sévigné fut frappée d'étonnement en lisant cette lettre de son cousin, et dans sa réponse elle lui témoigne son chagrin « de ce que la plus sotte lettre du monde puisse être prise de cette manière par un homme qui entend si bien raillerie. » Elle s'exprime avec tant de vivacité, d'énergie, de bonté et de grâce ; elle donne des explications si naturelles des expressions qui avaient pu blesser Bussy ; elle montre une douleur si sincère d'avoir été ainsi jugée [2], que Bussy se repentit de s'être donné un nouveau tort envers une femme si aimable et si aimée de lui. On s'en aperçoit au calme de sa réponse et au soin qu'il prend, comme il le dit lui-même, « avec tout le respect et toute la douceur imaginable, à justifier son procédé [3]. » Pour le fond de la contestation, sa justification n'était pas difficile ; et, à juste titre, il rappelle à sa cousine la demande qu'elle lui avait faite d'écrire le premier à M. de Grignan ; qu'elle l'avait prié « de le faire pour l'amour d'elle, qu'il aimait ; » qu'un tel langage ne pouvait assurément se prendre pour une plaisanterie. Il termine par

---

[1] SÉVIGNÉ, *Lettres* (6 juin 1669), t. I, p. 168 à 170. — *Ibid.*, t. I, p. 231 à 236.

[2] SÉVIGNÉ, *Lettres* (9 juin 1669), t. I, p. 170, édit. de M. —*Ibid.*, t. I, p. 234, édit. de G. de S.-G.

[3] SÉVIGNÉ, *Lettres* (12 juin 1669), t. I, p. 173, édit. de M. — *Ibid.*, t. I, p. 237, édit. de G. de S.-G.

une déclaration faite sur un ton sérieux des sentiments d'affection qu'elle lui inspire. « Je n'ai jamais, dit-il, eu tant de disposition à vous aimer que j'en ai, je n'oserais plus dire ce terrible mot *éperdument*, mais à vous bien aimer. Au nom de Dieu, ma chère cousine, ne me donnez pas sujet de la vouloir changer. »

Madame de Sévigné comprit tout l'avantage que lui donnait sur Bussy le repentir qu'il avait de lui avoir causé de la peine, et dans sa courte réponse elle n'argumente plus ; il lui suffit d'insister sur ce qu'elle désire. Après avoir reporté la pensée de son cousin sur l'époque assez rapprochée où ils s'étaient vus, sans qu'il lui fût possible de réparer les graves torts qu'il avait eus envers elle ; sur l'époque, plus prochaine encore, où ils se verront sans qu'il ait fait ce qu'elle lui demande, et lorsqu'il ne sera plus temps, elle termine en lui insinuant avec adresse que, si elle n'a pas toujours eu pour lui toute l'affection à laquelle elle était portée de cœur, c'est lui seul qui en est cause ; mais que, dans aucun temps, elle n'a eu pour lui de l'indifférence.

« Si je suis jamais assez heureuse pour vous voir, et que vous soyez d'assez bonne humeur pour vous laisser battre, je vous ferai rendre votre épée aussi franchement que vous l'avez fait rendre autrefois à d'autres... Je finis cette guerre jusqu'à ce que nous soyons en présence ; cependant souvenez-vous que je vous ai toujours aimé naturellement, et que je ne vous ai jamais haï que par accident[1]. »

Bussy ne put résister à des allusions si flatteuses pour

---

[1] Sévigné, *Lettres* (8 août 1669), t. I, p. 174 et 175, édit. de M.
— *Ibid.*, t. I, p. 237 et 238, édit. de G. de S.-G.

sa vanité, à la douce expression d'un sentiment si tendre et si constant ; il céda, et répondit[1] :

« Il n'est pas nécessaire que nous soyons en présence, ma chère cousine, pour que je vous rende les armes ; je vous enverrai de cinquante lieues mon épée, et l'amitié me fera faire ce que la crainte fait faire aux autres ; mais vous étendez un peu vos priviléges, et vous avez raison, à mon avis, de la même chose où tout le monde aurait tort. Comptez-moi cela, il en vaut bien la peine ; et vous pouvez juger par vous-même si c'est un petit sacrifice que celui de son opinion. Nous en dirons sur cela quelque jour davantage ; cependant croyez bien que je vous aime et que je vous estime plus que tout ce que je connais de femmes au monde. »

Ainsi le fier Bussy écrivit le premier au comte de Grignan pour le complimenter sur son mariage, de manière à satisfaire celle qui exigeait de lui cette démarche, et par la seule espérance « qu'elle lui tiendrait compte de cela. » Avec le caractère de Bussy, c'était là une victoire que madame de Sévigné seule pouvait remporter.

[1] SÉVIGNÉ, *Lettres* (Bussy, 12 août 1669), t. I, p. 175 et 176. — *Ibid.*, t. I, p. 239 et 240.

CHAPITRE X.

1669 — 1671.

Bussy, mécontent de M. de Grignan, suspend son commerce de lettres avec madame de Sévigné.—Il embellit ses deux châteaux.—Augmente sa collection de portraits. — Sa famille et ses amis auraient pu faire son bonheur. — Détails sur sa femme, ses deux fils et ses trois filles. — De la correspondance de Bussy avec la comtesse de la Roche-Milet. — Bussy est considéré dans sa province. — Société qui fréquentait son château pendant la saison des eaux de Sainte-Reine. — Détails sur la manière dont Bussy réglait sa journée. — Il ne peut se consoler de son exil, ni oublier madame de Monglat. — Il écrit ses *Mémoires*. — Le duc de Saint-Aignan avait aussi composé des Mémoires, qui sont perdus. — Ceux de Bussy ont été imprimés en partie. — Défauts de cet ouvrage. — Bussy les avait composés pour les montrer au roi.— On essaye en vain d'apaiser l'animosité de Bussy envers madame de Monglat. — Cette dame avait conservé tous ses amis. — Madame de Sévigné se trouve avec elle à une représentation de la pièce d'*Andromaque* de Racine. — Ce que Bussy dit, à ce sujet, de sa cousine. — Madame de Scudéry exhorte Bussy à se réfugier dans le sein de la religion. — Elle forme le projet de quitter le monde. — Ce qu'elle dit de l'amitié. — Abjurations de Turenne et Pellisson. — Conversion du marquis de Tréville. — Bussy indévot, mais non incrédule. — Ce que lui écrivent, au sujet de la religion, madame Corbinelli, religieuse à Châtillon, et mademoiselle Dupré. — Réponses que leur fait Bussy. — Belle lettre de Pellisson.— Bussy rapporte sur Pellisson un bon mot de madame de Sévigné.

Bussy ne reçut aucune réponse de M. de Grignan, ou celle qu'il reçut ne le satisfit point : mécontent et blessé d'avoir été entraîné par sa cousine dans une démarche qui avait tant coûté à son orgueil, il suspendit sa correspondance avec elle. Bussy avait plus d'un moyen de combler le vide que l'interruption de cette correspondance faisait dans son existence. S'il avait su régler son esprit et son cœur, aucun élément de bonheur ne lui aurait manqué. Il avait deux châteaux dans une des plus belles et des plus riantes provinces de France. Il les occupait alternativement, se plaisait à les embellir et surtout à accroître sa collection de portraits. Il nous apprend dans une de ses lettres que le nombre de ces portraits, en l'année 1670, se montait à trois cents[1]. Les plus grandes notabilités de cette époque, surtout les femmes, étaient flattées d'avoir une place dans cette galerie des personnages célèbres de l'*Histoire de France*. Le 2 novembre 1670, il écrivait à une de ses correspondantes à Paris : « Je ne demandai pas deux fois leurs portraits à MADAME (Henriette d'Angleterre, duchesse d'Orléans) et à MADEMOISELLE. Elles me firent bien de l'honneur en me les accordant, mais elles témoignèrent que je leur faisais plaisir de les leur demander. » Bussy aurait pu trouver dans sa famille une source de consolations et de jouissances. Sa femme[2], bonne, douce, vertueuse, allait souvent à Paris, de son consentement, soit pour y faire ses couches, soit par la nécessité de leurs communs intérêts; elle y résidait le moins qu'elle pouvait, et retournait avec empressement auprès de lui toutes les fois qu'il la rappelait. Elle déférait à toutes

---

[1] BUSSY, *Lettres*, t. V, p. 178 et 179 (2 novembre 1670). Voyez ci-dessus, chap. I, p. 2; chap. III, p. 56-68; chap. VI, p. 107.

[2] Louise de Rouville, fille de Jacques de Rouville, chevalier d'honneur de madame la duchesse de Montpensier, et d'Isabelle de Longueval. — Conférez BUSSY, *Discours à ses enfants*, p. 240. — SÉVIGNÉ, *Lettres*, t. III, p. 27; t. VI, p. 355-475, 478, édit. de M.

ses volontés et ne le gênait en rien dans ses habitudes de galanteries[1], et elle lui était fort utile par sa capacité pour les affaires. De ses deux fils, l'aîné fut élevé sous ses yeux en Bourgogne, et mis ensuite dans un collége, où madame de Sévigné l'allait voir[2]. Il devint un brave militaire, qui n'eut pas les brillantes qualités de son père, mais qui n'en eut pas les défauts et ne fit pas les mêmes fautes. Le second, qui naquit à l'époque dont nous traitons, fut par la suite évêque de Luçon, et s'attira, par les grâces de son esprit et les agréments de son commerce, les éloges de Voltaire et de Gresset : comme son père, il reçut aussi les honneurs du fauteuil académique[3]. Quant à ses trois filles, l'une, Diane-Charlotte, se fit religieuse, et demeura d'abord à Paris au couvent des Filles de Sainte-Marie et ensuite à Saumur, où elle fut nommée supérieure. Madame de Sévigné nous la fait connaître par ses lettres comme réunissant la politesse, l'élégance et les agréments du monde aux principes du christianisme le plus austère[4]. Les deux autres filles de Bussy ne quittèrent point leur père, et faisaient, par leur esprit, leurs talents et leur enjouement, le charme de la société qu'il réunissait dans ses châteaux. L'aînée des deux, Louise-Françoise, s'est rendue célèbre, comme marquise de Coligny, par ses amours et son scandaleux procès avec de

---

[1] Bussy, *Lettres*, t. III, p. 192 (6 août 1670); p. 193 et 196 (19 août 1670).

[2] Sévigné, *Lettres*, t. II, p. 400 ; IV, 473; V, 288, 296; VI, 470, 475; VII, 56, 60, 365-367; VIII, 134, 137; IX, 339.

[3] Auger, *Biographie universelle*, t. V, p. 377. — Sévigné, *Lettres*, t. VIII, p. 137; IX, 339; X, 461, édit. de M.

[4] Sévigné, *Lettres* (24 janvier 1672), t. II, p. 305, édit. de M. — *Ibid.*, t. II, p. 73, édit. de G. de S.-G. — Conférez Bussy, *Lettres*, t. V, p. 163 et 166.

la Rivière, son second mari, dont elle ne porta jamais le nom [1]. La seconde, Marie-Thérèse, épousa par la suite le marquis de Montataire, père du marquis de Lassay, qui a laissé de si singuliers Mémoires. Marie-Thérèse était la filleule de madame de Sévigné [2]; on la nommait, quoique demoiselle, madame de Remiremont, parce qu'elle était chanoinesse du chapitre de ce nom [3]. Nous la voyons prendre cette qualification dans un madrigal de sa composition, réuni à d'autres composés par son père au nom de son fils encore enfant, de son autre fille, de la comtesse de Bussy, sa femme, et du comte de Toulongeon, son beau-frère, et de la femme de celui-ci. Toutes ces personnes se trouvaient réunies à Chazeu dans les premiers jours de janvier 1669; elles écrivirent en commun à la comtesse de la Roche-Milet, avec laquelle Bussy était lié. La lettre collective transmettait en étrennes des madrigaux et un nombre de bourses égal à celui des madrigaux; elle annonçait, en même temps, la résolution de toutes les personnes qui l'avaient écrite d'aller à la Roche-Milet célébrer chez la comtesse la fête des Rois, à moins qu'elle n'aimât mieux se rendre ce jour-là à Chazeu [4].

---

[1] *Lettres choisies de* M. DE LA RIVIÈRE, t. I, p. 70, 79, 99, 101, 115, 145, 167, 185, 190, 206; t. II, p. 208 et 281. — BUSSY, *Lettres*, t. III, p. 217 (1er juillet 1670), p. 299 (29 janvier 1671), p. 309 (Corbinelli au comte de Bussy, 15 janvier 1671).

[2] SÉVIGNÉ, *Lettres* (18 septembre 1676, Lettre de Bussy), t. IV, p. 476 de l'édit. de M.

[3] SÉVIGNÉ, *Lettres* (en date du 1er juillet 1676), t. IV, p. 459; t. V, p. 5; t. VII, p. 84, 291 et 423.

[4] BUSSY, *Lettres*, t. V, p. 60 à 65 (lettre en date du 1er janvier 1669), — *Supplément aux Mémoires et Lettres de M. le comte* DE BUSSY, t. I, p. 77-82.

Bussy faisait fréquemment des excursions qui mettaient de la variété dans son existence et attiraient dans ses deux résidences une société nombreuse et brillante. Il était l'homme le plus considérable et le plus considéré dans sa province. Ceux qui auraient pu avoir des prétentions à passer avant lui étaient auprès du roi, dans leurs gouvernements ou à l'armée, et ne résidaient que passagèrement dans leurs terres. L'exil et la disgrâce servaient encore à rehausser la considération qu'on avait pour Bussy. Tous les gentilshommes qui n'avaient ni charges ni emplois, qui vivaient de leurs revenus, entourés de leurs vassaux et de leur dépendance, n'allaient point à la cour, et n'en attendaient aucun bienfait. Ils étaient loin d'être bien disposés pour le gouvernement, qui usurpait tous les jours sur leurs priviléges ou en prévenait les abus. Ils se sentaient donc naturellement du penchant pour Bussy, qui frondait le gouvernement et les ministres avec beaucoup d'esprit et une connaissance de la cour et des affaires que personne n'était tenté de lui contester. Cette prééminence de Bussy sur presque tous ceux qui allaient le voir ou qu'il recevait chez lui augmentait encore son orgueil naturel. Les fréquentes visites de ses parents, de ses amis, de ses connaissances en faveur auprès du roi ou revêtus de hautes dignités ajoutaient encore à son importance, et faisaient voir en lui un homme puissant dans l'exil, auquel ses envieux et ses persécuteurs n'avaient pu enlever toute son influence. A cette époque il n'en était pas comme à la fin du règne de Louis XIV, lorsque le long et paisible exercice du despotisme eut assoupli tous les caractères au même degré de servilité. Dans ce temps si voisin de celui de la Fronde, on s'étudiait à conserver les dehors d'indépendance et de fierté. Les plus obséquieux des courtisans auraient été déshonorés s'ils avaient répudié leurs anciens amis parce qu'ils étaient tombés en disgrâce. Aussi, bien loin d'être privé de société, Bussy, au contraire, se plaignait que le voisinage de son château près de Sainte-Reine lui amenait, dans la saison des eaux minérales, un nombre trop considérable d'ennuyeux visiteurs. Mais ce voisinage lui procurait aussi des hôtes agréables, qui ne seraient pas venus le voir si le besoin de leur santé ne les avait pas forcés de faire ce voyage tous les ans. A toutes les visites il préférait celles des jolies femmes de la cour qui allaient prendre les eaux de Sainte-Reine uniquement pour se rafraîchir ; et il avait coutume de dire qu'il ne les trouvait pas moins aimables pour avoir le sang échauffé [1].

Cependant il savait s'occuper ; et lui-même, dans une lettre à madame de Scudéry, qui l'avait interrogé à ce sujet, donne les détails suivants sur la manière dont il réglait son temps [2]; cette lettre est datée du 10 décembre 1670 :

« Vous saurez, madame, que je me lève assez matin ; que j'écris aussitôt que je suis habillé, soit pour mes affaires domestiques, soit pour mes affaires de la cour et de Paris, soit pour autre chose... Après cela je me promène, je vais d'atelier en atelier, car j'ai des peintres et des maçons, des menuisiers et des manœuvres ; et puis je dîne à midi. Je mange fort brusquement ; votre amie madame

---

[1] Bussy, *Lettres* (7 septembre 1670), t. III, p. 240, édit. de Paris des *Lettres de* ROGER DE RABUTIN, 1737, in-12.

[2] Bussy, *Lettres*, t. III, p. 279.

de M*** [Monglat] vous pourra dire qu'elle m'appelait quelquefois un brutal de table : je ne sais pas si elle n'eût point souhaité que je l'eusse été encore davantage ailleurs. Après dîner, je tiens cercle avec ma famille, avec qui je me divertis mieux qu'en mille visites de Paris. Quelque temps après, je retourne à mes ouvriers. La journée se passe ainsi à tracasser. Ensuite je soupe comme j'ai dîné, je joue, et je me retire à dix heures. Voilà ce que je fais quand je ne fais point de visite et que je n'en reçois point. Ces visites sont mêlées, comme à Paris, de sottes gens, de gens d'esprit, comme il faut que soit le monde. Enfin, madame, j'ai deux aussi agréables maisons qui soient en France, lesquelles j'ajuste encore tous les jours. Je tâche à raccommoder mes affaires domestiques, que le service du roi avait mises en fort mauvais état. Je suis considéré dans mon pays, où quelque mérite, joint à de grands malheurs, m'attire l'attention de tout le monde.... Cela console un peu les misérables : cependant je fais des pas pour mon retour, sans empressement, comme je vous l'ai déjà mandé; s'ils réussissent, j'en serai bien aise; sinon, je n'en serai pas fâché... Quand je retournerai, je n'aurai jamais tant de repos que j'en goûte. »

Précédemment, il avait écrit à madame de Montmorency[1] : « Quelque impatience que j'aie de vous voir, madame, je tâche de ne me point ennuyer. Je m'amuse à bâtir; à faire des garçons, comme vous voyez; à haïr mon infidèle; à vous aimer et à vous l'écrire; à me faire une santé que je n'ai jamais eue dans le tumulte de la cour et de la guerre. Enfin, j'ai mille petits plaisirs sans peine, et je n'ai eu là que de grandes peines sans plaisirs; car l'am-

---

[1] Bussy, *Lettres* (12 juin 1669), t. V, p. 80.

bition, et surtout l'ambition malheureuse, ne laisse à l'âme aucun autre sentiment. »

Qui ne croirait, d'après cette sage réflexion et les dispositions manifestées dans ses lettres, que Bussy ne fût uniquement occupé à tirer parti pour son bonheur de la position que le sort lui avait faite? Cependant il n'en était rien. Ses lettres mêmes, et les plans de campagne qu'il faisait parvenir au roi, et les instances à ses parents, à ses amis, pour qu'ils sollicitassent son retour, tout nous démontre que Bussy était sans cesse tourmenté du désir de rentrer dans cette carrière tumultueuse où, pour récompense de ses labeurs, il n'avait rencontré que la perte de son repos, de sa santé et d'une partie de sa fortune. L'âge et l'absence ne l'avaient pas encore consolé d'avoir été abandonné par une maîtresse chérie; de sorte que l'ambition et l'amour, refoulés dans son âme sans pouvoir se produire au dehors, ne lui inspiraient ni pensées élevées ni sentiments tendres, et ne le rendaient accessible qu'à la haine et à l'envie, passions tristes et malheureuses, qu'irritait encore son incorrigible orgueil.

Pour caresser celui-ci et se procurer quelque soulagement, il s'occupait à écrire ses *Mémoires*. Mais, au lieu de porter dans ce travail cette liberté d'esprit que produit le désabusement de toutes les choses de la vie et du monde, qui donne à une telle œuvre l'intérêt et l'importance d'une confession générale faite en vue et au profit de la postérité, il voulait s'en servir comme d'un moyen propre à le faire rappeler de son exil [1]. Il savait que son ami le duc de Saint-Aignan avait aussi écrit des *Mémoires* qu'il avait l'intention de montrer au roi. Bussy es-

---

[1] Bussy, *Lettres* (20 février 1671) † III, p. 313, édit. 1737, in-12.

pérait que Louis XIV aurait le désir de lire les siens, et qu'ainsi il pourrait par là rentrer en grâce auprès de lui [1]. Les Mémoires du duc de Saint-Aignan, de ce courtisan si dévoué et si bien initié aux secrets les plus intimes de la vie intérieure de son maître, n'ont jamais été imprimés. Ceux de Bussy l'ont été en partie après la mort de l'auteur, par les soins de sa fille, la marquise de Coligny, et par ceux du P. Bouhours. Ils sont bien tels qu'on devait s'y attendre d'après la connaissance que l'on a des motifs qui les avaient fait entreprendre : œuvre incohérente et incomplète, pleine d'indiscrétions et de réticences, sans impartialité et sans abandon. La malignité de l'écrivain envers les autres, sa complaisance pour lui-même déprécient, sans qu'il s'en aperçoive, le mérite de ses actions et les bonnes qualités de son esprit. Sa vanité le portait à croire que tout ce qui le concernait pourrait intéresser les lecteurs; et il met autant d'importance à faire connaître ses prouesses galantes qu'à retracer ses plus beaux faits d'armes. C'est pourquoi l'occupation qu'il s'était donnée d'écrire ses Mémoires le ramenait vers le souvenir de madame de Monglat. Il en était sans cesse assiégé. Dans sa correspondance, le nom de cette dame se retrouve continuellement sous sa plume avec les plus amères expressions de haine et de mépris [2]. Pour mieux *infamer* l'infidèle en vers et en prose, il souhaitait pouvoir ap-

---

[1] Bussy, *Lettres* (26 septembre 1670), t. III, p. 247 (18 octobre 1670); t. III, p. 262-264 (23 et 31 octobre 1670); t. III, p. 261, 262, 264 (8 septembre 1670); t. III, p. 267, 308 (20 février 1671); t. III, p. 313.

[2] Bussy, *Lettres*, t. III, p. 33, 34, 125, 183, 178, 188, 197, 221, 223, 228, 241, 242, 246, 249, 250, 257, 265, 269, 270, 279, 288; t. V, p. 109, 134, 141, 154, 156, 159, 174. — *Supplément aux Mémoires et Lettres*, 1re partie, p. 93, 96, 177.

prendre plusieurs langues, afin d'être compris par un plus grand nombre de personnes [1]. Il ne pouvait supporter l'idée qu'elle eût, par sa bonté, par son amabilité et une conduite plus régulière, conservé l'amitié de toutes les femmes avec lesquelles elle s'était liée. Lorsqu'on lui écrivit que madame de Sévigné avait été avec madame de Monglat à une représentation d'*Andromaque*, il répondit : qu'il fallait que la réputation de vertu de sa cousine fût bien établie pour oser se montrer dans des lieux publics en telle compagnie. Plus on exhortait Bussy à s'exprimer avec égards et douceur sur une femme partout accueillie avec empressement [3], plus il mettait de virulence dans ses injures, plus il multipliait, sous toutes les formes, les satires, les épigrammes et les sarcasmes. Il trouvait, dans sa correspondance avec les femmes qui étaient liées avec madame de Monglat, des occasions de satisfaire sa vengeance en cherchant à diminuer l'estime et l'amitié qu'on avait pour elle. Mais il n'y a pas de plus mauvais conseils que ceux qu'inspire la haine. En cherchant à nuire à madame de Monglat il se faisait à lui-même un tort irrémédiable. On plaignait celle qui avait eu le malheur d'aimer un homme de ce caractère, et on ne la blâmait pas de s'être guérie d'un tel amour. D'ailleurs, on s'apercevait bien que le dépit de n'être plus aimé était la seule cause de la colère de Bussy et de son indifférence affectée. Si d'une part il manifestait le désir qu'il avait de la voir abandonnée par tout le monde, de l'autre, il était bien aise qu'on lui en parlât et qu'on

---

[1] Bussy, *Lettres* (23 octobre 1670), t. III, p. 261.

[2] Bussy, t. III, p. 242 (15 septembre 1670). La lettre est, je crois, adressée à mademoiselle Dupré.

[3] Montpensier, *Mémoires*, t. XLII, p. 255, 441, 445.

l'instruisit de tout ce qui la concernait. Il ne voulait point se rendre aux exhortations qu'on lui faisait de l'oublier. Il reprochait à celles qui la fréquentaient de garder à son égard un silence affecté [1]. Pour faire cesser ce silence, il donnait lui-même, à ce sujet, matière à de nouvelles réprimandes, et même il consentait à ce qu'on dît du bien d'elle plutôt que de ne pas en parler du tout [2]. Madame de Scudéry particulièrement le suppliait de ne plus l'entretenir de madame de Monglat, puisqu'il ne pouvait le faire sans la blesser elle-même : non qu'elle se méprît sur la nature des sentiments de Bussy et qu'elle prît au sérieux toutes ses injures ; mais par toutes sortes de motifs elles lui déplaisaient, et elle voulait les faire cesser. « J'ai bien ouï dire, lui écrivait-elle, que vous autres messieurs habillez quelquefois l'amitié avec tous les atours de la haine ; mais, à vous parler franchement, la mascarade est un peu fâcheuse [3]. » Bussy aimait mieux encore avouer que madame de Monglat ne lui était pas indifférente que de s'abstenir de verser à son sujet le fiel de sa plume. « Vous croyez, disait-il à madame de Scudéry, que j'aime fort la dame dont je ne saurais me taire ; j'y consens, pourvu que j'en parle : je ne me soucie guère de ce qu'on en pensera, mais j'en parlerai et en prose et en vers [4]. »

Cependant les personnes avec lesquelles Bussy correspondait alors le plus habituellement cherchaient à le purger de ses mauvaises passions. Le bon Corbinelli lui prêtait

---

[1] Bussy, *Lettres* (1er octobre 1670), t. III, p. 249.

[2] Bussy, *Lettres* (6 mai 1670), t. III, p. 197. — *Supplément*, t. I, p. 96.

[3] Bussy, *Lettres*, t. III, p. 228 (Lettre de madame de Scudéry, en date du 31 juillet 1670).

[4] Bussy, *Lettres*, t. III, p. 261 (23 octobre 1670).

les secours d'une philosophie aimable, peu austère et parfaitement appropriée à sa situation. Il résumait tous les conseils qu'il lui donnait en vers admirables ou en prose éloquente, dont, à la vérité, il n'était pas redevable à son génie, mais à sa mémoire [1]. Jamais il n'y en eut de plus richement meublée, de plus prompte et de plus complaisante. Tous les auteurs qu'il avait lus, anciens et modernes, sérieux ou frivoles, semblaient n'avoir pensé et écrit que pour donner plus de force et d'autorité à ce qu'il pensait et écrivait lui-même, que pour mieux faire ressortir les sages maximes et les règles de conduite qu'il cherchait à inculquer et dont, par la pratique, il avait reconnu l'excellence [2]. Ami sûr, d'un dévouement sans bornes, d'une obligeance infatigable, il inspirait à tous autant d'affection que d'estime; sa conversation, toujours variée, instructive et amusante, plaisait aux hommes comme aux femmes, aux vieillards comme aux jeunes gens, aux personnes sérieuses ou mélancoliques comme à celles qui étaient vives et enjouées. A l'époque dont nous traitons, son exil avait cessé. Après un long voyage fait dans le midi de la France, il était revenu à Paris; et presque tous les jours il allait chez madame de Sévigné, la plus intime et la plus chérie de toutes ses amies [3]. Il se

---

[1] Bussy, *Lettres*, t. III, p. 136, 155, 270, 300 (Lettres de Corbinelli, datées de Montpellier, le 16 juin 1669; de Toulouse, le 15 septembre 1669; de Paris, le 17 mai 1670; d'Aiguemortes, le 15 février 1671); t. III, p. 522.

[2] Corbinelli, *Recueil de tous les beaux endroits des ouvrages des plus célèbres auteurs de ce temps*, 1696, 5 vol. in-18.—*Les Anciens historiens réduits en maximes*, 1694, in-12. — *Sentiments d'amour tirés des meilleurs poëtes modernes*; Paris, 1665, in-12.

[3] Corbinelli mourut en 1716, âgé de plus de cent ans; donc il était né en 1615 : ainsi il avait cinquante-cinq ans en 1670.

CHAPITRE X. 175

disposait alors à partir pour la Bourgogne, pour voir une de ses sœurs, religieuse à Châtillon.

Si la sagesse mondaine avait auprès de Bussy un excellent avocat dans Corbinelli, la religion avait aussi dans le P. Cosme, général des feuillants [1], un interprète zélé que Bussy paraissait écouter avec déférence; mais la correspondance qu'il entretenait avec ce religieux se ralentit beaucoup lorsque ce dernier eut cessé d'être le confesseur de madame de Monglat [2].

Madame de Scudéry, que nous avons déjà fait connaître à nos lecteurs [3], était pour Bussy un prédicateur plus persuasif; elle aimait son esprit, sa brusque franchise, sa constance et sa loyauté en amitié; elle n'était point rebutée par les défauts de son caractère, qu'elle savait lui faire apercevoir et qu'elle aurait voulu réformer. Bussy avait en elle la plus entière confiance. Par sa discrétion dans les affaires les plus délicates, par son incomparable activité quand il fallait rendre un service, par son bon sens, sa piété, son esprit, sa modestie et son savoir, madame de Scudéry avait acquis une influence au-dessus de sa position. C'était, à cette époque, une sorte de mode de se faire admettre à ses cercles, peu nombreux, mais remarquables par le choix des personnages [4]. Elle ne s'enorgueillissait pas de ses succès en ce genre, elle en

---

[1] Bussy, *Lettres*, t. III, p. 2, 65, 69, 180, 184, 286, 288 (29 octobre 1666, 25 décembre 1667, 2 janvier 1668, 19 et 27 janvier 1670).

[2] Bussy, t. III, p. 183 (27 janvier 1670). Le P. Cosme fut depuis évêque de Lombez. Il avait exigé de madame de Monglat qu'elle n'allât plus au spectacle; elle refusa, et il ne voulut plus la diriger.

[3] Voyez ci-dessus, chap. III, p. 56-68.

[4] Bussy, *Lettres*, t. III, p. 228 et 229 (31 juillet 1670). — Madame DE Scudéry, *Lettres*, 1806, in-12, p. 30.

connaissait la cause, et elle se prêtait plutôt qu'elle ne se livrait à la société qui l'entourait. Elle savait qu'elle ne lui paraissait si aimable que parce qu'elle avait su s'y rendre utile.

« J'ai beaucoup d'apparence d'amis et d'amies, écrivait-elle à Bussy; car, en vérité, monsieur, l'on n'en a guère. Mais n'importe, j'ai l'âme douce ; j'aime tout de l'amitié, jusqu'à l'apparence ; et je dirais volontiers, sur ce sujet, ce qui est dans *Astrée* sur un autre :

> Privé de mon vrai bien, ce faux bien me soulage.

Cependant je vous avoue que cela est incommode de faire toujours le change des Indiens avec ses amis; de leur donner de bon or, et de ne recevoir que du verre [1]. »

Fortement dominée alors par ses idées religieuses, elle avait le projet de se retirer du monde, afin, disait-elle, de n'avoir plus autre chose à penser qu'à bien mourir [2]. De tous les amis et de tous les parents que Bussy avait à la cour, le duc de Saint-Aignan était celui qui s'occupait le plus à le faire rentrer en grâce auprès du roi; mais le duc de Saint-Aignan était trop occupé pour correspondre avec Bussy aussi souvent que celui-ci l'eût désiré. Madame de Scudéry, amie de tous deux, y suppléait. Le zèle qu'elle montrait en toute occasion pour les intérêts de Bussy lui avait acquis une sorte d'empire sur son esprit. Elle voulait en profiter pour le ramener par la religion à une conduite plus régulière, à des sentiments plus purs. Les exhorta-

---

[1] Bussy, *Lettres*, t. III, p. 316-17 (6 mars 1671). —*Supplément*, t. I, p. 97. — Lettres de mesdames DE SCUDÉRY, DE SALVAN-SALIÈRE et de mademoiselle DESCARTES, collection de Collin ; Paris, 1806, in-12, p. 46 et 47.

[2] Bussy, *Lettres* (31 juillet 1670), t. III, p. 229.

tions pieuses qu'elle lui adressait partaient du cœur et étaient imprégnées de la chaleur d'une profonde conviction [1]. L'abjuration récente de Turenne et celle de Pellisson et surtout la conversion du marquis de Tréville [2] étaient de nature à faire impression sur Bussy, et ajoutaient aux paroles de madame de Scudéry l'autorité des grands exemples. Mais lui, malgré ses cinquante-deux ans, ne se sentait nullement disposé à réformer sa vie; pourtant il repousse avec force le reproche qu'elle lui fait d'être plus philosophe que chrétien ; et comme, en même temps, elle lui avait proposé, pour l'éclairer, de lui envoyer le livre des *Pensées* de Pascal [3], que Port-Royal avait récemment publié et qui faisait alors une grande sensation [4], il lui répond : « Ne vous alarmez point de ma foi ; elle est bonne, et je suis chrétien encore plus que philosophe. Il est vrai que, sur certaines actions, je ne suis pas aussi régulier qu'un missionnaire, au moins en apparence ; car pour le fond je crois l'avoir meilleur que ces gens-là... J'ai Pascal céans, et je l'ai lu avec admiration; mais,

---

[1] Bussy, *Lettres*, t. III, p. 228 et 229 (31 juillet 1670). — Madame DE SCUDÉRY, *Lettres*, p. 28 et 30, édit. 1806 (du recueil de Léopold Collin).

[2] Le vrai nom est Troisville ; l'abréviation avait prévalu. — Conférez LA FARE, *Mémoires*, t. LXV, p. 181. — SÉVIGNÉ, t. II, p. 324; t. IV, p. 165; t. VIII, p. 440 et 447, t. XI, p. 159, 190, 191, édit. de G. de S.-G. — TALLEMANT DES RÉAUX, *Historiettes*, t. I, p. 420, édit. in-8°.

[3] Bussy, *Lettres*, t. III, p. 218 (4 juillet 1670). Cette lettre de madame de Scudéry est omise, ainsi que beaucoup d'autres, dans le recueil de Léopold Collin, qui a été fait avec beaucoup de négligence.

[4] *Pensées de M. Pascal sur la religion*, 1670, in-12, chez G. Desprez (les approbations des évêques, pour l'impression, sont datées de septembre 1669).

comme vous savez, on n'imite pas toujours tout ce qu'on admire[1]. »

Madame de Scudéry, peu satisfaite de cette réponse, revient encore sur le même sujet dans la lettre que nous avons déjà citée[2].

« Quoique vous me vouliez rassurer sur votre foi, monsieur, je vous dirai que vous n'y réussissez pas tout à fait. Cependant, si vous vouliez devenir bon chrétien, ce serait une chose admirable. Après tout, monsieur, l'éternité est longue et la vie est courte. Il y a si peu de plaisirs véritables dans le monde que cela ne vaut pas la peine de se damner. Mais Pascal dit tout cela bien mieux que moi; puis il faut que Dieu vous le dise, car nos discours n'opèrent rien sans lui; et dans la vérité je sais, par expérience, qu'il n'y a que les prières qui attirent la miséricorde de Dieu. Je vous exhorte, comme mon bon ami, à qui je souhaite toute sorte de bien, de le prier le plus que vous pourrez. On ne devinerait jamais que vous eussiez un commerce de lettres avec une amie qui vous écrivît ainsi. Pour moi, je hais le monde, et je veux m'en retirer. »

Soit que les pieux conseils de madame de Scudéry eussent fait impression sur Bussy, soit qu'elle l'eût mal jugé, il est certain que, dans sa correspondance avec d'autres femmes, s'il paraît indévot, il ne se montre point incrédule, et qu'il accueille avec l'apparence de la foi toutes les ouvertures qui lui sont faites au sujet de la religion.

Corbinelli en voyage écrivit, à cette époque, à sa sœur, religieuse à Châtillon, pour obtenir des nouvelles

---

[1] Bussy, *Lettres*, t. III, p. 220 (7 juillet 1670).
[2] Bussy, *Lettres*, t. III, p. 228 (31 juillet 1670).

de la santé de Bussy, dont il était inquiet; celle-ci charge un M. Rémond d'aller s'en informer, et, pour qu'il puisse s'acquitter de sa commission, elle lui remet pour Bussy une lettre d'introduction, qu'elle termine par ces mots [1]:
« Si l'assurance de mes prières était un régal pour vous, je vous dirais que je ne passe pas un jour sans demander à Dieu qu'il vous fasse aussi saint par sa grâce qu'il vous a fait honnête homme selon le monde. »

A ceci Bussy répond [2]:
« Je ne sais quelle idée vous vous êtes faite de moi, mais je vous assure que vos prières pour mon salut me sont très-agréables; et je les crois très-utiles, car je suis persuadé que vous êtes aussi aimable devant Dieu que devant les hommes. »

La réponse qu'il fit à mademoiselle Dupré, qui lui envoyait copie de la lettre que Pellisson écrivit au roi lors de son abjuration [3], est encore plus significative. Bussy rapporte un bon mot de sa cousine, dont il avait gardé la mémoire depuis bien des années [4]:

« La lettre de Pellisson est belle; rien ne m'affermit davantage dans ma religion que de voir un bon esprit comme le sien l'étudier longtemps, et l'embrasser à la fin. Madame de Sévigné disait de lui, à quelqu'un qui exagérait ses bonnes qualités, sa droiture, sa grandeur d'âme,

---

[1] Bussy, *Lettres*, t. V, p. 182 (5 décembre 1670, Lettre de madame de Corbinelli, religieuse à Châtillon, au comte de Bussy).
[2] Bussy, *Lettres*, t. V, p. 183 (8 décembre 1670).
[3] Bussy, *Lettres*, t. V, p. 179 et 180 (2 novembre 1670).
[4] Bussy, *Lettres*, t. V, p. 181 (21 novembre 1670). — Delort, *Hist. de la détention des philosophes et des gens de lettres à la Bastille et à Vincennes.*

sa politesse : « Eh bien ! dit-elle, pour moi, je ne connais « que sa laideur ; qu'on me le dédouble donc. » Il serait encore meilleur à dédoubler aujourd'hui, que la foi a éclairé son âme des lumières de la vérité. »

CHAPITRE XI

1670—1671.

Idée de la correspondance de Bussy avec madame de Sévigné.—Pourquoi les lettres de madame de Sévigné ne pouvaient avoir sur Bussy une influence morale aussi favorable au bonheur de ce dernier que celles de Corbinelli et de madame de Scudéry.—Mort du président de Frémyot.—Il donne tout son bien à madame de Sévigné. —Bussy saisit cette occasion de lui écrire, et recommence sa correspondance avec elle.—Madame de Sévigné lui répond, et lui annonce la grossesse de madame de Grignan. — Madame de Sévigné, mécontente de Bussy, lui écrit une lettre de reproche sur le passé. —Réponse modérée de Bussy à cette injuste attaque.—Madame de Sévigné lui demande excuse.—Elle est enchantée qu'il travaille à la généalogie des Rabutin et flattée que Bussy lui ait dédié cet ouvrage. — Cependant elle continue à lui rappeler sa conduite antérieure à son égard. — Bussy perd patience. — Il lui demande de cesser ce genre de guerre. — Madame de Sévigné y consent.—Madame de Sévigné écrit à Bussy qu'elle a des ennemis, puis ensuite le nie. — Bussy dit qu'il le sait. — Madame de Sévigné cherche à savoir de qui Bussy a reçu ses informations et ce que son cousin sait des propos qui ont été débités sur elle. — Bussy, dans sa réponse, se tient sur la réserve.—Ses réticences nous réduisent à des conjectures.—Motifs de croire que madame de Montmorency était celle qui instruisit Bussy des bruits qui couraient sur sa cousine.

La correspondance de Bussy avec sa cousine ne pouvait avoir sur lui une influence aussi salutaire que celle qu'il entretenait avec madame de Scudéry et avec Corbinelli. Madame de Sévigné n'avait ni la ferveur religieuse de l'une ni le calme philosophique de l'autre. Plus que jamais livrée au monde par goût comme par devoir, elle n'était pas insensible aux succès qu'elle y obtenait. Elle se plaisait à la lecture des traités moraux de Nicole, à écouter un beau sermon ; elle remplissait exactement ses devoirs de religion ; mais l'amour de sa fille était devenu chez elle une passion dominante et tenait dans son cœur plus de place que l'amour de Dieu. C'est ce qu'elle déplore elle-même amèrement et avec cette naturelle éloquence qui ne la quittait jamais. Le désir de contribuer à l'élévation de ses enfants la rendait attentive à toutes les intrigues de cour. Ambitieuse non pour elle, mais pour sa famille et ses amis, elle irritait dans Bussy les blessures faites à son amour-propre et à son ambition trompée. Sans cesse elle se lamentait sur l'oisiveté inglorieuse à laquelle il était condamné ; elle louait avec effusion son esprit, ses talents militaires, dont elle entretenait peut-être une trop haute idée ; et ainsi elle augmentait encore l'orgueil qui le dominait. Autant que lui, elle avait cette vanité nobiliaire qui aime à se prévaloir de l'antiquité et de l'illustration de sa race. Elle lui savait un gré infini de ses laborieuses recherches sur la généalogie et l'histoire des Rabutin, et elle lui transmettait pour ce travail tous ses titres et papiers de famille. Elle se faisait aider par son tuteur, l'abbé de Coulanges, et par le savant Bouchet. Elle témoigne, avec une grande naïveté, le plaisir qu'elle ressent lorsque son cousin lui annonce qu'il est parvenu à faire remonter à des temps plus reculés la longue suite de leurs communs aïeux. Elle se montre très-flattée qu'il ait eu la pensée de lui dédier ce grand et important ouvrage : la *Généalogie des Rabutin*[1] ! Vi-

---

[1] SÉVIGNÉ, *Lettres* (19 septembre 1670), t. I, p. 216, édit. de M. —*Ib.*, t. I, p. 288, édit. de G. de S.-G. (23 janvier 1771) ; t. I, p. 227,

vant dans un temps et au milieu d'une cour où les affaires de galanterie étaient aussi des affaires d'État, madame de Sévigné les racontait à son cousin avec cette vivacité d'imagination et cette liberté d'expression trop bien assorties au goût et aux inclinations de son correspondant, et par là elle nuisait aux pensées sérieuses et aux sages résolutions qui auraient dû l'occuper uniquement dans sa solitude. Il existait sans doute entre madame de Sévigné et Bussy de grandes différences sous le rapport de la vertu et des qualités de l'âme et du cœur; mais la tournure de leur esprit et les faiblesses qui leur étaient communes établissaient entre l'une et l'autre beaucoup de ressemblance. Aussi tous deux regrettaient que l'incident relatif au mariage de mademoiselle de Sévigné eût suspendu leur correspondance, Bussy beaucoup plus encore que madame de Sévigné; malgré l'humeur que lui donnaient les Grignan, il résolut de saisir le premier prétexte pour renouer son commerce avec elle.

Une occasion toute naturelle se présenta. Claude Frémyot, neveu de Bénigne Frémyot, dont nous avons parlé dans le premier chapitre de cet ouvrage, mourut sans enfant le 20 avril 1670 [1]. Il ne laissa à sa femme que l'usufruit de ses biens; il en donna la plus grande partie à madame de Sévigné, sa cousine du côté maternel [2], et il

---

édit. de M.—*Ibid.*, t. I, p. 301, édit. de G. de S.-G. (16 février 1671); t. I, p. 249, édit. de M. — *Ibid.*, t. I, p. 326, édit. de G. de S.-G.
[1] 1re partie, p. 2.
[2] Xavier Girault, *Notice hist. sur madame de Sévigné*, dans les *Lettres inédites de* Sévigné, p. xxv. — *Ibid.*, t. I, p. lxxx de l'édit. des *Lettres de* Sévigné, par G. de S.-G.; *id.*, t. V, p. 428 et 432; t. V, p. 255, 256, 261, 337, 380 de l'édit. de M. (lettres des 15 septembre et 13 octobre 1677, des 13 juin et 12 août 1678); t. VI, p. 4 et 19, édit. de G. de S.-G.; *id.*, t. XI, p. 26 (avril 1694).

l'institua son légataire universel. Madame de Sévigné ne s'attendait nullement à ce don d'un parent pour lequel elle avait une véritable affection et qu'elle regretta vivement. Elle en écrivit à madame de Toulongeon, qui se trouvait au nombre des donataires du défunt. Bussy le sut, et s'empara de ce motif pour adresser à sa cousine quelques mots de félicitation sur l'héritage qu'elle venait de recevoir, qui se montait à plus de cent mille livres, monnaie de cette époque (deux cent mille francs de notre monnaie actuelle[1]).

Madame de Sévigné fit à Bussy la réponse la plus aimable; mais comme il ne lui avait point parlé de M. ni de madame de Grignan, madame de Sévigné, sans avoir l'air de s'apercevoir des mauvaises dispositions de son cousin envers eux, lui annonça que sa fille était enceinte, et que M. de Grignan se disposait à partir pour la Provence. Elle remercie ensuite Bussy d'avoir rouvert la porte à leur commerce, qui était, dit-elle, tout démanché; puis elle ajoute : « Il nous arrive toujours des incidents, mais le fond est bon; nous en rirons peut-être quelque jour. » Bussy lui répond « que, quoique M. de Frémyot ne lui ait rien laissé, il lui a aussi des obligations, puisqu'il lui a fourni l'occasion de renouer leur correspondance. » Vient ensuite une page employée à discourir sur lui-même, sur son exil, ses ennemis, ses malheurs et sa patience à les supporter; puis il termine encore de manière à montrer toute la rancune qu'il conserve contre M. de Grignan : « Vous avez deviné que je ne voulais pas vous parler de madame de Grignan, parce que je n'étais point

---

[1] SÉVIGNÉ, *Lettres*, t. I, p. 242, édit. de G. de S.-G. — *Id.*, t. I, p. 177, édit. de M. (3 et 16 avril 1670). — ROGER DE RABUTIN, *Lettres*, t. V, p. 248 et 249.

content d'elle; et ma raison est que je n'ai jamais aimé les femmes qui aimaient si fort leurs maris; encore me mandez-vous une chose qui ne me raccommodera point avec elle, c'est sa grossesse. Il faut que ces choses-là me choquent étrangement pour altérer l'inclination naturelle que j'ai toujours eue pour mademoiselle de Sévigné[1]. »

Quelques lettres d'un style badin, mais amical, furent ensuite échangées entre le cousin et la cousine, et elles semblaient promettre pour leur liaison une atmosphère longtemps sereine; mais bientôt l'horizon s'obscurcit, et ce fut du côté de madame de Sévigné que souffla le vent qui ramena les brouillards. L'arrivée de Corbinelli à Paris avait donné occasion à madame de Sévigné de raconter à cet ami de Bussy, qui était aussi le sien, sa grande querelle avec ce dernier, la rupture qui en avait été la suite, leur raccommodement et la discussion épistolaire qui avait eu lieu entre eux pendant que Corbinelli était absent et voyageait dans le Midi. En cherchant à donner des preuves de tout ce qu'elle disait à Corbinelli, elle retrouva dans ses papiers des lettres de Bussy qui lui témoignaient sa reconnaissance du consentement qu'elle avait donné à ce qu'il fût avancé à son cousin l'argent qu'il avait demandé à l'époque de son départ pour l'armée en 1657[2]. Ces lettres, dont elle ne s'était pas ressouvenue lors de leur altercation, détruisaient le reproche qu'il lui avait fait de n'en avoir pas agi avec lui en bonne parente. Elle était alors peu satisfaite des lettres d'insouciant badinage qu'elle recevait de Bussy et de ce qu'il n'écrivait point à sa fille; mais elle n'osait

---

[1] Sévigné, *Lettres*, t. I, p. 245, édit. de G. de S.-G. — *Ibid.*, t. I, p. 180, édit. de M. (21 avril 1670). — Cf. 2ᵉ partie, ch. XI, p. 137.

[2] Sévigné, *Lettres* (15 mai 1670), t. I, p. 247, édit. de G. de S.-G.; t. I, p. 181, édit. de M.

pas l'attaquer sur ce sujet, parce qu'elle savait bien que tout le tort était du côté de M. de Grignan, et que Bussy avait dans cette occasion donné des preuves, qui lui avaient mal réussi, d'une grande déférence pour elle. Tourmentée cependant du besoin d'exhaler l'humeur qu'elle avait contre lui, elle profita de la découverte qu'elle venait de faire, et, sans provocation, sans motif apparent, elle lui écrivit une lettre où elle lui reprochait encore, sur un ton goguenard et le plus propre à le blesser, cette malheureuse satire de l'*Histoire amoureuse des Gaules* qui depuis longtemps avait été de sa part l'objet d'un pardon entier et sans réserve [1]. Corbinelli, qui se trouvait présent lorsque madame de Sévigné écrivit cette lettre, voulut s'opposer à ce qu'elle fût envoyée; mais ce fut en vain. Prévoyant l'effet qu'elle ferait sur Bussy, Corbinelli y ajouta un *post-scriptum*, dans lequel il faisait entrevoir la pensée qu'il les désapprouvait tous deux. « Vous êtes deux vrais Rabutin, dit-il, nés l'un pour l'autre : Dieu vous maintienne en parfaite intelligence! » Aussitôt que la lettre fut partie, madame de Sévigné se repentit de l'avoir écrite, et elle lui fit dire de ne point s'en fâcher [2]. La réponse de Bussy est parfaite, et prouve combien était puissant l'attachement qu'il avait pour sa cousine, puisqu'il fait taire, en sa faveur, cet esprit hautain et rancuneux qui formait le fond de son caractère. Il explique avec beaucoup de sagacité ce qui se passait dans l'âme de madame de Sévigné quand

---

[1] SÉVIGNÉ, *Lettres* (17 juin 1670), t. I, p. 250, édit. de G. de S.-G.; t. I, p. 183, édit. de M. — *Ibid.* (6 juillet 1671), t. I, p. 191, édit. de M.; t. I, p. 259, édit. de G. de S.-G.

[2] Par un nommé Bréban, dont je ne trouve le nom nulle part ailleurs. — SÉVIGNÉ, *Lettres* (25 juin 1670), t. I, p. 253, édit. de G. de S.-G. — *Ibid.* t. I, p. 186, édit. de M.

elle se résolut à lui écrire ainsi; il en appelle à sa concience, il excuse son tort, il refuse de profiter des avantages que lui donne sur elle l'humeur dont elle le rend victime; mais il la prie de lui dire combien ces *recommencements* doivent durer, afin qu'il s'y prépare; enfin, il proteste que, malgré le grief de sa cousine envers lui, il ne garde rien contre elle sur le cœur et qu'il ne l'aime pas moins qu'il ne faisait avant [1]. Pour lui prouver encore plus le désir qu'il avait de lui complaire, il lui fait des compliments sur sa fille; mais il profite de la réponse qu'il avait à faire à Corbinelli pour mettre dans le *post-scriptum* une partie du venin qu'il n'avait pas osé insérer dans le corps de la lettre; et il engage son ami à ne pas trop compter sur les bienveillants sentiments que madame de Sévigné lui témoigne. « Quoique vous n'ayez pas comme moi, dit-il, le péché originel à son égard, défiez-vous de l'avenir : *Toute femme varie*, comme disait François Ier. » Encore un sarcasme contre le sexe : quand on est mécontent d'une femme, on dit volontiers du mal de toutes.

Madame de Sévigné reconnut ses torts, et se hâta de répondre à son cousin, près duquel Corbinelli se trouvait alors[2]. « Il est vrai, dit-elle, que j'étais de méchante humeur d'avoir retrouvé dans mes paperasses ces lettres que je vous dis. Je n'eus pas la docilité de démonter mon esprit pour vous écrire; je trempai ma plume dans mon fiel, et cela composa une sotte lettre amère, dont je vous fais mille excuses. Adieu, comte; point de rancunes, ne

---

[1] SÉVIGNÉ, *Lettres* (25 juin 1670), t. I, p. 185 à 188, édit. de M.; t. I, p. 255, édit. de G. de S.-G.

[2] SÉVIGNÉ, *Lettres* (6 juillet 1670), t. I, p. 259, 262, édit. de G. de S.-G. — *Id.*, t. I, p. 191-193, édit. de M.

nous tracassons plus... J'ai un peu tort, mais qui n'en a point dans ce monde? Je suis bien aise que vous reveniez pour ma fille. Demandez à M. de Corbinelli combien elle est jolie. Montrez-lui ma lettre, afin qu'il voie que, si je fais les maux, je fais les médecines. »

Bussy se montre non-seulement satisfait, mais enchanté de cette nouvelle lettre de madame de Sévigné [1], puisqu'il lui déclare qu'il lui permet de l'offenser encore, pourvu qu'elle lui promette une pareille satisfaction. Pourtant elle ne put s'empêcher de mêler aux paroles douces qu'elle lui adressait alors une allusion au grand méfait qu'elle avait à lui reprocher; et elle continua, dans presque toutes les lettres qu'elle lui écrivait, à ramener toujours ainsi le souvenir fâcheux du passé, même lorsqu'elle était le plus satisfaite du présent. Elle paraît éprouver un malin plaisir à lui prouver que si, en raison de ses bons procédés, de ses louanges et de sa tendresse, sa grâce est descendue sur lui, elle n'est pas encore assez efficace pour le laver de ce qu'il appelait lui-même le *péché originel*. Bussy envoya à sa cousine le commencement de son travail sur la généalogie des Rabutin [2], avec l'épître dédicatoire, à elle adressée, qui devait la précéder. Madame de Sévigné, flattée des éloges qui lui sont donnés dans cette épître, répond : « La lettre que vous me faites l'honneur de m'écrire, pour me dédier notre généalogie, est trop aimable et trop obligeante; il faudrait être parfaite, c'est-à-dire n'avoir point d'amour-propre, pour n'être pas sensible à

---

[1] Sévigné, *Lettres* (10 juillet 1670, lettre de Bussy), t. I, p. 262-264, édit. de G. de S.-G — *Id.*, t. I, p. 194 à 196, édit. de M.

[2] Sévigné, *Lettres* (19 décembre 1670), t. I, p. 216, édit. de M.; t. I, p. 288, édit. de G. de S.-G. (Cette généalogie des Rabutins, dit l'éditeur de madame de Sévigné, ne fut terminée qu'en 1685.)

des louanges si bien assaisonnées ; elles sont même choisies et tournées d'une manière que, si l'on n'y prenait garde, on se laisserait aller à la douceur de croire en mériter une partie, quelque imagination qu'il y ait. Vous devriez, mon cher cousin, avoir toujours été dans cet aveuglement, puisque je vous ai toujours aimé et que je n'ai jamais mérité votre haine... N'en parlons plus. »

Malgré cette promesse tant de fois renouvelée de garder à l'avenir le silence sur le fatal libelle, elle recommença de nouveau à en parler, et toujours au sujet de cette généalogie des Rabutin. « Voilà, dit-elle, mon cousin, tout ce que l'abbé de Coulanges sait de notre maison, dont vous avez dessein de faire une petite histoire... Je voudrais que vous n'eussiez jamais fait que celle-là [1]... » Et, plus loin encore, elle lui reproche de « n'avoir pas fait de son nom (de Rabutin) tout ce qui était en son pouvoir... » Cette fois Bussy perdit patience ; déjà, dans la réponse à la première lettre qui lui avait causé une si vive satisfaction, il avait mis en garde sa cousine contre le mauvais effet que produisaient sur lui les malignes insinuations qu'elle s'était permises, même dans cette lettre ; et il terminait ainsi sa réponse [2] : « Adieu, ma belle cousine ; ne nous tracassons plus. Quoique vous m'assuriez que nos liens s'allongent de notre race, et qu'ils ne se rompent point, ne vous y fiez pas trop : il arrive en une heure ce qui n'arrive pas en cent. Pour moi, j'aime la douceur ; je suis, comme le frère d'Arnolphe, *tout sucre et tout miel* [3]. »

---

[1] Sévigné, *Lettres* (23 janvier 1671), t. I, p. 227, édit. de M. ; t. I, p. 301, édit. de G. de S.-G.

[2] Sévigné, *Lettres* (10 juillet 1670), t. I, p. 264, édit. de G. de S.-G. ; t. I, p. 195, édit. de M.

[3] Bussy aurait dû dire : Comme le frère de Sganarelle. Voyez *l'É-*

Aussi madame de Sévigné, craignant l'effet des provocations qu'elle s'était permises dans cette dernière lettre, a-t-elle grand soin de dire à Bussy en finissant : « Je vous souhaite la continuation de votre philosophie, et à moi celle de votre amitié ; elle ne saurait périr, quoique nous puissions faire ; elle est d'une bonne trempe, et le fond en tient à nos os. » Mais Bussy répondit sur le ton le plus sévère et de manière à convaincre sa cousine combien ces attaques répétées pouvaient nuire à cette amitié dont elle lui donnait l'assurance et dont pourtant elle méconnaissait les droits. Après lui avoir prouvé que sa dernière réflexion, lors même qu'elle serait juste, est peu généreuse quand elle s'applique à un homme que l'adversité poursuit, il ajoute : « Je remarque que vous avez, à point nommé, quand vous m'écrivez, des occasions de picoteries, dont je me passerais fort bien. Regardez s'il vous serait agréable que je vous redisse souvent que, si vous aviez voulu, on n'aurait pas dit de vous et du surintendant les sottises qui s'en dirent après qu'il fut arrêté. Je ne les ai jamais crues ; mais aussi je ne vous ai pas donné le chagrin de les entendre. Je vous prie donc, ma cousine, d'avoir les mêmes égards pour moi que j'ai pour vous ; car, quoique je ne puisse jamais m'empêcher de vous aimer, je n'aimerais pas que toute notre vie se passât en reproches et en éclaircissements : c'est tout ce que nous pourrions faire s'il y avait de l'amour sur jeu. »

Madame de Sévigné comprit toute la portée de ce langage. Souvent Bussy s'était prévalu de la vive expression de son amitié pour lui, et il l'avait interprétée (non peut-

cole des Maris, acte I, scène 2. — Conférez *Œuvres de monsieur* DE MOLIÈRE, t. II, p. 80, 1676, in 12 ; chez Claude Barbin.

être sans quelque raison) comme un indice d'un sentiment plus tendre. Elle avait toujours cherché à lui ôter cette croyance, et désormais elle était intéressée à ne plus s'attirer de nouveaux reproches de Bussy, en se donnant le tort de ranimer toujours leurs anciennes querelles, puisque, selon lui, c'était donner à penser qu'il y avait de sa part « de l'amour sur jeu. » Elle s'abstint donc de toute récrimination. Mais elle-même témoigne que c'était avec peine qu'elle renonçait à la satisfaction qu'elle éprouvait de lui infliger de temps en temps quelques petites corrections, pour punition de ses fautes passées. Elle trouvait que cela rendait leur correspondance plus piquante et plus animée. « Mon Dieu, dit-elle[1], mon cousin, que votre lettre est raisonnable, et que je suis impertinente de vous attaquer toujours! Vous me faites voir si clairement que j'ai tort que je n'ai pas le mot à dire ; mais je suis tellement résolue de m'en corriger que, quand nos lettres devraient être aussi froides qu'elles sont vives, il est certain que je ne vous donnerai jamais sujet de m'écrire sur ce ton-là. Au milieu de mon repentir, à l'heure que je vous parle, il vient encore des aigreurs au bout de ma plume ; ce sont des tentations du diable, que je renvoie d'où elles viennent. » Et en effet, dans cette lettre même où elle demande excuse pour être revenue sur le passé, elle en parle de nouveau, et fait ressouvenir Bussy que, si elle a eu tort envers lui, les torts qu'il a eus à son égard sont bien plus grands. « Nous voilà donc raccommodés. Vous seriez bien heureux si nous étions quittes ; mais, bon Dieu ! que je vous en dois encore de reste que je ne vous

---

[1] SÉVIGNÉ, *Lettres* (16 février 1671), t. I, p. 268, 260, ou t. I, p. 325, édit. de G. de S.-G.

payerai jamais [1] ! » Puis elle demande, en finissant, la permission de faire à son cousin quelques petites querelles d'Allemand, mais sur d'autres sujets. « Ce qui me plaît dans tout ceci, ajoute-t-elle, c'est que nous éprouvons la bonté de nos cœurs, qui est inépuisable. »

Dans les lettres auxquelles cette discussion a donné lieu, nous devons remarquer certains passages qui font allusion à des propos qu'on aurait tenus sur madame de Sévigné et dont il sera important, pour l'intelligence de sa correspondance, de deviner la nature et les motifs. Madame de Sévigné tâche, dans la première, de réparer un peu la dureté de ses reproches en terminant par une phrase plus amicale [2], et elle dit : « Adieu, comte ; écrivons-nous, et prenons courage contre nos ennemis. Pensez-vous que je n'en aie pas, moi qui vous parle ? » — A ceci Bussy répond [3] : « Je ne doute pas que vous n'ayez des ennemis ; je le sais par d'autres que par vous ; mais, quoi qu'on m'ait mandé, je ne crois pas votre conduite si dégingandée qu'on dit, et je ne condamne pas les gens sans les entendre. »

Ce passage de la lettre de Bussy intrigua beaucoup madame de Sévigné ; il lui prouvait que ce qu'elle croyait être ignoré de son cousin lui était connu et que, par les altercations qui avaient eu lieu entre elle et lui et par son alliance et son intimité avec M. de Grignan, elle avait perdu une partie de la confiance que Bussy avait

---

[1] SÉVIGNÉ, *Lettres* (6 juillet 1670), t. I, p. 260, édit. de G. de S.-G.; t. I, p. 192, édit. M.

[2] BUSSY, *Lettres* (17 juin 1670), t. I, p. 184, édit. de M. — *Ibid.*, t. I, p. 251, édit. de G. de S.-G.

[3] SÉVIGNÉ, *Lettres*, t. I, p. 254, édit. de G. de S.-G. — *Id.*, t. I, p. 187, édit. de M. (lettre de Bussy, du 25 juin 1670).

en elle et l'ascendant dû au tendre et fort attachement qu'elle lui avait inspiré. Au lieu de mettre le même empressement à l'instruire de tout ce qui la concernait, Bussy lui taisait donc ce que ses correspondances lui apprenaient de désavantageux sur son compte. Soit qu'elle ait oublié ce qu'elle avait écrit à Bussy, soit qu'elle ait voulu plaider le faux pour savoir le vrai, elle feignit d'ignorer ce qu'il voulait dire, et nia qu'elle pût avoir des ennemis ou avoir été l'objet d'aucun mauvais propos; puis, par le souvenir, agréable pour elle et pour son cousin, des temps de leur jeunesse, elle tâcha de ranimer la chaleur de ses anciens sentiments, dans l'espoir de lui arracher son secret [1].

« Vous me donnez un trait en me disant que j'ai des ennemis et qu'on vous a mandé que ma conduite était dégingandée. Vous feignez qu'on vous l'a écrit; je parie que cela n'est pas vrai. Hélas! mon cousin, je n'ai point d'ennemis; ma vie est tout unie, ma conduite n'est pas dégingandée (puisque *dégingandée* il y a). Il n'est point question de moi : j'ai une bonne réputation; mes amis m'aiment, les autres ne songent pas que je suis au monde; je ne suis ni jeune ni jolie; on ne m'envie point. Je suis quasi grand'mère, c'est un état où l'on n'est guère l'objet de la médisance; quand on a été jusque-là sans se décrier, on se peut vanter d'avoir achevé sa carrière. — M. de Corbinelli vous dira comme je suis, et, malgré mes cheveux blancs [2], il vous redonnera peut-être du goût

---

[1] SÉVIGNÉ, *Lettres* (6 juillet 1670), t. I, p. 260, édit. de G. de S.-G.; t. I, p. 192, édit. de M.

[2] Cette lettre étant datée du 6 juillet 1670, madame de Sévigné avait, quand elle l'écrivit, quarante-quatre ans et cinq mois.

pour moi. Il m'aime de tout son cœur; et je vous jure aussi que je n'aime personne plus que lui. Son esprit, son cœur, ses sentiments me plaisent au dernier point. C'est un bien que je vous dois; sans vous je ne l'aurais jamais vu. »

Bussy était trop rusé pour se laisser prendre au piége, quoique l'amorce eût été habilement préparée. Il répondit de manière à prouver à sa cousine qu'il était parfaitement bien informé, et se garda de faire connaître de quelle part venaient ses informations[1].

« ... Aussi bien me mandez-vous que vous m'en devez encore de reste. Hâtez-vous donc de me payer, afin que nous soyons bientôt quittes. Je meurs d'impatience d'être assuré que je n'essuierai jamais de mauvaise humeur de vous. Je ne vous ai point menti quand je vous ai dit que vous aviez des ennemis; premièrement, vous me l'avez écrit dans votre *Épître chagrine*[2]; mais on me l'a mandé d'ailleurs. Quoique votre modestie vous fasse dire que vous n'êtes ni jeune ni belle, et quoique vous ne puissiez vous sauver par là si vous donniez lieu de parler, ce n'est pas sur cela qu'on a parlé de vous. Mais que je suis ridicule de vouloir vous apprendre ce qu'assurément vous savez avant moi ! On ne manque pas de gens, dans le pays où vous êtes, qui avertissent les amis des calomnies aussi bien que des vérités qu'on dit d'eux. Je ne vous en dirai donc pas davantage, sinon qu'à quelques petits reproches près dont vous m'avez fatigué je vous

---

[1] SÉVIGNÉ, *Lettres* (10 juillet 1670), t. I, p. 262, édit. de G. de S.-G. — *Id.*, t. I, p. 194, édit. de M.

[2] Expression qui fait allusion à l'épître en vers de Scarron intitulée *Épître chagrine*. — Conf. SCARRON, *Œuvres*, t. VIII, p. 228, édit. 1737, in-18.

trouve une dame sans reproche, et que j'ai la meilleure opinion du monde de vous. »

Bussy en avait dit assez pour être compris de madame de Sévigné; mais ses réticences nous réduisent à ne pouvoir former que des conjectures sur les médisances et les calomnies auxquelles il fait allusion. Nous aurons par la suite occasion de faire connaître ce qui sur ce point nous paraît être la supposition la plus probable. Nous nous contenterons de dire ici que nous croyons que madame de Montmorency était celle qui avait fait connaître à Bussy ce qu'on disait dans le monde sur sa cousine. De toutes les personnes qui correspondaient alors avec Bussy, madame de Montmorency est celle qui se montre la plus exacte et la plus empressée à lui transmettre les nouvelles de ce genre.

CHAPITRE XII.

1670 — 1671.

Madame de Sévigné parle, dans ses lettres, des événements qui se sont passés durant sa nouvelle contestation avec Rabutin. — Louis XIV envoie de nouveaux secours à Candie.—Le duc de Beaufort y périt. —Navailles est disgracié, puis rappelé.—Louis XIV travaille avec succès à la prospérité et à la grandeur de la France.—Il conclut un traité secret avec Charles II.—Réside à Saint-Germain en Laye ou à Chambord. — Créqui, par ses ordres, s'empare de la Lorraine. —Pirates d'Alger soumis. — Dunkerque acheté. — Ambassadeurs d'Ardrah, de la côte de Guinée. — Louis XIV fait la visite de places fortes. — Bon état des finances. — Il n'y eut point de fêtes données par Louis XIV à Versailles ni dans la capitale. — Les plaisirs ne sont pas négligés. — Molière compose *les Amants magnifiques.* — Molière est inférieur à Benserade dans les vers qu'il compose pour ce ballet. — Ce fut le dernier où le roi figura. — Vers de Racine auxquels on attribue ce changement. — Il eut d'autres causes plus probables.— La comédie du *Bourgeois gentilhomme* eut peu de succès à la cour. — Par quelle raison. — Tragédies de *Bérénice*, composées par Corneille et par Racine, à l'instigation d'Henriette d'Angleterre. —Ce fut un duel littéraire.— Critique des deux pièces par l'abbé Villars, approuvée par madame de Sévigné. — Racine répond avec humeur à cette critique. —Sa pièce de *Bérénice* est représentée aux noces du duc de Nevers et de mademoiselle de Thianges.—Allusions à Louis XIV, auxquelles la nature du sujet invitait les deux poëtes. — Beaux vers qui s'appliquaient à ce monarque dans la *Bérénice* de Corneille.—Louis XIV alors admiré et redouté dans toute l'Europe. — Les malheurs de la fin de son règne sont préparés dans les temps de prospérité. — Violence faite à la morale publique par sa liaison avec Montespan. — Le marquis de Montespan est exilé. — La séparation d'avec sa femme est prononcée en justice. — Les deux maîtresses du roi cohabitent ensemble. — Peines qu'en éprouve la Vallière. — Elle

CHAPITRE XII.

se retire aux Filles de Sainte-Marie de Chaillot. — Mathonnet emprisonné à Pignerol à cause des services rendus à la Vallière. — Montespan déguise ses grossesses et cache ses accouchements. — Ses enfants sont confiés à madame Scarron. — Conduite admirable que tient cette dernière. — Introduite à la cour, elle est peu goûtée du roi. — Le règne des femmes assure celui des favoris. — Louis XIV, pour les affaires d'État, ne se laissait gouverner ni par les uns ni par les autres. — Détails sur les favoris de Louis XIV, — Saint-Aignan, — Dangeau, — d'Armagnac, — Marsillac, — la Feuillade, — Lauzun. — L'exemple que donne Louis XIV l'empêche de réprimer les désordres de son frère et des favoris qui entourent ce dernier. — MADAME (Henriette d'Angleterre) demande que le chevalier de Lorraine soit exilé. — Il est éloigné, et, de concert avec d'Effiat et Beuvron, il donne par le poison la mort à Henriette. — Fin cruelle de cette princesse. — Bague d'émeraude qu'en mourant elle donne à Bossuet. — Oraison funèbre qu'il prononce sur la mort de cette princesse. — Louis XIV découvre le complot. — Il acquiert la certitude que son frère l'a ignoré. — Irritation produite en Angleterre par la mort d'Henriette. — Louis XIV est forcé, par sa politique, à la dissimulation. — Il rappelle le chevalier de Lorraine de son exil et épargne ses complices.

Tandis que madame de Sévigné mariait sa fille, qu'elle s'occupait de réconcilier Bussy avec son gendre, la France prospérait; des événements importants avaient lieu sur la grande scène politique. Par patriotisme, par amour pour ses enfants, par ambition pour sa famille, madame de Sévigné y prenait intérêt; mais ce qui se passait autour d'elle à la cour et dans la haute société, dans cette société si avide de gloire, de dignités, de plaisirs, la touchait encore plus vivement. Elle en parle souvent dans ses lettres, ou y fait fréquemment allusion. Pour faire sortir de ses écrits la peinture fidèle du monde au milieu duquel elle a vécu, il est donc nécessaire de faire de l'histoire de ces temps l'objet d'une étude approfondie. Quoique ce sujet ait déjà été traité par nombre d'écrivains, il ne l'a jamais été sous ce point de vue. La vie privée du jeune monarque, des princes de son sang, de ses courtisans, de ses ministres et l'influence exercée par eux sur les mœurs, la religion, la littérature doivent surtout appeler notre attention, non-seulement parce que toutes ces choses sont par elles-mêmes les plus importantes à connaître par leur résultat sur les destinées du pays, mais aussi parce que ce sont celles sur lesquelles madame de Sévigné nous fournit le plus de lumière et qui peuvent le mieux nous faire pénétrer dans le secret de ses pensées, et nous dévoiler les causes les plus cachées des résolutions et des opinions qui lui sont propres ou qui appartiennent aux hommes d'État et aux personnages du grand monde, dont les noms se rencontrent souvent, ou occasionnellement, sous sa plume. Enfin, madame de Sévigné parle souvent des écrivains illustres dont elle était contemporaine et dont la lecture lui était familière ; les investigations auxquelles ces lettres et celles qui lui furent adressées donnent lieu nous procurent une intelligence plus complète des chefs-d'œuvre de notre littérature ; elles nous instruisent des circonstances et des idées régnantes sous l'empire desquelles les auteurs se sont trouvés placés et des motifs qui les ont dirigés dans leurs compositions.

La troupe de la Feuillade, dans laquelle le jeune de Sévigné avait fait ses premières armes, ne fut pas la seule qui partit du port de Toulon pour aller au secours de Candie. Cédant aux conseils de Turenne, qui secondait les instances de la cour de Rome, à laquelle ce grand capitaine devait la promotion de son neveu au cardinalat, Louis XIV envoya l'année suivante six mille hommes au secours de Candie ; il les plaça sous les ordres du duc de Navailles, et donna le commandement de la flotte au duc de Beaufort ¹. La plupart des braves qui composaient cette petite armée furent massacrés dans une sortie. Le duc de Beaufort, ce héros de la Fronde, périt dans cette action meurtrière; comme on ne put retrouver son corps après le combat, sa mort donna lieu à des fables, qu'on cherchait à rendre probables par le souvenir du rôle qu'il avait autrefois joué. Navailles, pour sauver la flotte et ce qui lui restait de troupes, revint en France; et Candie se rendit peu après son départ. On s'en prit à Navailles du mauvais succès de l'expédition; il fut exilé et forcé à se retirer dans sa terre. Mais il prouva au roi que, dans toute sa conduite, il avait su concilier l'honneur et les intérêts du royaume, et que, bien loin d'avoir mérité d'être blâmé, il aurait dû être récompensé. Louis fut convaincu, et Navailles rentra en grâce ² : belle preuve d'équité. L'homme tout-puissant qui sait réparer une injustice dont il est l'auteur est encore plus rare que celui qui n'en commet aucune. Quel dommage que Louis XIV n'ait pas été assez maître de ses passions pour être juste envers la femme de Navailles, comme il l'avait été envers lui ³ !

A l'époque où nous sommes arrivés, cette entreprise de Candie fut la seule où Louis XIV échoua. Jamais il ne travailla plus efficacement qu'alors à la prospérité du

---

¹ Sévigné, *Lettres*, t. I, p. 89; t. II, p. 53 (1ᵉʳ mai 1671).

² Duc de Navailles et de la Valette, *Mémoires*, 1701, in-12, p. 225-278, liv. iv.—Louis XIV, *Œuvres*, t. V, p. 451, 454, 456. — Bussy, *Lettres*, t. V, p. 83. — Daru, *Hist. de Venise*, 1819, in-8°, t. IV, p. 616-621; t. VII, p. 246 et 247. — Sévigné, *Lettres*, t. III, p. 477 (31 juillet 1675); *Plans et cartes de Candie*, Biblioth. royale, vol. XXX de l'*Histoire de France par estampes*.

³ Saint-Simon, *Mémoires authentiques*, t. II, p. 410, 411. — Voyez-ci dessus, 2ᵉ partie, p. 301, chap. xx.

royaume, à sa grandeur et à sa puissance. Les secours qu'il avait envoyés à Candie ne nuisirent point à ses négociations avec la Porte Ottomane. Son ambassadeur fut reçu à Constantinople avec des honneurs inouïs jusqu'alors; une alliance fut faite avec le sultan. Les pirates d'Alger se virent contraints par la force de respecter le pavillon français; et le commerce de France, en Orient, étendit ses ramifications dans toutes les vastes et riches contrées soumises au croissant; en Occident, dans les deux Amériques; au Midi, jusqu'au fond du golfe de Guinée, d'où l'on vit venir des ambassadeurs d'Ardrah, présenter aux Tuileries le curieux spectacle d'une magnificence sauvage, et s'incliner devant le trône du grand roi [1]. Dunkerque fut acheté à l'Angleterre, et devint un port français [2]. Un traité secret fut conclu avec Charles II, qui mettait, en cas de guerre, toutes les forces britanniques à la disposition du roi de France [3]. Le duc de Lorraine n'exécutait pas ses traités avec la France, et négociait contre elle. Louis XIV envoya aussitôt une armée commandée par le maréchal de Créqui, qui s'empara de Pont-à-Mousson, d'Épinal, de Longwy; et le duc de Lorraine, voyant ses États séquestrés, fut obligé de se retirer à Cologne, et ensuite à Francfort [4]. Des traités avantageux lièrent à la France l'empereur, l'électeur de

---

[1] Le portrait de l'ambassadeur d'Ardrah, D. Matheo Lopez, fut gravé par Larmessin. — Bussy, *Lettres*, t. V, p. 185 (lettre du 9 décembre 1670).

[2] Bussy, *Lettres*, t. V, p. 186.

[3] Lingard's *History of England*. — Louis XIV, *Œuvres*, t. V, p. 466, 467, 469.

[4] Ramsay, *Histoire du vicomte de Turenne*, édit. in-12, t. II, p. 165 et 166.

Cologne, l'évêque de Munster et la Suède[1]. Casimir, roi de Pologne, se démit de sa couronne, vint à Paris, où il fut reçu avec tous les honneurs dus à son rang, et accepta de Louis XIV la dignité ecclésiastique d'abbé de Saint-Germain des Prés.

Louis XIV visita toutes les places de Flandre qu'il avait conquises; et ce voyage, qu'il fit avec une grande pompe et accompagné de beaucoup de troupes, jeta l'inquiétude et la crainte dans toute l'Europe[2]. Il avait, au milieu de la paix, mis ses armées, ses arsenaux sur le pied de guerre, créé une marine formidable, établi un ordre inconnu avant lui dans l'administration de ces deux parties essentielles à la défense de l'État et au soutien de sa puissance. L'administration intérieure n'était pas moins admirable; et celle des finances fut portée à ce degré de perfection que les impôts furent diminués et les recettes augmentées[3]: résultat qui paraît contradictoire et que cependant peut toujours obtenir en temps de paix, dans un grand État, un gouvernement énergique, probe et éclairé.

Occupé de ses vastes projets politiques et guerriers, Louis XIV, cette année, quand il n'était pas aux frontières, résida le plus habituellement à Saint-Germain en Laye et à Chambord. Il n'y eut point de fêtes royales données dans la capitale et à Versailles. De grands travaux furent exécutés dans ce dernier lieu, et de plus fortes sommes que dans aucune des années précédentes furent

---

[1] *Préliminaires des traités entre les rois de France et tous les princes de l'Europe;* Paris, Frédéric Léonard, 1692, in-12, p. 287 à 300.

[2] CHOISY, *Mémoires*, t. LXIII, p. 404, 415. — BUSSY, *Lettres*, t. V, p. 177 et 184 (2 novembre et 9 décembre 1670).

[3] FORBONNAIS, *Recherches et considérations sur les finances de France,* édit. in-12, t. III, p. 43, 47, 51, 54, 57.

consacrées à cette prodigieuse création ¹. Mais pour achever le château et le parc il fallait encore vingt ans, et douze ans s'écoulèrent avant que les travaux fussent assez avancés pour que Louis XIV pût s'y établir à demeure ². Les plaisirs ne pouvaient se trouver longtemps absents partout où ce jeune monarque était présent. Durant l'hiver de 1670, lorsqu'il était avec toute sa cour à Saint-Germain en Laye, il donna à Molière le sujet d'une pièce fort bien choisi pour amener des ballets et des divertissements nombreux et brillants. Ce but fut atteint par la composition des *Amants magnifiques,* production que Molière avait jugée ne devoir pas survivre à la circonstance qui y avait donné lieu; il ne la fit point représenter à Paris, et elle ne fut publiée qu'après sa mort ³. Nous devons remarquer que cette fois les vers des ballets et des intermèdes ne furent pas composés par Benserade, mais par Molière, qui chercha à imiter Benserade dans l'art de tourner avec élé-

---

[1] ECKARD, *États au vrai de toutes les sommes employées par Louis XIV aux créations de Versailles, Marly et dépendances;* 1836, in-8°, p. 23, 39, 42, 45, 47, 48, 53, 57.

[2] FÉLIBIEN, *Description sommaire du chasteau de Versailles;* 1674, in-12.—COMBE, *Explication historique de ce qu'il y a de plus remarquable dans la maison royale de Versailles et dans celle de* MONSIEUR *à Saint-Cloud;* 1681, in-12.—FÉLIBIEN, *Explicat. des tableaux de la galerie de Versailles et de ses deux salons;* 1687, in-12.—Id., *Recueil et description de peintures et autres ouvrages faits pour le roi;* 1689, in-12. — Id., *Description sommaire de Versailles ancienne et nouvelle;* 1703. — ECKARD, *Recherches sur Versailles;* 1836, in-8°, p. 41 et 49.

[3] *Les Œuvres posthumes de monsieur* DE MOLIÈRE, t. VIII, imprimées pour la première fois; Paris, Denys Thierry, etc., 1682, in-12. —*Les Amants magnifiques,* p. 5-84.—*Œuvres de* MOLIÈRE, t. VII, p. 477-481, édition d'Auger. — TASCHEREAU, *Hist. de la vie et des ouvrages de Molière;* 2ᵉ édition, p. 250 et 432; 3ᵉ édit., p. 153 et 296.

gance et facilité des riens spirituels et des à-propos flatteurs, mais qui se montra dans cette lutte inférieur à ce poëte médiocre. Bussy, avec ce tact fin qui caractérise son goût en littérature, en fait la remarque au sujet du ballet de *Psyché*, qui fut donné l'année suivante [1].

Cette pièce des *Amants magnifiques* forme époque dans la vie de Louis XIV, parce que ce fut la dernière où il figura en personne dans les ballets et les divertissements que l'on jouait à la cour : il fit le rôle de *Neptune* et celui du *Soleil* [2]. D'Armagnac le grand écuyer, le marquis de Villeroi et le marquis de Rassent représentèrent tous trois des dieux marins. Ce changement dans les habitudes du jeune monarque a été généralement attribué à de beaux vers de Racine qui ont été souvent cités à ce sujet. Il semble qu'on ne peut guère douter du fait, puisqu'il est attesté, du vivant de Louis XIV, dans une lettre écrite par Boileau en défense de l'opinion soutenue par lui contre Massillon en faveur de l'utilité de la comédie et du théâtre [3]. Cependant il doit être permis de faire observer que, si tel a été l'effet des vers de Racine, cet effet n'a pas été instantané, puisque la tragédie de *Britannicus*, où se trouvent ces vers, fut jouée et même imprimée avant la représentation des *Amants magnifiques* [4].

---

[1] Bussy, *Lettres*, t. III, p. 306 (lettre à la comtesse du Bouchet, du 7 février 1671). Le livre du ballet mentionné est *Psyché*; 1671, in-12. — Frères Parfaict, *Hist. du Théâtre françois*, t. XI, p. 121 à 132.

[2] Molière, *Œuvres posthumes*, 1682, t. VIII, p. 10 et 83.

[3] Louis Racine, *Mémoires sur la vie de Jean Racine*; Lausanne, 1747, in-12, t. I, p. 80. — *Lettre* de Boileau *à Monchesnay*, t. II, p. 260. — Dans les *Œuvres de Boileau*, édit. de Berriat Saint-Prix, t. IV, p. 128 et 130, la lettre est datée du 7 septembre 1707. — Aimé-Martin, *Œuvres de Racine*, 1826, in-8°, t. I, p. xliv.

[4] *Britannicus*; Paris, Claude Barbin, 1670, in-12 (80 pages; le

Ce que nous pouvons affirmer, d'après la connaissance intime de l'histoire littéraire de cette époque et de l'esprit d'adulation qui dominait alors la plume de tous les auteurs à l'égard de Louis XIV, c'est que Racine n'eût jamais écrit des vers qui pussent donner lieu au roi de se faire l'application d'un reproche adressé à Néron, ou que, s'il les eût écrits, il les eût effacés. Si donc les vers de Racine ont empêché Louis XIV, après qu'il les eut entendus, « de danser à aucun ballet, même au temps du carnaval, » comme le prétend Boileau, ce fut contre l'intention de Racine, qui était trop bon courtisan pour avoir la prétention de réformer le roi, surtout en lui faisant l'application de vers tels que ceux-ci [1] :

> Quoi donc! ignorez-vous tout ce qu'ils osent dire?
> Néron, s'ils en sont crus, n'est point né pour l'empire;
> Il ne dit, il ne fait que ce qu'on lui prescrit.
> . . . .
> Pour toute ambition, pour vertu singulière,
> Il excelle à conduire un char dans la carrière,
> A disputer des prix indignes de ses mains,
> A se donner lui-même en spectacle aux Romains,
> A venir prodiguer sa voix sur un théâtre,
> A réciter des chants qu'il veut qu'on idolâtre.

Si on fait attention que la lettre de Boileau, quoique écrite du vivant de Louis XIV, l'a été trente-sept ans après la première représentation de *Britannicus* et celle des *Amants magnifiques;* que c'est une lettre particulière publiée plusieurs années après la mort du monar-

privilége est du 7 janvier 1670). — Frères PARFAICT, *Histoire du Théâtre françois*, t. X, p. 426 à 446 (13 décembre 1669).—*Ibid.*, t. XI, p. 42-96 (février 1670).

[1] *Britannicus*, acte IV, scène 4.

que et de Boileau lui-même ; que cette lettre, adressée à Monchesnay dans le but de faire l'apologie de la comédie, fortement attaquée alors par Bossuet, Massillon, et par tous les grands talents que possédait le clergé de France ; que cette lettre, dis-je, n'a peut-être reproduit, en cette circonstance, qu'un bruit vulgaire, dont Boileau, sans en avoir une connaissance particulière et sans chercher à l'approfondir, était bien aise de s'emparer, on sera induit à chercher une autre cause à la résolution de Louis XIV ; et il sera facile de trouver un motif plus naturel dans l'âge du monarque, qui modifiait sous ce rapport ses goûts et ses habitudes. L'étiquette pompeuse dont il crut devoir s'entourer à mesure que s'exaltait en lui le sentiment de la dignité royale formait aussi obstacle à ce qu'il s'adonnât à ce genre de divertissements, qui avait eu tant d'attraits pour lui dans son adolescence. D'ailleurs, avec les occupations dont il était surchargé, avait-il le temps d'étudier les rôles d'un ballet et de retenir les vers que Benserade composait ? Ajoutons que la complication de ses intrigues amoureuses et de celles de toute sa cour, trop fidèle imitatrice des exemples qu'il lui donnait, jointe aux ménagements que réclamaient la reine et la majesté du trône, ne permettaient plus au poëte de hasarder ces plaisanteries ingénieuses, ces allusions folâtres ou graveleuses dans lesquelles Benserade excellait : elles eussent été des révélations indiscrètes et extravagantes. Ainsi non-seulement on ne vit plus Louis XIV déployer ses grâces, son agilité et son adresse dans les ballets et les carrousels, mais les ballets et les carrousels même cessèrent pendant longtemps. Ils ne recommencèrent que dix ans après la représentation des *Amants magnifiques*, lorsque le Dauphin fut en âge d'y figurer, et que leur ancienne célébrité fit naître le désir de procurer à l'héritier du trône ces divertissements. Ce fut alors que l'on demanda de nouveau des vers à Benserade pour le *Ballet royal du Triomphe de l'Amour,* qui fut son dernier ouvrage en ce genre [1].

Le Bourgeois gentilhomme, composé aussi pour amener des ballets et des danses et joué pour la première fois, à Chambord, le 14 octobre 1670, ne fut pas si bien accueilli que *les Amants magnifiques ;* et cependant Molière, dans cette pièce, était rentré dans le domaine de son talent et de la bonne et franche comédie. Des scènes d'un naturel exquis, d'un comique délicieux, mais peu liées entre elles et terminées par une parade grotesque et invraisemblable, ne plurent pas au goût dédaigneux d'une cour que l'auteur du *Misanthrope* et du *Tartufe* avait rendue difficile à satisfaire [2].

Mais le principal événement théâtral de l'année fut la lutte qu'Henriette d'Angleterre, duchesse d'Orléans, parvint à établir entre Corneille et Racine [3]. Ces deux grands poëtes, par les instigations de cette princesse, firent représenter chacun en même temps et sur deux théâtres différents une tragédie sur le même sujet. Ce fut un

---

[1] Benserade, *Œuvres;* Paris, 1697, t. II, p. 404; *Ballet royal du Triomphe de l'Amour,* dansé devant Sa Majesté, à Saint-Germain en Laye, en 1681. — Laurent, *la Galante et magnifique joute des chevaliers maures, au grand carrousel Dauphin, à Versailles, le 1er et 2 juin* 1685 ; Paris, in-12, chez Antoine Raflé (40 pages). — De Sourches, *Mémoires;* Paris, 1836, in-8°, t. I, p. 129-176.

[2] Les frères Parfaict, *Histoire du Théâtre françois*, t. XI, p. 56-66. — Taschereau, *Vie de Molière*, 1844, in-12, p. 158-161.

[3] Conférez Fontenelle, *Œuvres* (Vie de Pierre Corneille). — Louis Racine, *Mémoires sur la vie de Jean Racine;* 1747, in-12, p. 87. — Geoffroy, *Œuvres de Racine,* t. III, p. 11.

duel, a dit Fontenelle; mais dans ce duel les conditions n'étaient pas égales : l'un des combattants acquérait sans cesse des forces, l'autre avait perdu les siennes. Le Corneille de *Tite et Bérénice* n'était plus celui du *Cid* et de *Polyeucte;* et quoique la troupe de Molière fît tous ses efforts pour faire valoir la nouvelle pièce, elle ne réussit pas. La *Bérénice* de Racine eut au contraire un succès prodigieux, à la cour comme à la ville. Une actrice admirable, dont on disait que l'auteur était amoureux, fit mieux dans cette pièce que de s'attirer des applaudissements, elle fit répandre d'abondantes larmes [1]. *Bérénice* devint la pièce en vogue ; ce fut elle qu'on joua aux brillantes noces qui eurent lieu pour le mariage de mademoiselle de Thianges avec le duc de Nevers [2], de ce duc de Nevers qui fut depuis le chef de la cabale contre Racine, de ce duc de Nevers « si difficile à ferrer, dit madame de Sévigné, si extraordinaire qu'il glisse des mains alors qu'on y pense le moins. »

L'abbé de Villars, le spirituel auteur des *Lettres du comte de Gabalis sur les sylphes, les gnomes et les salamandres,* fit des deux tragédies une critique sévère, mais presque toujours juste. Madame de Sévigné eut raison de la trouver plaisante [c'est-à-dire agréable] et ingénieuse. C'est à tort qu'on a taxé d'esprit de parti madame de Sévigné pour avoir jugé favorablement un petit écrit qu'elle-

---

[1] Les frères Parfaict, *Hist. du Théâtre françois,* t. XI, p. 66-108-120.

[2] Diane-Gabrielle de Damas, fille de Claude-Léonor, marquis de Thianges, et de Gabrielle Rochechouart de Mortemart, sœur de madame de Montespan. Voyez Sévigné, *Lettres,* t. I, p. 210, édit. de M. — *Ibid.,* t. I, p. 280, édit. de G. de S.-G. (10 décembre 1670). — *Ibid,* t. VII, p. 38, édit. de G. de S.-G.

même traite de bagatelle et dans lequel elle blâme cinq ou six mauvaises plaisanteries, qui sont, dit-elle, « d'un homme qui ne sait pas le monde[1]. » Racine, qui plus tard fut désolé d'une arlequinade dont sa pièce fut l'objet, qui s'affligea d'un bon mot de Chapelle, fut singulièrement irrité de l'approbation donnée par beaucoup d'hommes de goût à la critique de Villars. Il en parle dans la préface de sa tragédie avec une colère mal déguisée ; il la réfute faiblement, et il a l'air de la mépriser. Cette critique fit alors grand bruit, et divisa la cour et la ville, les gens de lettres et les gens du monde sur le jugement qu'on devait porter de la *Bérénice* de Racine. On était pour l'avis du critique après l'avoir lu, et pour la pièce après avoir entendu la Champmeslé[2]. Il en est encore ainsi aujourd'hui : les vers de Racine produisent toujours leur effet accoutumé, et désarment ceux qui voudraient signaler les défauts de ses compositions. Il importe peu à la gracieuse Vénus de Médicis de n'avoir ni le port ni la dignité d'une déesse ; l'admirable pureté de ses formes séduit aussitôt les regards ; et plus ils s'attachent sur l'œuvre de l'artiste, plus ils confirment le jugement que l'on a porté de son sublime talent. Cependant la rareté des représentations de *Bérénice* a depuis long-

---

[1] Sévigné, *Lettres* (10 septembre 1671), t. II, p. 192, édit. de M. —*Ibid.*, t. II, p. 230.—Conférez encore, sur Racine, Sévigné, t. II, p. 426 ; t. V, p. 554-558 ; t. IX, p. 126, et t. X, p. 182, édit. de G. de S.-G.—Geoffroy, *Jugement sur Bérénice*, dans son édit. des *Œuvres de* Racine ; 1808, in-8°, t. III, p. 156. — Louis Racine, *Mém. sur la vie de Jean Racine* ; 1747, in-12, p. 88 ; et dans les *Œuvres de* Racine, t. I, p. li de l'édit. d'Aimé-Martin. — Saint-Évremond, *Œuvres*, t. III, p. 317 et 318. — Caylus, *Mém.*, p. 452.

[2] Louis Racine, *Mém. sur la vie de Jean Racine*, 1747, t. I, p. 90 et 91.—*Œuvres de* Racine, édit. d'Aimé-Martin, 1820, in-8°, t. II, p. 304. — Les frères Parfaict, *Hist. du Théâtre françois*, t. XI, p. 104.

temps prouvé que l'abbé Villars avait raison de ne pas trouver dans cette pièce les véritables caractères d'une tragédie. Henriette, en donnant, à leur insu, ce sujet à traiter aux deux poëtes, avait une intention que Voltaire a très-bien fait ressortir : elle s'attendait à ce que tous les deux chercheraient à créer des allusions à Louis XIV dans le rôle de Titus. Ils n'y manquèrent pas ; mais chacun d'eux les puisa dans la nature de son génie, Racine dans les sentiments d'un amour tendre et passionné, Corneille dans l'élévation de l'âme et l'énergie du caractère ; et certes on peut dire que, quoique la pièce de Corneille fût bien inférieure à celle de son jeune rival, elle était plus conforme aux désirs de la princesse.

Dans *Tite et Bérénice*, l'intention de Corneille fut si bien saisie que Santeul traduisit en latin les vers suivants, pour les présenter à Louis XIV lorsqu'il partit pour faire la conquête de la Hollande :

> Mon nom, par la victoire est si bien affermi
> Qu'on me croit, dans la paix, un lion endormi ;
> Mon réveil incertain du monde fait l'étude ;
> Mon repos en tout lieu jette l'inquiétude ;
> Et, tandis qu'à ma cour les aimables loisirs
> Ménagent l'heureux choix des jeux et des plaisirs,
> Pour envoyer l'effroi de l'un à l'autre pôle
> Je n'ai qu'à faire un pas et hausser la parole[1].

A cette époque Louis XIV était redouté et admiré de toute l'Europe. On cherchait avec anxiété à pénétrer ses desseins, à deviner ses résolutions. Nul souverain, par ses brillantes qualités comme par ses défauts, n'exerça

---

[1] CORNEILLE, *Tite et Bérénice*, comédie héroïque, acte II, scène 1, t. V, p. 262 et 263, édit. 1692, chez P. Trabouillet, revue et corrigée par l'auteur, t. IX, p. 16 de l'édit. 1824, in-8°, de Lefèvre.—FRANÇOIS DE NEUFCHATEAU, *Esprit du grand Corneille*, p. 366

une plus grande et plus longue influence au dedans comme au dehors de ses États. Tout homme qui, devenu tout-puissant, a le noble désir d'exercer son pouvoir dans l'intérêt des peuples et de sa gloire se trouve exposé au plus grand de tous les dangers. Tous ceux qui l'entourent, loin de combattre ses mauvais penchants, cherchent à les exploiter pour élever leur fortune ; et s'il ne sait pas puiser en lui-même la force nécessaire pour résister à la séduction et dissiper les nuages sans cesse amassés pour offusquer sa raison, il marche de faute en faute et d'erreur en erreur. Tous les grands personnages dont l'histoire contient l'éloge ont déployé dans l'adversité une énergie digne d'être admirée ; peu ont su résister à la prospérité. Louis XIV n'était pas du nombre de ces derniers ; et dès lors, et même avant qu'il eût atteint le faîte de sa grandeur, se manifestèrent les faiblesses qui devaient enfanter vers la fin de son règne les malheurs publics et ses chagrins domestiques. Enivré par ses succès, il se regardait, par son génie, par les droits divins de sa couronne, comme un être à part, dont la volonté faisait loi. Mettre obstacle à cette volonté était à ses yeux non-seulement rébellion, mais sacrilége ; et, soit qu'il fût question de s'opposer à ses passions ou aux mesures de son gouvernement, l'effet était le même et le crime était pareil.

La liaison de Louis XIV avec madame de Montespan devait entraîner des conséquences plus graves que celles qu'avait produites son amour pour la Vallière. Celle-ci, en disposant d'elle-même selon son cœur, ne violait pas les saintes lois du mariage ; mais Montespan avait un mari dont elle était aimée. Pour l'arracher à cet homme d'honneur, qui la rendait heureuse, Louis XIV se vit forcé de méconnaître les droits les plus sacrés de la justice. Le marquis de Montespan fut relégué à l'extrémité du royaume, et un tribunal complaisant prononça un jugement de séparation entre lui et sa femme. Elle fut attachée à la cour, et eut la charge de surintendante de la maison de la reine; de la reine! pour laquelle ainsi, à double titre, son nom devenait un outrage. On ne parvint pas de prime abord à ce degré d'impudeur; il fallut s'y accoutumer et y accoutumer le peuple. On s'entoura de quelque mystère. L'ancienne maîtresse dut servir de voile pour couvrir le secret de la nouvelle. L'infortunée la Vallière eut à supporter les inexprimables angoisses d'une amante abandonnée, qui, le cœur brûlant d'amour, se trouve forcée d'être continuellement spectatrice du bonheur de sa rivale et d'habiter avec elle. Lorsqu'on songe que le roi s'était par principe imposé l'obligation de revenir chaque nuit dans la couche nuptiale, on est surpris qu'il ne fût pas choqué lui-même d'une si étrange polygamie. L'orgueil de madame de Montespan souffrit de se trouver dans le même gynécée que celle qu'elle avait trompée et trahie; elle en fit des reproches à son amant. Louis s'excusa en disant que cela s'était établi insensiblement. « Insensiblement pour vous, lui répliqua vivement la fière beauté, mais très-sensiblement pour moi. » Des humiliations, d'insupportables affronts étaient pour la Vallière le résultat inévitable de sa position. L'infortunée, pour la seconde fois, fit sa retraite au couvent des Filles Sainte-Marie de Chaillot [1], où était toujours mademoiselle

[1] Ce fut le mercredi des Cendres. Sur la Vallière, voyez SÉVIGNÉ (lettres en date des 12 et 13 janvier 1671), t. I, p. 245 et 247, édit. de M.; et t. I, p. 322 et 324, édit. de G. de S.-G.; (13 décembre 1673), t. III, p. 263, édit. de G.—*Id*., t. III, p. 172 et 173 (16 octobre 1676); *ib*., t. V, p. 170, édit. de G. — *Ib*., t. V, p. 3, édit. M. (29 décembre

de la Mothe d'Argencourt, son ancienne amie [1]. Louis XIV, qui s'était habitué à compter sur l'affection et l'entier dévouement de la Vallière, versa des larmes quand il se vit menacé de la perdre pour toujours; il envoya Colbert pour la prier de revenir, et il força sa nouvelle maîtresse de joindre ses instances aux siennes. Elle revint. Madame de Sévigné a raconté cet événement [2], qui fit douter pendant quelque temps à la cour si les tendresses cordiales d'un ancien attachement ne l'emporteraient pas sur l'entraînement d'une nouvelle passion.

Mais l'on sut bientôt que la Vallière, victime d'un amour qui ne se nourrissait plus que de larmes et de regrets, avait le projet de se retirer au couvent. Louis XIV crut pouvoir la retenir en prodiguant pour elle, pour sa famille et pour les enfants qu'il avait eus d'elle les richesses et les dignités. Vain espoir! Rien que le cœur d'un amant adoré ne pouvait consoler celle que poursuivait le remords de lui avoir sacrifié l'honneur. Ses longs entretiens avec mademoiselle de la Mothe d'Argencourt et ses fréquentes visites au monastère de Chaillot firent ombrage à Louis XIV. Il fit arrêter et conduire en prison, à Pi-

---

679). — *Ib.*, t. VI, p. 276, édit. de G. — *Ib.*, t. VI, p. 83, édit. de M. (5 janvier 1680).—*Ib.*, t. VI, p. 285, édit. de G. — *Ib.*, t. VI, p. 92, édit. de M. (1er septembre 1680).—*Ib.*, t. VII, p. 190, édit. de G. de S.-G. — *Ib.*, t. VI, p. 443, édit. M. — Bussy, *Lettres* (1er juin et 6 juillet 1669), t. V, p. 79, 82. — Caylus, *Mém.*, t. LXVI, p. 379 et 380. — Montpensier, *Mémoires*, t. XLIII, p. 196 et 634. — La Rochefoucauld, *Mémoires*, t. LII, p. 94 et 123.—La Fayette, *Mémoires*, t. LXIV, p. 395, 410, 414, 456. — Retz, t. XLVI, p. 54. — Benserade, *Œuvres*, t. I, p. 313, 370. Conférez *Mémoires de Maucroix*, suite et fin, p. 33, ch. xx, et ci-dessus, 2e partie, p. 300, ch. xx.

[1] Voyez ch. IX, 2e partie de cet ouvrage, p. 114.
[2] Sévigné, *loc. cit.* (lettres des 12 et 13 février).

gnerol, un gentilhomme nommé Mathonnet[1], uniquement parce qu'il s'employait comme intermédiaire entre madame de la Vallière et les sœurs de Sainte-Marie; et il ne lui accorda sa liberté que lorsqu'il n'osa plus contraindre celle qui avait pris la ferme résolution de se consacrer tout entière à Dieu seul. De moins scrupuleuses et de plus dangereuses rivales tâchèrent de supplanter Montespan auprès de son royal amant; si elles ne réussirent pas, elles parvinrent néanmoins à mettre à profit l'inconstance de ses goûts pour satisfaire leur cupidité ou leur ambition. Parmi elles on distingua la princesse de Soubise, comme la plus habile à s'envelopper des ombres du mystère et à dérouter, par l'art de ses intrigues, l'active surveillance de la maîtresse en titre. Celle-ci, obligée à des ménagements envers la reine, la cour et le public, ne put entièrement déguiser, par la mode des amples vêtements qu'elle introduisit, les apparences de ses fréquentes grossesses; mais ses enfants furent mis au monde dans le plus profond secret. Il fallait les confier à des mains prudentes et dignes d'un si précieux dépôt. Madame de Montespan jeta les yeux sur la veuve de Scarron, dont elle avait été la bienfaitrice et dont la société était devenue pour elle un besoin, au milieu des grandeurs et des ennuis de la cour. Madame Scarron refusa de s'en charger, à moins que le roi ne lui en donnât l'ordre. Cet ordre lui fut donné : elle a elle-même fait connaître les embarras de sa position[2] et la conduite qu'elle tint dans ces circonstances

---

[1] Lettre de Louvois à Saint-Mars, écrite de Saint-Germain en Laye, datée du 14 octobre 1672, dans J. DELORT, *Histoire de la détention des philosophes et des gens de lettres détenus à la Bastille, à Vincennes*, etc.; 1829, in-8°, t. I, p. 193 à 194.

[2] *Entretiens de madame de Maintenon*, t. VI, p. 240 de ses *Let-*

difficiles, qui lui donnèrent les moyens de montrer sa discrétion, son activité, son courage, son dévouement. Elle nous apprend qu'elle prit avec elle la jeune fille de madame d'Heudicourt, et qu'elle parvint si bien à donner le change à ses amies et protectrices de l'hôtel d'Albret et de l'hôtel de Richelieu que personne ne soupçonna la véritable cause de sa nouvelle et mystérieuse existence. Elle aima mieux soulever des doutes sur sa vertu et supporter la calomnie que de laisser deviner que dans sa modeste condition elle était dépositaire d'importants secrets [1]. Elle a décrit ses soins assidus, ses inquiétudes incessantes pour ces enfants, qui lui avaient inspiré une tendresse de mère [2]. Les fonctions qu'elle remplissait avec tant de zèle la rapprochèrent nécessairement du roi, auquel elle rendait compte du dépôt qui lui était confié. C'est ainsi qu'elle fut introduite à la cour et dans les appartements privés du monarque, à la suite de madame de Montespan, comme le repentir, encore ignoré, compagnon du plaisir coupable. Cette jeune et belle veuve déplut d'abord à Louis XIV par son maintien froid et réservé, par la réputation qu'on lui avait faite d'être un bel esprit et une dévote rigide ; et même les longs entretiens qu'elle avait avec madame de

---

tres de l'édition de Sautereau de Marsy, publiées par Léopold Collin, 1806, in-12 ; ou t. VI, p. 28 du *Recueil de lettres de madame* DE MAINTENON, 1756, in-12, publié par la Beaumelle.

[1] LA BEAUMELLE, *Mémoires*, t. II, p. 1-12, chap. I.—MAINTENON, *Lettres* (24 mars 1669, à madame d'Heudicourt), t. I, p. 48 de l'édit. de la Beaumelle; 1756, in-12 ; t. I, p. 56 de l'édit. de Sautereau de Marsy ; Paris, Léopold Collin, 1806, in-12.

[2] LA BEAUMELLE, *Mémoires pour servir à l'histoire de madame de Maintenon, entretien XI de madame de Maintenon*, t. VI, p. 20 à 218. — Et dans les *Lettres de madame* DE MAINTENON, t. VI, p. 233-246.

Montespan lui donnaient du dépit et excitaient sa jalousie.

L'empire des femmes sur ceux qui gouvernent ne peut avoir qu'une influence fâcheuse sur les affaires d'État. Le mal produit par cette cause n'est jamais seul : le règne des maîtresses rend nécessaire celui des favoris. Quand on veut conduire des intrigues obscures et honteuses, il faut des confidents propres à de tels emplois ; il les faut souples, adroits, assidus, actifs, prudents, dévoués, incapables de scrupules. Lorsqu'on en a trouvé de tels et qu'ils plaisent, on cherche à les conserver ; on les comble d'honneurs et de richesses dont la moindre partie eût suffi pour récompenser les plus éminents services rendus au pays. Unis d'intérêts avec les maîtresses, ils forment des brigues, des cabales qui pénètrent dans les conseils du gouvernement, se partagent ses agents, entravent sa marche, et le portent à sacrifier sans cesse l'intérêt général à des intérêts particuliers et à précipiter l'État vers sa décadence ou dans le gouffre des révolutions. La gloire de Louis XIV est d'avoir échappé à ces influences, de n'avoir jamais livré le secret des affaires, de n'avoir jamais laissé entraver l'autorité de ses ministres, d'avoir gouverné par la seule force de son caractère et le seul empire de sa volonté ; et cependant Louis XIV eut des maîtresses, et par conséquent il eut aussi des favoris. Nous avons souvent parlé des unes, disons un mot des autres.

Dans ce nombre nous ne compterons pas le duc de Saint-Aignan et le marquis de Dangeau : quoiqu'ils fussent toujours des courtisans très-favorisés, ils n'étaient pas proprement des favoris. Essentiels pour l'arrangement des parties de jeux, des loteries, des fêtes, des cérémonies, des ballets, pour les petits vers, la prose galante, les nouvelles du jour, les riens agréables, leur complaisance pour des services moins publics, pour des affaires plus compromettantes était tout naturellement acquise. On y comptait, et on en usait selon l'occasion ; mais ils n'étaient point initiés aux intrigues les plus secrètes de ce genre ni admis dans les réunions les plus intimes. Leur âge, différent de celui du roi, n'admettait pas entre eux et lui cette affection, cette familiarité expansive, cet abandon qui font disparaître le roi pour ne plus laisser voir que l'homme, que l'ami, et qui sont les indices caractéristiques du favoritisme complet. Les seuls courtisans de Louis XIV qu'on peut placer dans cette catégorie et que ménageaient les ministres à l'égal des maîtresses furent d'Armagnac, Marsillac, la Feuillade et Lauzun.

Quant au premier (Louis de Lorraine, comte d'Armagnac), qui fut nommé grand écuyer et conserva constamment cette belle charge, Saint-Simon nous apprend que nul n'a joui auprès de Louis XIV d'une si constante et si parfaite faveur, jointe à la considération la plus haute, la plus marquée, la plus invariable. Sa belle figure, le jargon de la galanterie, l'habitude de la flatterie; une assiduité infatigable; une grande habileté à la danse, à l'équitation, à tous les exercices du corps; des richesses, du goût, de l'élégance, une curieuse recherche dans ses habillements; une magnificence de grand seigneur et un air de noblesse et de grandeur qui lui était naturel, qu'il ne déposait jamais avec personne, le roi seul excepté, telles furent les causes de ses succès[1].

Le prince de Marsillac était le fils du duc de la Roche-

---

[1] SAINT-SIMON, *Mémoires authentiques*, t. XV, p. 473.—SÉVIGNÉ *Lettres* (26 novembre 1670), t. I, p. 275, édit. de G. de S.-G.; ou

foucauld, et porta toujours sur sa figure les cicatrices des blessures qu'il avait reçues pendant la Fronde en combattant avec son père contre le roi, qui cependant eut toujours en lui la confiance la plus entière. Ce ne fut ni par l'esprit ni par les agréments de sa personne que Louis XIV lui demeura si fortement attaché; car Saint-Simon a dit de lui que « c'était un homme entre deux tailles, maigre avec des gros os, un air niais quoique rude, des manières embarrassées, une chevelure de filasse, et rien qui sortît de là. » Mais nul ne mit plus de suite à étudier le goût et les habitudes de son maître, plus d'empressement à s'y conformer, plus d'assiduité à faire sa cour, plus de constance à se trouver toujours près de lui et sous sa main; il fut le seul qui, comme le roi, le manteau sur le nez, le suivait à distance lorsqu'il allait à ses premiers rendez-vous. Il était le confident de toutes les maîtresses tant que durait leur règne, le consolateur et l'ami de toutes celles dont le règne avait cessé [1].

C'est par des qualités plus éminentes et des services

---

t. I, p. 206, édit. de M. — *Ib.* (13 janvier 1672), t. II, p. 346, édit. de G. de S.-G.—*Ib.*, t. II, p. 293, édit. de M.—*Ib.* (26 juillet 1675), t. III, p. 470, édit. de G. — *Ib.* (21 janvier 1695), t. XI, p. 124, édit. de G. — Montpensier, *Mém.*, t. XLIII, p. 60.

[1] Saint-Simon, *Mémoires authentiques*, t. XI, p. 109.—*Ib.*, t. VII, p. 174.—Sévigné, *Lettres* (23 août 1671), t. II, p. 201, édit. de G.; *ib.*, t. II, p. 167, édit. de M.; *ib.* (16 août 1675), t. IV, p. 20, édit. de G.; t. III, p. 397, édit. de M. — La Fare, *Mémoires*, t. LXV, p. 187; Sévigné, *Lettres* (21 juin 1680), t. VII, p. 61, édit. de G.; *ib.*, t. VI, p. 335, édit. de M. — *Ib.* (19 novembre 1687), t. VII, p. 318, édit. de G.—*Ib.*, t. VIII, p. 45, édit. de M. (Marsillac est là mentionné comme duc de la Rochefoucauld, nom qu'il porta après la mort de son père); *ib.* (22 et 30 novembre 1688), t. VIII, p. 451 et 464, édit. de G.; *ib.*, t. VIII, p. 169-181, édit. de M.; *ib.*, (13 décembre 1688), t. IX, p. 19; *ib.*, t. IX, p. 217 (le grand veneur).

d'une plus noble nature que la Feuillade, dont nous avons déjà parlé dans la première partie de ces Mémoires [1], avait acquis la faveur de Louis XIV. Officieux pour ses amis et ceux qu'il protégeait, la Feuillade était haut et fier avec les indifférents ; homme de parole et en qui on pouvait se fier ; bien fait de corps et laid de visage, ayant un teint bilieux et bourgeonné, mais avec cela une physionomie et des traits agréables ; distingué dans ses manières ; beau parleur quand il voulait donner une idée de son mérite ; charmant causeur quand il voulait plaire ; connaissant l'art d'enchanter les femmes ; libéral, poli, courageux, galant, gros et beau joueur ; dominé par l'ambition et par l'amour du plaisir ; sans suite dans ses idées, sans profondeur dans ses vues ; recherchant avec emportement l'éclat et la célébrité ; se lançant, pour y parvenir, dans les entreprises les plus étranges ; prenant les résolutions les plus extravagantes : de là ses campagnes chevaleresques en Candie et en Hongrie, ce voyage en Espagne pour aller se battre avec Saint-Aunay, qui à Madrid, selon un bruit public, avait mal parlé du roi, et, enfin, ce somptueux monument de la place des Victoires, où des flambeaux toujours allumés brûlaient devant la statue de Louis XIV, comme devant celle d'une divinité [2].

[1] *Mémoires sur Sévigné*, 1re partie, p. 507, chap. xxxvii.
[2] SAINT-SIMON, *Mémoires authentiques*, t. III, p. 232 à 235. — *Œuvres complètes* de LOUIS DE SAINT-SIMON, 1791, in-8°, t. X, p. 34-38. — SÉVIGNÉ, *Lettres* (4 novembre 1671), t. II, p. 261, édit. de G.; t. II, p. 239, édit. de M. (16 août 1675), t. IV, p. 24 ; *ibid.*, t. III, page 401 (20 juillet 1679) ; t. VI, p. 99, édit. de G.; ou t. V, p. 415, édit. de M.; *ib.* (11 mars 1689), t. IX, p. 207-209, édit. de G.; *ib.*, t. VIII, p. 379, édit. de M. — (Lettre de madame de la Fayette, 19 septembre 1691), t. X, p. 408, édit. de G. de S.-G.; t. IX, p. 472, édit. de M.

Un zèle si ardent, une admiration si soutenue pour la personne du roi valut à la Feuillade cette faveur qu'il désirait tant et les grâces qui en étaient la suite : il fut nommé maréchal, mais sa faveur ne se soutint pas ; il mourut à temps. Louis XIV était dégoûté « de ce courtisan, passant tous les courtisans passés, » comme dit madame de Sévigné[1]. Il en fut de même de Lauzun, mais par un motif tout contraire. De tous les favoris de Louis XIV, Lauzun fut le seul qui ait osé affronter sa colère et qui l'ait fait impunément. Ce fut ce qui contribua le plus à la perte de cet homme extraordinaire et bizarre. Cadet de Gascogne, de la maison de Caumont, dénué de fortune, il fut recueilli par un cousin germain de son père, le maréchal de Gramont[2], qui le produisit à la cour. Il s'insinua en très-peu de temps dans les bonnes grâces du roi, qui le fit capitaine de ses gardes, maréchal de camp, et créa pour lui la charge de colonel général des dragons. C'était un petit homme blond, musculeux, bien pris dans sa taille, laid, très-négligé dans sa mise, d'une physionomie spirituelle ; bon pour ses parents et ses amis, mais pour tout autre méchant et caustique ; habile à saisir les ridicules, n'épargnant personne ; d'un tempérament de fer ; vif, actif, infatigable dans le plaisir, dans la guerre, dans

---

[1] SÉVIGNÉ, *Lettres* (20 juillet 1679), t. V, p. 415, édit. de M.; *ib.*, t. VI, p. 99, édit. de G. de S.-G.—CHOISY, *Mémoires*, t. LXIII, p. 304-305. — LA FARE, *Mémoires*, t. LXV, p. 185-187.

[2] Son nom alors était Antoine de Nompar de Caumont, marquis de Puyguilhem. Sur ce qui le concerne, voyez SÉVIGNÉ, *Lettres,* en date des 15 et 19 décembre 1670, 27 février 1671, 29 novembre 1671, décembre 1671, dans l'édit. de G. de S.-G., t. II, p. 305 ; 9 et 23 décembre 1671, 6 janvier 1677, 23 mars 1672, 8 mars 1676, 27 février 1679, 23 octobre 1680, 24 décembre 1688, 25 février 1689, 28 mai 1695.

les agitations de l'intrigue; magnifique dans sa dépense, grand et noble dans ses manières; extrêmement brave et d'une dextérité dangereuse dans les combats singuliers; tour à tour et au besoin audacieux et souple, caressant et brutal, insolent et rampant; fertile en expédients, saisissant rapidement tous les moyens d'arriver à son but, et ne laissant échapper aucune occasion; pourtant plein de caprices, de fantaisies et de jalousies. Nul ne réussit auprès d'un si grand nombre de femmes, et ne fut aussi prompt à se concilier toutes les sympathies de Louis XIV, à capter et ensuite à s'aliéner son affection [1].

Avec la fermeté de caractère de Louis XIV, avec cette auréole de grandeur dont il savait s'entourer, cette élévation dans les idées, ces généreuses inclinations qui le portaient à récompenser par des honneurs, des dignités, des richesses les talents, les vertus, les services rendus à l'État, le besoin de maîtresses et de favoris, que l'exercice de la puissance suprême lui avait fait contracter, n'aurait eu que peu d'inconvénients. Mais il aurait fallu réserver pour soi seul le privilége de telles faiblesses; surtout les écarter de sa famille, et les faire considérer comme une sorte de dédommagement aux soucis de la royauté. Malheureusement ces faiblesses mirent le roi dans l'impuissance de ré-

---

[1] *Mémoires et fragments historiques* de Madame; duchesse d'Orléans; 1833, in-8°, p. 346. — Choisy, *Mémoires*, t. LXIII, p. 520. — Saint-Simon, *Œuvres*, t. X, p. 120. —Montpensier, *Mémoires*, p. 515, et t. XLIII, p. 124 et 136. —La Fare, t. LXV, p. 181 et 182.—Delort, *Histoire de la détention des philosophes et des gens de lettres à la Bastille et à Vincennes*, précédée de celle de Fouquet, de Pellisson et de Lauzun; 1829, in-8°, p. 41 à 45-176-180-186, 190.—La Bruyère, chapitre *De la Cour*, 394, Straton.— Caylus, *Mémoires*, t. XLVI, p. 466.

primer, ainsi qu'il l'aurait voulu, les honteux désordres de son frère et de ceux qui entouraient ce prince. Ce fut là la grande souillure de ce siècle glorieux ; ce fut là que se forma cette gangrène qui, dans ce règne et dans les deux règnes suivants, infiltra ses poisons dans toutes les veines du corps social, et porta au plus haut degré, dans toutes les classes, la corruption des mœurs. A la cour du duc d'Orléans, ce n'était plus, comme à celle du roi, la volupté se produisant au grand jour décente et gracieuse, tenue en respect par la vertu, la religion et la gloire ; c'était la débauche sans frein, accompagnée de l'ivresse et de l'impiété, s'abandonnant sans scrupule à des plaisirs réprouvés[1]. Pour faire cesser de tels déréglements, le roi ne pouvait user de toute son autorité, puisque pour lui-même il faisait taire les lois protectrices de l'autorité conjugale. Il fut donc réduit à des admonitions, qui eurent peu d'effet. Cependant la duchesse d'Orléans, qui voyait dans le chevalier de Lorraine l'obstacle qui l'empêchait de reconquérir la tendresse de son mari, demanda qu'il fût écarté. Louis XIV, auquel sa belle-sœur était utile pour ses négociations avec Charles II, ne pouvait lui rien refuser : il exila l'indigne favori. Celui-ci vit que la mort de celle qui avait causé son exil pouvait seule le faire cesser ; il ne recula pas devant l'idée d'en rapprocher le terme par un forfait. Comme ceux qui étaient restés près du prince étaient tous ses affidés, ses complices et qu'ils ne pouvaient qu'avec lui ressaisir l'ascendant qu'ils avaient obtenu sur leur maître,

---

[1] SAINT-SIMON, *Mémoires authentiques*, t. I, p. 20.— CHOISY, *Mémoires*, t. LXIII de la collection de Petitot et Monmerqué, p. 386-391-392, 463.—Madame de LA FAYETTE, *Hist. de* MADAME HENRIETTE D'ANGLETERRE, t. LXIV, p. 392 et 396-397. — LOMÉNIE DE BRIENNE, *Mémoires*, 1828, in-8°, p. 298.

il fut facile au chevalier de Lorraine d'exécuter de loin le crime qu'il avait conçu. De Rome, où il résidait, il envoya le poison au comte de Beuvron et au marquis d'Effiat¹, ses complices; et cette belle et jeune Henriette, récemment revenue d'Angleterre, joyeuse et triomphante du succès de l'importante négociation dont Louis XIV l'avait chargée, expira à Saint-Cloud le 29 juin 1670, après neuf heures d'horribles tortures, entre les bras de madame de la Fayette et de Bossuet, en présence de l'ambassadeur anglais et de toute la cour, qui la virent presser sur ses lèvres le même crucifix dont Anne d'Autriche s'était servie dans le moment suprême.

La voix éloquente qui avait récemment retenti sur le cercueil de la reine d'Angleterre se fit encore entendre sur celui de sa fille. Bossuet n'était arrivé près de la princesse que dans ses derniers instants, mais assez à temps encore pour dissiper, par des paroles de foi, d'amour et de confiance en Dieu, les agitations et les terreurs qu'avaient jetées dans l'âme de cette infortunée, en proie à de si horribles souffrances, les longues et sévères exhortations d'un austère confesseur². Plus calme après avoir entendu Bossuet, elle ordonna à voix basse, en anglais, à une de ses femmes placée près de son lit, que lors-

---

¹ SAINT-SIMON, *Mémoires authentiques*, édit. 1829, in-8°, t. III, p. 177-181, chap. xiii; *ibid.*, t. XII, p. 141, chap. xii.— SAINT-SIMON, *Œuvres complètes*, 1791, in-8°, t. III, p. 36-43; *ibid.*, p. 223 à 226. — (Lettre de MONSIEUR, frère de Louis XIV, à Colbert.)

² Nicolas Feuillet. Conférez sa relation, et BOILEAU, *Satire IX*, vers 249, t. I, p. 157, et la note dans l'édition de Saint-Marc, 1747, in-8°; et t. I, p. 210, édit. de M. Berriat Saint-Prix, 1830, in-8°. — Sur les remords qui pouvaient tourmenter cette princesse, voyez GUY-PATIN, *Lettres* (novembre 1654), t. I, p. 217, éd. 1846.

qu'elle ne serait plus, on détachât de son doigt l'émeraude qui s'y trouvait et qu'on la remît à l'apôtre consolateur, comme une bague qu'elle avait fait faire pour lui. Ce souvenir, cette dernière pensée du départ et plus encore le spectacle des souffrances et de la mort cruelle de cette jeune princesse donnèrent à l'éloquence de Bossuet une suavité, une grâce touchante et mélancolique qu'on ne retrouve dans aucun de ses autres discours. Dans ces tristes et solennelles circonstances, chacune des explosions de ce génie sublime était presque toujours suivie de la conversion de quelques-unes des personnes qui en avaient été témoins. Ce fut après que Bossuet eut prononcé, dans la majestueuse basilique de Saint-Denis, le 21 août 1670, l'oraison funèbre d'Henriette d'Angleterre, que le marquis de Tréville, toujours cité comme un des hommes les plus instruits et les plus spirituels de son temps, prit la subite résolution de se retirer du monde et de la cour, pour se livrer tout entier à ses religieuses pensées et aux nouveaux devoirs qu'elles lui imposaient.

La perte d'Henriette d'Angleterre fut ressentie d'autant plus vivement par Louis XIV qu'il se trouvait blessé dans ses plus chères affections et contrarié dans les combinaisons de sa politique. Dès sa jeunesse il s'était senti de l'inclination pour sa belle-sœur; elle était un des ornements de sa cour, le gage de l'alliance entre la France et la Grande-Bretagne; et lorsqu'elle lui fut ravie elle venait de resserrer l'union qui existait entre lui et Charles II, entre les souverains de deux grands royaumes, contristés par sa mort. Louis XIV ne se méprit pas sur la cause de cet événement, et reconnut de quel côté partait le coup. Mais l'intérêt de l'État le força de dissimuler et de paraître persuadé que cette mort avait été naturelle. Elle avait produit une telle sensation en

Angleterre qu'on parlait de se saisir de tous les Français qui y résidaient; et Charles II, qui ne pouvait se consoler de la perte de sa sœur, paraissait disposé à seconder l'animosité publique contre les sujets du roi de France. Pour cette seule cause, une guerre pouvait s'ensuivre entre les deux pays, qui étaient loin d'être aussi bien disposés l'un pour l'autre que les rois qui les gouvernaient. Pour calmer cette irritation, Louis XIV déguisa sa pensée, fit taire ses ressentiments. Par des procès-verbaux de ses médecins et de ses chirurgiens, qui firent l'autopsie de la princesse, il fit constater que le poison n'avait pas eu de part à sa fin cruelle. La nécessité de dérouter tous les soupçons, surtout d'écarter ceux qui pesaient sur son frère, et l'impossibilité de convaincre par des preuves les plus coupables le forcèrent de rappeler de son exil le chevalier de Lorraine et d'agir avec la même dissimulation envers ses complices. Par ces actes le roi parvint bien à jeter de l'obscurité sur la véritable cause de cet événement; mais lui n'eut aucun doute. Il avait saisi, par l'aveu d'un des criminels, tous les fils de cette horrible trame; et ce fut pour lui un grand soulagement d'acquérir la certitude que son frère n'y avait aucune part, et qu'elle avait été ourdie et exécutée à son insu [1].

---

[1] SAINT-SIMON, *Mém. authentiques*, t. III, p. 177, 181, ch. XIII; *ibid.*, t. XII, p. 141, ch. XII. — SAINT-SIMON, *Œuvres complètes*, t. III, p. 36-43; *ibid.*, p. 223 à 226 (Lettre de MONSIEUR à Colbert). —MIGNET, *Documents sur l'histoire de France, négociations relatives à la succession d'Espagne sous Louis XIV*, 1842, in-4°, t. III, p.184, 186; *ibid.*, p. 208 (Lettre de Colbert à M. de Lionne, du 3 juillet 1670).—SÉVIGNÉ, *Lettres* (12 février 1672, du 26 juin 1676), t. II, p. 385, édit. de G. de S.-G.; *ibid*, t. II, p. 326, édit. de M. — PONCET DE LA GRAVE, *Mémoires intéressants pour servir à*

l'histoire de France, t. III, p. 406 (*Mort chrétienne de* Madame, *duchesse d'Orléans, femme de* Monsieur, *par* Feuillet). Il y a un extrait très-incomplet de cette curieuse relation dans Bussy, *Supplément aux lettres et mémoires*, t. I, p. 82-89.—Conférez encore, dans Poncet de la Grave, *Mémoires*, etc., t. II, p. 128, 392 et 406, et 411-419.—La Fayette, *Mémoires*, t. LXIV, p. 446-471. Bossuet a donné une autre relation de la mort de Madame ; voyez Bossuet, *Oraison funèbre d'Henriette d'Angleterre*, édit. de 1686.—De Bausset, *Vie de Bossuet*, t. I, p. 244 à 283.—Choisy, *Mém.*, t. LXIII, p. 417 à 463.—Montpensier, *Mém.*, t. XLIII, p. 191, 196.—La Fare, *Mém.*, t. LXV, p. 181.—Sévigné, *Lettres*, t. I, p. 193, édit. de M.; *ibid.*, t. I, p. 261, édit. de G. de S.-Germ. (lettre en date du 6 juillet 1670). — Louis XIV. *Œuvres*, t. V, p. 469.—Bussy, *Lettres*, t. III, p. 219. — Monmerqué, *Biographie universelle*, t. XX, p. 198-199 (art. Henriette).—*Mémoires, fragments historiques et correspondances de* Madame, *duchesse d'Orléans*, 1833, in-8°, p. 209, 210, 211 et 398.—Sir William Temple, *Lettres*, t. II, p. 132.—*Le Sentiment de Vallot* (médecin du roi) *sur les causes de la mort de madame la duchesse d'Orléans* (mémoire autographe à la bibliothèque de l'Arsenal).—*Lettres de madame* de Sévigné, édit. de G. de S.-G., 1823, in-8°; et t. V, p. 4; et t. II, p. 261.—*Histoire secrète de la France;* Londres, 1713, t. I, p. 130 ; t. III, p. 4.—Le savant M. Floquet a publié, dans la *Bibliothèque de l'École des chartes* (2ᵉ série, 1845, t. I, p. 174), une *Lettre inédite de* Bossuet *sur la mort d'Henriette-Anne d'Angleterre, duchesse d'Orléans*. Cette lettre n'a point été imprimée d'après l'autographe. Elle est rapportée dans les *Mémoires de* Philibert de la Mare, conseiller au parlement de Dijon, mort le 16 mai 1687, dont le manuscrit se trouve à la Bibliothèque royale. C'est de ce manuscrit que M. Floquet a tiré cette lettre. L'auteur des *Mémoires* n'a pu même dire à qui elle est adressée; il est facile de voir qu'elle est supposée et qu'elle ne peut avoir été écrite par Bossuet : fût-elle vraie et authentique, elle ne ferait que confirmer l'exactitude du récit de madame de la Fayette, la relation de Feuillet, les révélations de Saint-Simon, et ajouter aux preuves nombreuses de l'empoisonnement.

CHAPITRE XIII.

1670—1671.

Madame de Sévigné s'exprime brièvement en annonçant la mort de MADAME. — Elle ne s'étend que sur les faits peu connus. — Aventure de la princesse de Condé.—Duval, son valet de pied, et Louis de Rabutin, son page, tirent l'épée l'un contre l'autre en sa présence, et lui font une blessure au sein.—Duval est condamné aux galères.—Madame de Sévigné le voit à la chaîne, et cause avec lui.— Louis de Rabutin s'enfuit en Allemagne.—Il épouse la duchesse de Holstein. — Par ce mariage les Rabutin sont alliés à la maison royale de Danemark. — Louis de Rabutin parvient au grade de feld-maréchal de l'empereur.—Éloge que madame de Sévigné et Bussy font de Louis de Rabutin, leur cousin. —Madame de Sévigné regrette que Bussy-Rabutin n'ait pas été aussi heureux. — Sa réflexion sur la Providence. — Spirituelle réponse de Bussy au P. la Chaise sur ce sujet. —Madame de Sévigné, bien instruite des intrigues galantes du grande monde et de la cour, y fait souvent allusion.—Ces allusions sont obscures pour les lecteurs modernes. —Passage d'une de ses lettres sur le maréchal de la Ferté, le comte de Saint-Paul et le comte de Fiesque.— Détails sur ces personnages. —Mariage de mademoiselle de Thianges et du duc de Nevers.— Détails sur le duc de Nevers.—Pouvoir de Montespan —Détails sur la Vallière.—Bal donné par le roi aux Tuileries.—Madame de Sévigné y assiste. —Elle remarque que ce bal était triste. — Madame de Montespan et madame de la Vallière n'y avaient point paru.— Cette dernière s'était retirée aux sœurs Sainte-Marie de Chaillot.— Le roi repart pour Versailles.—Il écrit à la Vallière, et lui envoie successivement le maréchal de Bellefonds et Lauzun, pour l'engager à revenir à Versailles : elle s'y refuse.—Il envoie, avec des ordres impératifs, Colbert, qui la ramène.—Causes de la tendresse du roi pour la Vallière.—Cette tendresse fait le malheur de celle-ci.

Dans le petit nombre de lettres de madame de Sévigné qui nous ont été conservées pour la période de temps qu'embrasse le chapitre précédent, il est parlé des faits et des événements dont nous venons de faire mention; mais c'est toujours en peu de mots quand il s'agit de ceux dont les détails étaient publics : ainsi, en annonçant à Bussy que Corbinelli allait le rejoindre, elle se contente de dire au sujet de la mort d'Henriette, dont toute la France s'entretenait depuis sept jours : « Il vous dira la mort de MADAME, l'étonnement où l'on a été en apprenant qu'elle a été malade et morte en huit heures, et qu'on perdait avec elle toute la joie, tout l'agrément et tous les plaisirs de la cour [1]. »

Elle écrit plus longuement lorsqu'elle parle de faits moins connus, d'anecdotes secrètes dont s'emparait la malignité publique, mais que, par la crainte de se compromettre, on ne racontait qu'en tête à tête ou à voix basse. De cette espèce était l'aventure arrivée à la princesse de Condé, qui fit assez de bruit pour qu'on crût nécessaire d'en parler dans la gazette de manière à sauver l'honneur de cette princesse [2]. Madame de Sévigné la raconte à Bussy dans une lettre du 23 janvier 1671.

« On me vient de conter une aventure extraordinaire qui s'est passée à l'hôtel de Condé et qui mériterait de vous être mandée, quand vous n'auriez pas l'intérêt que nous y avons. La voici [3]. Madame la princesse [Claire-Clémence de Maillé-Brézé, princesse de Condé] ayant pris

---

[1] SÉVIGNÉ, Lettres, t. I, p. 193, édit. de M.—Ibid., t. I, p. 261, édit. de G. de S.-G. (6 juillet 1670).

[2] Recueil de gazettes nouvelles, in-4° (17 janvier 1671); GUY-PATIN, Lettres choisies, 1685, in-18, p. 480 (lettre du 14 janvier 1671; le fait eut lieu le 13; la date de la lettre est exacte).

[3] SÉVIGNÉ, Lettres, t. I, p. 227, édit. de Monmerqué. — Ibid., t. I, p. 302, édit. de G. de S.-G. (23 janvier 1671). — MONTPENSIER, Mémoires, t. XLIII, p. 276 et 277.

depuis quelque temps de l'affection pour un de ses valets de pied nommé Duval, celui-ci fut assez fou pour souffrir impatiemment la bonne volonté qu'elle témoignait aussi pour le jeune Rabutin, qui avait été son page. Un jour qu'ils se trouvaient tous deux dans sa chambre, Duval ayant dit quelque chose qui manquait de respect à la princesse, Rabutin mit l'épée à la main pour l'en châtier; Duval tira aussi la sienne; et la princesse, se mettant entre deux, fut blessée légèrement à la gorge. On a arrêté Duval, et Rabutin est en fuite : cela fait grand bruit en ce pays-ci. Quoique le sujet de la noise soit honorable, je n'aime pas qu'on nomme un valet de pied avec Rabutin. »

Madame de Montmorency manda aussi cette nouvelle à Bussy avec des circonstances peu différentes [1]; mais elle ajoute que monsieur le Duc [le duc d'Enghien, fils du prince de Condé] serait parvenu à apaiser la colère de son père; que MADEMOISELLE, qui en voulait à Condé, (nous dirons bientôt par quel motif), fit de cette aventure l'objet de ses railleries à la cour. Condé, irrité et excité encore par la princesse Palatine, exila sa femme à Châteauroux. « Il n'y pas de désespoir pareil au sien, dit madame de Montmorency; personne que ses trois proches ne l'a vue en partant. » Si de tels écarts pouvaient être excusés, ils le seraient dans cette infortunée princesse. Depuis la mort du cardinal de Richelieu, son oncle, elle était traitée par son mari avec peu d'égards : « Les mauvais traitements, dit MADEMOISELLE, redoublèrent

---

[1] BUSSY, *Supplément aux lettres et mémoires*, t. I, p. 89 (lettre de madame de Montmorency, à Paris, ce 25 février 1671 ; peut-être faut-il corriger 25 janvier).

après le mariage de monsieur le Duc; elle était réduite à ne voir personne. » A Châteauroux elle fut tenue en captivité; il se passa un temps assez long avant qu'on lui donnât la liberté de se promener dans la cour du château, et ce fut seulement en présence des gens que le prince avait chargés de la garder.

Cependant il ne faut pas oublier de dire que la querelle de Louis de Rabutin et de Duval n'était pas la première que la princesse de Condé eût occasionnée par ses coupables imprudences. Au temps de la Fronde, elle fut la cause de la mort du jeune marquis de Cessac, qui, à l'âge de vingt-deux ans, fut tué en duel par Coligny, son ami, qu'il crut être son rival. Coligny, au contraire, s'était attaché à une des filles d'honneur de la princesse, nommée Gerbier, celle-là même qui, par son esprit et son habileté, avait le plus contribué à soustraire à la vigilance de Mazarin toute la famille du prince de Condé, retirée à Chantilly [1].

On fit le procès à Duval; il fut condamné aux galères. Madame de Sévigné, en allant promener à Vincennes, le vit à la chaîne des galériens qui partaient pour Marseille; elle s'entretint avec lui, et il lui parut un homme de bonne conversation [2].

Quant à Louis de Rabutin, cette aventure lui valut une fortune et un degré d'élévation qu'il n'eût jamais osé espé-

---

[1] Voyez ci-dessus, 2ᵉ partie, p. 34, chapitre III. — COLIGNY-SALIGNY, *Mémoires*, 1841 et 1843, in-8°, p. 24-31.—LENET, *Mémoires*, t. LIII, p. 139 à 143.— SÉVIGNÉ, *Lettres*, 3 juillet 1655, t. I, p. 40, édit. de G. de S.-G.; t. I, p. 32, édit. de M.

[2] SÉVIGNÉ, *Lettres*, t. II, p. 10, édit. de M., ou t. II, p. 12, édit. de G. de S.-G. (lettre du 10 avril 1671). — GUY-PATIN (lettre en date du 17 mars 1671).

rer en France. Obligé de s'expatrier pour fuir la vengeance du prince, il se vit, comme dit très-bien madame de Sévigné, romanesquement transporté en Allemagne [1]. Là, aimable auprès des femmes et brave sur les champs de bataille, la guerre le porta successivement, dans les armées de l'empereur, jusqu'au grade supérieur de feld-maréchal [2]; et le mariage le plus brillant lui procura l'alliance, et par lui à tous les Rabutin, de la famille royale de Danemark. Aussi madame de Sévigné se montre-t-elle glorieuse de ce cousin germain d'Allemagne; et elle s'empressa d'entrer en correspondance avec la femme qu'il avait épousée. Cette cousine allemande, comme elle l'appelle, était la duchesse de Holstein, Dorothée-Élisabeth, fille de Philippe-Louis, héritier de Norwége, duc de Holstein-Wiesembourg, arrière-petit-fils de Christiern III, élu roi de Danemark en 1525, dont la postérité, réélue à chaque interrègne en la personne de l'aîné de la maison royale, est devenue héréditaire en 1660, et règne encore aujourd'hui. Louis de Rabutin, mari de Dorothée-Élisabeth, descendait de Christophe de Rabutin, seigneur de Ballore, quatrième fils d'Amé de Rabutin; tandis que

---

[1] SÉVIGNÉ, *Lettres* (23 janvier 1671), t. I, p. 230, édit. de M.; t. I, p. 302, édit. de G. de S.-G.—(1er février 1671, lettre de Bussy à madame de Sévigné), t. I, p. 231, édit. de M.—*Ibid.*, t. I, p. 305, édit. de G. de S.-G.

[2] SÉVIGNÉ, *Lettres* (2 septembre 1687, notre cousin d'Allemagne), t. VII, p. 471, édit. de M.; t. VII, p. 268, édit. de G. de S.-G.—(13 septembre 1687), t. VII, p. 474, édit. de M.; t. VIII, p. 271, édit. de G. de S.-G.—(13 août 1688, à notre cousin d'Allemagne), t. VIII, p. 61, édit. de M.; t. VIII, p. 335, édit. de G. de S.-G.—(15 et 22 septembre 1688), t. VIII, p. 78 et 80, édit. de M.; t. VIII, p. 354 et 356, édit. de G. de S.-G.—(23 mars 1689), t. VIII, p. 390, édit. de M.—(22 septembre 1688), t. VIII, p. 356, édit. de G. de S.-G.

madame de Sévigné et le comte de Bussy étaient descendus de Hugues de Rabutin, fils aîné d'Amé de Rabutin [1]. Louis de Rabutin était donc leur cousin germain, mais d'une branche cadette. Aussi plusieurs fois madame de Sévigné regrette que Bussy n'ait pas eu une aussi brillante destinée que ce cousin. « Il est vrai, dit-elle dans une lettre adressée à Bussy, que j'aime la réputation de notre cousin d'Allemagne. Le marquis de Villars nous en dit des merveilles à son retour de Vienne, et de sa valeur, et de son mérite de tous les jours, et de sa femme, et du bon air de sa maison. Je sentis la force du sang, et je la sens encore dans tout ce que dit la gazette de sa blessure. Vous êtes cause, mon cher cousin, que j'écris à cette duchesse-comtesse en lui envoyant votre paquet [probablement la généalogie des Rabutin, dressée par Bussy]. J'admire toujours les jeux et les arrangements de la Providence. Elle veut que ce Rabutin d'Allemagne, notre cadet de toutes façons, par des chemins bizarres et obliques s'élève et soit heureux; et qu'un comte de Bussy, l'aîné de sa maison, avec beaucoup de valeur, d'esprit et de services, même avec la plus brillante charge de la guerre, soit le plus malheureux homme de la cour de France. Oh! bien, Providence, faites comme vous l'entendrez : vous êtes la maîtresse; vous disposez de tout comme il vous plait; et vous êtes tellement au-dessus de nous qu'il faut encore vous adorer, quoi que vous puissiez faire, et baiser la main qui nous frappe et qui nous punit; car devant elle nous méritons toujours d'être punis [2]. »

---

[1] Monmerqué, *Lettres de madame* de Sévigné, édit. 1820, in-8°, p. 106, note *a*, p. 80, note *a*, et t. V, p. 358.

[2] Sévigné, *Lettres* (22 et 28 septembre 1688), t. VIII, p. 81 et 88, édit. de M.; t. VIII, p. 357 et 360, édit. de G. de S.-G.

Bussy confirme cet éloge donné à son cousin d'Allemagne, et répond ainsi à madame de Sévigné : « Tout ceux qui retournent de Vienne disent de notre cousin les mêmes choses que vous a dites M. de Villars, madame; lui et sa femme sont l'ornement de la cour de l'empereur. Ce que vous dites de la Providence sur cela est fort bien dit; quelque fertile que je sois en pensées et en expressions, je n'y saurais rien ajouter, sinon que je reçois toutes les disgrâces de la main de Dieu, comme des marques infaillibles de prédestination. La dernière fois que je vis le P. la Chaise, il me dit, sur les plaintes que je lui faisais des duretés du roi, que Dieu me témoignait par là son amour. Je lui répondis que je le croyais; que je voyais bien qu'il me voulait avoir, et qu'il m'aurait; mais que j'aurais bien voulu que c'eût été un autre que Sa Majesté qui eût fait mon salut [1]. »

Les deux lettres que nous venons de citer, pour terminer ce que nous avions à dire sur les suites singulières de l'aventure arrivée à la princesse de Condé, sont bien postérieures au temps dont nous nous occupons; mais elles montrent la continuité de la mauvaise fortune de Bussy, et nous prouvent la constance des sentiments religieux de madame de Sévigné, que nous retrouverons tenant toujours le même langage à toutes les époques de sa vie. Cependant qu'on ne croie pas que c'est uniquement parce qu'un Rabutin se trouve impliqué dans l'affaire de la princesse de Condé que madame de Sévigné la raconte à Bussy : elle se montre en général fort instruite des intrigues galantes de son temps; et quand elle écrivait à sa fille ou à Bussy, ou au comte de Grignan, qu'intéressaient beau-

---

[1] SÉVIGNÉ, *Lettres* (28 septembre 1688). — On fit une nouvelle des aventures de ce Jean-Louis de Rabutin, sous le titre de *l'Heu-*

CHAPITRE XIII. 233

coup les anecdotes scandaleuses de la cour ou du grand monde, elle y fait souvent allusion. Ces allusions, parfaitement intelligibles pour ceux à qui elle écrivait, ne peuvent être comprises par les lecteurs actuels, qui, pour la plupart, ignorent que l'histoire d'une époque, pour être bien connue, a besoin qu'on se donne la peine de scruter la vie privée des personnages qui ont eu quelque part aux événements publics.

Ainsi, dans une lettre en date du 10 décembre 1770, écrite au comte de Grignan par madame de Sévigné, on lit : « Le maréchal de la Ferté dit ici des choses non pareilles ; il a présenté à sa femme le comte de Saint-Paul et le *Petit Bon*, en qualité de jeunes gens qu'il faut présenter aux dames. Il fit des reproches au comte de Saint-Paul d'avoir été si longtemps sans l'être venu voir. Le comte a répondu qu'il était venu plusieurs fois chez lui ; qu'il fallait donc qu'on ne le lui eût pas dit[1]. »

Pour bien saisir toute la spirituelle malice de ce passage, en apparence si simple et si innocent, il faut se rappeler que le comte de Saint-Paul, dont nous avons déjà parlé dans ces Mémoires[2] pour avoir entraîné le jeune Sévigné à la guerre de Candie, était âgé de vingt ans et un des plus beaux hommes de la cour lorsque madame de Sévigné écrivait cette lettre à sa fille ; de plus, neveu du grand Condé, le comte de Saint-Paul

---

reux page, nouvelle galante, 1691 à 1694; Cologne, 1691 à 1697. Voy. BARBIER *Anonymes*, t. II, p. 52, qui n'indique pas l'auteur. L'auteur fait mention de ce comte Jean-Louis de Rabutin qui aurait parlé un peu librement de son cousin Rozier.

[1] SÉVIGNÉ, *Lettres* (10 décembre 1670), t. I, p. 211, édit. de M. ; t. I, p. 282, édit. de G. de S.-G.

[2] Voyez ci-dessus, chapitre xi, p. 193 de ce volume.

était l'unique héritier de la riche maison de Longueville, parce que son frère aîné, réduit à l'état d'imbécillité, devait se faire religieux et renoncer à tous ses droits en faveur de son cadet[1]. Le comte de Saint-Paul était donc un des plus brillants partis de France et en même temps un des cavaliers les plus polis et les plus braves. A tous ces titres il était vivement recherché par les femmes ambitieuses et coquettes. Parmi ces dernières, la maréchale de la Ferté[2], quoique âgée de près de quarante ans, mais encore belle et fraîche, entreprit de lui plaire. Elle employa pour l'attirer chez elle le comte de Fiesque[3], amant de madame de Lionne[4], dont la mère[5], prodigue et légère, avait été dame d'honneur de MADEMOISELLE et dont le père, mort en 1660, s'était ruiné au service du prince de Condé[6]. Le comte de Fiesque, sans héritage, homme d'esprit, peu guerrier, aimable avec les femmes[7],

---

[1] BUSSY, Lettres, t. V, p. 157 (lettre du comte de Choiseul à Bussy, en date du 3 mai 1671). Ce frère du comte de Saint-Paul prit par la suite le nom d'abbé d'Orléans.

[2] Histoire de la maréchale de la Ferté, dans la France galante, 1695, p. 191 à 263.—Histoire amoureuse des Gaules, 1754, t. III, p. 1 à 102.

[3] Jean-Louis-Marie, comte de Fiesque.

[4] Conférez les Vieilles amoureuses, dans la France galante, 1695, p. 191 à 263.—SÉVIGNÉ, Lettres (17 avril et 17 juillet 1676), t. IV, p. 262 et 380, édit. de M.; t. V, p. 19, édit. de G. de S.-G.

[5] Madeleine d'Angennes de la Loupe, femme du maréchal de la Ferté-Senectaire (Sennetaire).

[6] MONTPENSIER, Mémoires, t. XLII, p. 456. — LORET, liv. III, p. 142; liv. IV, p. 85, 97, 123.

[7] SÉVIGNÉ, Lettres (lettre du 24 juillet 1675), t. III, p. 335, édit. de M.— Ibid., t. III, p. 461, édit. de G. de S.-G. « Pour ce dernier [le comte de Fiesque], on est tenté de dire : Di cortes'a più che guerra amico. »

et cherchant à réparer les torts de la fortune aux dépens de celles dont il avait gagné les bonnes grâces, était envers toutes si plein de complaisance qu'elles l'avaient surnommé le *Petit Bon*[1]. C'est lui que madame de Sévigné désigne par ce surnom dans sa lettre; et l'on comprend ce qu'il y avait de piquant, pour tous ceux qui n'ignoraient pas les intrigues galantes de la maréchale de la Ferté, d'apprendre que le comte de Saint-Paul et le comte de Fiesque lui avaient été présentés par son mari, les reproches que celui-ci leur adressait et la réponse du comte de Saint-Paul, qui pour s'excuser affirme qu'il est venu fréquemment chez le maréchal, mais qu'on ne lui en a rien dit.

Ce qui attirait particulièrement l'attention de madame de Sévigné et lui fournissait des sujets favoris de correspondance, c'est surtout ce qui a rapport au roi, directement ou indirectement. Aussitôt que le mariage du duc de Nevers eut été décidé, madame de Sévigné n'oublia pas de l'écrire à son gendre. Ce mariage était un événement, et acquérait de l'importance parce qu'il prouvait le crédit de la nouvelle maîtresse : « Ma fille me prie de vous mander le mariage de M. de Nevers... Il épouse, devinez qui? Ce n'est pas mademoi l e d'Houdancourt, ni mademoiselle de Grancé : c'est mademoiselle de Thianges, jeune, jolie, modeste, élevée à l'Abbaye-aux-Bois. Madame de Montespan en fait les noces dimanche; elle en fait comme la mère et en reçoit tous les honneurs. Le roi rend à M. de Nevers toutes ses charges; de sorte que

---

[1] SÉVIGNÉ, *Lettres* (10 décembre 1670), t. I, p. 211, édit. de M., et t. I, p. 282. — (17 juillet 1676), t. IV, p. 380. édit. de M.; t. V, p. 29, édit. de G. de S.-G. — *France galante ou Histoire amoureuse de la cour*, 1695, in-12, p. 1 à 102, et p. 265 à 405 (*France italienne*). — MONMERQUÉ, dans les *Lettres de Sévigné*, t. VI, p. 138, note *a*.

cette belle, qui n'a pas un sou, lui vaut mieux que la plus riche héritière de France. Madame de Montespan fait des merveilles partout [1]. »

Ce fut Lauzun qui négocia le mariage de cette belle nièce de madame de Montespan ; il eut à vaincre les irrésolutions de cet étrange duc de Nevers, qui, dit Mademoiselle, « va et vient de Rome par fantaisie deux ou trois fois l'année, comme les autres qui vont se promener au Cours, et qui se trouva marié lorsqu'il ne croyait pas l'être . »

Mademoiselle de Thianges était adorée de sa mère, qui la préférait de beaucoup à sa sœur cadette, la duchesse de Sforce [3], et à son fils, homme médiocre, comme avait été son père. La duchesse de Nevers justifiait par son esprit et sa beauté la prédilection maternelle; mais cette modestie de l'Abbaye-aux-Bois, que vante en elle madame de Sévigné, disparut bientôt à la cour ; et par là peut-être, comme par son humeur caustique et joviale, la duchesse de Nevers ressemblait à sa mère, qui, selon la remarque de mademoiselle de Montpensier, « aimait à rire et n'était pas plus charitable pour les autres qu'on ne l'était pour elle. [4] »

Rien n'intéresse plus, dans la vie privée de Louis XIV, que tout ce qui concerne la Vallière, cet objet de ses

---

[1] Sévigné, *Lettres* (10 décembre 1670), t. I, p. 210, édit. de Monmerqué; t. I, p. 2 1, édit. de G. de S.-G.—Montpensier, *Mémoires*, t. XLII, p. 50, 77, 87, 95, 108, 113.—La Fayette, t. LXIV, p. 378. — Bussy, t. V, p. 83.

[2] Montpensier, *Mémoires*, t. XLIII, p. 247 et 248 (année 1670). —Caylus, *Mémoires*, t. LXVI, p. 403 et 404.

[3] Caylus, *Mémoires*, t. LXVI, p. 402 et 403.

[4] Montpensier, *Mémoires*, t. XLII, p. 95, 96 (année 1656).

premières affections, cette touchante victime de son inconstance. Le rang, les honneurs, les richesses n'avaient pu vaincre sa modestie, ni les puissantes séductions de la volupté lui ravir sa pudeur. Elle n'avait ressenti de l'amour que les purs et délicieux sentiments qu'il inspire. Ses religieuses douleurs[1] et les remords qui l'agitaient la montraient encore plus digne du grand monarque qui avait triomphé de sa vertu et de son Dieu. Louis XIV tenait à la Vallière par le cœur, par le souvenir des jours de bonheur dont il lui était redevable, par la persuasion de son entier dévouement pour lui, surtout par l'estime profonde qu'il ne pouvait refuser à la sincérité de l'unique passion qui ait pu altérer la pureté de cette âme pieuse et virginale. Mais les sens, mais le besoin de distractions l'entraînaient vers une autre maîtresse plus belle, **plus** spirituelle, dont l'humeur fière, la gaieté caustique et l'agaçante coquetterie formaient un contraste avec l'humble et scrupuleuse tendresse de la Vallière. Les humiliations que celle-ci éprouva de la part de son orgueilleuse rivale la poussèrent à une résolution désespérée.

Le dernier jour de carnaval de cette année 1671, Louis XIV donna un bal aux Tuileries ; contre l'ordinaire ce bal fut triste[2]. Madame de Sévigné, qui y fut invitée

---

[1] Conférez SÉVIGNÉ, t. I, p. 322, 323, 334 ; t. III, p. 263, 304, 305 ; t. V, p. 170 ; t. VI, p. 177 ; t. VII, p. 190. —BUSSY, *Lettres*, t. V, p. 79-82. — BENSERADE, *Œuvres*, t. I, p. 170. — MONTPENSIER, *Mémoires*, t. XLIII, p. 21, 196. — LA FAYETTE, *Mémoires*, t. LXIV, p. 395, 410, 414, 456.—CAYLUS, *Mémoires*, t. LXVI, p. 379 et 380.

[2] MONTPENSIER, *Mémoires*, t. XLIII, p. 299 (1671). — SÉVIGNÉ, *Lettres* (13 février 1671), t. I, p. 247, édit. de Monmerqué ; t. I, p. 324, édit. de G. de S.-G.—BUSSY, *Lettres*, t. III, p. 306 (7 janvier 1671).

et y assista, en fait la remarque ; elle en écrit ainsi à sa fille : « Le bal du mardi gras pensa être renvoyé ; jamais il ne fut une telle tristesse : je crois que c'était votre absence qui en était la cause. Bon Dieu ! que de compliments j'ai à vous faire ! que d'amitiés ! que de soins de savoir de vos nouvelles ! que de louanges qu'on vous donne ! »

Comme elle aimait à flatter sa fille, cette faible mère ! Certainement elle n'ignorait pas que toutes les personnes qui se trouvaient à ce bal étaient préoccupées de tout autre chose que de l'absence de madame de Grignan. On avait remarqué que madame de Montespan et madame de la Vallière, qu'on voyait dans toutes les fêtes, ne se trouvaient point à celle-ci ; et la tristesse dont le visage du roi était empreint s'était répandue dans toute l'assemblée. Les soupçons que l'on avait sur les causes de cette tristesse furent confirmés. On sut que la Vallière s'était retirée de la cour et réfugiée au couvent des sœurs Sainte-Marie de Chaillot. Le lendemain le roi repartit pour Versailles. MADEMOISELLE, qui se trouvait présente et dans le même carrosse que lui et madame de Montespan, nous apprend que, durant le trajet, tous deux ne cessèrent point de pleurer[1]. La même cause produisait leur chagrin, mais les motifs en étaient différents. Avant d'employer l'autorité pour arracher madame de la Vallière de l'asile où elle s'était réfugiée, Louis XIV essaya les moyens de persuasion ; il lui écrivit, et il lui envoya sa lettre par le maréchal de Bellefonds : celui-ci devait inspirer à la belle repentante une grande confiance, puisque lui-même se trouvait

---

[1] MONTPENSIER, *Mémoires*, t. XLIII, p. 299 (1671).—BUSSY, *Lettres*, t. III, p. 306 (7 février 1671).—SÉVIGNÉ, *Lettres* (13 février 1671), t. I, p. 247, édit. de M. ; t. I, p. 324, édit. de G. de S.-G.

alors sous l'influence de la ferveur religieuse qui le porta, peu de temps après, à faire une retraite au couvent de la Trappe durant la semaine sainte [1]. Le maréchal de Bellefonds ne put obtenir de la Vallière qu'une lettre qu'elle écrivit à Louis XIV pour le prier instamment de lui permettre de consacrer à Dieu le reste de ses jours. Lauzun fut ensuite envoyé, et ne put parvenir même à la voir ; enfin, Colbert se rendit à Chaillot avec des ordres impératifs du roi; elle s'y soumit. Madame de Sévigné eut connaissance des premières démarches de Louis XIV pour obtenir que la fugitive revînt d'elle-même à Versailles ; madame de Sévigné en avait parlé dans une lettre que nous n'avons plus; car, dans celle du 12 février 1671 [2], voici comme elle raconte à sa fille le retour de la Vallière :

« La duchesse de la Vallière manda au roi, outre cette lettre que l'on n'a point vue, « qu'elle aurait plus tôt quitté
« la cour, après avoir perdu l'honneur de ses bonnes grâ-
« ces, si elle avait pu obtenir d'elle de ne le plus voir ;
« que cette faiblesse avait été si forte en elle qu'à peine
« était-elle capable présentement d'en faire un sacrifice à
« Dieu; qu'elle voulait pourtant que le reste de la passion
« qu'elle a eue pour lui servît à sa pénitence, et qu'après
« lui avoir donné toute sa jeunesse ce n'était pas trop
« encore du reste de sa vie pour le soin de son salut. »
Le roi pleura fort, et envoya Colbert à Chaillot, la prier instamment de venir à Versailles, et qu'il pût lui parler encore. M. Colbert l'y a conduite ; le roi a causé une heure

---

[1] SÉVIGNÉ, *Lettres* (8 avril 1672), t. II, p. 453, édit. de G. de S.-G.; t. I, p. 383, édit. de M.

[2] SÉVIGNÉ, *Lettres* (12 février 1671), t I, p. 322, édit. de G. de S.-G.; t. I, p. 245, édit. de M.

avec elle, et a fort pleuré. Madame de Montespan fut au-devant d'elle les bras ouverts et les larmes aux yeux. Tout cela ne se comprend point : les uns disent qu'elle demeurera à Versailles et à la cour ; les autres, qu'elle reviendra à Chaillot. Nous verrons. »

Six jours après cette lettre, madame de Sévigné, écrivant encore à sa fille, dit [1] : « Madame de la Vallière est toute rétablie à la cour. Le roi la reçut avec des larmes de joie, et madame de Montespan avec des larmes..... devinez de quoi? Elle a eu plusieurs conversations tendres ; tout cela est difficile à comprendre : il faut se taire [2]. »

On avait approuvé le départ de madame de la Vallière, on désapprouva son retour ; mais le public n'était rien pour elle, Louis XIV était tout, et quand Dieu cessait de la soutenir elle n'avait pas la force de résister à son amant. Le feu autrefois allumé par elle dans le cœur de Louis XIV, quoiqu'il ne fît plus briller de flamme, y laissait encore assez de chaleur pour que le monarque ne pût supporter l'idée de se séparer d'elle. La Vallière se trouva donc condamnée à garder encore longtemps cette pénible chaîne qu'elle arrosait de ses larmes [3].

---

[1] SÉVIGNÉ, *Lettres* (18 février 1671), t. I, p. 334, édit. de G. de S.-G. ; t. I, p. 255, édit. de M.

[2] SÉVIGNÉ, *Lettres de Marie Rabutin-Chantal à madame la comtesse de Grignan, sa fille*, 1726, in-12, t. I, p. 32 (lettre du 18 février 1671).

[3] Sur la Vallière, conférez SÉVIGNÉ, *Lettres* (13 janvier 1672), t. II, p. 342, édit. de G. de S.-G. — (13 décembre 1675), t. III, p. 263, édit. de G. de S.-G. — *Ibid.*, t. III, p. 172, édit. de M. — (12 janvier 1674), t. III, p. 304, édit. de G. de S.-G.—*Ibid.* t. III, p. 206 et 207, édit. de M. (la Rosée). — (5 juin 1675, écrite le lendemain de la profession de madame de la Vallière), t. III, p. 403 et 404, édit. de G. de S.-G.—*Ibid.*, t. III, p. 283. — (29 avril 1676),

t. IV, p. 412, édit. de G. de S.-G.—*Ibid.*, t. IV, p. 272, édit. de M.—(16 octobre 1676), t. V, p. 170, édit. de G. de S.-G.—*Ibid.*, t. V, p. 30, édit. de M. (29 décembre 1679); t. VI, p. 276, édit. de G. de S.-G.—*Ibid.*, t. VI, p. 83.—(5 janvier 1680), t. VI, p. 286, édit. de G. de S.-G.; t. VI, p. 92, édit. de M.—(1er septembre 1680, lettre de Corbinelli à Bussy), t. VII, p. 190, édit. de G. de S.-G.—*Ibid.*, t. VI, p. 443, édit. de M., et la note *a*, qui contient le songe de la marquise de la Beaume. — Bussy, *Lettres*, t. V, p. 83.

CHAPITRE XIV.

1671.

Affliction de MADEMOISELLE. — Sa cause. — Surprise de madame de Sévigné à la nouvelle du mariage projeté de MADEMOISELLE avec Lauzun. — Tous les chefs de la Fronde sont soumis au roi. — Condé leur donne l'exemple. — MADEMOISELLE conserve son indépendance. — Énumération des nombreux partis qu'elle avait refusés. — Elle manifeste le désir de se marier. — On veut lui faire épouser le comte de Saint-Paul. — Madame de Puisieux négocie cette affaire. — Détails sur madame de Puisieux. — MADEMOISELLE refuse MONSIEUR. — On croit qu'elle épousera le comte de Saint-Paul, et l'on apprend qu'elle se marie à Lauzun, avec le consentement du roi. — Surprise générale. — Son amour pour Lauzun avait commencé en 1667. — Progrès de cet amour. — Conduite adroite de Lauzun. — Il feint de ne pas comprendre MADEMOISELLE. — Embarras qu'elle éprouve pour faire connaître son amour à Lauzun. — Ses scrupules. — Ses combats intérieurs. — Elle fait à Lauzun une déclaration par écrit. — Lauzun la révoque en doute. — Elle est forcée de déclarer à Lauzun son amour de vive voix. — Elle voit le roi, qui promet de ne pas s'opposer à ses désirs. — Une députation de nobles fait la demande officielle de la main de MADEMOISELLE pour Lauzun. — Cette affaire est discutée dans le conseil du roi, et le roi, malgré l'opposition de MONSIEUR et des princes du sang, donne son consentement. — Fureur de Condé. — Démarche de la reine, des princes du sang, de MONSIEUR pour empêcher ce mariage. — Lauzun veut différer, pour les préparatifs, la cérémonie. — On persuade à madame de Montespan de se mettre contre Lauzun. — Le roi rétracte son consentement. — Désespoir de MADEMOISELLE ; elle voit le roi, lui fait verser des larmes, et n'en peut rien obtenir. — Lauzun supporte ses revers avec calme et dignité. — Cette bonne conduite ne se soutient pas. — Il veut commettre madame de Montespan avec le roi ; il est disgracié et enfermé. — MADEMOISELLE refuse encore d'épouser le comte de Saint-Paul, et parvient à faire mettre Lauzun en liberté. — Elle contracte avec lui un mariage secret. — L'ingratitude de Lauzun force MADEMOISELLE de s'en séparer. — Details subséquents sur MADEMOISELLE.—Madame de Sévigné a été témoin des joies et des douleurs de MADEMOISELLE.—L'affaire de son mariage avec Lauzun est une tragédie dans toutes les règles

Dans ce carrosse qui, le lendemain d'un bal, transportait à Versailles Louis XIV et Montespan versant des larmes, MADEMOISELLE pleurait aussi. Ce n'est pas qu'elle fût émue par la sensibilité du roi ou le dépit de sa maîtresse; mais elle pleurait de ses propres douleurs, de son mariage avec Lauzun différé ou rompu pour toujours.

Il n'est pas un lecteur qui, à cette mention de mariage de Lauzun, ne se rappelle aussitôt la lettre si souvent citée que madame de Sévigné écrivit pour exprimer l'étonnement où la jeta l'annonce de ce mariage[1]. Cette multitude de souvenirs qui se pressaient alors sous sa plume et se disputaient la préférence; cette agitation qu'elle éprouvait à la révélation d'un événement dont elle ne pouvait douter et qui cependant était pour elle, comme pour tout le monde, invraisemblable, monstrueux, incroyable; tout cela ne se peut bien comprendre qu'autant que l'on sait apprécier ce que madame de Sévigné connaissait si bien: le caractère de MADEMOISELLE, la constance de ses sentiments, la ténacité de ses opinions, le rang élevé et la position tout exceptionnelle qu'elle tenait à la cour.

La jeunesse de MADEMOISELLE, comme celle de madame de Sévigné, s'était écoulée durant les troubles de

---

[1] SÉVIGNÉ, *Lettres* (15 décembre 1670), t. I, p. 212, édit. de Monmerqué.— *Ibid.*, t. I, p. 283, édit. de G. de S.-G.; t. I. p. 15 de l'édit. 1726 (sans nom de lieu). Cette lettre commence cette édition, qui est la première imprimée en France.

la régence et de la Fronde, temps de désordre et d'agitation, mais aussi temps de plaisirs et d'espérance. La bourgeoisie, la roture avaient cru alors s'affranchir des servitudes qui pesaient sur elles ; la noblesse, reconquérir l'indépendance dont elle jouissait avant Richelieu. L'autorité royale, en faisant cesser les résistances, n'avait pu anéantir les convictions. Lorsqu'on a longtemps combattu pour une cause que l'on croit juste, on peut bien renoncer à l'espoir, mais non pas au désir de la voir triomphante. C'est la conscience que l'on avait de la légitimité d'un tel sentiment qui faisait des chefs les plus hardis de la Fronde et de la guerre civile les plus humbles et les plus obséquieux courtisans. Plus ils pouvaient être soupçonnés d'intentions hostiles envers l'autorité royale, plus, pour s'y rattacher et en obtenir des faveurs, ils se montraient prompts à se soumettre à ses ordres et à se faire les apologistes et les soutiens de ses actes les plus despotiques. Le plus illustre, le plus redoutable d'entre eux, Condé, leur chef, leur donnait l'exemple ; il avait déposé son orgueil aux pieds du jeune monarque, et toutes ses démarches et tous ses discours ne tendaient qu'à rentrer en grâce auprès de lui, afin d'obtenir de hauts emplois et le commandement d'une armée. Condé, après avoir ruiné tous ses partisans, était rentré en France criblé de dettes ; et sans Gourville, qui sut négocier habilement avec l'Espagne, intimider les créanciers de ce prince, établir l'ordre dans la perception des revenus et l'économie dans les dépenses, Condé aurait vu s'écrouler la fortune de sa maison[1]. L'entière prostration de tous ceux qui pouvaient avoir quelque velléité d'opposition à l'égard du roi et de

---

[1] GOURVILLE, *Mémoires*, t. LI, p. 410, 420, 428, 434, 435. —

son gouvernement, résultait nécessairement de la soumission du prince de Condé, le premier d'entre eux par le rang et la naissance, le plus illustre par ses talents et sa réputation d'homme de guerre. Cependant il existait encore une personne qui, après avoir traversé les temps orageux sans rien perdre des immenses richesses qu'elle tenait de sa mère, conservait à la cour son indépendance.

MADEMOISELLE, princesse de Montpensier, avait été, durant les troubles, recherchée par tous les partis, successivement l'idole de tous et quelquefois leur arbitre. Fille d'un père timide et incertain, dès sa première jeunesse elle avait donné des preuves de fermeté, de résolution, de constance et de courage. Au milieu des plaisirs, des séductions et de la licence générale, sa générosité, sa grandeur, sa retenue, son imposante dignité semblaient réaliser l'idéal de ces héroïnes de Corneille qui, exemptes de toutes les faiblesses du cœur, ne connaissent d'autres sentiments que ceux qu'admettent l'ambition, l'amour de la gloire, l'orgueil d'un rang élevé et d'un nom sans tache. Aucune princesse ne fut sur le point de contracter d'aussi grandes alliances et ne vit déconcerter par les événements un plus grand nombre de projets de ce genre. Destinée par son père, dès son enfance, au comte de Soissons, la mort de celui-ci la livra à l'espoir qu'elle nourrit si longtemps d'épouser le roi [1]. Elle se crut un instant recherchée par Charles, duc de Lorraine [2]. Anne d'Autriche la flatta ensuite de lui procurer pour époux le

TURPIN, *Vie de Louis de Bourbon, prince de Condé*, t. XXV des *Hommes illustres de la France*, ou t. II de l'*Histoire de Condé*, p. 161 et 162.

[1] MOTTEVILLE, *Mémoires*, t. XXXVIII, p. 102 ; t. XXXIX, p. 109.
[2] CHOISY, *Mémoires*, t. LXIII, p. 519.

cardinal infant, son frère ; on la berça de l'espérance de la marier à Philippe IV, roi d'Espagne, devenu veuf. Elle repoussa les offres du prince de Galles, parce qu'alors elle croyait qu'elle allait être mariée à l'empereur d'Autriche. Il y eut en effet des négociations à ce sujet, qui ne réussirent pas plus que le projet de la donner en mariage à l'archiduc Léopold, qu'on aurait fait souverain des Pays-Bas. MADEMOISELLE avait eu encore le projet d'épouser le roi de Hongrie, fils de l'empereur. La faiblesse de santé de madame la princesse de Condé fit entrevoir à MADEMOISELLE la possibilité de s'unir au prince de Condé, que l'esprit de parti lui avait fait autrefois repousser, et qui, par la même cause, était depuis devenu son héros [1]. On désira de nouveau la donner au duc de Lorraine, ce qui ne réussit pas plus que le dessein qu'elle eut de renouer avec le prince de Galles, devenu roi d'Angleterre. Elle refusa les offres du duc de Savoie, et plus tard celles du duc de Neufbourg [2]. Enfin, Louis XIV voulut lui imposer le roi de Portugal, Alphonse-Henri VI, parce que cela importait à sa politique. Elle opposa un refus formel aux volontés du roi, et fut, par cette unique raison, exilée à sa terre de Saint-Fargeau. Le stupide Alphonse, forcé de céder à son frère sa femme et son trône, justifia suffisamment le dédain que MADEMOISELLE avait manifesté pour sa personne [3].

Rappelée de son exil par le roi, qui, malgré sa rigueur

---

[1] GUY-PATIN, *Lettres* (10 mai 1653), t. I, p. 195, édit. de 1846, in-8°.

[2] MONTPENSIER, *Mémoires*, t. XL, p. 338.

[3] MOTTEVILLE, *Mémoires*, t. XXXVII, p. 350 ; t. XXXVIII, p. 102 ; t. XXXIX, p. 109. — MONTPENSIER, *Mémoires*, t. XLI, p. 385. — CHOISY, *Mémoires*, t. LXIII, p. 519, 520.

passagère, ne cessait d'avoir pour elle des égards et de la déférence, MADEMOISELLE parut tout à coup renoncer aux résolutions qui jusque-là avaient présidé à toute sa conduite et l'avaient dirigée dans ses projets. Née le 29 mai 1627, elle avait alors quarante-trois ans. Toutes les chances de mariage qu'elle avait considérées comme sortables pour elle avaient été sans résultat. Comme on la croyait inaccessible aux faiblesses d'une inclination douce et tendre, on avait pensé qu'elle s'était enfin résolue à rester maîtresse d'elle-même, à vivre dans le célibat, sans quitter la cour, où son rang lui assignait la seconde place après la reine. Sa grande fortune lui permettait de satisfaire son goût pour le monde, d'avoir elle-même une petite cour et de donner des fêtes avec une généreuse magnificence. D'après cette croyance, qui était générale, chacune des branches de la famille royale, en faveur de laquelle seule il lui convenait de tester, espérait un jour avoir une portion de ses riches domaines [1]. Le roi d'abord en convoitait une grande part pour le Dauphin, MONSIEUR pour ses filles [2] et le prince de Condé pour ses fils. Cette position et les discours auxquels elle donnait lieu furent pour elle une cause de chagrin et de tristesse, dont elle résolut de se délivrer. On la vit donc tout à coup manifester hautement la ferme volonté de se choisir un mari qui pût la rendre heureuse et lui donner des héritiers directs. Aussitôt les ambitions et la cupidité s'éveillèrent, et agirent avec d'autant plus de promptitude que l'âge de

---

[1] MONTPENSIER, *Mémoires*, t. XLIII, p. 144.
[2] Marie-Louise d'Orléans, née le 27 mai 1662, nommée MADEMOISELLE comme mademoiselle de Montpensier, et mademoiselle de Valois, née le 27 août 1669, toutes deux filles d'Henriette d'Angleterre.

la princesse la forçait elle-même à se hâter. Le comte de Saint-Paul[1], le plus élevé par le rang de tous les jeunes seigneurs de la cour, appartenait par son père aux Longueville, par sa mère aux Condé : ces deux puissantes maisons se liguèrent pour le faire agréer pour époux à Mademoiselle. La grande différence d'âge leur paraissait plutôt un moyen de succès qu'un motif d'objection[2].

Il y avait alors à la cour une femme qui, dans sa jeunesse un peu galante, y avait joué un assez grand rôle et qui, dans un âge très-avancé, y conservait beaucoup d'influence : c'était Charlotte d'Étampes de Valencey, marquise de Puisieux. Presque septuagénaire, elle avait une inconcevable activité, jointe au besoin et à l'habitude de l'intrigue. Comme elle était riche, d'un esprit très-original, très-aimable malgré ses goûts bizarres, on la recherchait beaucoup. Son âge, ses succès, son expérience, l'utilité et l'agrément de son commerce lui avaient acquis un ascendant qui la rendait difficile et exigeante ; mais par cette raison elle avait, en quelque sorte, fait reconnaître le droit qu'elle s'arrogeait de se mêler de toutes les affaires qu'elle prenait en gré, et d'en parler librement, avec assurance, avec autorité, fût-ce même aux princesses[3]. Cette espèce de privilége qu'elle avait usurpé et qui lui était acquis contribuait au succès de tout ce qu'elle entreprenait. Ce fut elle que les maisons de Condé et de Longueville choisirent pour circonvenir Mademoiselle et la déterminer à épouser le comte de Saint-Paul. Quand on parla de ce projet à Mademoiselle, elle ne le

---

[1] Ci-dessus, chapitre vii, p. 116, et chapitre xiii, p. 226.

[2] Montpensier, *Mémoires*, t. XLIII, p. 184 et 185.

[3] Id., *Mémoires*, t. XLIII, p. 159.—Saint-Simon, *Mémoires authentiques*, t. II, p. 114. Voy. ci-dessus, chap. viii, p. 130.

repoussa pas, et l'on se crut certain du succès [1]. MADEMOI-
SELLE avait raconté un jour à M. de Coulanges qu'ayant
songé que madame de Sévigné était malade elle s'était
réveillée en pleurant, et avait chargé madame de Coulanges de le lui dire; et madame de Sévigné, pour
laquelle MADEMOISELLE avait tant d'amitié, favorisait le
comte de Saint-Paul [2]. Madame de Puisieux, madame de
la Fayette, madame de Thianges, madame d'Épernon,
madame de Rambures [3] et quelques autres personnes,
toutes liées avec madame de Sévigné, toutes également
admises dans la société intime de la princesse, concou-
raient au même but et secondaient les instances de l'héritier des Longueville; enfin, Guilloire, qui avait le titre
de gentilhomme ordinaire de MADEMOISELLE, et qui était

---

[1] TALLEMANT, *Historiettes*, t. I, p. 293, 294, 296, édit. in-8°.—
MONTPENSIER, *Mémoires*, t. XLIII, p. 159, 171, 205, 206, 209. —
LORET, *Muse historique*, liv. IX, p. 10, 23. —*Ibid.*, liv. VIII, p. 139.
—CONRART, *Mémoires*, t. XLVIII, p. 64.—SÉVIGNÉ, *Lettres*, t. I,
p. 201, édit. de M.—*Ibid.*, t. I, p. 171, édit. de G. de S.-G. (19 novembre 1671); t. I, p. 286, édit. de M.; t. I, p. 376, édit. de G. de
S.-G. (13 mars 1671).— *Ibid.*, t. III, p. 422, édit. de M.; t. IV,
p. 48, édit. de G. de S.-G. (23 août 1675).— *Ibid.*, t. III, p. 448,
édit. de M.; t. IV, p. 76 (4 septembre 1675). —*Ibid.*, t. IV, p. 146,
édit. de M.; t. IV, p. 273, édit. de G. de S.-G. (25 décembre 1675).—
Ibid., t. V, p. 255, édit. de M.; t. V, p. 427, édit. de G. de S.-G.
(15 septembre 1677).— *Ibid.*, t. IV, p. 152, édit. de M.; t. IV,
p. 278, édit. de G. de S.-G. (C'est là qu'il est dit que madame de Puisieux avait quatre-vingts ans, 29 décembre 1675.) — *Ibid.*, t. V,
p. 259, édit. de M.; t. V, p. 430, édit. de G. de S.-G. (13 octobre
1677).—*Ibid.*, t. V, p. 263, édit. de M.; t. VI, p. 434, édit. de G.
de S.-G. (16 octobre 1677).

[2] SÉVIGNÉ, *Lettres* (24 février 1673), t. III, p. 73, édit. de M.;
t. III, p. 145, édit. de G. de S.-G

[3] MONTPENSIER, *Mémoires*, t. XLIII, p. 159, 183.

à la fois son médecin, son secrétaire ou son intendant, se montrait aussi favorable à cette alliance [1].

Deux circonstances parurent devoir y faire renoncer entièrement. Dès qu'on sut que MADEMOISELLE voulait se marier, la politique chercha aussitôt à mettre à profit cette volonté. Les ministres de Louis XIV, voyant que le roi d'Angleterre ne pouvait avoir de postérité de la reine sa femme, songèrent à le faire divorcer, à lui faire embrasser la religion catholique, vers laquelle il inclinait, et à lui donner en mariage MADEMOISELLE, dont les grands biens pourraient le soustraire, pour ses dépenses personnelles, à la dépendance de son parlement. Ce dessein, dont on parla pendant une semaine, n'eut pas de suite. Mais lorsque, par la mort de l'infortunée Henriette, MONSIEUR devint veuf, tout le monde pensa qu'il était le seul parti qui convînt à MADEMOISELLE. L'idée de ce mariage s'accrédita à la cour et dans le public, et fut enfin regardée comme certaine. Louis XIV le désirait peu, mais il comprit qu'il ne pouvait s'y opposer. Il ne voyait pas avec plaisir son frère devenir assez riche pour pouvoir se passer de ses bienfaits. Lorsqu'il parla de cette affaire à sa cousine, il lui dit qu'il croyait devoir lui déclarer que son intention était de ne jamais donner à MONSIEUR aucun gouvernement, lors même qu'il deviendrait son mari. Louis XIV fut fort surpris et en même temps très-satisfait d'entendre MADEMOISELLE lui répondre qu'elle se soumettrait en tout à ses ordres; qu'elle épouserait MONSIEUR, s'il le voulait; mais que tel n'était pas son désir. MONSIEUR,

---

[1] SEVIGNÉ, t. I, p. 300, édit. de M.; t. I, p. 389, édit. de G. de S.-G (20 mars 1671).—SEGRAIS, *Mémoires*, t. II des *Œuvres*, pag. 92 et 93.

de son côté, avait témoigné si peu d'empressement pour obtenir la main de MADEMOISELLE, et dit si clairement qu'il ne se marierait avec elle que pour ses grands biens, que Louis XIV ne put être offensé que sa cousine refusât l'honneur de cette alliance, puisque c'était lui-même qui lui avait rapporté le propos, peu flatteur pour elle, que MONSIEUR lui avait tenu[1]. Dès qu'on sut que MADEMOISELLE avait refusé d'épouser MONSIEUR, on ne douta point qu'elle ne fût enfin décidée à prendre pour mari le beau comte de Saint-Paul. Madame de Sévigné, madame de Puisieux et toutes les personnes qui voyaient familièrement cette princesse regardèrent ce mariage comme devant se faire très-prochainement. Les familles de Longueville et de Condé se mirent en mesure de solliciter le consentement du roi.

On en était là, lorsque tout à coup on apprit que ce consentement du roi était donné à MADEMOISELLE pour épouser, le dimanche suivant, qui? — Le comte de Saint-Paul. — Non... MADEMOISELLE, petite-fille de Henri IV, mademoiselle d'Eu, mademoiselle de Dombes, mademoiselle de Montpensier, MADEMOISELLE, cousine germaine du roi; MADEMOISELLE, destinée au trône; MADEMOISELLE, le seul parti de France qui fût digne de MONSIEUR[2], épousait Lauzun, ce petit marquis de Puyguilhem, ce cadet de Gascogne si nouvellement introduit à la cour, si récemment comblé des faveurs de son maître, qui, rapidement élevé de grade en grade et d'honneurs en honneurs, était bien parvenu à faire naître la crainte et

---

[1] MADEMOISELLE, *Mémoires*, t. XLIII, p. 206 et 213. — SEGRAIS, *Mémoires*, dans ses *Œuvres*, 1755, t. II, p. 92.
[2] SÉVIGNÉ, *Lettres* (15 décembre 1670).

l'envie, mais non à conquérir la considération et l'estime. Ce fut alors que madame de Sévigné, dans le premier moment de l'émotion que lui causa une nouvelle si étrange, si inattendue, prit la plume pour écrire à son cousin de Coulanges, alors auprès de son beau-père Dugué-Bagnols, intendant à Lyon, afin de l'instruire de l'événement qui allait avoir lieu et dont toute la cour et tout le public étaient préoccupés[1].

Ce qui est plus étrange que la chose qui causa tant de surprise à madame de Sévigné, c'est sa surprise elle-même, c'est l'ignorance où elle était, où étaient toute la cour, toutes les personnes qui entouraient la princesse de son inclination pour Lauzun. Cette inclination, cependant, était déjà ancienne quand elle éclata par la déclaration de son mariage. MADEMOISELLE s'est plu à tracer naïvement et longuement les progrès de cette passion malheureuse. Les déplorables faiblesses dont elle fut la cause ont terni un caractère qui, sans être exempt d'inconséquences et de petitesses féminines, avait conservé jusque-là de la grandeur et de la noblesse.

Les premiers commencements de cet amour datent de l'année 1666. Les attentions de Lauzun pour le roi, son zèle pour son service, l'espèce de familiarité qui régnait entre le monarque et lui l'avaient fait distinguer par MADEMOISELLE entre tous les courtisans. Elle avait remarqué la bonne tenue et le luxe des équipages du régiment de dragons qu'il commandait. Dans les marches, c'était Lauzun qui montait le cheval le plus beau et le plus vigoureux; il était toujours accompagné des plus belles

---

[1] SÉVIGNÉ, *Lettres* (15 décembre 1670), t. I, p. 212, édit. de Monmerqué; t. I, p. 283, édit. de G. de S.-G.; t. I, p. 15 de l'édit. 1726.

troupes ; dans les campements, sa tente était la plus magnifiquement meublée ¹. Il n'agissait, il ne parlait jamais qu'à propos ; il se communiquait à peu de gens, et paraissait extraordinaire en tout, mais de telle sorte que tout en lui était naturel. Il déguisait ce qui était à son avantage, et c'était par autrui que Mademoiselle apprenait ses actes de bravoure ou ses actions généreuses. On le disait aimé de beaucoup de femmes; et cependant Mademoiselle ne trouvait pas, dans tous les seigneurs de la cour, un seul qui fût plus discret, qui aimât moins à parler d'affaires de galanterie. Lauzun ne recherchait pas Mademoiselle, jamais il ne l'abordait de lui-même ; mais dans les réceptions, chez la reine, chez le roi, dans les voyages, quelle que fût la jeunesse ou la beauté de celles avec lesquelles il s'entretenait, quelque forte que fût la chaleur de la conversation où il se trouvait engagé, quelque élevé que fût le rang ou l'emploi de ceux qui lui parlaient, un signe de tête de Mademoiselle, un mouvement de son doigt, un regard dirigé sur lui l'amenait aussitôt près d'elle. Alors il s'avançait avec une contenance si respectueuse et un air d'une si parfaite soumission qu'elle pouvait réitérer ses appels en présence de tous sans donner lieu à aucune interprétation maligne, sans suggérer aucune autre pensée que, Lauzun ordonnant beaucoup de choses dans la maison du roi et fort au courant de tout ce qui se passait à la cour et dans le monde, il était naturel que Mademoiselle, pour satisfaire sa curiosité, s'adressât à celui qui avait plus de moyens de la satisfaire. Quand on la voyait honorer de sa bienveillance le plus

---

¹ Montpensier, *Mémoires*, t. XLIII, p. 103, 160 (année 1666). — Choisy, *Mémoires*, t. LXIII, p. 520.

intime des favoris, celui que l'on considérait comme pouvant mieux l'informer de ce qui concernait le roi, on la croyait uniquement occupée de plaire au roi, et on lui savait gré de ces dispositions [1]. Son âge, l'orgueil de sa naissance, sa vertu, la hauteur de ses résolutions éloignaient jusqu'à l'ombre d'un soupçon. C'est ainsi que MADEMOISELLE, ne se voyant gênée par aucune considération d'étiquette ou de bienséance, se fit une douce habitude d'interroger sans cesse Lauzun, de le consulter sur toutes choses. Elle lui trouvait des sentiments si honnêtes et si délicats, un sens si droit et si juste que sa confiance en lui devint entière, et que l'estime la plus profonde achevait encore de lui faire goûter, dans les longs entretiens qu'elle avait avec lui, un plaisir pur et toujours nouveau [2].

Cependant, à mesure que Lauzun s'aperçut des progrès qu'il faisait dans le cœur de MADEMOISELLE, il évita de plus en plus de se trouver près d'elle. Il faisait en sorte que les ordres du roi, les exigences de son service ou quelques autres causes importantes le forçassent de s'écarter des lieux où elle était ; mais si sa personne était absente, des mesures étaient prises pour que son souvenir fût toujours présent. La comtesse de Nogent quittait peu MADEMOISELLE ; sœur de Lauzun, elle l'entretenait sans cesse de lui [3]. D'accord avec lui, ses amis les comtes de Rochefort et de Guitry ne tarissaient pas sur ses louanges. Ils se chargeaient surtout de réfuter tous les bruits désavantageux sur Lauzun, qui parvenaient aux oreilles de la

---

[1] MONTPENSIER, *Mémoires*, t. I, p. 285.

[2] Id., *Mémoires*, t. XLIII, p. 174.

[3] Id., *Mémoires*, t. XLIII, p. 183.

princesse. Pour motiver la rareté de ses apparitions, il paraissait toujours accablé d'affaires. Cependant MADEMOISELLE apprit que Lauzun n'était pas aussi occupé qu'il le disait, et qu'il allait souvent en ville chez une dame de la Sablière. C'était la femme de Rambouillet de la Sablière, déjà célèbre par les charmes de sa figure, son savoir, son esprit et qui réunissait chez elle la société la plus brillante de Paris, de savants, d'hommes de lettres et de gens du monde [1]. Lauzun en était alors fort amoureux, et s'efforçait d'obtenir la préférence sur un grand nombre de rivaux [2]. Telle était l'ignorance de MADEMOISELLE sur ce qui se passait hors de la cour, et l'audace de Lauzun et de ses amis, qu'un de ces derniers, interrogé par la princesse pour lui dire ce qu'il fallait penser de madame de la Sablière, osa répondre que c'était une petite bourgeoise de la ville, vieille et laide ; mais qu'il fallait bien qu'elle fût utile à Lauzun pour quelque intrigue, puisque lui, qui vivait très-retiré des femmes et ne songeait plus qu'à faire sa cour au roi, voyait assez souvent cette madame de la Sablière, et que même il avait donné une place de secrétaire des dragons à son frère Hesselin [3].

L'habitude que MADEMOISELLE avait contractée de s'entretenir avec Lauzun devint bientôt pour elle un impérieux besoin. L'ennui, ce triste compagnon de la gran-

---

[1] Conférez notre *Hist. de la vie et des ouvrages de la Fontaine*, 3ᵉ édition, et la notice sur Rambouillet de la Sablière, dans notre édition des madrigaux de ce dernier, et l'article que nous lui avons consacré dans la *Biographie universelle*.

[2] LA FARE, *Mémoires*, t. LXV, p. 184. Quoique madame de la Sablière ne soit pas nommée, c'est d'elle qu'il est question dans cet endroit des Mémoires de la Fare. Conférez avec ce passage celui des *Mémoires de* MONTPENSIER, t. XLIII, p. 171.

[3] MONTPENSIER, *Mémoires*, t. XLIII, p. 171.

deur, l'accablait partout où Lauzun n'était pas. Dès qu'elle entrait chez la reine ou chez le roi à Saint-Germain, aux Tuileries, à Versailles, elle le cherchait des yeux. Quelque nombreuse que fût la cour, quel que fût l'éclat des fêtes et des plaisirs qu'on y goûtait, elle lui paraissait triste et déserte quand Lauzun en était absent. Lorsqu'elle ne pouvait dans toute la journée échanger avec lui une parole, un regard, c'était pour elle une jouissance de le voir passer de loin à cheval. Pour se procurer cet allégement à sa peine, elle se mettait souvent aux fenêtres ou dans les endroits les plus propices. Le jour, la nuit, dans le monde, dans la solitude, en ville, en repos ou sur les routes, elle ne pensait qu'à Lauzun. A cette continuelle préoccupation, elle commença à croire qu'elle pouvait être accessible à l'amour, mais elle ne s'en effraya pas. Les *précieuses* de l'hôtel de Rambouillet, dont les principes et les idées lui avaient été inculqués dès sa jeunesse, avaient fait de cette passion la vertu des belles âmes attirées par une commune sympathie à s'unir entre elles et dégagées de tout appétit grossier et de l'avilissante influence des sens. Quoique Lauzun n'eût jamais donné lieu à MADEMOISELLE de penser qu'il partageât la passion qu'il lui avait inspirée, elle le croyait. Le maintien froid et réservé de Lauzun lorsqu'il était près d'elle, même en tête-à-tête, eût dû lui persuader le contraire; mais elle pensait que le respect et la déférence qu'il lui devait le retenaient, et elle lui savait gré de cette retenue, comme d'un sacrifice qu'il s'imposait. Il lui paraissait impossible que cette âme si noble, si honnête, si pure n'eût pas été créée pour elle. Un jour, à Saint-Germain, chez la reine, en songeant à la mystérieuse union des cœurs, elle se rappela confusément des vers de Corneille qu'elle avait entendus au théâtre. Aussitôt elle fit chercher dans tout le château les œuvres de Corneille; elles ne s'y trouvèrent point. Elle dépêcha un courrier à Paris pour se les procurer; dès qu'elle les eut, elle feuilleta tous les volumes, trouva enfin les vers qu'elle cherchait, et en fut si enchantée qu'elle les apprit par cœur [1].

Voici quel était le commencement de cette tirade :

>   Quand les ordres du ciel nous ont faits l'un pour l'autre,
>   Lise, c'est un accord bientôt fait que le nôtre ;
>   Sa main entre les cœurs, par un secret pouvoir,
>   Sème l'intelligence avant que de se voir.
>   Il prépare si bien l'amant et la maîtresse
>   Que leur âme au seul nom s'émeut et s'intéresse.
>   On s'estime, on se cherche, on s'aime en un moment.
>   Tout ce qu'on s'entredit persuade aisément,
>   Et, sans s'inquiéter de mille peurs frivoles,
>   La foi semble courir au-devant des paroles [2].

« Il me semble, dit-elle dans ses Mémoires [3], que rien ne convenait mieux à mon état que ces vers, qui ont un sens moral lorsqu'on les regarde du côté de Dieu, et qui en ont un galant pour les cœurs qui sont capables de s'en occuper. »

Ce qui entretenait l'illusion de la malheureuse princesse, c'était Lauzun qui se montrait de plus en plus attentif à prévenir ses désirs, de plus en plus ingénieux à les satisfaire.

Ainsi, lorsque le roi avec la reine et toute sa cour se rendirent en Flandre, le commandement de l'escorte fut donné

---

[1] MONTPENSIER, *Mémoires*, t. XLIII, p. 144.
[2] CORNEILLE, *Suite du Menteur*, acte IV, scène 2.
[3] MONTPENSIER, *Mémoires*, t. XLIII, p. 145.

à Lauzun. Il fut aussi chargé d'ordonner tout ce qui était nécessaire pendant le voyage. Il fit voir tant d'activité, de prévoyance et de présence d'esprit dans les fonctions embarrassantes dont il était chargé qu'il s'attira les éloges de toutes les personnes que le roi avait désignées pour l'accompagner. MADEMOISELLE était de ce nombre, et suivait la reine. Elle eut alors peu d'occasions de s'entretenir avec Lauzun; mais elle le voyait souvent, car il semblait se multiplier et être à la fois présent partout, saisissant avec une prestesse extraordinaire toutes les circonstances où il pouvait lui être utile et paraissant n'être occupé qu'à les faire naître. En se rendant de Saint-Quentin à Landrecies, toute la cour se trouva arrêtée par les débordements d'une rivière et forcée de retourner en arrière. Avant qu'on eût eu le temps de jeter un pont de bois, la famille royale fut obligée de coucher pêle-mêle dans une grange. Dans la confusion d'une marche si précipitée, les voitures ne purent se suivre selon l'ordre qu'elles avaient gardé dans une marche régulière, et princes et princesses se trouvèrent séparés de leurs gens de service. La reine était désolée de n'avoir point ses femmes de chambre, et MADEMOISELLE était d'autant plus inquiète des siennes qu'elle les avait laissées, dans un des carrosses, nanties de ses pierreries. Tout à coup elles arrivèrent, et MADEMOISELLE ne pouvait concevoir comment elles avaient précédé les femmes de la reine[1] et dépassé tant d'équipages qui marchaient avant elles. Mais le lendemain, à son réveil, elle eut l'explication de ce fait par l'arrivée de ses deux dames d'honneur, qui, fort courroucées contre Lauzun, vinrent se plaindre à elle de ce qu'il avait fait ar-

---

[1] MONTPENSIER, *Mémoires*, t. XLIII, p. 163.

rêter leur carrosse pour faire passer celui des femmes de chambre. Cette attention délicate de Lauzun fit un grand plaisir à Mademoiselle; mais elle en éprouva un plus vif encore lorsqu'elle le rencontra le soir même chez la reine, et qu'elle put, à voix basse, lui en témoigner sa reconnaissance[1]. Les tendres sentiments qu'elle entretenait pour Lauzun, sans aucune défiance d'elle-même, parce qu'elle les croyait uniquement fondés sur l'estime, échauffèrent d'autant plus son cœur qu'elle était forcée de les comprimer et de les déguiser sous l'apparence de la tranquille affection d'une simple amitié; puis la chaleur du cœur, par degrés, se communiquant aux sens, excita en elle des troubles inconnus, qui semblèrent lui créer une nouvelle existence, et la rendirent méconnaissable à elle-même. Qu'on juge ce que dut être cette manifestation de la passion fougueuse de l'amour chez une princesse qui était arrivée à l'âge de plus de quarante ans sans l'avoir jamais ressentie, et qui, naturellement vive, avait été habituée, dès son enfance, à se livrer à ses penchants! L'embrasement fut terrible, et la surprise pareille à celle de l'éruption d'un volcan longtemps silencieux. La princesse connut son état. Le péril était grand, mais la religion était puissante, et elle avait pour auxiliaire un caractère énergique et fier. La raison et la vertu eurent d'abord le dessus. Au lieu de saisir les occasions de voir Lauzun, Mademoiselle les évita; loin de rechercher avec lui les tête-à-tête, elle s'imposa la loi de ne lui jamais parler qu'en présence d'un tiers[2]. Elle cessa de s'entretenir avec lui de ce qui pouvait avoir quelque analogie avec les souf-

---

[1] Montpensier, *Mémoires*, t. XLIII, p. 164.
[2] Id., *ibid.*, p. 145.

frances de son cœur, et elle ne lui parla plus que de choses indifférentes. — Vain espoir! — Tous les efforts qu'elle faisait pour bannir Lauzun de sa pensée l'y regravaient en traits plus ineffaçables et plus séducteurs. Les impressions que lui causait sa présence étaient toujours de plus en plus vives. Elle se faisait une telle violence pour se conformer à la résolution qu'elle avait prise de lui dissimuler ce qu'elle ressentait pour lui qu'elle ne pouvait plus, lorsqu'elle lui parlait, arranger trois mots qui eussent un sens [1]. Quand elle était seule, elle formait cent projets qu'elle rejetait l'instant d'après pour en concevoir cent autres, aussitôt repoussés comme impraticables. Plus de repos pour elle, ni le jour ni la nuit. Son esprit incertain, sa raison bouleversée flottaient sans cesse en tout sens, comme un vaisseau sans voile et sans gouvernail, assiégé par la tempête. MADAME (Henriette d'Angleterre), qui existait encore alors et avait, quoique plus jeune, et malheureusement pour elle, plus que MADEMOISELLE l'expérience des passions, lui parlait souvent du mérite de Lauzun. « MADAME avait de l'amitié pour moi, dit MADEMOISELLE dans ses Mémoires; je fus tentée de lui ouvrir mon cœur, afin qu'elle me dît bonnement ce que je devais faire et de quelle manière elle me conseillait de me conduire. Je n'étais pas en état de le pouvoir faire moi-même, puisque je faisais toujours le contraire de ce que je voulais chercher à faire; ce que j'avais projeté la nuit, je ne pouvais l'exécuter le jour [2]. »

MADEMOISELLE n'osa rien dire à MADAME. Mais elle suivit régulièrement la reine aux Récollets, où il se fai-

[1] MONTPENSIER, *Mémoires*, t. XLIII, p. 145.
[2] Id., *ibid.*, p. 146.

sait une neuvaine pour saint Pierre d'Alcantara; et un jour que le saint sacrement était exposé, après avoir prié Dieu avec ferveur de lui inspirer ce qu'elle avait à faire, « Dieu lui fit la grâce, dit-elle, de la déterminer à ne pas travailler davantage à chasser de son esprit ce qui s'y était établi si fortement, et à épouser M. de Lauzun. »

Toutefois la grâce de Dieu n'était point pour elle tellement efficace qu'elle n'eût encore des combats à livrer avec son orgueil avant d'exécuter la résolution qu'elle avait prise. Elle, si fière, si hautaine, se soumettre au joug de l'hymen, à son âge!... Que diront le monde, la cour, le public, l'Europe? Le bruit de son héroïque vertu n'était-il pas partout répandu?.... Se marier!.... et avec qui?.... avec Lauzun, un simple gentilhomme, un cadet de famille!.... Puis elle repassait dans son esprit toutes les mésalliances illustres que sa mémoire lui fournissait; ensuite elle songeait à tous les partis qu'elle avait refusés, aux princes et aux souverains qui pouvaient encore se présenter pour obtenir sa main.... Mais serait-ce là le bonheur?.... Ah! sans Lauzun pouvait-il en exister pour elle? — Alors, s'affermissant dans une détermination qui lui semblait inspirée par Dieu même, elle préparait dans son esprit les réponses à toutes les objections qu'on pourrait faire contre son mariage. Elle se livra, avec une étonnante et studieuse activité, à des recherches sur la généalogie des Lauzun, sur les documents qui pouvaient la justifier. Son érudition devint si riche et sa mémoire si fidèle sur tous ces points que par la suite, et lorsque cela fut nécessaire, elle étonna Lauzun en lui apprenant l'histoire de ses ancêtres, qu'il ignorait; et elle surprit le roi en l'instruisant sur les faits relatifs aux monarques qui l avaient précédé sur le trône de France.

Quand sa résolution fut définitive et que rien relativement à elle ne pouvait l'empêcher de l'exécuter, toutes ses inquiétudes se réveillaient en pensant à Louis XIV. Elle revenait sans cesse et comme malgré elle aux pensées que lui suggérait la difficulté d'obtenir son consentement pour une telle mésalliance. Mais, disait-elle, pourquoi s'y refuserait-il?.... Il aime Lauzun, il a de l'amitié pour moi ; il ne voudra pas s'opposer à mon bonheur ni à l'élévation de son favori. — D'ailleurs, il ne le pourra pas. — N'a-t-il pas consenti au mariage de la duchesse d'Alençon avec le jeune duc de Guise? — Peut-il me dénier ce qu'il a concédé à ma sœur? — Oui ; mais ma sœur de Guise est le fruit de la mésalliance de mon père. — Elle n'est pas Anne de Bourbon, la petite-fille d'Henri IV. — Elle est la fille d'une princesse de Lorraine. — Dira-t-on que le duc de Guise est d'une maison plus ancienne et plus puissante que celle de Lauzun? — Plus puissante, oui, parce que cette maison de Lorraine s'est accrue démesurément dans ces derniers temps par l'ambition de ses chefs et la faiblesse de nos rois ; mais plus ancienne, non. Les aïeux de M. de Guise ont desservi la France, ceux de la maison de Caumont se sont souvent sacrifiés pour elle. Sous le règne de Charles VI, en l'année 1422, Charles, duc de Lorraine, était encore à la solde du roi de France moyennant trois cents livres tournois par mois, tandis qu'en 1404 Jean de Nompar-Caumont, seigneur de Lauzun, concluait un traité de souverain à souverain avec Jean de Bourbon, commandant les armées du roi en Guyenne[1] ; et les anciens titres de cette illustre maison remontent à plus de sept siècles. — D'ailleurs, ne sais-je

---

[1] Montpensier, *Mémoires*, t. XLIII, p. 144.

pas combien notre histoire fournit de nombreux exemples de femmes, de filles et de sœurs de rois qui ont épousé de simples gentilshommes?... Adèle, l'aînée des filles de Dagobert, n'a-t-elle pas épousé le comte Hermann, homme peu considérable? Rotilde, la seconde fille du même roi, n'a-t-elle pas été mariée à Ledéric, premier forestier de Flandre? Landrade, fille de Charles Martel, ne fut-elle pas unie à Sidromme de Hasbannin? Berthe, la fille du puissant Charlemagne, ne devint-elle pas la femme d'An-gilbert, simple gouverneur d'Abbeville? Des filles de Louis le Jeune, la première épousa le comte de Champagne, et Alix, sa sœur, Thibaut, comte de Chartres et de Blois; Alix, fille de Charles VII, fut mariée à Guillaume, comte de Ponthieu; Isabelle de France, fille de Philippe le Long, à Gui, comte d'Albon; Catherine de France, fille de Charles VI, lorsqu'elle fut devenue veuve, donna sa main à Owin Tyder, qui n'était qu'un simple chevalier gallois, pauvre et d'une très-médiocre naissance[1].

Ainsi la malheureuse princesse allait fouillant péniblement jusque dans les parties les plus obscures de nos annales, pour y trouver des faits favorables à sa passion, ne s'apercevant pas que ces exemples, puisés dans des siècles qui n'avaient rien de commun avec le temps où elle vivait, ne pouvaient lui être applicables. Cependant ils lui paraissaient décisifs; mais les noms qu'elle y trouvait lui semblaient obscurs auprès de celui de Lauzun. L'antiquité de sa noblesse, ses belles actions à la guerre, la réputation d'homme extraordinaire qu'il s'était faite dans toute la France, la faveur royale dont il jouissait lui

---

[1] MONTPENSIER, *Mémoires*, t. XLIII, p. 162.

persuadaient que son mérite[1] était encore au-dessus de tout ce qu'elle voulait faire pour lui. Elle s'affermissait dans le projet qu'elle avait de l'épouser ; et, avec l'énergie et la ténacité de son caractère, cette résolution une fois prise était invariable. Mais son embarras était de savoir comment elle la mettrait à exécution. — Quand elle se faisait cette question, son cœur palpitait, sa tête s'embarrassait et son esprit flottait incertain. Lorsque l'âme est vivement émue par un objet d'où dépend le sort de notre vie, plus on désire atteindre le but, plus on hésite sur les moyens d'y parvenir.

La première chose à faire, sans doute, était d'instruire Lauzun du projet qu'elle avait formé sur lui. Mais c'était précisément là pour elle le point difficile. Il fallait que Lauzun sût d'abord qu'elle l'aimait ; et quoiqu'elle eût tâché de le lui faire apercevoir par tous les moyens qui ne répugnaient pas à sa pudeur, il ne paraissait pas le moins du monde soupçonner la nature de ses sentiments pour lui. Elle s'affligeait de ne pas reconnaître en lui les signes de l'amant, tels que Corneille les donne dans la tirade dont nous avons cité les premiers vers et dont voici les derniers, que MADEMOISELLE trouvait fort beaux, parce qu'ils lui semblaient en parfait rapport avec sa situation :

> La langue en peu de mots en explique beaucoup ;
> Les yeux, plus éloquents, font tout voir tout d'un coup ;
> Et, de quoi qu'à l'envi tous les deux nous instruisent,
> Le cœur en entend plus que tous les deux n'en disent.

MADEMOISELLE chercha de nouveau, et plus fréquemment que par le passé, à se trouver en tête-à-tête avec Lau-

---

[1] MONTPENSIER, *Mémoires*, t. XLIII, p. 144.

zun. Mais lui abrégeait le plus qu'il pouvait ces entretiens particuliers; il s'y prêtait avec un empressement si froid, un air si respectueux que Mademoiselle, toute troublée devant lui, ne pouvait se résoudre à rompre le silence; et ces entrevues si vivement désirées, ménagées par elle avec tant de peine et de mystère, étaient toujours sans résultat[1].

Cette situation était trop pénible pour que la princesse ne cherchât point à la faire cesser. Elle ne voyait cependant d'autre moyen que de faire à Lauzun une déclaration. Alors sa pudeur, sa fierté se révoltaient à cette idée qui lui revenait sans cesse. Elle en était obsédée; elle frissonnait, se désespérait, versait des larmes, et ne pouvait rien déterminer.

Au milieu de ses incertitudes et de ses douleurs, Mademoiselle apprit que l'on parlait de lui faire épouser le duc de Lorraine, afin d'arranger le différend qui existait entre ce prince et le roi de France. Cette circonstance lui parut favorable pour instruire Lauzun des projets qu'elle avait sur lui. Elle le trouva chez la reine au moment où le bruit de cette alliance se répandait, et lui dit, en se retirant dans l'embrasure d'une croisée, qu'elle avait à lui parler. Il la suivit. « Il avait, dit-elle dans ses Mémoires, une telle fierté que je le regardai comme le maître du monde. » — Elle lui dit, non sans trembler un peu, qu'elle avait une résolution à prendre, mais que, le considérant comme son plus fidèle ami, elle ne voulait rien faire sans lui avoir demandé avis. — Lauzun répondit à cette ouverture par d'humbles révérences et par des témoignages de re-

---

[1] Montpensier, *Mémoires*, t. XLIII, p. 148.

connaissance sur l'honneur que la princesse lui faisait. Il lui prostesta que, par sa sincérité, il répondrait à la bonne opinion qu'elle avait de lui. — Alors elle lui parla des bruits qui couraient sur son mariage avec M. de Lorraine et sur les intentions du roi à cet égard. Lauzun feignit de tout ignorer, et dit simplement que l'amitié et la déférence du roi pour MADEMOISELLE lui feraient vouloir sur cela ce qu'elle désirait. — Mais elle s'empressa de déclarer à Lauzun que, quelle que fût la volonté du roi, elle était bien décidée à ne pas s'immoler à des considérations de grandeur et de gloire ; qu'elle ne voulait point se marier à un inconnu, fût-il un puissant souverain ; qu'elle voulait un honnête homme, qu'elle pût aimer[1]. Lauzun, sans paraître deviner où tendait ce discours, dit à la princesse que ses sentiments étaient pleins de raison ; qu'il les approuvait, mais qu'il s'étonnait qu'heureuse comme elle l'était elle songeât à se marier. — Alors elle lui avoua qu'elle y était déterminée par la quantité de personnes qui comptaient sur son bien et qui par conséquent souhaitaient sa mort. — Lauzun avoua que cette considération était vraie et sérieuse, mais que cette affaire était d'une telle importance qu'il fallait qu'elle y réfléchît mûrement ; que, de son côté, il y songerait avec application, et qu'après il lui en dirait son avis.

La reine sortit, et ce premier entretien se termina là.

Les entretiens qui suivirent (toujours chez la reine) furent plus prolongés, et semblaient propres à amener une explication claire et définitive. La princesse fut charmée du vif intérêt que Lauzun paraissait prendre à sa

---

[1] MONTPENSIER, *Mémoires*, t. XLIII, p. 215 à 229.

situation, aux peines, aux ennuis qui en étaient la conséquence. Elle lui demanda de vouloir bien la conseiller, et promit de ne se gouverner que par ses avis. Déposant alors cet air froid et compassé qu'il avait toujours en sa présence, il lui dit, avec un sourire qui l'enchanta : « Je dois donc être bien glorieux d'être le chef de votre conseil, et vous allez me donner bonne opinion de moi. » — Avec chaleur elle répliqua que l'opinion qu'elle avait de lui ne pouvait être meilleure, et elle se disposait à continuer de manière à ne plus lui laisser aucun doute sur la nature de ses sentiments lorsque Lauzun, lui faisant une profonde révérence et reprenant son grand air de respect, arrêta l'impulsion de son cœur, et la contraignit à se contenter de l'invitation qu'elle lui fit de s'expliquer sur le conseil qu'il avait à lui donner.

Lauzun approuva entièrement les motifs qui faisaient désirer à la princesse de se marier ; mais la chose lui paraissait impossible, puisqu'il n'y avait personne sur qui elle pût jeter les yeux. — « Cependant je ne puis disconvenir que vous n'ayez raison, dit-il, de sortir de l'état pénible où vous vous trouvez, en pensant qu'on vous souhaite la mort : sans cela, qu'auriez-vous à désirer ? Les grandeurs, les biens vous manquent-ils ? Vous êtes estimée, honorée par votre vertu, votre mérite et votre qualité ; c'est, à mon sens, un état bien agréable, de vous devoir à vous-même la considération que l'on a pour vous. Le roi vous traite bien, il vous aime ; je vois qu'il se plaît avec vous : qu'avez-vous à souhaiter ? Si vous aviez été reine ou impératrice dans un pays étranger, vous vous seriez ennuyée à la mort. Ces conditions ont peu d'élévation au-dessus de la vôtre. Il y a beaucoup de peine à étudier l'humeur de l'homme et du reste des gens avec qui l'on doit vivre, et je ne conçois pas de plaisir qui puisse l'adoucir [1]. »

MADEMOISELLE convint de la justesse de ces réflexions ; mais si elle choisissait pour époux un parfait honnête homme, si elle suivait la pente de son cœur, qui la portait à ne jamais se séparer du roi, le roi ne serait-il pas satisfait qu'elle fût la cause de l'élévation d'un de ses sujets ? n'approuverait-il pas qu'elle lui donnât du bien pour l'employer à son service ? — « Oui, dit Lauzun ; outre le plaisir d'avoir élevé un homme à un degré au-dessus de tout ce qu'il y a de souverains en Europe, vous auriez celui de la certitude qu'il vous en saurait gré et qu'il vous aimerait plus que sa vie ; et par-dessus le tout vous ne quitteriez pas le roi. Mais ce sont là des châteaux en Espagne. La difficulté est de trouver cet homme, dont la naissance, les inclinations, le mérite et la vertu soient assez grands pour répondre à tout ce que vous auriez fait pour lui ; et vous avez dû vous convaincre, par tout ce que je vous ai dit, que c'était la chose impossible. » — « Cela est très-possible, dit la princesse en souriant et en le regardant d'un air passionné, puisque vos objections ne sont pas contre le projet, mais regardent l'individu ; je verrais à en trouver un qui eût toutes les qualités que vous voulez qu'il ait. »

— La reine sortit en cet instant de son oratoire ; l'entretien avait duré deux heures, et il se serait encore prolongé sans la circonstance qui y mit fin.

MADEMOISELLE était satisfaite d'avoir cette fois réussi à expliquer ses intentions à Lauzun de manière à ce qu'il ne pût s'y méprendre ; du moins elle le croyait. Pourtant lorsqu'elle s'aperçut que Lauzun, qu'elle voyait alors tous

---

[1] MONTPENSIER, *Mémoires*, t. XLIII, p. 152.

les jours, ne venait pas de lui-même la trouver, mais qu'elle était obligée d'aller vers lui pour lui parler, elle pensa qu'elle s'était trompée, qu'elle n'avait pas été assez explicite; et toutes ses anxiétés recommencèrent. — Elle rechercha un nouvel entretien, et éprouva une vive peine d'entendre dire à Lauzun qu'il lui conseillait de ne plus penser au mariage; que pour elle ce parti entraînait trop de dégoûts, de difficultés; qu'il se regarderait comme indigne de l'honneur qu'elle lui avait fait de se confier en lui s'il ne lui disait pas que ce qui était le mieux pour elle serait de rester dans l'état où elle était.

Longtemps Lauzun désola la princesse par cette artificieuse conduite : il lui démontrait la nécessité de prendre un parti, et la difficulté d'en prendre un; l'impossibilité, pour son bonheur, de rester dans la situation où elle était, et les graves inconvénients d'un mariage. — « Lors même, lui disait-il, qu'elle aurait trouvé quelqu'un qui réunît toutes les qualités propres à lui plaire, qui pourrait lui répondre qu'il n'aurait pas des défauts qu'elle n'aurait pas connus et qui feraient son malheur[1]? » Ces réflexions si sages ne faisaient qu'accroître l'estime de la princesse pour Lauzun et la confiance qu'elle avait en lui; et, au lieu d'ébranler la résolution qu'elle avait prise, elles la rendaient plus impatiente de la mettre à exécution. Ces longs entretiens, pour elle si délicieux, attisaient le feu de sa passion, et rendaient de jour en jour plus violents et plus pénibles les combats intérieurs qu'elle était obligée de se livrer à elle-même.

Cependant Lauzun, dans ces entretiens, quand la princesse lui parlait de celui qu'elle avait choisi pour

---

[1] MONTPENSIER, *Mémoires*, t. XLIII, p. 189.

époux et lui en faisait l'éloge, paraissait ne pas se douter qu'il pût être question de lui ; et ses observations faisaient toujours allusion, sans le nommer, à celui auquel le bruit public donnait la main de Mademoiselle. Tantôt c'était le comte de Saint-Paul, ou Monsieur, ou le duc de Lorraine, ou quelque souverain.

Mademoiselle, convaincue que la modestie de Lauzun ne lui permettait pas de croire que c'était bien lui qu'elle aimait, que c'était bien lui qu'elle voulait épouser, résolut de le lui déclarer, puisque ni ses discours ni ses regards n'avaient pu le lui faire deviner. — Elle lui dit donc un jour : « Je veux absolument vous nommer celui que j'ai choisi pour époux [1]. » — « Vous me faites trembler, répondit-il. Si par caprice je n'approuvais pas votre goût, vous ne voudrez plus me voir ; je suis trop intéressé à conserver l'honneur de vos bonnes grâces pour écouter une confidence qui me mettrait au hasard de les perdre. Je n'en ferai rien ; je vous supplie de tout mon cœur de ne plus m'entretenir de cette affaire. » — Et Lauzun évita de se trouver seul avec la princesse, et affecta de ne lui point parler. Mais plus il semblait se refuser à apprendre d'elle son secret, plus elle brûlait de le lui révéler. Cependant le courage lui manquait ; et ces deux simples monosyllabes, « C'est vous, » ne pouvaient sortir de sa bouche. Dans les moments où elle voulait les prononcer, toujours son trouble et son extrême agitation lui coupaient la parole et la respiration. Enfin, un certain jeudi soir, chez la reine, ayant rencontré Lauzun, elle lui dit qu'elle voulait absolument, malgré sa défense, lui nommer l'homme en question. « Je ne puis plus, d'après cela, répondit Lauzun,

---

[1] Montpensier, *Mémoires*, t. XLIII, p. 215

me défendre de vous écouter ; mais vous me feriez plaisir d'attendre à demain. » — « Non, sur-le-champ, répondit la princesse ; demain est vendredi, c'est un jour malheureux. » — Lauzun, avec un air inquiet et soumis, garda le silence, et semblait la regarder avec attendrissement. Elle leva sur lui ses yeux, brillant de la flamme qui la consumait ; son sein palpita avec violence... ; elle se sentit défaillir, et, craignant de s'évanouir si elle augmentait son émotion, elle déclara à Lauzun, en baissant ses paupières, que ce nom, ce nom si cher, elle n'avait pas la force de le lui dire. — « J'ai envie, dit-elle, d'épaissir la glace avec mon souffle, et de vous tracer ce nom dessus [1]. » — L'entretien se prolongea ensuite sur un ton badin, mais qui devint de plus en plus tendre ; de telle sorte que tout était clairement exprimé de la part de la princesse sans que cependant elle eût prononcé le nom de Lauzun. Mais lui, qui feignait de ne rien comprendre, la pressa de lui révéler le nom de celui qu'elle avait choisi. — Tous deux gardèrent alors un instant le silence, comme pour se recueillir dans ce moment solennel ; puis elle ouvrit la bouche pour faire cet aveu tant désiré, et prononça le mot, C'est... ; puis s'arrêta subitement, effrayée par le timbre sonore d'une pendule qui venait de se faire entendre... ; elle écoute, compte douze coups consécutifs. « Il est minuit, dit-elle... c'est vendredi... je ne vous dirai plus rien. » — Le lendemain, ou plutôt après la nuit passée, MADEMOISELLE, toujours de plus en plus agitée, écrivit ces mots sur un papier à billet : « *C'est vous ;* » elle cacheta ce papier, et le mit dans sa poche. — Dans la journée, elle alla chez la reine ; et, comme elle s'y était attendue, elle y vit

---

[1] MONTPENSIER, *Mémoires*, t. XLIII, p. 217.

Lauzun, et lui dit : « J'ai écrit le nom sur un papier. » — Lauzun la pressa vivement de lui remettre ce papier, promettant de le placer sous son oreiller et de ne le regarder que lorsque minuit serait sonné. — Elle s'y refusa par la crainte qu'il ne se trompât d'heure.

Le dimanche suivant, dans la matinée, la reine étant entrée dans son oratoire, Mademoiselle se trouva seule dans le salon avec Lauzun ; elle lui montra le billet, qu'elle avait dans son manchon. Lauzun la supplia de le lui remettre. « Le cœur lui battait, disait-il ; c'était un pressentiment que le choix qu'elle avait fait lui causerait une vive peine. » N'importe, il désirait faire cesser son incertitude. Mais elle, qui sentait combien, après un tel aveu, elle serait embarrassée de se trouver seule avec Lauzun, prolongea la conversation afin que la reine eût le temps de sortir de son oratoire. Comme ce court entretien fut extrêmement tendre de la part de Lauzun et de la sienne, elle se félicita du moyen qu'elle prenait pour l'instruire du choix qu'elle avait fait de lui. Aussi quand la reine reparut, Mademoiselle remit le papier à Lauzun, avec injonction de revenir le soir même lui remettre la réponse au bas du billet. Elle partit soulagée, et suivit la reine aux Récollets, où elle pria Dieu avec ferveur pour la réussite de ses projets.

Lauzun était sans lettres, sans étude, peu remarquable par son esprit ; mais il connaissait le monde et surtout les femmes ; et ses succès auprès d'un grand nombre lui avaient donné une merveilleuse sagacité pour discerner les progrès et les phases des passions qu'elles veulent cacher. Il savait que, pour être certain de dominer entièrement celles dont la raison et la conscience combattent les impétueux mouvements du cœur, il faut les obliger à sacrifier à l'amour jusqu'aux derniers scrupules de la pudeur, cette vigilante gardienne de la vertu. Pour cette raison, cette déclaration de MADEMOISELLE, par billet, ne satisfit pas Lauzun : il ne doutait pas qu'il ne fût aimé, aimé avec passion ; mais cette passion cependant n'était pas encore assez forte pour vaincre entièrement l'orgueil de la princesse. Ce sentiment pouvait se réveiller en elle, surtout lorsqu'il serait exalté par les instigations des personnes intéressées. C'est ce qui devait arriver infailliblement quand cette liaison, enveloppée jusqu'ici du plus profond mystère, serait connue. On pouvait alors triompher en partie de cette malheureuse passion, ou du moins en modérer les accès, et empêcher cette entière abnégation de soi-même, cet abandon de toute volonté contraire à celle de l'objet aimé : c'est ce que Lauzun voulait prévenir.

Au lieu de répondre au billet qu'il avait reçu, et de se répandre en témoignages de reconnaissance auprès de la princesse, Lauzun continua son rôle d'incrédule. Selon lui, la princesse le trompait, et refusait de lui dire le nom de celui qu'elle avait choisi ; il se montra jaloux, triste, rêveur ; et il la désola tellement par ses brusqueries et son humeur que, pour lui rendre sa sérénité, elle se vit contrainte à déposer toute dignité et à répéter plusieurs fois de vive voix ce qu'elle avait à peine osé lui insinuer par écrit. Il fallut qu'elle lui déclarât qu'elle l'aimait avec passion ; que lui seul pouvait faire son bonheur ; qu'elle s'abandonnait à lui sans réserve, ne voulait vivre que pour lui, et enfin qu'elle voulait l'épouser et lui donner tous ses biens.

Lauzun ne répondit à une déclaration si tendre et si explicite que par des objections ; mais elles étaient de nature à affermir la princesse dans ses résolutions. En supposant, disait-il, qu'il serait assez extravagant pour croire cette affaire possible, il était obligé de déclarer à MADEMOISELLE qu'il aimait trop le roi pour qu'aucune considération humaine pût le déterminer à s'éloigner de lui; qu'il garderait les charges qu'il avait près de lui; par conséquent il ne pouvait pas penser qu'elle consentît jamais à épouser le *domestique* (ce mot s'employait alors pour celui de serviteur) de son cousin germain. — « Mais, répondit-elle, ce cousin germain est mon maître aussi bien que le vôtre; et je ne trouve rien de plus honorable pour mon époux que d'être son domestique. Si vous n'aviez pas de charge auprès du roi, j'en achèterais une pour vous[1]. »

Lauzun, facilement réfuté sur ce point, ainsi qu'il s'y attendait, avec une apparence de franchise, d'abandon et de désintéressement, eut l'air de ne plus envisager cette affaire que sous le point de vue du bonheur de la princesse; il passait en revue tous les inconvénients qu'entraînait pour elle l'exécution d'un pareil projet, et il lui conseillait d'y renoncer; il traça surtout de lui-même un portrait vrai en partie, mais dans lequel, en exagérant quelques-uns de ses défauts, il eut grand soin de les rattacher à des goûts opposés à ceux qu'il avait, à une manière de vivre toute différente de celle qu'il avait embrassée. « Tout ce que j'aurais de bon pour vous, lui disait-il, au cas que vous fussiez d'humeur jalouse, serait le peu de raison que je vous donnerais de vous chagriner, parce que je hais autant les femmes que je les ai aimées

---

[1] MONTPENSIER, *Mémoires*, t. XLIII, p. 222 à 229.

autrefois. Cela est si vrai que je ne comprends pas comment on est si fou que de s'y amuser[1]. »

Lorsque, après ces longues explications, MADEMOISELLE croyait avoir tout réfuté, lorsqu'elle croyait pouvoir enfin arriver à une conclusion, Lauzun la désespérait encore de nouveau en ayant l'air de retomber dans sa première incrédulité, et il lui disait : « Croyez-vous que je sois assez fou pour considérer tout ceci autrement que comme une fiction ? » — Enfin, quand il la vit si bien possédée de son fol amour qu'elle ne pouvait penser ni agir que par lui, il parut devant elle persuadé que tout cela n'était pas une illusion, et il se livra à toute l'ivresse d'une joie qui était en partie sincère. Cependant il refusa de faire aucune démarche personnelle auprès du roi pour obtenir son consentement. Ce fut MADEMOISELLE qui les fit toutes, mais toujours sous sa direction et par ses conseils.

Elle commença par écrire à Louis XIV une lettre qu'elle lui fit remettre par la voie secrète, c'est-à-dire par Bontems, son valet de chambre[2]. Elle en reçut une réponse qui n'était ni un consentement ni un refus. Le roi lui disait qu'il ne voulait la gêner en rien, mais qu'elle devait mûrement réfléchir au parti qu'elle allait prendre. Il y a tout lieu de croire que Lauzun avait déjà préparé Louis XIV à cette affaire par le canal de madame de Montespan, qui était alors dans ses intérêts ; mais la princesse l'ignorait.

Durant cette négociation secrète, le comte de Saint-Paul, devenu prince de Longueville, allait régulièrement au Luxembourg faire sa cour à MADEMOISELLE. Guilloire

---

[1] MONTPENSIER, *Mémoires*, t. XLIII, p. 223.
[2] Id., *ibid.*, p. 230 et 231.

s'aperçut de l'accord qui régnait entre elle et Lauzun, et il en informa Louvois[1]. Lauzun, qui avait partout des intelligences, le sut, et le dit à la princesse. Celle-ci, dans la crainte que les ministres ne traversassent ses projets, résolut de voir le roi le plus tôt qu'elle pourrait.

Elle l'attendit dans la ruelle de la reine. Nous avons déjà dit que Louis XIV revenait toujours passer la nuit chez la reine, quelque tard qu'il fût. Ce jour, son jeu se prolongea, contre la coutume, jusqu'à deux heures du matin; et la reine, qui ne se doutait de rien, se coucha, et dit à MADEMOISELLE « qu'il fallait qu'elle eût quelque chose de bien pressé à dire au roi pour l'attendre si tard. » — Elle dit qu'en effet elle voulait l'entretenir d'une affaire très-importante, dont on devait parler le lendemain au conseil. Le roi fut fort étonné, en rentrant dans sa chambre à coucher, de trouver MADEMOISELLE dans la ruelle de la reine; et, quoiqu'il fût très-fatigué, il la conduisit entre deux portes, pour écouter ce qu'elle avait à lui dire. MADEMOISELLE, dont le cœur battait avec violence, ne put d'abord que répéter trois fois le mot, Sire; mais enfin, après une pause d'un moment, de sa poitrine profondément émue, ses paroles s'échappèrent avec feu, avec volubilité. Elle tint au roi un assez long discours, et n'omit rien de ce qui pouvait l'engager à lui accorder le consentement qu'elle demandait. Le roi lui répondit qu'il portait intérêt à Lauzun, et ne voulait pas lui nuire en s'opposant à sa fortune; mais qu'il ne voudrait pas lui être utile aux dépens du bonheur de sa cousine; qu'en conséquence il ne lui défendait pas ce mariage, mais qu'il ne le lui conseillait pas; et il la pria instamment d'y songer mûrement

---

[1] MONTPENSIER, *Mémoires*, t. XLIII, p. 235.

avant de rien conclure. « J'ai encore, ajouta-t-il, un autre avis à vous donner. Vous devez tenir votre dessein secret jusqu'à ce que vous soyez déterminée. Bien des gens s'en doutent, et les ministres m'en ont parlé. Prenez là-dessus vos mesures [1]. »

Ces paroles, qui furent redites à Lauzun, lui prouvèrent qu'il était temps de hâter la conclusion de cette affaire ; et aussitôt ses amis de Guitry, les ducs de Créqui, de Montausier, d'Albret, d'après la prière de la princesse, allèrent ensemble vers le roi pour le supplier de permettre à sa cousine d'épouser M. de Lauzun ; ils adressèrent en même temps au roi des actions de grâces pour l'honneur qui rejaillirait par ce mariage sur toute la noblesse de France. Cette demande, qu'appuyaient encore le prince de Marsillac, le duc de Richelieu, le comte de Rochefort et d'autres amis de Lauzun [2], fut faite en plein conseil. Louis XIV répondit qu'il ne pouvait s'opposer à ce que MADEMOISELLE épousât M. de Lauzun, puisqu'il avait permis à sa sœur de se marier à M. de Guise. MONSIEUR, qui avait été appelé à ce conseil par ordre exprès du roi, se récria sur une telle mésalliance ; mais Louis XIV persista, et déclara qu'il accordait son consentement [3].

Montausier alla aussitôt en instruire MADEMOISELLE, et lui dit : « Voilà une affaire faite. Je ne vous conseille pas de la laisser traîner en longueur ; et, si vous m'en croyez, vous vous marierez cette nuit. » Ces paroles s'accordaient trop bien avec l'impatience de MADEMOISELLE pour n'être

---

[1] MONTPENSIER, *Mémoires*, t. XLIII, p. 239.
[2] Id., *ibid.*, p. 265.
[3] Id., *ibid.*, p. 242 à 250.—LA FARE, *Mémoires*, t. LXV, p. 181, 182.—CHOISY, *Mémoires*, t. LXIII, p. 521.

pas approuvées par elle : aussi pria-t-elle M. de Montausier de persuader à Lauzun de suivre ce conseil. Lauzun, enivré de son succès, aspirait à le rendre complet. Certain que la volonté de la princesse ne pouvait changer, assuré du consentement du roi, Lauzun répugnait à tout ce qui pouvait ressembler à un mariage clandestin[1]. Il voulait au contraire ne rien négliger de ce qui tendait à augmenter l'éclat de la célébration du sien. Il exigea donc que MADEMOISELLE fît part de ses intentions à la reine. MADEMOISELLE obéit avec docilité à Lauzun, et toute la cour en fut instruite. — On en était là, et l'on disait que ce mariage devait se célébrer au Louvre le dimanche suivant, lorsque madame de Sévigné écrivit à son cousin de Coulanges cette nouvelle abasourdissante, et lui dit : « Je m'en vais vous annoncer la chose la plus surprenante, la plus étonnante, etc., etc.... une chose qui se fera dimanche, et qui ne sera pas faite lundi. »

Sa prédiction fut vraie; et elle nous prouve combien elle était parfaitement bien informée de toutes les clameurs qu'occasionnait ce mariage, de toutes les intrigues auxquelles il donnait lieu. Les familles de Condé et de Longueville, étonnées de se voir déçues dans leurs espérances, indignées d'avoir été jouées par Lauzun, soulevèrent toutes les résistances. Le grand Condé sortit de sa réserve ordinaire, et proféra des menaces contre le favori s'il osait épouser MADEMOISELLE ; la reine, pour manifester ses sentiments en cette occasion, se dépouilla de sa timidité et de sa douceur naturelles. MONSIEUR lui-même, loin de céder à son indolence, s'agita avec fureur. Le roi résistait, et

---

[1] CAYLUS, *Mémoires*, t. LXVI, p. 411.

pendant ce temps MADEMOISELLE, ignorant la tempête qui grondait autour d'elle, était dans le ravissement et la sécurité la plus profonde. Elle s'occupait uniquement de Lauzun, des préparatifs de l'auguste et sainte cérémonie qui allait avoir lieu. La lenteur de M. de Boucherat et des gens d'affaires lui causait de l'impatience. Comment pouvaient-ils trouver tant de difficultés à dresser son contrat de mariage, puisqu'elle voulait tout donner à M. de Lauzun? Elle grondait Lauzun lui-même de vouloir mettre des bornes à sa générosité envers lui; et, dans sa folle confiance, elle recevait avec délices les compliments des dames de la cour dont Lauzun passait pour avoir eu les bonnes grâces. Il semblait qu'avoir été aimées de Lauzun comme elle croyait l'être elle-même était pour elle un motif de les préférer à d'autres [1], et qu'en leur témoignant son affection elle donnait ainsi la mesure de sa confiance en lui.

Il est probable que, quoique assiégé pendant trois jours consécutifs par les remontrances de la reine, de son frère, de tous les princes de son sang et de quelques ambassadeurs de l'étranger, Louis XIV n'eût jamais rétracté le consentement qu'il avait donné, si l'on n'était parvenu à détacher du parti de Lauzun son plus ferme appui, madame de Montespan. A celle-ci on fit entendre qu'en contribuant à porter à une si grande élévation un favori tellement goûté du roi qu'il balançait le crédit des ministres et de tous les princes du sang elle travaillait contre elle-même. La hauteur et la fierté de Lauzun révoltaient déjà tout le monde : que serait-ce lorsque, devenu par alliance le cousin germain de son maître et

[1] MONTPENSIER, *Mémoires*, t. XLIII, p. 266, 270, 271.

possesseur d'une immense fortune, il n'aurait plus besoin de la protection de la maîtresse en titre ni de celle de personne? Si ce mariage s'accomplissait, toute la famille royale lui en voudrait mortellement, comme étant celle qui avait porté le roi à y consentir; et le roi lui-même le lui reprocherait un jour. La princesse de Carignan et madame Scarron, dans les conseils de laquelle madame de Montespan avait une grande confiance, furent chargées de lui développer ces motifs : ils produisirent leur effet, et la firent résoudre à se déclarer contre Lauzun [1]. Louis XIV, déjà ébranlé par les assauts nombreux qu'on lui avait livrés sur cette affaire, ne put résister aux séductions de sa maîtresse, et promit enfin d'empêcher ce mariage.

Il lui en coûtait beaucoup de se dédire; mais sa résolution était devenue invariable. Il voulut au moins adoucir, autant qu'il était en lui, ce qu'avait de pénible et de rigoureux cet acte de sa despotique volonté, et la déclarer lui-même à MADEMOISELLE. Il la fit donc prier de venir le trouver. Aux premiers mots que lui dit le roi, elle devina le reste. Comment peindre l'excès du désespoir de cette malheureuse princesse, ses touchantes prières, ses pleurs amers, ses cris douloureux, lorsque, se roulant aux pieds du monarque, elle le supplia de révoquer l'arrêt qu'il venait de prononcer, ou de lui donner la mort, mille fois préférable pour elle à sa séparation d'avec Lauzun? Louis XIV, dans l'émotion que lui causa l'abaissement d'une princesse autrefois si puissante et si fière, que la politique de son ministre avait pensé un instant à lui donner pour femme et pour soutien de son trône chan-

---

[1] LA FARE, *Mémoires*, t. LXV, p. 182. — CHOISY, *Mémoires*, t. LXIII, p. 522.

celant, se mit à genoux pour la relever¹ : dans cette posture, il la pressa contre sa poitrine, et mêla ses larmes aux siennes. Le chagrin qu'il éprouvait de se refuser à ses instances fut si grand qu'il s'abandonna jusqu'à lui reprocher de ne s'être pas hâtée, et de lui avoir laissé le temps de la réflexion. Hélas! ce reproche, si peu fondé, ne pouvait qu'augmenter les regrets douloureux de la princesse. Elle n'y répondit que par de nouvelles supplications. Mais Louis XIV lui déclara qu'il ne pouvait plus changer, et la laissa désespérée de n'avoir pu le fléchir.

Lauzun se montra d'abord digne de l'honneur qui lui était refusé : froid, calme et en apparence insensible à ce revers de fortune², il continua comme à l'ordinaire son service auprès du roi. Pour le dédommager, Louis XIV lui offrit le titre de duc et le bâton de maréchal. Il refusa ces grâces, et dit au roi qu'avant de lui faire accepter une aussi honorable dignité que celle de maréchal de France il le priait de vouloir bien attendre qu'il l'eût méritée par ses services³. Lauzun ne se soutint pas à cette hauteur : c'est que ses refus étaient ceux d'un favori qui veut bouder son maître et le punir d'avoir manqué à sa parole, et non ceux d'un légitime orgueil et d'une noble fierté. Mais il poussa si loin l'audace que, dans sa colère contre madame de Montespan, dont il avait surpris les secrets,

---

¹ MONTPENSIER, *Mémoires*, t. XLIII, p. 378

² SÉVIGNÉ, *Lettres* (24 décembre 1670), t. I, p. 264, édit. de G. de S.-G.

³ CHOISY, *Mémoires*, t. LXIII, p. 523. — SÉVIGNÉ (27 février 1671), t. I, p. 349, édit. de G. de S.-G.; (19 et 24 décembre 1670), t. I, p. 218 et 220, édit. de M.; t. I, p. 192 et 194, édit. de G. de S.-G.; t. I, p. 19 et 23 de l'édition de 1726, dite de Rouen

il voulut la compromettre avec le roi¹, et s'attira ainsi une disgrâce éclatante. Abandonné par le roi à l'inimitié de Louvois, il finit par subir une rigoureuse détention². C'est alors que le jeune duc de Longueville fut de nouveau offert pour époux à MADEMOISELLE; elle le refusa. Son amour survécut à la disgrâce et à l'absence. Depuis que Lauzun était malheureux, la princesse l'aimait encore avec plus de tendresse³.

Après plusieurs années de démarches sans nombre, de sollicitations humiliantes et le sacrifice d'une partie de sa fortune, elle obtint enfin du roi de faire cesser la captivité de Lauzun, et probablement aussi la permission de contracter avec lui un mariage secret⁴. La liberté qu'il lui devait, les dons qu'elle lui fit, les preuves multipliées de son long et touchant attachement ne purent la garantir de son ingratitude et de ses indignes procédés. Moins oppressée par sa passion, elle retrouva encore assez d'énergie et de fierté natives pour se séparer de lui et le bannir pour toujours de sa présence. Elle ne fit pas la moindre mention de lui dans son testament. Lauzun vécut jusqu'à l'âge de quatre-vingt-quatorze ans, et vers la fin de sa

---

¹ SAINT-SIMON, Œuvres, t. X, p. 123 et 135.—SEGRAIS, Œuvres, 1799, in-12, t. II, p. 92.

² DELORT, Détention des philosophes à la Bastille, t. I, p. 41 à 45, 129.—LA FARE, Mémoires, t. LXV, p. 183.—PETITOT, Notice sur Montpensier, t. XL du recueil des Mémoires, p. 355-356. — SÉVIGNÉ, Lettres (2 et 23 décembre 1671, 6 janvier et 23 mars 1672), t. II, p. 300, 306, 308, 319, 338, 435, édit. de G. de S.-G.

³ CAYLUS, Mémoires, t. LXVI, p. 411.—MONTPENSIER, Mémoires, t. XLIII, p. 281 à 287.—BUSSY, Lettres, t. V, p. 297 à 307.

⁴ PETITOT, Notice sur Montpensier, t. XL, p. 385. — SÉVIGNÉ, Lettres (8 mars 1676), t. IV, p. 362; (27 février 1679), t. VI, p. 66; (23 octobre 1680), t. VII, p. 261, édit. de G. de S.-G.

carrière il obtint par ses services de nouveaux grades et de nouveaux honneurs[1], mais jamais il ne put reconquérir la faveur du roi. MADEMOISELLE, depuis son fatal amour, n'eut plus à la cour cette haute influence qu'elle y avait exercée si longtemps. Sa personne avait cessé d'inspirer cette estime et ces éclatants respects qui l'avaient entourée jusque-là.

Madame de Sévigné la vit avant et après la catastrophe de son mariage projeté[2]. Elle s'entretint longtemps seule avec elle, et fut alternativement le témoin de l'ivresse de sa joie et de l'excès de sa douleur. Plusieurs fois le spectacle de ses tourments et des angoisses de son cœur lui arracha des larmes. Elle décrit très-bien l'état de l'âme de cette princesse dans ces deux instants si opposés[3]. « C'est, dit-elle en écrivant à son cousin de Coulanges, le sujet d'une tragédie dans toutes les règles ; jamais il ne s'est vu de si grands changements en si peu de temps ; jamais vous n'avez vu une émotion aussi générale. »

Cette affaire fit tellement de bruit dans toute l'Europe que Louis XIV crut devoir écrire aux ambassadeurs qu'il avait dans l'étranger une circulaire dans laquelle il expliquait les raisons qu'il avait eues de permettre et ensuite de défendre le mariage de MADEMOISELLE et de Lauzun ;

---

[1] SAINT-SIMON, Œuvres, t. X, p. 148.—SÉVIGNÉ, Lettres (24 décembre 1688), t. IX, p. 49 ; (28 mai 1695), t. XI, p. 175, édit. de G. de S.-G.

[2] SÉVIGNÉ, Lettres, en date des 15, 19, 24 et 31 décembre 1670, t. I, p. 218, 219, 220, 221, édit. de M. ; t. I, p. 283-286, 292-295, édit. de G.—MARIE RABUTIN-CHANTAL, marquise DE SÉVIGNÉ, Lettres à madame de Grignan, t. I, p. 18, édit. 1726.

[3] SÉVIGNÉ, Lettres (24 et 31 décembre 1670), t. I, p. 294, 296-298, édit. de G. de S.-G.—BUSSY, Lettres, t. III, p. 297 (Lettre de madame de Scudéry à Bussy). — Ibid., p 307.

il engagea ses agents diplomatiques à communiquer secrètement cette dépêche aux différentes cours près desquelles ils se trouvaient placés[1].

Nous avons suffisamment entretenu nos lecteurs des personnages que voyait madame de Sévigné et dont elle nous parle dans les lettres qu'elle a écrites, à dater de l'époque dont nous traitons. Il est temps de revenir aux particularités qui, dans ces mêmes lettres, la concernent personnellement.

[1] La Fare, *Mémoires*, t. LXV, p. 183.

CHAPITRE XV.

1669 — 1671.

Madame de Sévigné passe à Livry l'automne de l'année 1669 avec sa fille, son gendre et sa famille.—Long souvenir qu'elle conserve de cette heureuse époque de sa vie.—Son bonheur est troublé par un événement.—Le chevalier de Grignan tombe de cheval.—Madame de Grignan s'évanouit, et fait une fausse couche.—Propos malins de la comtesse de Marans à ce sujet.—Bussy paraît en avoir eu connaissance. —Ces propos peuvent être relatifs à l'inclination présumée du roi pour madame de Grignan.—Saint-Pavin, goutteux, fait encore des vers pour madame de Sévigné. — Il meurt.—Son épitaphe est composée par Fieubet.—Le comte de Grignan est nommé lieutenant général de Provence. — Il part.— Une correspondance s'engage entre lui et madame de Sévigné, et entre elle et son cousin de Coulanges, avec toute la famille de l'intendant de Lyon et avec madame de Coulanges.—Madame de Sévigné, par ses lettres, cherche à capter la confiance et l'amitié de son gendre. — Elle lui recommande un gentilhomme condamné aux galères. — Détails sur ce gentilhomme.—Nouvelles diverses données par madame de Sévigné au comte de Grignan.—Mot de la duchesse de Saint-Simon. — Son caractère. — Le duc de Noirmoutier devient aveugle. — Détails sur lui et sur son père.—Hiver rigoureux. — Décès causés par la petite vérole.—Mariage de mademoiselle de Thianges et du duc de Nevers.—Guillaume VII, prince de Hesse, meurt sans avoir été saigné.—Discussion des médecins sur l'efficacité de la saignée. —Intrigue du comte de Saint-Paul et de la duchesse de la Ferté. —Pari et course au bois de Boulogne du grand écuyer et du maréchal de Bellefonds.— Le comte de Grignan musicien.—Madame de Sévigné lui promet des motets.—Nicole publie un traité ; — La Fontaine, un recueil de ses Contes.—Bourdaloue prêche aux Tuileries.—Madame de Sévigné fait l'éloge de tous ces talents.

La sensibilité, ce mobile de nos peines et de nos jouissances, grave dans notre mémoire nos moments de joie et nos jours de tristesse. C'est cette faculté de l'âme qui nous fait vivre dans le passé autant que dans le présent ; plus elle prédomine, plus elle nous retrace vivement ces heures si promptement écoulées, où les objets de nos intimes affections se trouvaient réunis autour de nous ; où, au milieu d'une société d'amis, nous étions avec eux en communauté de plaisirs, de sentiments et d'idées. Il est dans notre nature, dans cet instinct de bonheur dont la Providence nous a pourvus de chercher à nous rappeler de préférence les époques de nos plus grandes félicités. C'est par cette raison que les souvenirs de l'automne de l'année 1669 viennent si souvent se placer sous la plume de madame de Sévigné. Bosquets de Livry, qui aviez été si longtemps témoins des jeux enfantins, des ris folâtres et de la pétulante gaieté de Marie de Rabutin, vous la vîtes alors, parée d'un autre nom, belle de sa maternité, se promener avec plus de calme sous vos ombrages ; heureuse par les soins pieux qu'elle prodiguait à son tuteur, par la tendresse d'un fils, par le bonheur d'une fille, objets de ses prédilections ; par les attentions d'un gendre qui satisfaisait son orgueil et donnait plus de force à ses espérances ! Ce gendre, le chevalier de Grignan, son frère, madame de Charmes, femme d'un président du parlement d'Aix, qui avait été ami intime de Fouquet[1], vinrent alors passer quelque temps avec madame de Sévigné, et contribuèrent, avec la société aimable et brillante qui lui venait de Paris et des environs, à varier son existence et à faire de Livry un séjour de fêtes et de jouissances continuelles.

[1] Sévigné, *Lettres*, t. II, p. 165, édit. de M. ; t. II, p. 198, édit. de G. (23 août 1671). — *Ibid.*, t. VI, p. 12, M. ; t. VI, p. 192, G. (2 novembre 1679).

Il faut d'autant moins s'étonner que madame de Sévigné se rappelle, après l'intervalle de plusieurs années, les jours passés à Livry au milieu de toute sa famille qu'elle était alors dans la force de l'âge et de la santé, dans la plus riante campagne, dans la plus agréable saison de l'année, et que ce temps d'un bonheur si complet fut aussitôt suivi de celui qui la sépara d'avec sa fille ; séparation cruelle et cause incessante des douleurs de toute sa vie !

Il était encore un autre motif qui ne permettait pas à madame de Sévigné d'oublier cette époque de son séjour à Livry, qu'elle prolongea jusqu'à la chute des feuilles, c'est qu'au souvenir des doux moments qu'elle y avait passés se mêlait celui d'un événement triste en lui-même, et qui la menaça du plus grand malheur qui pût lui arriver.

Le 4 novembre 1669 [1], le chevalier de Grignan, montant un cheval fougueux, fut violemment jeté à terre en présence de sa belle-sœur, alors enceinte. Madame de Grignan s'évanouit, et fit une fausse couche. Il est facile de comprendre quelles furent alors les inquiétudes de madame de Sévigné. Elle en parle dans un grand nombre de lettres ; mais ses tourments, et les souffrances de madame de Grignan, et les regrets de son gendre ne furent pas les seuls résultats fâcheux de cet accident ; il y en eut un plus durable dans ses effets, que ces mêmes lettres et les lettres de Bussy nous font connaître [2].

---

[1] Sévigné, *Lettres* (4 novembre 1671), t. II, p. 280, édit. de G. de S.-G.—*Ibid.*, t. II, p. 237, édit. de M. « Ah ! ma fille, il y a aujourd'hui deux ans qu'il se passa une étrange scène à Livry ! » etc.

[2] Sévigné, *Lettres* (6 mars, 19 et 23 août, 6 et 13 septembre, 4 novembre 1671), t. I, p. 277, 187, édit. de Monmerqué ; t. I, p. 361, édit. de G. de S.-G. ; t. II, p. 163, 165, 272 et 273, édit. de M. ; t. II, p. 196, 198, 214, 280, 361, édit. de G. de S.-G.

Le chevalier de Grignan avait une belle figure ; il était plus jeune, plus sémillant, plus aimable que le comte de Grignan, son frère, laid de visage, ainsi que nous l'avons dit. La familiarité qui s'était établie entre le beau-frère et la belle-sœur n'avait rien qui ne fût irréprochable : toujours en présence d'une mère et d'un époux, ils pouvaient tous deux se livrer aux accès de leur gaieté avec la liberté que permet le séjour à la campagne et dont leur jeune âge leur faisait un besoin. Mais la vive émotion qu'éprouva madame de Grignan lors de l'accident arrivé au chevalier et surtout la fausse couche qui en fut la suite donnèrent lieu à la malignité de s'exercer sur le compte de tous deux. J'ai rapporté ailleurs la parodie de la fable de la Fontaine, que l'on fit peu après sur ce sujet[1]. Les recueils de vers manuscrits de ce temps renferment plusieurs autres pièces qui prouvent que madame de Grignan fut en butte à ces satires grossières des chansonniers et des vaudevillistes, auxquelles la célébrité, la puissance, les richesses et la beauté ne pouvaient alors échapper. Leurs auteurs s'étaient accordés à donner au comte de Grignan le surnom de *Matou*, à cause de sa mine ébouriffée ; et, aussitôt après son mariage avec mademoiselle de Sévigné, on fit sur lui et sur sa femme le couplet suivant :

> Belle Grignan, vous avez de l'esprit
> D'avoir choisi votre beau-frère ;
> Il vous fera l'amour sans bruit,
> Et saura cacher le mystère.

---

[1] Voyez dans les notes et éclaircissements sur . *Histoire de la vie et des ouvrages de la Fontaine*, 1re édition, 1820, in-8°, la parodie de la fable intitulée *la Cigale et la Fourmi*.

— Matou! n'en soyez pas jaloux ;
Il est Grignan tout comme vous[1].

La comtesse de Marans, en accréditant par ses discours les bruits qui couraient sur madame de Grignan et sur son beau-frère, s'attira l'inimitié de madame de Sévigné ainsi que de rudes reproches de la part du duc de la Rochefoucauld et des nombreux amis de notre aimable veuve[2].

Il y a lieu de croire que les insinuations de madame de Marans parvinrent aux oreilles de Bussy ; et c'est à elles qu'il fait allusion dans ses lettres du 25 juin et du 10 juillet 1670[3] ; à moins qu'on ne pense que le bruit qui courait de l'inclination du roi pour mademoiselle de Sévigné ne se soit accrédité, et même n'ait pris plus de consistance depuis qu'elle était mariée. Alors ce serait là l'objet véritable des discours indiscrets et malveillants de madame de Marans et de quelques personnages de la cour sur la mère et sur la fille. Ce qui est certain, c'est que madame de Grignan craignit de fixer sur elle l'attention du monarque. Lorsqu'elle parut à la cour avec son mari, dont la laideur faisait un si grand contraste avec sa beauté, non-seulement elle s'abstint de toute recherche de toilette, mais

---

[1] *Recueils de chansons et de vaudevilles mss. de mon cabinet,* p. 288, verso.

[2] SÉVIGNÉ, *Lettres* (9 et 27 février 1671), t. I, p. 239 et 269, édit. de M. ; ou t. I, p. 315, édit. de G. de S.-G. (6, 9 et 25 février, 18 mars, 22 avril 1671 ; 29 avril, 20 juin et 30 décembre 1672); t. I, p. 251, 254, 260, 263, 306, 307, 308, 313, 315, 324, 344, 384; t. II, p. 33 et 34 ; t. III, p. 73-137. — La comtesse de Marans était la sœur de mademoiselle de Montalais, dont nous avons parlé dans la première partie de ces *Mémoires.*

[3] Voyez ci-dessus, chap. XI, p. 189 à 192 ; et SÉVIGNÉ, *Lettres,* t. I, p. 254, édit. de G. de S.-G. (lettre de Bussy à madame de Sévigné, du 25 juin 1670).

elle osa choquer la despotique volonté de la mode en dérobant aux regards, par un vêtement peu gracieux, de séducteurs attraits, que les jeunes femmes de son âge étaient tenues de montrer. C'est à quoi madame de Sévigné fait allusion dans une de ses lettres, où elle témoigne à sa fille la satisfaction qu'elle éprouve des soins qu'elle se donne pour être plus élégamment vêtue : « Vous souvient-il, lui dit-elle, combien nous avons été fatiguées avec ce méchant manteau noir? Cette négligence était d'une honnête femme, M. de Grignan vous en peut remercier ; mais elle était bien ennuyeuse pour les spectateurs[1]. »

Quoi qu'il en soit, les torts de madame de Marans ont dû être graves. Madame de Sévigné ne la désigne le plus souvent que par le surnom de la sorcière *Mellusine*; et elle manifeste à son égard un ressentiment et une aigreur qui n'étaient pas dans son caractère, naturellement doux et indulgent. Cette comtesse de Marans avait ses raisons pour discréditer les femmes dont la conduite était régulière. Elle était fort galante et publiquement connue pour être la maîtresse de monsieur le Duc, fils du grand Condé ; elle en eut une fille qui porta le nom de Guenani, ana-

---

[1] Sévigné, *Lettre écrite à madame de Grignan*, le 21 janvier 1671, *rétablie pour la première fois d'après le manuscrit autographe* (par M. Monmerqué); Paris, Blaise, 1826, in-8°, p. 8 et 9.— *Lettres de madame* de Rabutin-Chantal, *marquise* de Sévigné, *à madame la comtesse de Grignan, sa fille*; la Haye, 1726, in-12, t. I, p. 119. Dans cette édition, le passage est conforme à l'autographe publié par M. Monmerqué ; mais le texte des éditions du chevalier Perrin porte : « Cette négligence, que nous vous avons tant reprochée. » Ces derniers mots ont été ajoutés par l'éditeur, qui n'a pas été l'auteur des suppressions faites à cette lettre, comme le croyait M. Monmerqué, puisque ces suppressions se trouvent dans l'édition de Hollande, bien antérieure à celle de Perrin.

gramme de celui d'Anguien. Cette fille fut légitimée, et épousa depuis le marquis de Lassay, dont on a des Mémoires[1].

Pendant le séjour que madame de Sévigné fit à Livry durant cet automne, elle revit Saint-Pavin. Il était affaissé par l'âge et les souffrances de la goutte[2], et cependant il faisait encore des vers tendres et galants. Le retour de madame de Sévigné à Paris, à la fin de la saison, lui épargna la douleur de voir mourir ce bon et aimable épicurien, dont la société avait égayé sa jeunesse[3] et dont les poésies avaient contribué à lui donner le goût du style naturel et gracieux[4]. Saint-Pavin eut une attaque d'apoplexie le 1er mars de l'année 1670[5]; il mourut le 8 avril suivant. Sa destinée fut singulière. Boileau, qui fit un poëme contre les gens d'Église, le taxa d'incrédulité, et dirigea contre lui ses traits satiriques. Fieubet[6], si connu par sa pieuse austérité, fit pour lui cette épitaphe :

[1] SÉVIGNÉ, *Lettres* (3 avril et 6 mai 1696), t. I, p. 317, édit. de Monmerqué. Cette fille de M. le Duc, après avoir été légitimée, porta le nom de Julie de Bourbon, demoiselle de Châteaubriand ; son mari se nommait Armand de Pardaillan, marquis de Lassay.

[2] SÉVIGNÉ, *Lettres* (1er août 1685), t. VII, p. 319, édit. de Monmerqué; t. VIII, p. 104, édit. de G. de S.-G.

[3] Conférez la première partie de ces *Mémoires*, chap. VI, p. 76-78.

[4] *Poésies* de SAINT-PAVIN *et de* CHARLEVAL, 1769, in-12, édit. de Saint-Marc, p. 68 à 72. — *Recueil des plus belles pièces des poëtes français* ; chez Claude Barbin, 1669, in-18, p. 325.—Toutes les poésies de Saint-Pavin ne sont pas publiées.— Conférez MONMERQUÉ, *Lettres de Sévigné*, t. IX, p. 243.

[5] BUSSY, *Nouvelles lettres*, t. V, p. 136, ou Lettres de mesdemoiselles de Montpensier, de Montmorency, du Pré, etc., édit. de Léopold Collin; Paris, in-12, p. 163.

[6] SÉVIGNÉ, *Lettres* (31 mai 1675, 5 juillet 1685, 26 octobre 1689, 3 octobre 1694, 15 octobre 1695), t. III, p. 279 ; t. VII, p. 292 ; t. IX, p. 185; t. X, p. 16 et 143, édit. de Monmerqué.

> Sous ce tombeau gît Saint-Pavin :
> Donne des larmes à sa fin.
> Tu fus de ses amis peut-être?
> Pleure ton sort avec le sien.
> Tu n'en fus pas? pleure le tien,
> *Passant,* d'avoir manqué d'en être.

A peine madame de Sévigné eut-elle quitté le séjour de Livry qu'elle apprit qu'un grand et douloureux changement se préparait dans son existence. Le comte de Grignan, son gendre, fut nommé, par lettres patentes du 29 novembre 1669, lieutenant général en Provence[1]. Louis-Joseph, duc de Vendôme et de Penthièvre, qui avait été adjoint à son père le 24 avril 1658 et lui avait succédé comme gouverneur de la province, n'y résidait jamais[2]. M. de Grignan y était donc envoyé pour y commander en chef. Cette haute faveur aurait dû être pour madame de Sévigné un sujet de satisfaction, puisqu'elle assurait à sa fille un rang et une position dignes d'être enviés; mais elle lui imposait un sacrifice trop grand et trop pénible pour n'être pas plus affligée que réjouie de cette nomination. Sa fille, qui ne l'avait jamais quittée, devait bientôt se séparer d'elle et s'éloigner pour aller résider à l'extrémité de la France. Elle ne pouvait prévoir la durée de cette absence, et il lui était même interdit de souhaiter de la voir cesser, puisque cela ne pouvait avoir lieu que par la disgrâce de M. de Grignan et la privation de sa charge. Mais il semble que la Providence voulait ménager la sensibilité de cette tendre mère et l'accoutumer par degrés au coup qu'elle lui portait. Sa fille se

---

[1] Papon, *Histoire de Provence,* t. IV, p. 819.
[2] Idem, *ibid.,* t. IV, p. 816.

trouvait enceinte, et il ne parut pas prudent à son mari de lui faire entreprendre dans cet état un long voyage, à la suite de la fausse couche qu'elle avait faite. Il la confia donc aux soins de sa mère, et il partit seul pour la Provence vers la fin d'avril 1670 [1].

Alors s'engagea entre madame de Sévigné et le comte de Grignan une correspondance dont il ne nous reste qu'une portion; mais, dans les fragments interrompus de ce commerce épistolaire, que d'esprit, que de raison, que de prévoyance et de tendresse maternelles! Comme madame de Sévigné s'insinue avec adresse dans la confiance de son gendre! Sa plus grande crainte est de paraître conserver un reste d'autorité et d'influence sur cette fille chérie, et qu'on puisse croire que ce n'est pas entièrement qu'elle l'a concédée à M. de Grignan. Aussi voyez comme elle doute naturellement de ce qu'elle sait le mieux [2]! comme elle s'efface et disparaît derrière sa fille! comme elle revient toujours et comme sans dessein aux éloges que l'on en fait! avec quelle apparence de vérité elle se dépite de ce que madame de Grignan néglige les devoirs du monde pour écrire à son mari; de ce qu'elle ne pense qu'à lui et se montre jalouse des lettres que sa mère en reçoit! « Mais elle a beau faire, dit madame de Sévigné, je la défie d'empêcher notre amitié [3]. » Que de variété, de gaieté dans cet entretien épistolaire!

Remarquons que madame de Sévigné a bien soin de faire écrire dans ses lettres son cousin de Coulanges, moins suspect qu'elle de partialité, afin qu'il fasse l'éloge

---

[1] Sévigné, *Lettres*, t. I, p. 178, édit. de M.; t. I, p. 142, édit. de G. de S.-G. (16 avril 1670).

[2] Sévigné, *Lettres* (5 juin 1670), t. I, p. 256, édit. de G. de S.-G.

[3] Sévigné, *Lettres* (12 septembre 1670), t. I, p. 269.

de madame de Grignan. Elle ne manque pas non plus d'informer le comte de Grignan de tout ce qui pouvait l'intéresser ; et comme elle connaît sa paresse pour écrire, elle ne cesse de lui répéter qu'elle ne veut pas de réponse de lui. « Je vous défends de m'écrire, dit-elle ; mais je vous conjure de m'aimer[1]. » Tout ce qui reste de loisirs à M. de Grignan, après la grande affaire dont il est chargé, il faut qu'il l'emploie à répondre à sa femme. Dans les affaires sérieuses, que de sagesse, que de prudence ! Ces lettres nous dévoilent quel admirable plan de conduite madame de Sévigné trace à son gendre. Comme elle a soin de lui rappeler les devoirs dont il doit s'acquitter envers les personnes qu'il a laissées à Paris, que ses nouvelles dignités et ses nouvelles fonctions pourraient lui faire oublier ! Combien elle craint qu'il ne se fasse des ennemis, et comme elle cherche toutes les occasions de lui procurer de nouveaux protecteurs et de nouveaux amis !

Mais, toutefois, ce surcroît d'occupations ne lui fait pas oublier ses anciens amis à elle. Pour servir ceux que les rigueurs du roi avaient atteints, elle ne néglige pas de se servir du crédit de son gendre.

Fouquet était, par les ordres de Louvois, détenu à Pignerol dans la plus dure captivité. Personne ne pouvait communiquer avec lui; on lui avait interdit tous les moyens de donner de ses nouvelles : il fut réduit, pour écrire, à se servir, au lieu de plume, d'os de chapon ; au lieu d'encre, de suie mêlée avec du vin ; et cette ressource lui fut encore enlevée. Mais auparavant une lettre de lui, péniblement tracée par ce moyen, avait été transmise à sa

---

[1] SÉVIGNÉ, Lettres (12 septembre 1670), t. I, p. 270, édit. G. de S,-G.

femme [1] par un gentilhomme nommé Valcroissant, autrefois attaché au service du surintendant et qui avait conservé pour lui un vif sentiment de reconnaissance. Pour ce seul fait, Valcroissant fut condamné à cinq ans de galères. Ce jugement eût été exécuté dans toute sa rigueur si madame de Sévigné n'avait pas écrit à son gendre en faveur de ce gentilhomme, « un des plus honnêtes garçons qu'on puisse voir, dit-elle, et propre aux galères comme de prendre la lune avec les dents. » Madame de Scudéry avait aussi adressé une lettre dans le même but à M. de Vivonne, général des galères [2]. Par l'intervention et les démarches de ces deux généreuses femmes, l'arrêt fut commué; et Valcroissant, trois mois après sa condamnation, put se promener en liberté dans la ville de Marseille [3].

Pendant sa détention, son frère, sur la demande de madame de Sévigné, avait obtenu un canonicat de M. de Grignan. Dix-huit ans après, ce même Valcroissant, estimé de tous comme un des meilleurs officiers de l'armée, remplissait les fonctions d'inspecteur dont Louvois l'avait chargé; il eut alors occasion d'être utile au jeune marquis de Grignan, petit-fils de madame de Sévigné. Dans son rapport, Valcroissant rendit au ministre un compte favorable

---

[1] Sévigné, *Lettres* (25 juin 1670), t. I, p. 189 et 190, édit. M.— *Ibid.*, t. I, p. 237, édit. G.—Delort, *De la détention des philosophes à la Bastille*, t. I, p. 32, 161, 162, 166, 169 et 170. Les éditeurs de Sévigné ont laissé le nom en blanc, parce qu'ils ne l'ont pas connu.

[2] Montpensier, *Mémoires*, t. XLIII, p. 122.—*Lettre de madame de Scudéry*, du 23 août 1670, dans Sévigné, *Lettres*, t. I, p. 190, édit. de M.

[3] Sévigné, *Lettres* (en date du 28 novembre 1670), t. I, p. 207, édit. de M.; t. I, p. 278, édit. de G. de S.-G. (pour ***, il faut lire Valcroissant.

de la conduite et des heureuses dispositions de ce jeune homme, et prépara ainsi son avancement. Ce fut là un vrai bonheur pour Valcroissant; car si l'on est satisfait de pouvoir conférer un bienfait, on éprouve des émotions plus douces encore en acquittant ainsi la dette de la reconnaissance [1].

Pour ce qui concerne les commencements du séjour de M. de Grignan en Provence, nous devons regretter de n'avoir pas la correspondance qui alors s'engagea entre M. Dugué-Bagnols, intendant de Lyon, madame Dugué-Bagnols, sa femme, madame de Coulanges, leur fille aînée, d'une part; et madame de Sévigné et son cousin de Coulanges, de l'autre. Coulanges, séparé de sa femme, se trouvait alors à Paris avec madame de Sévigné. M. de Grignan se louait beaucoup de ses rapports avec l'intendant de Lyon et des politesses de sa femme. Toute la famille Dugué-Bagnols et surtout madame de Coulanges, si intimement liée avec madame de Sévigné, s'empressaient d'écrire, soit à elle, soit à son cousin, tous les détails qu'ils pouvaient recueillir sur le nouveau lieutenant général de Provence et sur les actes de son administration; et même mademoiselle Dugué-Bagnols [2] (trop éprise après son mariage du jeune baron de Sévigné), en écrivant à son beau-frère de Coulanges, s'entretenait aussi de ce qui concernait le comte de Grignan. De son côté, madame de Sévigné écrit à M. de Grignan qu'elle ne lui

[1] Sévigné, *Lettres* (26 novembre 1688), t. I, p. 175, édit. de M. — *Ibid.*, t. I, p. 456, édit. de G. de S.-G.

[2] Sévigné, *Lettres* (12 septembre, 28 novembre et 10 décembre 1670), t. I, p. 200, 207-209, édit. de M.—*Ibid.*, t. I, p. 270, 278 et 280, édit. de G. de S.-G. — *Ibid.* (17 février 1672), t. II, édit. M. — *Ibid.*, t. II, p. 391, édit. G. (3, 7 et 19 juillet 1677), t. V, p. 113, 114, 118, 139, édit. M.—*Ibid.*, t. V, p. 269, 270, 294, édit. M.

donne aucune nouvelle, parce que ce serait aller sur les droits de sa fille[1]. Par là elle entend les nouvelles publiques ; car il paraît bien, d'après ses lettres, qu'elle se réservait toutes les nouvelles particulières qui pouvaient intéresser son gendre. C'est elle qui lui transmet les compliments de M. de la Rochefoucauld, du fils de celui-ci, le prince de Marsillac, de madame de la Fayette, et ceux aussi du comte de Brancas, qui est fort content de lui et qui espère qu'il saura mettre à profit le service qu'il lui a rendu en lui donnant une si jolie femme. Elle n'oublie ni la marquise de la Trousse, sa tante[2], ni le *bon abbé*[3], qui aime madame de Grignan de tout cœur. « Et ce n'est pas peu, ajoute madame de Sévigné ; car si elle n'était pas bien raisonnable, il la haïrait de tout son cœur. »

C'est madame de Sévigné qui donne au comte de Grignan tous les détails sur la maladie qui conduisit au tombeau l'aimable duchesse de Saint-Simon, leur amie commune. Elle fut atteinte de la petite vérole, et succomba le 2 décembre 1670. C'était la première femme de Claude de Saint-Simon, père de l'auteur des Mémoires, et la fille cadette de M. de Portes, du nom de Budos. Son beau-fils, le duc de Saint-Simon, nous apprend qu'elle était belle, d'une amabilité et d'une douceur qui la faisaient aimer de tout le monde[4]. Dans sa jeunesse, elle était, comme madame de Sévigné, une des célébrités de l'hôtel de Rambouillet ; et le grand *Dictionnaire des*

---

[1] Sévigné, *Lettres* (6 août 1670), t. I, p. 197, édit. de M.—*Ibid.*, t. I, p. 266, édit. de G. de S.-G.

[2] Henriette de Coulanges, marquise de la Trousse sœur de Marie de Coulanges, mère de madame de Sévigné.

[3] Christophe de Coulanges, abbé de Livry.

[4] Saint-Simon, *Mémoires authentiques*, t. I, p. 79 à 80.

Précieuses a tracé d'elle, sous le nom de *Sinésis*, un portrait qui ressemble à celui qu'a donné Saint-Simon[1] ; seulement l'auteur du *Dictionnaire* ajoute qu'elle était plus sérieuse qu'enjouée. Enlevée à la fleur de l'âge, elle fut vivement regrettée : madame de Sévigné, qui se montre très-affligée de sa perte[2], recommande à ce sujet à son gendre d'écrire une lettre de condoléance à la duchesse de Brissac, femme d'un caractère tout différent de celui de sa mère et mieux connue par les Lettres de madame de Sévigné que par les Mémoires de son frère[3].

L'hiver de cette année 1670 fut remarquable par la rigueur du froid[4] et par la grande mortalité qu'éprouva la population. Ce même fléau de la petite vérole, qui avait été funeste à la duchesse de Saint-Simon, menaçait de cécité le jeune duc de Noirmoutier ; et une imprudence le rendit complétement aveugle[5]. Madame de Sévigné le nomme familièrement le petit de Noirmoutier, parce qu'il n'avait pas encore vingt ans[6] ; c'était le fils de Louis de

---

[1] Somaize, *le grand Dictionnaire des Précieuses*, t. II, p. 129. — Il dit que *Sinésis* loge à la *petite Athènes*, c'est-à-dire au faubourg Saint-Germain.

[2] Sévigné, *Lettres* (10 décembre 1670), t. I, p. 209, édit. de M. —*Ibid.*, t. I, p. 280, édit. de G.

[3] Gabrielle-Louise de Saint-Simon, duchesse de Brissac, sœur du duc de Saint-Simon, l'auteur des *Mémoires*. — Conférez Sévigné, *Lettres* (29 juillet 1671, 10 février 1672), t. II, p. 164 et 386, édit. de G. de S.-G. (26 mai 1673), t. III, p. 155, édit. G. (5 janvier 1674), t. III, p. 293, édit. G. (19 mai 1676), t. IV, p. 449, édit. G.

[4] *Mémoire mss. sur la statistique de Paris au xviie siècle*. — Conférez les notes à la fin du volume.

[5] Saint-Simon, *Mém. authent.*, t. II, p. 422.—Sévigné, *Lettres* (10 décembre 1670), t. I, p. 179, édit. G.

[6] Sévigné, *Lettres* (26 novembre 1670), t. I, p. 304, édit. de M.; t. I, p. 274, édit. G.— Saint-Simon, *Mém. authent.*, t. II, p. 122.

la Trémouille, duc de Noirmoutier, si actif pendant la Fronde[1], si assidu auprès de madame de Sévigné pendant sa belle jeunesse. Elle sut conserver comme ami celui qui avait voulu être son amant. Elle l'avait perdu depuis quatre ans, et son fils[2] avait succédé à l'affection qu'elle portait au père : voilà pourquoi elle informe si exactement M. de Grignan des progrès du mal qui affligeait ce jeune homme. Elle lui parle aussi de M. de Foix (Charles-Henri de Foix, abbé de Saint-Rebais), que la petite vérole a de même mis à l'extrémité, et d'un jeune fils du landgrave de Hesse (Guillaume VII), qui mourut de la fièvre continue, parce que, suivant madame de Sévigné, sa mère lui avait recommandé, en partant, de ne point se faire saigner à Paris. « Il ne s'est point fait saigner, il est mort. » Alors s'agitait avec chaleur, entre les médecins, la grande question, qui dure encore, sur l'efficacité ou le danger de la saignée pour la cure de certaines maladies[3].

Madame de Sévigné se garde bien de s'appesantir sur ces tristes détails ; les mêmes lettres qui les contiennent renferment aussi les nouvelles qui pouvaient distraire M. de Grignan de ce qu'ils avaient d'affligeant. Tantôt c'est le mariage de M. de Nevers avec mademoiselle de Thianges ; puis l'intrigue du comte de Saint-Paul avec la

[1] Retz, *Mém.*, t. XLIV, p. 290, 306, 307.—Saint-Aulaire, *Histoire de la Fronde*, t. I, p. 298, 1re édition.

[2] Antoine-François de la Trémouille, duc de Noirmoutier.—Conférez *Mémoires* de Coulanges, p 314 (Lettre de madame de Sévigné à Ménage, 1658).—Saint-Simon, *Mémoires authentiques*.

[3] Sévigné, *Lettres* (10 décembre 1670), t. I, p. 209, édit. M., et 282, édit. de G. de S.-G. — Guillaume mourut à Paris le 21 novembre 1670.

maréchale de la Ferté [1] ; ensuite le pari de trois mille pistoles entre M. le Grand (Louis de Lorraine, comte d'Armagnac, grand écuyer) et le maréchal de Bellefonds, pour une course qu'ils devaient faire au bois de Boulogne le lundi suivant (1er décembre), sur des chevaux « vites comme des éclairs [2]. » Quelquefois elle l'entretient des *motets* qu'elle avait promis [3], ce qui nous fait supposer que le comte de Grignan était musicien ; supposition dont la vérité se trouve confirmée par la recommandation qu'elle lui fait de ne pas négliger sa voix. Les lectures enjouées, comme les lectures sérieuses, plaisaient au comte de Grignan ; et son goût en cela était conforme à celui de madame de Sévigné, qui, dans la correspondance de cette année, fait plusieurs heureuses allusions aux *Contes* de la Fontaine, dont un nouveau recueil complet venait de paraître avec privilége du roi [4]. En même temps elle annonce à son gendre qu'elle lui enverra un traité de Nicole. « C'est d'une extrême beauté, dit-elle ; le livre est de l'ami intime de Pascal : il ne vient rien de là que de très-parfait ; lisez-le avec attention. Voilà aussi de très-beaux airs, en attendant les motets [5]. » — Et peu après

---

[1] Voyez ci-dessus, p. 233, et SÉVIGNÉ, *Lettres* (10 décembre 1670), t. I, p. 211, édit. M. — *Ibid.*, t. I, p. 280-282.

[2] SÉVIGNÉ, *Lettres* (mercredi, 26 novembre 1670), t. I, p. 205, édit. de M.— *Ibid.*, t. I, p. 275.—Sur le comte d'Armagnac, conférez MONPENSIER, *Mém.*, t. XLIII, p. 60 et 416. —LORET, liv. XI, p. 158, 181.—LA FAYETTE, *Mém.*, t. LXIV, p. 381.—LOUIS XIV, *Œuvres*, t. V, p. 131 et 138.— BUSSY, t. V, p. 46.

[3] SÉVIGNÉ, *Lettres* (25 juin 1670), t. I, p. 188, édit. de M. — *Ibid.*, p. 256, édit. G. de S.-G.

[4] En 1669. Conférez l'*Hist. de la vie et des ouvrages de la Fontaine*, 3e édition. — SÉVIGNÉ, *Lettres* (9 mars 1672), t. II, p. 415.

[5] SÉVIGNÉ, *Lettres* (15 août 1670), t. I, p. 199, édit. de M. ; t. I, p. 268, édit. de G. de S.-G.

elle lui exprime le plaisir que lui ont fait les sermons du P. Bourdaloue, prêchés devant la cour aux Tuileries ; ils lui paraissent infiniment au-dessus de tout ce qu'elle a entendu en ce genre[1]. Qu'on fût janséniste ou jésuite, dévot ou indévot, on était certain de plaire à madame de Sévigné avec de l'esprit et du talent.

[1] SÉVIGNÉ, *Lettres* (3 décembre 1670), t. I, p. 208, édit. de M.— *Ibid.*, t. I, p. 279, édit. de G. de S.-G.

CHAPITRE XVI

1670 — 1671.

Continuation de la correspondance de madame de Sévigné avec le comte de Grignan.—Quand elle lui parle d'affaires sérieuses, elle les traite à fond et lui donne d'excellents conseils.— Digression sur les affaires de Provence lorsque M. de Grignan fut nommé lieutenant général.—Droits des états remplacés par une commission du parlement.—Le roi enlève au parlement le droit de gouverner en l'absence du gouverneur et de son lieutenant.—Le baron d'Oppède, président du parlement, est nommé d'office pour remplir les fonctions de gouverneur.—Influence de l'évêque de Marseille.—Position difficile où se trouve placé le comte de Grignan.—Conseils qui lui sont donnés par madame de Sévigné.—M. de Grignan demande à l'assemblée des communautés de Provence des fonds pour payer ses gardes.—Cette demande est rejetée. — Par le moyen de madame de Sévigné, qui agit auprès du baron d'Oppède et de l'archevêque d'Aix, M. de Grignan obtient de l'assemblée une gratification annuelle. — Madame de Grignan accouche d'une fille. — Détails sur la destinée de cet enfant.— Madame de Sévigné s'efforce de retarder le départ de madame de Grignan pour la Provence. —Elle cite à M. de Grignan madame de Rochefort, qui ne peut venir à Paris à cause du mauvais temps.—Détails sur madame de Rochefort.—Mariage de mademoiselle d'Heudicourt, cousine des Grignan. —Le coadjuteur de l'archevêque d'Arles devait assister à ses noces; il y renonce, et madame de Grignan part avec lui pour la Provence. — Date de ce départ.

Dans ses lettres à M. de Grignan et dans tout le cours de sa correspondance madame de Sévigné ne passe pas toujours, ainsi que nous venons de le voir, d'un sujet à un autre légèrement et rapidement. Quand il est question d'affaires sérieuses, et surtout d'affaires qui intéressent l'honneur, la gloire ou la fortune de son gendre et de sa fille, elle s'y arrête, et les envisage sous toutes les faces. Ce n'est plus alors la femme aimable, instruite, spirituelle et sensée, qui cause sur les événements du jour, sur la religion, la littérature, les spectacles, les modes; qui moralise sur les joies et les tristesses du monde. C'est l'homme des grandes choses, qui voit tout, qui apprécie tout à sa juste valeur, les obstacles et les moyens, les intérêts et les intrigues, les passions et les caractères.

A l'époque dont nous traitons, la position de M. le comte de Grignan inquiétait madame de Sévigné; et, pour bien comprendre ce que cette position avait de difficile, il est nécessaire de faire connaître ce qu'était alors le gouvernement de la Provence.

Cette province était ce que l'on appelait un pays d'états, réuni et soumis à la couronne, mais sous certaines conditions, ayant ses représentants, son parlement et ses franchises. Comme dans les autres pays de même origine, ces garanties de la liberté, par l'effet des empiétements du pouvoir royal, se réduisaient à de pures formes. Cependant il restait encore à la Provence un privilége reconnu et respecté par le pouvoir : c'est que, quand le gouverneur et le lieutenant général étaient tous les deux absents, le parlement prenait de droit le gouvernement de la province; et, pour l'exercice de ce droit, il nommait dans son sein une commission à laquelle ses pouvoirs étaient délégués. Ce cas se présenta lorsque le duc de Vendôme, gouverneur de Provence, fut nommé cardinal en 1667. Le gouverneur et son lieutenant se trouvèrent tous les deux absents. Louis XIV se ressouvenait de la Fronde, et refusait au parlement de Paris toute action sur la police du royaume; il était peu disposé à permettre que cette action fût exercée par un parlement de province dans l'étendue de son ressort. Cependant, pour ne pas attenter trop ouvertement à des droits consacrés par le temps et par un long usage, il nomma, pour commander en l'absence du duc de Vendôme, gouverneur, et de Mérinville, lieutenant général, le premier président du parlement, Henri Forbin de Meynier, baron d'Oppède. On n'osa point faire de réclamation; mais cette mesure indisposa le parlement et ceux de la noblesse et du clergé qui avaient droit de siéger dans l'assemblée des états et qui étaient regardés comme les gardiens naturels des libertés de la province[1]. Comme on soupçonnait le baron d'Oppède d'avoir sollicité son brevet de gouverneur par *intérim*, qu'on l'accusait de partialité dans son administration et de profiter de son autorité pour son intérêt particulier, il éprouva de fortes oppositions. Les ministres de Louis XIV comprirent qu'il était nécessaire de faire surveiller les mécontents par quelqu'un qui eût plus d'influence que le baron d'Oppède. L'évêque de Marseille, Forbin-Janson, s'offrit à eux, et il leur fournit ainsi l'occasion de connaître sa capacité[2]. Ils s'habituèrent peu à peu à traiter avec lui toutes les affaires de la Provence qui avaient quelque importance. Forbin, son parent, ami de Bontems, les servait à la cour auprès du roi, et ajoutait à son crédit tout le poids d'une si haute volonté.

C'est dans ces circonstances que le comte de Grignan fut nommé lieutenant général, pour remplir la place du gouverneur absent. Sa présence dans la province et son

---

[1] Papon, *Hist. de Provence*, t. IV, p. 691, 816 et 819.
[2] Saint-Simon, *Mémoires authentiques*, t. X, p. 484.

investiture dans la charge dont il était revêtu faisaient cesser de droit l'autorité que le baron d'Oppède avait exercée à un titre assez peu légal, et tendait à anéantir l'influence que l'évêque de Marseille, sans aucun titre, avait usurpée dans les affaires. Ces deux hommes, puissants par l'indépendance de leurs fonctions et par les dignités dont ils étaient revêtus, par les créatures et les partisans qu'ils s'étaient faits dans le pays, formaient obstacle à l'autorité pleine et entière du lieutenant général gouverneur. L'intervention de l'évêque pour les affaires qui n'étaient pas du ressort ecclésiastique était surtout humiliante pour le comte de Grignan, puisque, par les pouvoirs dont le lieutenant général était revêtu, elle devait être inutile. Mais son inexpérience la rendait nécessaire, et, malgré tous ses efforts pour la faire cesser, elle continuait toujours. C'est ce qui produisit l'aversion que le comte de Grignan avait pour le prélat. Le caractère aigre et altier de celui-ci[1] n'était pas propre à la diminuer. Entre ces deux hommes les luttes devinrent plus fréquentes et l'inimitié s'accrut de jour en jour.

Madame de Sévigné, mieux instruite que le comte de Grignan des intrigues qui lui étaient contraires, jugea, avec son ordinaire sagacité, ce que la position de son gendre exigeait de prudence et de ménagement. Elle voulait qu'il dissimulât et qu'il n'en vînt pas à une rupture déclarée avec l'évêque et avec le baron d'Oppède. Tous deux étaient alors absents de leur province ; présents et assidus à la cour, madame de Sévigné les voyait, et elle agissait auprès d'eux d'une manière conforme aux intérêts du

---

[1] Sévigné, *Lettres* (17 novembre 1673), t. III, p. 225, édit. de G. L'évêque de Marseille est nommé *la Grêle*.—(24 novembre 1675), t. IV, p. 219.—(18 août 1680), t. VII, p. 165. —(28 février 1690), t. X, p 273.

lieutenant général gouverneur. Les conseils qu'elle donnait à M. de Grignan étaient accompagnés de réflexions qui font autant d'honneur à la noblesse de son âme, à la droiture de son cœur qu'à la sagesse et à la solidité de son esprit.

« Je veux vous parler, dit-elle, de M. de Marseille, et vous conjurer, par toute la confiance que vous pouvez avoir en moi, de suivre mes conseils sur votre conduite avec lui. Je connais les manières des provinces, et je sais le plaisir qu'on y prend à nourrir les divisions ; en sorte qu'à moins que d'être en garde contre les discours de ces messieurs on prend insensiblement leurs sentiments, et très-souvent c'est une injustice. Je vous assure que le temps et d'autres raisons ont changé l'esprit de M. de Marseille : depuis quelques jours il est fort adouci, et, pourvu que vous ne vouliez pas le traiter en ennemi, vous trouverez qu'il ne l'est pas. Prenons-le sur ses paroles jusqu'à ce qu'il ait fait quelque chose de contraire. Rien n'est plus capable d'ôter tous les bons sentiments que de marquer de la défiance ; il suffit souvent d'être soupçonné comme ennemi pour le devenir : la dépense en est toute faite, on n'a plus rien à ménager. Au contraire, la confiance engage à bien faire ; on est touché de la bonne opinion des autres, et on ne se résout pas facilement à la perdre. Au nom de Dieu, desserrez votre cœur, et vous serez peut-être surpris par un procédé que vous n'attendez pas. Je ne puis croire qu'il y ait du venin caché dans son cœur, avec toutes les démonstrations qu'il nous fait et dont il serait honnête d'être la dupe plutôt que d'être capable de le soupçonner injustement.

« Suivez mes avis ; ils ne sont pas de moi seule : plusieurs bonnes têtes vous demandent cette conduite, et vous assurent que vous n'y serez pas trompé. Votre famille en est persuadée; nous voyons les choses de plus près que vous; tant de personnes qui vous aiment et qui ont un peu de bon sens ne peuvent guère s'y méprendre.

« Je vous mandai l'autre jour que M. le premier président de Provence [de Forbin, baron d'Oppède] était venu de Saint-Germain exprès, aussitôt que ma fille fut accouchée, pour lui faire son compliment; on ne peut témoigner plus d'honnêteté ni prendre plus d'intérêt à ce qui vous touche. Nous l'avons revu aujourd'hui; il nous a parlé le plus franchement et le mieux du monde sur l'affaire que vous ferez proposer à l'assemblée des communautés de Provence. Il nous a dit qu'on avait envoyé des ordres pour la convoquer, et qu'il vous écrivait pour vous faire part de ses conseils, que nous avons trouvés très-bons. Comme on ne connaît d'abord les hommes que par les paroles, il faut les croire jusqu'à ce que les actions les détruisent; on trouve quelquefois que les gens qu'on croit ennemis ne le sont point; on est alors fort honteux de s'être trompé; il suffit que l'on soit toujours reçu à se haïr quand on y est autorisé [1]. »

Pour l'intelligence de ce dernier paragraphe, il est nécessaire d'expliquer quelle était l'affaire dont parle ici madame de Sévigné et que M. de Grignan devait proposer aux états. Cette explication achèvera de mettre en évidence les inconvénients et les difficultés de la charge, plus brillante que profitable, dont le comte de Grignan avait été pourvu.

Le comte de Grignan avait dans ses manières et sa façon de vivre tout le désintéressement, toute la libéralité

---

[1] SÉVIGNÉ, *Lettres* (28 novembre 1670), t. I, p. 205 à 207, édit. de M.; t. I, p. 275 à 277, édit. de G. de S.-G.

d'un grand seigneur. Dans sa nouvelle position il se trouvait obligé à donner fréquemment des repas et des fêtes, et un plus grand train de maison lui était nécessaire. Astreint à des dépenses auxquelles sa fortune, quoique considérable, ne pouvait suffire, il aurait dû trouver dans les appointements de sa charge une compensation au moins suffisante. Ces appointements, ainsi que ceux du gouverneur, n'étaient pas payés par l'épargne ou le trésor public, mais par la province; et le montant en était réglé par des ordonnances royales. Ils étaient fixés par ces ordonnances à la somme de 18,000 livres, équivalant à 36,000 livres de notre monnaie actuelle. Cette somme eût été plus que suffisante si le gouverneur eût résidé dans la province, et eût rendu inutile l'intervention du lieutenant général ; mais lorsque celui-ci se trouvait seul chargé du gouvernement et de tous les frais de représentation, elle ne pouvait lui suffire. Ce n'est pas tout : les ordonnances avaient fixé une certaine somme pour le payement et l'entretien des gardes du gouverneur; mais elles n'avaient pas prévu le cas où le lieutenant général serait tenu de faire les fonctions de gouverneur et obligé, par conséquent, d'avoir des gardes. Pour suppléer à cette omission, le comte de Grignan crut devoir profiter de l'occasion d'une assemblée de toutes les communautés de la province, dont les représentants avaient été réunis à l'effet d'accorder un don de 600,000 francs demandés par le gouvernement du roi et quelques autres sommes moins considérables, exigées par la nécessité de pourvoir à certaines dépenses locales. A toutes ces demandes, justifiées dans le discours que M. le comte de Grignan prononça lors de l'ouverture de cette assemblée, il joignit la proposition d'allouer ce dont il avait besoin pour suffire à la subsistance de ses gardes. Cette proposition était fondée non-seulement sur ce que, le lieutenant général remplissant les fonctions de gouverneur, on devait lui donner les moyens de soutenir la dignité de son rang, mais encore parce que ses gardes lui étaient d'une utilité indispensable pour le maintien de la police militaire. Appuyée sur d'aussi excellentes considérations, cette proposition aurait dû être adoptée sans difficulté; mais comme le baron d'Oppède s'était fait nommer commissaire du roi pour la tenue de cette assemblée, il s'y opposa, et la fit rejeter. On appuya ce refus sur l'arrêt du conseil du 26 août 1639, qui fixait à 18,000 francs les appointements du lieutenant général, et lui défendait de rien exiger au delà, pour quelque cause que ce fût.

Voilà quelle était l'affaire dont madame de Sévigné parle dans sa lettre. C'est ce premier échec de M. le comte de Grignan qu'il s'agissait de réparer en faisant accorder par l'assemblée, sous un autre motif que celui qu'on avait refusé d'admettre, une somme quelconque qui pût suppléer à l'insuffisance des fonds qui lui étaient alloués. Madame de Sévigné réussit, par ses démarches personnelles et celles de toute la famille de Grignan, à se concilier l'appui du baron d'Oppède et de l'évêque de Marseille, et parvint à persuader à son gendre qu'il ne fallait pas qu'il témoignât aucun ressentiment à ces deux personnages, dont le concours lui était nécessaire; et que même il aurait tort de ne pas croire à leurs promesses et à leurs protestations et de les considérer comme ennemis tant qu'ils ne feraient pas contre lui des actes d'hostilité. Les conseils de madame de Sévigné furent suivis, et ses démarches eurent un plein succès. L'assemblée, sans revenir sur sa première décision, déclara qu'en considération des bons services que le lieutenant général rendait continuellement au pays il lui serait accordé une somme de 5,000 livres (10,000 livres de notre monnaie actuelle). Cette somme fut continuée annuellement, et porta ainsi à 46,000 livres (monnaie actuelle) les appointements du comte de Grignan comme lieutenant général gouverneur[1].

Plus d'un lecteur aura remarqué que la lettre de madame de Sévigné, qui nous instruit des affaires de son gendre, nous apprend aussi que sa fille était accouchée. On pense bien que cet accouchement n'avait pu avoir lieu sans que madame de Sévigné en eût écrit tous les détails au comte de Grignan, sans qu'antérieurement elle l'eût entretenu bien souvent des circonstances de la grossesse, du désir et de l'espérance de voir naître un fils destiné à continuer la noble postérité des Grignan; et de fait madame de Sévigné avait d'avance préparé tout le trousseau du futur enfant conformément à cette idée[2]. Mais, dès les premiers mots de la lettre où elle annonce à M. de Grignan l'heureuse issue de l'événement si attendu, on ap-

---

[1] *Abrégé des délibérations faites en l'assemblée générale des communautés du pays de Provence*, tenue à Lambesc en décembre 1670, *janvier et mars* 1671, *par autorité de monseigneur comte* DE GRIGNAN, *lieutenant général pour le roi audit pays, et par mandement de* MM. *les procureurs généraux dudit pays*. A Aix, chez Charles David, imprimeur du roi, du clergé et de la ville; 1671, in-4°, p. 43.—CORIOLIS, *Traité sur l'administration du comté de Provence*, 1786, in-4°, t. I, p. 11. — SÉVIGNÉ, *Lettres* (10 avril 1671, madame de Fiesque à madame de Grignan), t. II, p. 17. — *Ibid.*, t. II, p. 13, édit. de M.

[2] SÉVIGNÉ, *Lettres* (25 juin, 15 août, 12 septembre 1670), t. I, p. 256, 268, 269, édit. de G. de S.-G.; ou t. I, p. 188, 199, 200, édit. de Monmerqué.

prend ce qu'il accorde et ce qu'il refuse pour le présent, et ce qu'il promet pour l'avenir [1]. « Madame de Puisieux [2] dit que, si vous avez envie d'avoir un fils, vous preniez la peine de le faire. Je trouve ce discours le plus juste et le meilleur du monde. » En terminant le récit de la délivrance facile et même précipitée de madame de Grignan, madame de Sévigné la compare plaisamment à la jeune fille du conte de la Fontaine intitulé *l'Ermite*, laquelle croyait accoucher d'un pape. « Quand nous songeons, dit-elle, que nous avons fait des *béguins au saint-père*, et qu'après de si belles espérances la *signora met au monde une fille*, je vous assure que cela rabaisse le caquet. »

Cette fille, baptisée sous le nom de *Marie-Blanche*, fut tenue sur les fonts de baptême par madame de Sévigné et par le frère de M. de Grignan, au nom de son oncle l'archevêque d'Arles, dont il était le coadjuteur [3].

Nourrie à Paris sous les yeux de son aïeule [4], celle-ci fut la première, et longtemps la seule, à laquelle elle donna le nom de mère [5]. Par les grâces et les gentillesses

---

[1] SÉVIGNÉ, *Lettres* (19 novembre 1670), t. I, p. 201, édit. de M.; ou t. I, p. 271, édit. de G. de. S.-G.

[2] Charlotte d'Étampes de Valencey, marquise de Puisieux. Voyez ci-dessus, p. 247.

[3] SÉVIGNÉ, *Lettres* (19 novembre 1671), t. I, p. 278, édit. de G. le S.-G.; t. I, p. 203, édit. de M.

[4] SÉVIGNÉ, *Lettres* (19 août 1676), t. II, p. 196, édit. de M.—*Ib.* 24 février 1673), madame de Coulanges à madame de Sévigné), t. III, p. 144, édit. de G. de S.-G.; t. III, p. 73, édition de Monmerqué.

[5] SÉVIGNÉ, *Lettres* (23 décembre 1671), t. II, p. 320 et 321, édit. de G. de S.-G.; t. II, p. 271, édit. de M.

de son enfance, elle se concilia son affection¹. Quand Marie-Blanche eut été rendue à celle qui lui avait donné le jour, de la province d'où elle ne sortit plus elle écrivait à madame de Sévigné. Dans les lettres que celle-ci adresse à madame de Grignan², elle montre souvent une tendre sollicitude pour cette filleule chérie, qu'elle avait surnommée *ses petites entrailles*. Marie-Blanche d'Adhémar, quoiqu'elle eût les traits de son père³, n'était pas dépourvue d'agréments. Elle avait une taille svelte et bien prise, ses yeux étaient d'un bleu foncé et ses cheveux d'un beau noir⁴. A l'âge de quinze ans et demi, elle fut mise par sa mère dans le couvent des dames Sainte-Marie d'Aix⁵ ; elle s'y fit religieuse, et y mourut à l'âge de soixante-cinq ans⁶. C'est au sujet de

---

¹ SÉVIGNÉ, *Lettres* (22 janvier 1672), t. II, p. 354, édit. de G. de S.-G.—*Ibid.*, t. II, p. 299, édit. de M.—*Ibid.* (16 mai 1672, à madame de Grignan), t. III, p. 33, édit. de G. de S.-G. ; t. II, p. 440, édit. de M.—*Ibid.* (23 mai 1672), t. III, p. 34, édit. de G. de S.-G. ; t. II, p. 445, édit. de M.—*Ibid.* (3 juillet 1672), t. III, p. 92, édit. de G. de S.-G. ; t. III, p. 26, édit. de M.—*Ibid.* (11 juillet 1672), t. III, p. 103, édit. de G. de S.-G. ; t. III, p. 36, édit. de M.—*Ibid.* (24 février 1673), t. III, p. 73, édit. de M.—*Ibid.* (19 août 1675), t. III, p. 411, édit. de M.—*Ibid.* (29 mars 1680), t. VI, p. 419, édit. de G. de S.-G. ; t. VI, p. 212, édit. de M.

² SÉVIGNÉ, *Lettres* (19 avril 1680), t. VI, p. 452, édit. de G. de S.-G. ; t. VI, p. 236, édit. de M.—*Ibid.* (15 juin 1680), t. VII, p. 48, édit. de G. de S.-G. ; t. VI, p. 323 (24 juillet 1680).

³ XAVIER GIRAULT, Notice biographique, etc., dans Sévigné, édit. de G. de S.-G., p. 114.

⁴ SÉVIGNÉ, *Lettres* (17 février 1672), t. II, p. 289, édit. de G. de S.-G. ; t. II, p. 331, édit. de M.

⁵ SÉVIGNÉ, *Lettres* (15 avril et 6 mai 1676), t. IV, p. 396 et 422, édit. de G. de S.-G. ; t. IV, p. 281, édit. de M.

⁶ SÉVIGNÉ, *Lettres* (11 mars 1676), t. IV, p. 229, édit. de M.

son entrée dans cette maison que madame de Sévigné nous apprend qu'elle aussi avait cru nécessaire autrefois de mettre pendant quelque temps sa fille au couvent. En écrivant à madame de Grignan, elle dit : « J'ai le cœur serré de ma petite-fille; elle sera au désespoir de vous avoir quittée et d'être, comme vous dites, en prison. J'admire comment j'eus le courage de vous y mettre; la pensée de vous voir souvent et de vous en retirer me fit résoudre à cette barbarie, qui était trouvée alors une bonne conduite et une chose nécessaire à votre éducation. Enfin, il faut suivre les règles de la Providence, qui nous destine comme il lui plaît. »

La Providence, nous devons le croire, fut douce et bonne envers Marie-Blanche d'Adhémar, puisqu'elle l'a soustraite aux peines et aux agitations du monde pour la consacrer à Dieu. Cependant tout ce que nous savons sur sa vie nous est donné par quelques lignes des lettres de madame de Sévigné et surtout par celles qui furent écrites lorsque la jeune vierge avait acquis l'âge de vingt ans, et probablement peu après qu'elle eut prononcé ses vœux, hélas! perpétuels : « Je fais réponse à ma chère petite Adhémar avec une vraie amitié. La pauvre enfant! qu'elle est heureuse, si elle est contente! Cela est sans doute; mais vous m'entendez bien [1]. »

Ces lignes mystérieuses et mélancoliques et quelques autres [2] laissent subsister une douloureuse incertitude sur le sort de cette aînée des enfants du comte de Grignan.

---

[1] SÉVIGNÉ, *Lettres* (1er février 1690, lettre de madame de Sévigné à madame de Grignan), t. X, p. 228, édit. de G. de S.-G.; t. IX, p. 331, édit. de M.

[2] SÉVIGNÉ, *Lettres* (24 juillet 1680), t. VII, p. 129, édit. de G. de S.-G.; t. VI, p. 190, édit. de M.

Dix jours après son accouchement, madame de Grignan se trouvait parfaitement rétablie, et madame de Sévigné commençait ainsi la grande lettre qu'elle écrivait au comte de Grignan sur ses affaires de Provence : « Ne parlons plus de cette femme, nous l'aimons au delà de toute raison ; elle se porte très-bien, et je vous écris en mon propre et privé nom[1]. »

Il était bien naturel que madame de Sévigné retardât, autant qu'elle le pouvait raisonnablement, le départ pour la Provence de *cette femme*, bien véritablement aimée d'elle *au delà de toute raison*. Aussi la voyons-nous redoubler de soins, de tendresses et de cajoleries pour le comte de Grignan ; parler sans cesse du désir qu'a sa fille d'aller le rejoindre ; exagérer les inconvénients, les dangers de ce voyage dans une si rigoureuse saison. Il paraît que la nouvelle de la nomination de M. de Grignan à la lieutenance générale de Provence, et l'idée de se voir séparée de sa fille, avait causé une telle affliction à madame de Sévigné que sa santé en avait été altérée ; car, en parlant à M. de Grignan du prochain départ de sa fille, elle lui dit douloureusement : « Je serai bientôt dans l'état où vous me vîtes l'année passée[2]. »

Cependant le 16 janvier arrive ; c'est-à-dire que deux mois se sont écoulés depuis l'accouchement de madame de Grignan, et elle n'a point encore quitté sa mère. « Hélas ! dit celle-ci, je l'ai encore cette pauvre enfant ! et quoi qu'elle ait pu faire, il ne lui a pas été possible de

---

[1] SÉVIGNÉ, *Lettres* (28 novembre 1670), t. I, p. 275, édit. de G. de S.-G ; t. I, p. 205, édit. de M.

[2] SÉVIGNÉ, *Lettres* (10 décembre 1670), t. I, p. 280, édit. de G. de S.-G.

partir le 10 de ce mois¹. » Et voyez quel monde d'obstacles madame de Sévigné accumule pour retarder ce départ! A l'entendre, elle le souhaite, et c'est forcément qu'elle le diffère. « Les pluies ont été et sont encore si excessives qu'il y aurait eu de la folie à se hasarder. Toutes les rivières sont débordées, tous les grands chemins sont noyés, toutes les ornières cachées; on peut fort bien verser dans tous les gués. Enfin, la chose est au point que madame de Rochefort, qui est chez elle à la campagne, qui brûle d'envie de revenir à Paris, où son mari la souhaite et où sa mère l'attend avec une impatience incroyable, ne peut pas se mettre en chemin, parce qu'il n'y a pas de sûreté, et qu'il est vrai que cet hiver est épouvantable; il n'a pas gelé un moment, et il a plu tous les jours comme des pluies d'orage; il ne passe plus aucun bateau sous les ponts; les arches du Pont-Neuf sont quasi comblées : enfin c'est une chose étrange. »

Madeleine de Laval-Bois-Dauphin, mariée depuis peu au marquis de Rochefort, était liée avec madame de Grignan, et du même âge². Nommée deux ans après dame du palais, son mari fut ensuite fait maréchal de France³ et mourut à l'âge de quarante ans; sa femme se montra longtemps inconsolable de sa perte⁴. Jolie personne, elle inspira à la Fare une passion à laquelle elle se

[1] SÉVIGNÉ, *Lettres* (16 janvier 1671), t. I, p. 298, édit. de G. de S.-G.

[2] SÉVIGNÉ, *Lettres* (19 février 1672), t. II, p. 396, édit. de G. de S.-G.

[3] SÉVIGNÉ, *Lettres* (29 septembre 1673), t. III, p. 288, édit. de G. de S.-G.

[4] SÉVIGNÉ, *Lettres* (1ᵉʳ juin et 11 septembre 1676), t. IV, p. 467, et t. V, p. 117, édit. de G. de S.-G.

montra insensible. Celle qu'eut pour elle Louvois fut plus constante et plus sérieuse [1]; mais, à l'époque où madame de Sévigné écrivait la lettre que nous venons de citer, toutes les affections de madame de Rochefort étaient concentrées sur son mari, et l'exemple était donc bien choisi [2]. Madame de Sévigné ne veut pas que sa fille, pour aller joindre son mari, paraisse arrêtée par la crainte du danger; aussi elle prend tout sur elle, et dit :

« Je vous avoue que l'excès d'un si mauvais temps fait que je me suis opposée à son départ pendant quelques jours. Je ne prétends pas qu'elle évite le froid, ni les boues, ni les fatigues du voyage; mais je ne veux pas qu'elle soit noyée. Cette raison, quoique très-forte, ne la retiendrait pas présentement, sans le coadjuteur, qui part avec elle et qui est engagé de marier sa cousine d'Harcourt. Cette cérémonie se fait au Louvre. M. de Lionne est le procureur; le roi lui a parlé... Ce serait une chose si étrange que d'aller seule, et c'est une chose si heureuse pour elle d'aller avec son beau-frère, que je ferai tous mes efforts pour qu'ils ne se quittent pas. Cependant les eaux s'écouleront un peu. Je veux vous dire de plus que je ne sens point le plaisir de l'avoir présentement : je sais qu'il faut qu'elle parte; ce qu'elle fait ici ne consiste qu'en devoirs et en affaires; on ne s'attache à nulle société; on ne prend aucun plaisir; on a toujours le cœur

---

[1] Sévigné, *Lettres* (19 mai 1673), t. III, p. 153.

[2] Conférez encore, sur le maréchal et la maréchale de Rochefort, Loret, *Muse historique*, liv. VIII, p. 135; IX, p. 130; XIII, p. 66. —Montpensier, *Mémoires*, t. XLII, p. 136.—Gourville, *Mémoires*, t. LII, p. 265.—Sévigné, *Lettres* (25 décembre 1679), t. VI, p. 265, édit. de G. de S.-G. — Sévigné, *Lettres* (24 janvier 1680), t. VI, p. 320, édit. de G. de S.-G.

serré ; on ne cesse de parler de chemins, de pluies, des histoires tragiques de ceux qui se sont hasardés. En un mot, quoique je l'aime comme vous savez, l'état où nous sommes à présent nous pèse et nous ennuie ; ces derniers jours-ci n'ont aucun agrément. Je vous suis très-obligée, mon cher comte, de toutes vos amitiés pour moi et de toute la pitié que je vous fais. Vous pouvez mieux qu'un autre comprendre ce que je souffre et ce que je souffrirai [1]. »

L'inquiétude de madame de Sévigné au sujet de ce départ était d'autant plus grande que si ce mariage de la cousine du coadjuteur tardait plus de huit jours, et que le coadjuteur persistât à vouloir y assister, elle voyait sa fille résolue à partir sans lui, ce qui lui paraissait à elle le comble de la folie, et la mettait au désespoir [2]. Le mariage n'eut lieu que trois semaines après la date de cette lettre à M. de Grignan. Mais le coadjuteur, d'après les vives instances de madame de Sévigné, aima mieux renoncer à assister à cette cérémonie que de ne pas accompagner sa belle-sœur ; c'est ce qui résulte évidemment de la date de la célébration des noces de mademoiselle d'Harcourt [3] avec Pereïra de Mello, duc de Cardaval, qui eut lieu le 7 février [4], et de la lettre de

---

[1] Sévigné, *Lettres* (16 janvier 1671), t. I, p. 299 et 300, édit. de G. de S.-G.

[2] Sévigné, *ibid.*, p. 300.

[3] La mère de Marie-Angélique-Henriette de Lorraine était Ornano et sœur de la mère de MM. de Grignan.—Voyez ci-dessus, chap. VIII, p. 129, la liste des parents qui signèrent le contrat de mariage de M. de Grignan.

[4] Sévigné, *Lettres* (23 janvier, 1er et 6 février 1671), t. I, p. 303, 304, 305.

madame de Sévigné, datée du 6 du même mois. C'est par cette lettre que commence cette longue suite de complaintes sur la douleur qu'éprouvait madame de Sévigné d'être séparée de sa fille; éloquentes et touchantes expressions de ses tourments maternels, qui tiennent une si grande place dans sa correspondance. Dès la première phrase de cette lettre, nous apprenons que madame de Grignan était partie la veille du jour où elle fut écrite.

CHAPITRE XVII.

1671.

D'Hacqueville vient chercher madame de Grignan dans son carrosse, pour la séparer d'avec sa mère.—Douleur de celle-ci.—Elle écrit à sa fille.—Madame de Grignan arrive à Nogent-sur-Vernisson.—A Moulins, elle y trouve madame de Guénégaud.—Triste réflexion de madame de Guénégaud en présence du monument funèbre du duc de Montmorency.—C'est là que madame de Grignan rencontre la marquise de Valencey et ses deux filles.—Madame de Grignan arrive à Lyon, court quelques dangers en gravissant la montagne Tarare, manque d'être noyée dans le Rhône à Avignon, où elle s'embarque avec son mari.—Couplet sur le départ de madame de Grignan et sur son absence de la cour.—Madame de Grignan fait son entrée dans Arles.—Elle y trouve le marquis de Vardes et le président de Bandol.—Madame de Sévigné entretient une correspondance avec diverses personnes pour avoir des nouvelles de sa fille.—De Julianis et le marquis de Saint-Andiol lui en apportent.—Elle eut trois relations du voyage de sa fille.—Elle reçoit des nouvelles de son arrivée à Aix.—Elle souhaite d'être à Aix, pour partager avec elle l'ennui des visites et du cérémonial.—Elle ne peut s'accoutumer à son absence.—Elle forme le projet de l'aller trouver en Provence.—Madame de Grignan est enceinte.—Inquiétudes de sa mère sur son projet d'aller à Marseille.—Honneurs rendus à madame de Grignan par de Vivonne; détails sur celui-ci.—Pour mot d'ordre il donne le nom de madame de Sévigné.—Celle-ci se montre charmée de cette galanterie et de la relation que sa fille lui adresse de son voyage d'Aix à Marseille.—Elle se rend dans cette ville la conciliatrice de tous les différends.—Madame de Sévigné se dispose à partir pour la Bretagne, et promet à sa fille d'aller la rejoindre en Provence.

Fille adorée, heureuse mère, dans tout l'éclat de la jeunesse et de la beauté, madame de Grignan allait retrouver un époux sur lequel la puissance de ses charmes et l'énergie de son caractère devaient lui assurer un suprême ascendant ; elle partait avec l'assurance d'être accueillie en reine sous ce beau ciel de Provence, où la renommée de ses attraits, de sa vertu, de ses talents, de la culture de son esprit, l'avait précédée.

Le complaisant d'Hacqueville, au moment du départ, était venu lui-même la prendre dans son carrosse, autant par attention pour elle que pour soutenir le courage de madame de Sévigné contre la douleur d'une telle séparation. Plus d'un mois après ce cruel moment, cette mère inconsolable ne pouvait supporter la vue de la chambre où elle avait dit à sa fille un dernier adieu, où elle lui avait donné le dernier baiser[1].

« Je vous assure, ma chère enfant, lui écrit-elle alors, que je songe à vous continuellement, et que je sens tous les jours ce que vous me dîtes une fois, qu'il ne fallait pas appuyer sur certaines pensées : si l'on ne glissait pas dessus, on serait toujours en larmes, c'est-à-dire moi. Il n'y a lieu dans cette maison qui ne me blesse le cœur; toute votre chambre me tue; j'y ai fait mettre un paravent tout au milieu, pour rompre un peu la vue; une fenêtre de ce degré par où je vous vis monter dans le carrosse d'Hacqueville, et par où je vous rappelai, me fait peur à moi-même quand je pense combien alors j'étais capable de me jeter par la fenêtre; car je suis folle quelquefois. Ce cabinet, où je vous embrassai sans savoir ce que je faisais ; ces Capucins[2], où j'allai entendre la messe;

---

[1] SÉVIGNÉ, *Lettres* (3 mars 1671), t. I. p. 355, édit. de G. de S.-G.; t. I, p. 272, édit. de M.

[2] Le couvent des Capucins de la rue d'Orléans au Marais. Cette église est aujourd'hui la paroisse de Saint-François d'Assise.

ces larmes qui tombaient de mes yeux à terre, comme si c'eût été de l'eau qu'on eût répandue ; Sainte-Marie [1], madame de la Fayette, mon retour dans cette maison, votre appartement, la nuit, le lendemain ; et votre première lettre, et toutes les autres, et encore tous les jours, et tous les entretiens de ceux qui entrent dans mes sentiments : ce pauvre d'Hacqueville est le premier ; je n'oublierai jamais la pitié qu'il eut de moi. Voilà donc où j'en reviens, il faut glisser sur tout cela, et se bien garder de s'abandonner à ses pensées et aux mouvements de son cœur ; j'aime mieux m'occuper de la vie que vous faites maintenant, cela me fait une diversion sans m'éloigner pourtant de mon sujet et de mon objet, qui est ce qu'on appelle poétiquement l'objet aimé. Je songe donc à vous, et je souhaite toujours de vos lettres ; quand je viens d'en recevoir, j'en voudrais bien encore. J'en attends présentement, et je reprendrai ma lettre quand j'aurai de vos nouvelles. J'abuse de vous, ma très-chère ; j'ai voulu aujourd'hui me permettre cette lettre d'avanie, mon cœur en avait besoin ; je n'en ferai pas une coutume [2]. »

Cette lettre rappelle celle qu'elle avait écrite dès le lendemain même du départ de madame de Grignan :

« Ma douleur serait bien médiocre si je pouvais vous la dépeindre [3] ; je ne l'entreprendrai pas aussi. J'ai beau chercher ma fille, je ne la trouve plus, et tous les pas qu'elle fait l'éloignent de moi. Je m'en allai donc à Sainte-

---

[1] Le couvent des filles de Sainte-Marie. Voyez PIGANIOL DE LA FORCE, *Description de Paris*, t. VIII, p. 318 ; et SÉVIGNÉ, *Lettres* (6 février 1671), t. I, p. 305 et 306, édit. de G. de S.-G.

[2] SÉVIGNÉ, *Lettres* (13 mars 1671), t. I, p. 355.

[3] SÉVIGNÉ, *Lettres* (6 février 1671), t. I, p. 305-307, édit. de G. de S.-G.

Marie, toujours pleurant et toujours mourant ; il me semblait qu'on m'arrachait le cœur et l'âme ; et en effet quelle rude séparation ! Je demandai la liberté d'être seule ; on me mena dans la chambre de madame de Housset, on me fit du feu. Agnès me regardait sans me parler ; c'était notre marché. J'y passai jusqu'à cinq heures sans cesser de sangloter ; toutes mes pensées me faisaient mourir. J'écrivis à M. de Grignan, vous pouvez juger sur quel ton ; j'allai ensuite chez madame de la Fayette, qui redoubla mes douleurs par l'intérêt qu'elle y prit ; elle était seule et malade, et triste de la mort d'une sœur religieuse. Elle était comme je la pouvais désirer. M. de la Rochefoucauld y vint ; on ne parla plus que de vous, et de la raison que j'avais d'être touchée... Les réveils de la nuit ont été noirs, et le matin je n'étais pas avancée d'un pas pour le repos de mon esprit. L'après-dînée se passa chez madame de la Troche, à l'Arsenal. Le soir, je reçus votre lettre, qui me remit dans mes premiers transports. »

Ainsi que nous l'avons déjà dit, madame de Grignan, en quittant Paris, laissa sa fille à madame de Sévigné, et partit avec ses chevaux, s'avançant à petites journées sur la route de Lyon[1]. Elle avait pour conducteur ou pour cocher un certain Busche, homme dévoué, mais grotesque, qui, lorsqu'il l'eut rendue saine et sauve à sa destination, revint à Paris, et fut questionné, choyé et sur le point d'être embrassé par madame de Sévigné[2]. Un paysan

---

[1] SÉVIGNÉ, *Lettres* (9 février 1671), t. I, p. 237, 238, 239, édit. de M., ou t. I, p. 313 à 314, édit. de G. de S.-G.

[2] SÉVIGNÉ, *Lettres* (4 mars 1671), t. I, p. 359-361. — (9 février 1671), t. I, p. 315, édit. de G. de S.-G. ; t. I, p. 239, édit. de M.

de Sully fut chargé de lui apporter une lettre de sa fille tandis qu'elle était en route. « Je veux le voir, lui écrit-elle ; je lui donnerai de quoi boire. Je le trouve bien heureux de vous avoir vue. Hélas! comme un moment me paraîtrait doux, et que j'ai de regret à tous ceux que j'ai perdus ! » Lorsque madame de Grignan fut arrivée à Nogent-sur-Vernisson, elle écrivit à sa mère [1], et chercha à la distraire en lui racontant les singulières saillies d'éloquence de Busche. Nous n'avons aucune des lettres que madame de Grignan a écrites pendant ce voyage, et nous n'en pouvons juger que par la vive impression qu'elles faisaient sur madame de Sévigné, toujours dans les larmes, toujours inconsolable et croyant toujours voir ce fatal carrosse, « qui, dit-elle, avance sans cesse et n'approchera jamais de moi [2]. »

Arrivée à Moulins, madame de Grignan y trouva madame Duplessis de Guénégaud, non telle que dans son enfance elle l'avait vue à Fresnes au milieu de sa prospérité : cette femme si aimable, si spirituelle avait été dépouillée de la plus grande partie de sa fortune par les mesures rigoureuses de Colbert contre tous les amis de Fouquet, contre tous ceux qui s'étaient enrichis sous son administration [3]. Déchue du rang qu'elle occupait à la cour et dans le monde, elle s'était retirée à Moulins, où se trouvait aussi madame Fouquet et toute sa famille, plongée dans la douleur d'être privée de son chef. Madame de Guénégaud re-

---

[1] SÉVIGNÉ, *Lettres* (9 et 11 février 1671), t. I, p. 315 et 320.
[2] SÉVIGNÉ, *Lettres* en date des 9 et 18 février 1671, t. I, p. 311 et 333 de l'édit. de G. de S.-G.
[3] GOURVILLE, *Mémoires* (année 1671), collection des *Mémoires sur l'histoire de France*, par Petitot et Monmerqué, t. LII, p. 449.

tournait en cette ville après un court séjour à Paris. En partant, elle s'était chargée d'une lettre que madame de Sévigné l'avait[1] priée de remettre à sa fille lorsqu'elle l'aurait rejointe. Le premier soin de madame de Grignan, en arrivant à Moulins, avait été de se rendre au couvent de la Visitation, fondé par sa bisaïeule la baronne de Chantal, où, depuis trente ans qu'elle avait cessé de vivre, on conservait son cœur avec vénération[2]. Madame de Grignan, après avoir payé le tribut des prières dues à une si chère et si pieuse mémoire, tourna ses regards vers le tombeau orné de pilastres, de statues, couronné de figures d'anges que la veuve de Henri de Montmorency, décapité à Toulouse le 30 octobre 1632[3], avait fait ériger dans cette église. Le maréchal-duc y est représenté couché sur le dos et appuyé sur le coude. La duchesse, sa femme, est assise à ses pieds, voilée et en mante. Deux jeunes enfants, beaux, frais, gracieux, priaient avec leur mère près de ce magnifique mausolée ; c'étaient les deux petites-filles de François de Montmorency, comte de Boutteville, ce parent et cet ami du baron de Sévigné, l'aïeul de madame de Grignan, de ce comte de Boutteville que Richelieu aussi avait fait décapiter le 21 juin 1637 ; et leur mère, Marie-Louise de Montmorency, marquise de Valencey[4]. L'aspect de ce lieu, si rempli des souvenirs de sa famille et des deux illustres victimes immolées à l'ambition et à la

---

[1] SÉVIGNÉ, *Lettres* (9 et 18 février 1671), t. I, p. 311 et 329.— *Ibid.* (17 mai 1676), t. IV, p. 440, édit. de G. de S.-G.

[2] Tome I, p. 3 de la première partie de ces Mémoires.

[3] SÉVIGNÉ, *Lettres* (18 février 1671), t. I, p. 332, et la note 1 de M. Gault de Saint-Germain.

[4] Première partie de cet ouvrage, p. 5.—Conférez SÉVIGNÉ, *Lettres* (28 juillet 1682), t. VII, p. 98, édit. de M.

cruauté d'un ministre; cette réunion autour d'une même tombe de l'enfance et de l'âge mûr, du malheur et de la prospérité émurent madame de Grignan, déjà triste de se trouver séparée d'une mère qu'elle n'avait jamais quittée : elle se prit à pleurer, et soupira profondément. Dans le même moment madame de Guénégaud, arrivant de Paris, l'accosta, la regarda avec attendrissement, et lui dit : « Soupirez, madame, soupirez; j'ai accoutumé Moulins aux soupirs qu'on apporte de Paris[1]. »

Madame de Grignan vit encore à Moulins, dans le couvent de la Visitation, une très-belle femme, madame de Valence, qui s'était faite religieuse[2]; cette madame de Valence passa depuis dans plusieurs couvents, puis se fixa dans l'abbaye de Clérets, où elle rétablit la règle, ce qui lui acquit la réputation d'une sainte[3].

Madame de Grignan continua sa route sans s'arrêter jusqu'à Lyon; et le récit qu'elle fit de ce trajet à madame de Sévigné donna lieu à celle-ci de gronder dans une de ses lettres le coadjuteur pour avoir fait franchir de nuit à sa fille la montagne de Tarare, qu'on ne passe jamais, dit-elle, qu'entre deux soleils[4]. Mais M. de Grignan reçut une réprimande bien plus méritée et bien plus sérieuse

---

[1] SÉVIGNÉ, *Lettres* (17 mai 1671), t. IV, p. 441, édit. de G. de S.-G.; t. IV, p. 298, édit. de M.

[2] *Lettres de madame* DE RABUTIN-CHANTAL, *marquise* DE SÉVIGNÉ, *à madame la comtesse de Grignan, sa fille;* la Haye, 1726, in-12, t. I, p. 20.

[3] SÉVIGNÉ, *Lettres* (de madame de Sévigné au comte de Guitaud, 1693), t. X, p. 445 et 446, édit. de G. de S.-G.

[4] SÉVIGNÉ, *Lettres* (25 et 27 février 1671), t. I, p. 342, 350, édit. de G. de S.-G.

pour avoir, selon madame de Sévigné, par son imprudence, fait courir à sa femme, à lui-même et à tous les siens un véritable danger. Cependant il ne la méritait pas, cette réprimande, et le coupable en cette occasion était encore le coadjuteur [1].

M. de Grignan était venu au-devant de sa femme jusqu'à Avignon [2]. L'empressement que mit madame de Grignan à rejoindre son mari ne lui permit pas de séjourner à Lyon. Poussé par son frère et par sa femme, M. de Grignan consentit, malgré ses craintes, à s'embarquer avec eux sur le Rhône par un temps d'orage ; le bateau qui les portait, jeté violemment sur une des arches du pont d'Avignon, fut sur le point de se briser, et tous ceux qu'il contenait furent exposés à être engloutis dans le fleuve. La lettre de madame de Grignan, qui contenait le récit de cette aventure, mit pendant plusieurs jours madame de Sévigné dans un état permanent d'effroi. Elle écrivit à sa fille : « Quel miracle que vous n'ayez pas été brisés et noyés en même temps ! Je ne soutiens pas cette pensée, j'en frissonne, et je m'en suis réveillée avec des sursauts dont je ne suis pas la maîtresse. » Et deux jours après, dans une autre lettre, voulant plaisanter sur le coadjuteur, qui n'écrit pas et qui sans doute a été noyé sous le pont d'Avignon : « Ah ! mon Dieu ! dit-elle, cet endroit est encore bien noir dans ma tête [3]. » Elle croyait que sa fille n'avait pu être sauvée que par un miracle de Dieu. « Je crois du moins, lui dit-elle, que vous avez rendu

---

[1] Sévigné, *Lettres* (4 mars 1671), t. I, p. 359, édit. de G. de S.-G.

[2] Sévigné, *Lettres* (27 mars 1671), t. I, p. 398, édit. de M.

[3] Sévigné, *Lettres* (4 et 6 mars 1671), t. I, p. 358 et 361, édit. de G. de S.-G.; p. 274 à 277, édit. de M.

grâces à Dieu de vous avoir sauvée. Pour moi, je suis persuadée que les messes que j'ai fait dire tous les jours pour vous ont fait ce miracle, et je suis plus obligée à Dieu de vous avoir conservée dans cette occasion que de m'avoir fait naître [1]. » Bossuet, auquel madame de Grignan avait inspiré de l'attachement, fut fortement ému lorsque le jeune de Sévigné lui apprit cet événement. Sévigné termine ainsi une courte lettre à sa sœur : « Adieu ; soyez la bien échappée des périls du Rhône et la bien reçue dans votre royaume d'Arles. A propos, j'ai fait transir M. de Condom sur le récit de votre aventure ; il vous aime toujours de tout son cœur [2]. »

Le départ de madame de Grignan, le danger qu'elle avait couru, son absence, qui devait longtemps se prolonger, occupèrent pendant quelques jours la cour et la ville ; et on fit sur cela des vaudevilles et des chansons [3], comme alors on avait coutume d'en faire sur les plus graves affaires et sur les plus légers événements : ces chansons, après avoir couru en manuscrit, passaient dans les recueils imprimés. Une de celles qui ont reçu cet honneur commence ainsi :

> Provinciaux, vous êtes heureux
> D'avoir ce chef-d'œuvre des cieux,
> Grignan, que tout le monde admire.
> Provinciaux, voulez-vous nous plaire,
>   Rendez cet objet si doux :
>   Nous en avons affaire.

---

[1] SÉVIGNÉ, Lettres (4 mars 1671), t. I, p. 358.
[2] SÉVIGNÉ, Lettres (6 mars 1671), t. I, p. 361.
[3] *Recueil de chansons choisies*, par M. DE ***; 1698, in-12, t. I, p. 166-168. *Pour madame la comtesse de Grignan, qui pensa se noyer sur le Rhône en allant à Arles.*

Gardez monsieur son époux
Et rendez-la-nous [1].

Madame de Grignan fit son entrée dans Arles; et la réception pompeuse qui lui fut faite ne lui causa point autant de satisfaction que d'y rencontrer Corbinelli et de s'entretenir avec lui de sa mère [2].

M. de Grignan quitta sa femme à Arles [3], où elle séjourna. Indépendamment de Corbinelli, elle était encore entourée dans cette ville de deux autres amis de madame de Sévigné, le brillant marquis de Vardes, toujours exilé, et le président de Bandol, homme d'esprit et de goût, aimant la poésie et les belles-lettres et en correspondance avec Coulanges le chansonnier. C'est accompagnée par le président de Bandol et le marquis de Vardes que madame de Grignan fit son entrée dans la ville d'Aix, qui, comme la capitale de la Provence, devait être le lieu de sa résidence habituelle et était le terme de son voyage [4].

Madame de Grignan avait, par ses lettres, instruit sa mère de tout ce qui lui avait paru intéressant depuis son arrivée en Provence; mais madame de Sévigné,

---

[1] *Recueil de chansons choisies;* 1698, in-12, t. I, p. 175. Conférez encore t. II, p. 19, 20 et 22. Les chansons de ce recueil sont à tort attribuées à de Coulanges; il en contient un grand nombre de lui, mais il y en a beaucoup d'autres dont il n'est pas l'auteur.

[2] SÉVIGNÉ, *Lettres* (6 mars 1671), t. I, p. 361, édit. de G. de S-G.; t. I, p. 177, édit. de M.

[3] SÉVIGNÉ, *Lettres* (11 mars 1671), t. I, p. 365, édit. de G. de S.-G.

[4] *Lettres de madame* RABUTIN-CHANTAL, *marquise* DE SÉVIGNÉ, *à madame la comtesse de Grignan, sa fille;* la Haye, 1726, in-12, t. I, p. 38 et 39.—SÉVIGNÉ, *Lettres* (18 mars 1671), t. I, p. 379 et 380, édit. de G. de S.-G.; t. I, p. 292, édit. de M.

avide des moindres détails, ne trouvait pas sa fille assez explicite, et s'était mise en rapport avec tous ceux qui pouvaient lui en donner des nouvelles. C'est ainsi qu'elle se procura une relation admirable, selon elle, du voyage de madame de Grignan depuis Arles jusqu'à Aix, adressée à M. de Coulanges par M. de Ripert, homme d'affaires de M. de Grignan [1] et frère du doyen du chapitre de Grignan. Corbinelli lui fit une seconde relation du même voyage, et le président de Bandol une troisième [2]. Toutes furent lues et relues par elle avec un égal empressement. Elle recherchait aussi tous ceux qui venaient de la Provence et lui parlaient de sa fille, et même tous les Provençaux, qui, eux aussi, pouvaient au moins l'entretenir du pays qu'habitait madame de Grignan. Madame de Sévigné lia une correspondance avec Vardes sur ce sujet et avec le coadjuteur d'Arles ; elle rendit plus actives ses relations avec son cousin de Coulanges, alors à Paris. Le coadjuteur d'Arles lui écrivait en italien des lettres qui la divertissaient. « Je ferai, dit-elle, réponse au prélat dans la même langue, avec l'aide de mes amis [3]. » Ces amis, c'était

---

[1] *Lettres de madame* RABUTIN-CHANTAL, *marquise* DE SÉVIGNÉ, *à madame la comtesse de Grignan, sa fille;* la Haye, 1726, in-12, t. I, p. 38 et 39 (18 mars 1671); et t. I, p. 220. Le nom de Ripert ne se trouve pas dans les éditions modernes, et lés lettres citées ici y ont subi beaucoup de retranchements. — SÉVIGNÉ, *Lettres* (le jour des noces, à onze heures, 1671), t. II, p. 325, édit. de G. de S.-G.; ou t. II, p. 275 de l'édit. de M.—*Ibid.* (26 juillet 1675), t. III, p. 469, édit. de G. de S.-G.—*Ibid.* (4 septembre 1676), t. V, p. 113. Sur Ripert, voyez l'*Histoire de madame de Sévigné,* par M. Aubenas, p. 180 et 588.

[2] SÉVIGNÉ, *Lettres* (27 mars 1671), t. I, p. 398, édit. de G. de S.-G.; t. I, p. 309, édit. de M.

[3] SÉVIGNÉ, *Lettres*, édit. de la Haye, 18 mars 1671, t. I, p. 639.

sans doute Ménage, qui écrivait parfaitement en italien. Dans cette même lettre (mutilée dans toutes les éditions modernes) elle dit encore : « La liaison de M. de Coulanges et de moi est extrême par le côté de la Provence; il me semble qu'il m'est bien plus proche qu'il n'était ; nous en parlons sans cesse. Quand les lettres de Provence arrivent, c'est une joie parmi tous ceux qui m'aiment, comme c'est une tristesse quand je suis longtemps sans en avoir. Lire vos lettres et vous écrire sont la première affaire de ma vie ; tout fait place à ce commerce ; aimer comme je vous aime fait trouver frivoles toutes les autres amitiés[1]. »

Le premier Provençal qui vint donner à madame de Sévigné des nouvelles de sa fille fut le beau-frère de M. de Grignan, le marquis de Saint-Andiol[2], qui, en se rendant à Paris, avait rencontré madame de Grignan. « Saint-Andiol m'est venu voir... il m'a dit qu'il vous avait vue en chemin ; il m'a fait transir en me parlant des chemins que vous aviez à passer. »

Mais ce fut un autre Provençal, nommé de Julianis, qui mit fin aux anxiétés de madame de Sévigné en lui apprenant que sa fille était enfin arrivée heureusement au terme de son voyage.

Le 11 mars, un mercredi, madame de Sévigné écrit à sa fille : « Vous étiez à Arles ; mais je ne sais rien de votre arrivée à Aix. Il me vint hier un gentilhomme de ce pays-là, qui était présent à votre arrivée et qui vous

---

[1] *Lettres de madame* RABUTIN-CHANTAL, *marquise* DE SÉVIGNÉ, *à madame la comtesse de Grignan, sa fille* ; la Haye, 1726, in-12, t. I, p. 38.

[2] Conférez ci-dessus, chapitre VIII, p. 137, et *Lettres de madame* RABUTIN-CHANTAL, etc. ; la Haye, 1726, in-12, t. I, p. 39. (Ce passage ne se trouve que dans cette première édition.)

a vue jouer à petite prime avec Vardes, Bandol et autres ; je voudrais pouvoir vous dire comme je l'ai reçu et ce qu'il m'a paru de vous avoir vue jeudi dernier... Il m'a trouvée avec le P. Mascaron, à qui je donnais un très-beau dîner. Comme il prêche à ma paroisse et qu'il vint me voir l'autre jour, j'ai pensé que cela était d'une vraie petite dévote de lui donner un repas ; il est de Marseille, et a trouvé fort bon d'entendre parler de Provence[1]. »

Il résulte de ce passage de la lettre de madame de Sévigné que de Julianis, le gentilhomme dont elle parle, ne mit que cinq jours à se rendre d'Aix à Paris, et que madame de Grignan employa un mois entier pour se rendre de Paris à Aix ; ce qui ne doit pas surprendre. Madame de Grignan, ainsi que nous l'avons dit, avait voyagé avec ses chevaux à petites journées, et, de plus, on a vu qu'elle s'était arrêtée partout où elle avait trouvé des parents et des amis qui l'invitaient à séjourner.

Enfin, madame de Sévigné ne fut parfaitement tranquille que lorsqu'elle reçut une lettre de madame de Grignan datée d'Aix. Mais elle regrettait de n'y pas trouver assez de détails, et elle en fit des reproches à sa fille. « Je ne comprends pas que vous ne me disiez pas un mot de votre entrée à Aix ni de quelle manière on vous y avait reçue. Vous deviez me dire de quelle manière Vardes honorait votre triomphe ; du reste, vous me le représentez très-plaisamment, avec votre embarras et vos ci-

---

[1] SÉVIGNÉ, *Lettres* (11 mars 1671), t. I, p. 365, édit. de G. de S.-G. —*Ibid.* (18 février 1671), t. I, p. 330.— *Ibid.* (6 et 10 novembre 1675), t. IV, p. 194-196.—*Ibid.* (29 décembre 1675), t. I, p. 280.— *Ibid.* (1er janvier 1676), t. IV, p. 285.—*Ibid.* (12 août 1695, lettre de madame de Coulanges), t. XI, p. 204, note 1.

vilités déplacées. Bandol vous est d'un grand secours ; et moi, ma petite, que je vous serais bonne ! Ce n'est pas que je fisse mieux que vous, car je n'ai pas le don de placer si juste les noms sur les visages ; au contraire, je fais tous les jours mille sottises là-dessus ; mais je vous aiderais à faire des révérences [1]. »

La voilà donc réduite, cette tendre mère, à regretter de ne pouvoir partager les ennuis et les tribulations de celle qu'elle aime ; la voilà séparée d'elle pour un temps qui lui paraît infini, puisque la durée n'en peut être déterminée. Que fera-t-elle, la pauvre délaissée? Avec sa fille, son cœur, son âme, son esprit ont été transportés en Provence ; c'est là qu'elle vit, qu'elle s'alarme, qu'elle se réjouit, qu'elle se console, qu'elle s'afflige. Enfin elle ne peut plus résister aux anxiétés qu'elle éprouve d'en être privée, d'en être si éloignée. Elle forme le projet de l'aller joindre, de jouir encore du bonheur de la voir, de l'admirer, de la caresser, de lui donner ses soins ; car elle sait qu'elle est enceinte ; sa grossesse est connue de l'évêque de Marseille et n'est un mystère pour personne [2]. Cependant madame de Grignan, nonobstant l'état où elle se trouve, veut aller visiter Marseille ; nouveau sujet d'alarme pour madame de Sévigné. D'Aix à Marseille la distance n'est pas grande, et la route est belle. — Peu importe : lorsque

---

[1] *Lettres de madame* RABUTIN-CHANTAL, *marquise* DE SÉVIGNÉ, *à madame la comtesse de Grignan, sa fille* (18 mars 1671), t. I, p. 34. Ce texte a éprouvé, de la part du chevalier Perrin, des altérations et des suppressions. Conférez SÉVIGNÉ, *Lettres*, t. I, p. 379, édit. de G. de S.-G.

[2] *Lettres de madame* RABUTIN-CHANTAL, *marquise* DE SÉVIGNÉ, t. I, p. 97, édit. de la Haye, 1726, 6 mai 1671.— SÉVIGNÉ, *Lettres*, t. II, p. 61, édit. de G.—*Ibid.*, t. II, p. 51, édit. de M.

madame de Sévigné sait que ce voyage s'exécute, mille craintes la tourmentent. « Pourquoi avez-vous été à Marseille ? M. de Marseille mande ici qu'il y a de la petite vérole ; de plus, on vous aura tiré du canon qui vous aura émue : cela est très-dangereux. On dit que de Biez accoucha l'autre jour, d'un coup de pistolet qu'on tira dans la rue. Vous aurez été dans des galères, vous aurez passé sur de petits ponts ; le pied peut vous avoir glissé, vous serez tombée. Voilà les horreurs de la séparation ; on est à la merci de toutes ces pensées ; on peut croire, sans folie, que ce qui est possible peut arriver. Toutes les tristesses de tempérament sont des pressentiments, tous les songes sont des présages, toutes les précautions sont des avertissements ; enfin c'est une douleur sans fin [1]. »

Mais aussitôt que madame de Sévigné apprend que ce voyage s'est terminé heureusement, elle paraît charmée qu'il ait été entrepris. Vivonne, que sa bravoure et sa qualité de frère de madame de Montespan portèrent aux postes les plus enviés et au grade de maréchal de France, était alors à Marseille général des galères. Gros réjoui, homme d'esprit, adonné aux femmes et aux plaisirs de la table jusqu'à la débauche [2], lié avec madame de Sévigné, il fit rendre à madame de Grignan des honneurs dignes d'une reine. Le canon retentit avec fracas à son arrivée ; le mot d'ordre donné aux troupes fut le nom même de sa

---

[1] *Lettres de madame* RABUTIN-CHANTAL, édit. de la Haye, 1726, t. I, p. 97 (6 mai 1671).—SÉVIGNÉ, *Lettres*, t. II, p. 58, édit. de G. de S.-G.—*Ibid.*, t. II, p. 48, édit. de M.

[2] SÉVIGNÉ, *Lettres* (22 septembre 1688, 24 juin 1671, 12 juin 1672, 11 et 15 décembre 1673, 31 juillet et 6 novembre 1675) ; t. VIII, p. 357 ; t. II, p. 120 ; t. III, p. 64, 477 ; t. IV, p. 190 ; t. VIII, p. 357. —LOUIS XIV, *Œuvres*, t. V, Lettres, p. 320 et 330, 365, 366, 371.

mère. La relation que madame de Grignan fit à madame de Sévigné de ce voyage la charma, et elle ne déguise pas le plaisir que lui fit la galanterie dont elle fut personnellement l'objet de la part de Vivonne, ce *gros crevé*, comme elle l'appelle ailleurs. « Je vois bien, ma fille, que vous pensez à moi très-souvent et que cette *maman mignonne* de M. de Vivonne n'est pas de contrebande avec vous. » Madame de Sévigné se montre surtout enchantée, et avec raison, que madame de Grignan ait profité de son rang de femme du lieutenant général gouverneur pour opérer des réconciliations et faire cesser des dissensions. « Il m'est venu de deux endroits que vous aviez un esprit si bon, si juste, si droit et si solide qu'on vous a faite seule arbitre des plus grandes affaires. Vous avez accommodé les différends infinis de M. de Monaco avec un monsieur dont j'ai oublié le nom. Vous avez un sens si net et si fort au-dessus des autres qu'on laisse le soin de parler de votre personne, pour louer votre esprit; voilà ce qu'on dit de vous ici[1]. »

Madame de Grignan ne s'arrêta pas à ce service rendu au prince de Monaco ; elle alla dans le chef-lieu de sa principauté rendre visite à sa femme, fille du comte de Gramont. C'était là une marque de déférence à laquelle celle-ci n'avait pas droit de s'attendre après le discrédit où l'avait fait tomber le scandale de ses amours avec Lauzun, avec le chevalier de Lorraine, puis ses complaisances envers le roi. Aussi la princesse se hâta-t-elle d'aller rendre en Provence à madame de Grignan la visite qu'elle en avait reçue. Ces deux femmes, qui n'avaient rien entre

---

[1] Sévigné, *Lettres* (13 mai 1671), t. II, p. 65, édit. de G. — *Ibid.*, t. II, p. 55, édit. de M.

elles de commun que la beauté, furent cependant charmées de se retrouver ensemble. Elles pouvaient parler de la cour, où toutes deux avaient brillé et dont elles se regardaient comme exilées, quoique toutes deux, dans les pays où elles résidaient, occupassent le premier rang. Mais ce voyage que fit madame de Grignan à Monaco fut pour madame de Sévigné un nouveau sujet d'alarmes : les grosses vagues de la mer et ces chemins plus étroits que les litières, où la vie dépend de la fermeté des pieds des mulets, la faisaient transir de frayeur[1].

Madame de Sévigné avait dans sa maison de Paris fait déménager tous les meubles de madame de Grignan, pour les placer dans une chambre réservée. « J'ai été présente à tout, lui écrit-elle ; pourvu que vous ayez intérêt à quelque chose, elle est digne de mes soins ; je n'ai pas tant d'amitié pour moi, Dieu m'en garde[2] ! » Elle se plaint à sa fille que l'envie continuelle qu'elle a de recevoir ses lettres et d'apprendre des nouvelles de sa santé est une chose dévorante qu'elle ne peut supporter. Aussi tient-elle toujours au projet qu'elle a formé d'aller en Provence ; et cependant, avant d'entreprendre ce voyage, il faut qu'elle en fasse un autre ; qu'elle s'éloigne de sa fille, dont elle est déjà séparée par une distance de deux cents lieues ;

[1] SÉVIGNÉ, Lettres (27 et 30 mai, 6 juin 1672), t. III, p. 38, 42, 47 et 48, édit. de G.; t. II, p. 448-451, 461 et 463, édit. de M. — Idem (23 décembre 1671), t. II, p. 319, édit. de G.; t. II, p. 270, édit. de M. —SAINT-SIMON, t. X, p. 96.—DELORT, t. I, p. 207.—SÉVIGNÉ, Lettres (25 juin 1677), t. V, p. 257, édit. de G.—Ibid. (20 juin 1678, lettre de Bussy), t. V, p. 505.—Ibid. (20 juin 1678, lettre de madame de Sévigné), t. V, p. 509.—Ibid., 27 juin 1678, t. VI, p. 6 et 7.—Ibid., 27 décembre 1688, t. IX, p. 54, édit. de G. de S.-G.

[2] SÉVIGNÉ, Lettres, t. II, p. 67, édit. de G. de S.-G.; t. II, p. 56. édit. de M.

et, dans le moment même où elle lui écrit : « J'irai vous voir très-assurément ; ce voyage est nécessaire à ma vie, » elle se disposait à partir pour la Bretagne[1].

---

[1] Sévigné, *Lettres* (13, 25 et 28 mai 1671), t. II, p. 64, 70 et 76, édit. de G. de S -G.

CHAPITRE XVIII.

1671 — 1672.

Motifs qui obligent madame de Sévigné à se rendre en Bretagne. — Époque de la tenue des états de cette province. — Indication où ils se sont réunis. — Convoqués à Vitré en 1671. — Madame de Sévigné est très-aimée en Bretagne. — Cet attachement n'est pas réciproque. — Le duc de Chaulnes est nommé pour présider les états de Bretagne. — La duchesse de Chaulnes est l'amie de madame de Sévigné. — Les états de Bretagne et la maladie de sa tante, la marquise de la Trousse, forcent madame de Sévigné de différer son voyage en Provence, et prolongent sa correspondance avec sa fille. — Cette correspondance doit être examinée dans son ensemble. — Son caractère général.—C'est à elle que madame de Sévigné doit d'avoir été le peintre le plus fidèle du grand monde de son temps.—Le recueil des lettres de madame de Sévigné, publié en 1726, la plaçait au premier rang des épistolographes.—Ce recueil a été bien apprécié par l'éditeur de Hollande.—Toutes les éditions qui ont suivi cette première sont tronquées et fautives pour les lettres qui s'y trouvent, parce que les éditeurs modernes ne l'ont pas collationnée.—Sincérité de madame de Sévigné justifiée. — Objections réfutées.—Pourquoi madame de Sévigné et madame de Grignan ne concordaient pas toujours lorsqu'elles vivaient ensemble. —L'amour de madame de Sévigné pour sa fille était une passion. — Comment cette passion s'exprime aussitôt après leur séparation.—Madame de Sévigné verse des larmes toutes les fois qu'elle reçoit des lettres de sa fille. — Madame de Grignan était froide.—Madame de Sévigné ne se croyait jamais assez aimée, et devenait importune.—Extraits de diverses lettres de madame de Sévigné où elle exprime sa passion pour sa fille. — Jamais plus touchante que lorsqu'elle comprime ses sentiments et affecte la gaieté.—Se compare à une figure de Benoît.—Ses fins de lettres.— Madame de Grignan ne pouvait supporter la compagnie ennuyeuse. —Soufflet donné par elle à mademoiselle du Plessis.—Madame de Sévigné fait l'éloge des lettres de madame de Grignan.—Comment madame de Sévigné termine ses lettres à sa fille.—Madame de Sévigné se rend à Livry pendant la semaine sainte du jubilé.—Impression que ces lieux font sur elle. — Elle entend prêcher la Passion par Mascaron.—Elle va dîner à Pomponne.—Son entretien avec Arnauld d'Andilly.—Le cardinal de Retz vient à Paris.—Accueil qui lui est fait.—Molière, Corneille et Boileau doivent lui lire de leurs ouvrages.—Retz demande des nouvelles de madame de Grignan. —Les louanges qu'il en fait excitent la sensibilité de sa mère. — Impressions produites sur elle par son retour aux Rochers et par sa visite au couvent des sœurs Sainte-Marie.—Madame de Grignan avait des opinions différentes de celles de sa mère.—Madame de Sévigné avait formé sa fille pour écrire et lui avait appris l'italien.— Madame de Sévigné ne veut pas que sa fille déprécie les lettres qu'elle lui écrit ni qu'elle se compare à la princesse d'Harcourt.—Madame de Grignan gardait les lettres de sa mère, et les montrait. — Madame de Sévigné écrivait vite, et ne se corrigeait pas.—Elle écrivait à toutes les heures du jour. —Un commis de la poste lui remettait les lettres de sa fille avant tout le monde.— Inquiétudes de madame de Sévigné lorsque les lettres de madame de Grignan ne lui arrivaient pas à temps.—Madame de Sévigné entretenait des correspondances avec plusieurs personnes.—Nature de la correspondance qu'elle avait avec sa fille.

Par sa naissance, par ses richesses, par le nom qu'elle tenait de son mari, la marquise de Sévigné était une des plus notables personnes de la Bretagne. Elle était particulièrement liée avec ce que ce pays renfermait de plus élevé en dignités et en puissance. Madame de Sévigné comptait la duchesse de Chaulnes, la femme du gouverneur, au nombre de ses plus intimes amies. L'assemblée des états, pour le consentement des impôts et le règlement des dépenses, se réunissait tantôt à Nantes, tantôt à Dinan, tantôt à Vitré. Cette dernière ville était située à sept quarts de lieue des Rochers, où madame de Sévigné se retirait durant la belle saison. Si, contre sa coutume, elle se fût abstenue de s'y rendre pendant la tenue des états, elle aurait eu l'air, pour éviter une dépense nécessaire,

CHAPITRE XVIII.

de fuir ses amis, et de faire, par un motif sordide, une sorte d'affront à toute la province. Elle y était très-aimée, quoique à cet égard elle fût ingrate et que cet attachement ne fût pas réciproque; ce qu'avec raison elle dissimulait soigneusement.

Depuis seize ans les états de Bretagne ne s'étaient point tenus à Vitré. Leur dernière réunion en cette ville avait eu lieu en 1655 ; on les avait rassemblés en 1661 à Nantes, et à Dinan en 1669. On les convoqua de nouveau à Vitré en 1671 [1], c'est-à-dire l'année même où madame de Grignan s'en allait assister à ceux de la Provence. La commission adressée par le roi : « A mon bien amé cousin le « duc de Chaulnes, pair de France, lieutenant général en « nos armées dans nos pays et duché de Bretagne, » est datée [2] de Saint-Germain en Laye le 6 mai 1671; et ce jour-là même madame de Sévigné écrivait à sa fille, alors en route, pour lui recommander d'être bien exacte à lui répondre, puisque bientôt elle serait en Bretagne, et que là, pour calmer les inquiétudes causées par un si grand éloignement, elle aurait encore plus besoin de ses lettres [3].

Mais madame de Sévigné, ayant appris que l'ouverture des états n'aurait lieu qu'au mois d'août, différa son départ, ne pouvant songer à aller en Provence qu'après la séparation de l'assemblée des états de Bretagne. Puis, lorsqu'elle fut de retour à Paris, elle se vit forcée d'y séjourner pour donner des soins à sa tante, la marquise de

---

[1] Louis Dubois, sous-préfet de Vitré, *Madame de Sévigné et sa correspondance relative à Vitré et aux Rochers*, p. 58 et 59.

[2] *Registres des états de Bretagne*, mss. bibl. du Roi ; Bl.-Mant.; n° 75, p. 324 et 329.

[3] Sévigné, *Lettres* (6 mai 1671), t. II, p. 61 et 62, édit. de G.; t. II, p. 51, édit. de M.

la Trousse, attaquée d'une maladie mortelle [1]. Ainsi fut plusieurs fois retardé ce voyage, si ardemment désiré; ainsi se prolongea cette correspondance, qui était la seule consolation de cette mère affligée, le seul moyen qu'elle eût de calmer l'impatience douloureuse qu'elle éprouvait d'être obligée de reculer le moment de son départ.

Puisque ce commerce épistolaire est le sujet, la substance même de ces Mémoires, il faut une bonne fois le considérer en lui-même et indépendamment des récits et des faits curieux qu'il renferme et qui le recommandent à notre attention. Il faut rechercher ce qu'il nous apprend sur madame de Sévigné; tâcher de pénétrer, par les aveux qui lui échappent ou les opinions qu'elle manifeste, dans les secrets de ses penchants les plus constants, de ses répulsions les plus invincibles, de ses pensées les plus secrètes, de ses sentiments les plus intimes; et parvenir ainsi à connaître ses vertus et ses faiblesses, les traits distinctifs de son caractère et ses habitudes dominantes. Alors il sera plus facile de comprendre ce que ses lettres nous révèlent sur les événements du siècle où elle a vécu et de faire une juste appréciation de ses jugements sur les personnes et sur les choses.

Si vivre n'est pas seulement exister et user ses jours dans les occupations obligées de fortune, de famille et de soins matériels; si la vie consiste principalement dans l'exercice des plus nobles facultés de l'âme; si pour en jouir dans toute sa plénitude il faut ressentir vivement les émotions du cœur, subir malgré soi les impressions de l'imagination, se complaire dans tout ce qui alimente le

---

[1] Sévigné, *Lettres* (24, 27 juin et 1ᵉʳ juillet 1672), t. III, p. 76, 81 et 84, édit. de G.; t. III, p. 12 et 19, édit. de M.

sentiment et la pensée, avoir été fréquemment en proie aux vicissitudes des grandes joies et des grandes douleurs, on peut affirmer que madame de Sévigné n'a jamais plus vécu que durant les dix-huit mois qui se sont écoulés pendant sa première séparation d'avec sa fille, c'est-à-dire depuis le mois de février 1671 jusqu'au mois de juillet 1672.

C'est dans cet intervalle de temps que madame de Sévigné se trouve partagée entre l'orgueilleux plaisir d'avoir placé au premier rang, dans une des plus belles provinces de France, celle qu'elle avait faite son idole, et la douleur et les inquiétudes que lui causent son absence, sa grossesse, ses voyages et ses indispositions. C'est alors aussi que la satisfaction que le baron de Sévigné donne à sa mère par des preuves répétées de son filial amour et par la confiance qu'il lui témoigne se trouve contre-balancée par le chagrin des folles amours de ce jeune homme ; et lorsque la guerre a arraché ce fils à une conduite aussi nuisible à son bonheur qu'à sa santé et à sa fortune, madame de Sévigné a la crainte de se le voir enlever par le sort des combats, et elle tressaille à l'arrivée de chaque courrier qui vient lui en apporter des nouvelles.

A aucune époque madame de Sévigné ne fréquenta davantage le monde et la cour, parce qu'elle avait besoin de la cour et du monde, où se tramaient toutes les intrigues et se décidaient toutes les affaires, pour être utile à son gendre et à fille, pour distraire celle-ci par le récit de ce qui se passait dans une sphère qu'elle avait quittée à regret, pour l'intéresser à la lecture de ses lettres et empêcher qu'un commerce qui faisait toute sa consolation ne languît par la paresse qu'elle lui connaissait pour écrire. C'est pendant ce période de temps que se place la rentrée 'u ministère du marquis de Pomponne, cet intime ami de madame de Sévigné, et la déclaration de guerre à la Hollande ; Paris et Versailles sont rendus déserts par le départ du roi pour l'armée ; c'est aussi dans cet intervalle qu'ont lieu cette campagne sur le Rhin si glorieuse et si meurtrière, la tenue des états de Bretagne et ceux de Provence. Jamais madame de Sévigné n'a plus souvent éprouvé le besoin de se mêler aux cercles tumultueux de la capitale et de les quitter pour la silencieuse solitude de Livry. Jamais elle n'a eu autant d'entraînement pour la société et les distractions mondaines, ni éprouvé d'aussi fortes inspirations vers Dieu ; jamais elle ne fréquenta plus les spectacles et les églises, ni elle ne lut un plus grand nombre d'ouvrages pieux et de livres profanes ; jamais elle n'a joui d'une santé plus ferme et plus robuste ; jamais enfin elle n'a plus agi, plus senti, plus pensé et surtout plus écrit.

Si on excepte des lettres à diverses personnes, qui sont à des dates très-éloignées les unes des autres, de toutes les correspondances que madame de Sévigné avait entretenues durant cet espace de temps, il ne nous reste que celles qu'elle a eues avec Bussy et avec sa fille. Ce qui domine dans les lettres à cette dernière, c'est sa tendresse passionnée, qui ne se manifeste à aucune autre époque avec autant d'abandon, de chaleur et d'éloquence. C'est alors aussi qu'elle mit le plus d'empressement et d'exactitude dans ce commerce épistolaire, qu'il lui importait tant de faire agréer à madame de Grignan et à tous ceux qui l'entouraient. Aussi ce qui frappe le plus dans les premières lettres de madame de Sévigné, c'est l'idée fixe qui la domine et qui ne lui permet pas de se distraire un instant de sa fille et des lieux habités par elle. Les tracasseries d'Aix et de Marseille lui causent plus d'émotion

CHAPITRE XVIII.

que Paris, Versailles ou Saint-Germain, Nantes ou Vitré ; le château de Grignan et son parc l'intéressent plus que les Rochers. Toutes les *pétoffes* de la société provençale, elle veut les connaître[1], car elle sait que de toutes ces misères dépendent le bonheur et la tranquillité de celle qu'elle chérit. Pour lui plaire, elle transporte en Provence la Bretagne et ses états, la cour et ses intrigues, le roi et ses maîtresses, l'Église et le théâtre, la littérature et les grands événements de la guerre, les fêtes, les repas, les toilettes, les conversations, le sermon ; elle parlera de ceux qui meurent et de ceux qui se marient, de ceux qui se ruinent et de ceux qui s'enrichissent. Les lazzis et les réflexions, les portraits et les saillies, les ridicules et les vices, tout lui sera bon, tout se pressera sous sa plume, tout prendra, par la magie de son imagination, des formes et des couleurs. Jusque dans la retraite de sa solitude champêtre, elle fera en sorte que sa fille habite plus encore avec elle. Elle saura la mettre dans la confidence de ses projets, de ses occupations, de ses distractions, de ses tristesses, de ses craintes et de ses espérances ; mêler les conseils d'une profonde sagesse aux flatteries que sa tendresse lui inspire. C'est lorsqu'elle était seule avec elle-même que son cousin de Coulanges, avec plus de justesse qu'au milieu d'une nombreuse et brillante assemblée, pouvait dire d'elle : « Voyez cette femme, elle est toujours en présence de sa fille[2]. »

---

[1] SÉVIGNÉ, *Lettres* (26 octobre, 1ᵉʳ novembre, 6 décembre 1671), t. II, p. 274, 278, 279, 394, édit. de G. de S.-G.

[2] SÉVIGNÉ, *Lettres* (6 janvier 1672), t. II, p. 337, édit. de G. ; t. II, p. 285, édit. de M.—*Ibid.* (27 et 29 avril 1671), t. II, p. 47, édit. de G.—*Ibid.*, t. II, p. 39, édit. de M. — *Ibid.* (18 mars 1671), t. I, p. 35, 37 et 40.

Nous l'avons déjà remarqué, c'est à cette séparation de madame de Sévigné d'avec sa fille, c'est à son amour de mère qu'elle doit, sans qu'elle ait pu le soupçonner, d'avoir été le peintre le plus fidèle du grand monde de son temps; d'avoir procuré, par le recueil de ses lettres, les mémoires les plus piquants, les plus sincères et les plus instructifs sur l'époque où elle a vécu ; car ils furent écrits non pas à froid, non pas avec l'intention de se poser vis-à-vis de la postérité en historien et en juge des contemporains, mais sans aucun dessein prémédité, mais sans aucune vue d'avenir, dans l'abandon d'un commerce intime, sous l'impression vive et actuelle des événements, avec la verve et la chaleur des émotions qu'ils produisaient, en compagnie et souvent sous les yeux des personnages qu'ils nous font connaître.

Les lettres écrites par madame de Sévigné à Bussy et publiées avec les Mémoires de ce dernier avaient déjà été distinguées comme de parfaits modèles du style épistolaire ; nous avons vu que Bayle, qui n'en connut point d'autres, leur donnait la préférence sur celles de Bussy même [1]. Alors aussi le jésuite Hervey, dans le poëme latin qu'il publia sur l'art d'écrire des lettres, accorde en ce genre la prééminence aux femmes, et à madame de Sévigné sur toutes les femmes [2]. Mais ce ne fut cependant que dix ans plus tard, et lorsqu'on eut publié les deux petits volumes des lettres de madame de Sévigné à madame de Grignan, que l'on connut toute l'étendue et la flexibilité de son talent, parce que c'est dans ces lettres seules que le désir de plaire et d'intéresser lui fit dé-

---

[1] Voyez la 1re partie de ces *Mémoires*.
[2] Voyez ci-dessus, chap. IV, p. 108 et 109.

ployer toutes les ressources de son style, toutes les richesses de sa féconde imagination, et qu'elle put s'abandonner sans contrainte à toutes les saillies de son esprit, à toute l'impétuosité de ses idées et de ses sentiments. Elle fut parfaitement jugée par l'un des deux éditeurs qui, en 1726, publièrent presque simultanément chacun une édition du même recueil de ses lettres. L'éditeur de la Haye est celui des deux qui paraît l'avoir connue, et avoir publié sur les autographes son recueil de lettres sans aucun retranchement ni altération. Homme d'esprit, il a bien apprécié, quoique étranger [1], l'ouvrage dont il faisait part au public; et il nous semble que ceux qui ont parlé depuis des lettres de madame de Sévigné n'ont fait qu'amplifier et que commenter les paroles que nous allons citer. Elles sont précieuses à recueillir, parce qu'elles sont d'un contemporain.

« On trouve dans le recueil des lettres de madame de Sévigné une naïveté qui charme. C'est une imagination brillante et fertile, qui produit sans efforts. Elle n'écrit que comme parle une personne du grand monde et de beaucoup d'esprit; de sorte que, lorsque vous voyez ces lettres, vous croyez qu'elle parle. Vous ne la lisez point, vous l'entendez.

« Cette affection extrême, cette tendresse extraordinaire pour sa fille, madame de Grignan, qui est répandue dans toutes ses lettres, ne surprendra que ceux qui n'ont jamais connu madame de Sévigné. Elle portait sa ten-

---

[1] Une note de notre exemplaire de cette édition de la Haye, 1726, dit que cet éditeur se nommait J.-J. Gendebien.—L'autre édition, de 1726, a été imprimée à Rouen, selon M. Monmerqué; et Thiriot, l'ami de Voltaire, en fut, dit-on, l'éditeur. Voy. SÉVIGNÉ, t. I, p. 15, édit. de M.

dresse jusqu'à l'excès ; elle adorait sa fille, elle l'aimait d'une amitié parfaite, dont la vivacité et la délicatesse, si on en juge par ses expressions, surpassaient tous les sentiments de l'amour. Elle était sur ce pied-là dans le monde ; chacun la connaissait mère tendre et idolâtre ; et ce caractère allait jusqu'à une singularité qui néanmoins ne lui donnait aucun ridicule : elle était la première à trouver de la faiblesse dans ses sentiments, elle se raillait quelquefois elle-même sur cet article ; et tout cela ne servait qu'à la faire aimer, parce qu'elle donnait lieu par là à des railleries innocentes et même obligeantes, auxquelles elle répondait toujours avec esprit et avec un air aimable.

« Plusieurs particularités de la cour de son temps se trouvent ici, et n'auront aucune obscurité pour les personnes du grand monde ; on y voit des portraits avantageux de gens qui vivent encore et qui étaient alors dans la fleur de l'âge. Madame de Sévigné mande tout à sa fille, le bien et le mal. Elle médit quelquefois, mais elle ne médit point en médisante. Ce sont des choses plaisantes et ridicules dont elle fait part à madame de Grignan, pour égayer ses lettres. Elles contiennent outre cela des maximes et des réflexions admirables... Le style, naturel et délicat, surpasse tout ce qu'on a jamais vu depuis qu'on écrit et qu'on lit des lettres. Ce n'est point un style exact ni un langage mesuré et étudié ; c'est un tour inimitable et un air négligé de noblesse et d'esprit[1]. »

---

[1] *Lettres de madame* RABUTIN-CHANTAL, *marquise* DE SÉVIGNÉ, *à madame la comtesse de Grignan, sa fille* ; la Haye, chez P. Gosse, J. Neaulme et comp., 1726, in-12, t. I, p. 2, 3 et 4 de l'*Avertissement* de l'éditeur. Cet avertissement a été réimprimé dans l'édition de Sévigné de G. de S.-G., t. I, p. 25.

Malheureusement aucun des éditeurs des lettres de madame Sévigné n'a pensé à collationner cette édition de Hollande avec celles qui ont été publiées postérieurement; il en est résulté, pour cette partie de sa correspondance, que toutes les éditions qui ont paru sont défectueuses, incomplètes et tronquées ; que des pages entières sont supprimées, et qu'un grand nombre de passages sont altérés, parce que le premier éditeur français, que tous les autres ont copié, a cru devoir en agir ainsi par égard pour les membres de la famille de Grignan, qui vivaient encore [1].

Lorsque le nombre de lettres de madame de Sévigné à sa fille se fut considérablement accru dans les éditions successives, on leur fit un reproche que n'avaient pu encourir celles de sa correspondance avec Bussy : c'est la continuelle manifestation de cet amour maternel, qui parut tenir de l'affectation et dont la violence et la durée semblaient invraisemblables. On disait que cette expression réitérée, quoique toujours heureusement variée, d'un même sentiment pouvait être agréable à celle qui l'inspirait, mais devenait insupportable à la majorité des lecteurs [2]. — Je le crois. Aussi madame de Sévigné n'a-t-elle pas songé à écrire pour eux ; et si la réputation qu'elle s'était acquise de son vivant, dans ses sociétés et à la cour, a pu lui faire soupçonner que quelques-unes de ses lettres seraient par la suite produites au grand jour dans des recueils épistolaires, ce n'est certainement aucune de celles qu'elle écrivait à sa fille et qu'elle écrivait unique-

---

[1] Conférez avec les éditions Sévigné, *Lettres*, édit. de la Haye, 1726 (2 juillet, 20 et 27 septembre 1271), p. 135-180, 189, etc.

[2] Saint-Simon, *Mémoires authentiques*, t. I, p. 352; t. IV, p. 271.

ment pour sa fille. J'ai précédemment expliqué pourquoi les effusions de sa tendresse ne pouvaient rencontrer de parfaite sympathie[1] dans la majorité des lecteurs. Mais est-ce pour cela un motif de douter un seul instant de leur sincérité? de méconnaître la passion dont elle a subi l'influence[2]? Elle-même fait à sa fille l'aveu de ce qu'elle a d'insensé; souvent sa piété s'en alarme[3]. — Qu'y pouvait-elle? Les écarts de l'esprit, les défauts de caractère, les inclinations condamnables se peuvent combattre avec les secours d'une philosophie courageuse ou les armes plus puissantes encore de la religion; mais contre ces émotions qui nous subjuguent avec une force irrésistible, contre ces maladies de l'âme que peut la volonté? que peut la raison? — Chercherons-nous à réprimer ce que nos sentiments ont d'excessif? Mais ils n'existent que parce qu'ils sont excessifs, que parce qu'ils se sont emparés du cœur; qu'eux seuls l'échauffent, le remuent, le font vivre et palpiter. Tant qu'ils le possèdent, rien de ce qui peut les expulser ne peut y trouver accès. Force est de se soumettre à leur domination; entreprendre de leur résister, c'est les irriter encore, c'est accroître leur violence, c'est renoncer à tout espoir de bonheur, c'est annihiler l'existence. On peut se sacrifier à eux; mais on ne peut les sacrifier à soi : on peut mourir de douleur ou d'ennui. Voilà tout. — Que sera-ce donc s'il ne se mêle dans

---

[1] Voyez le chapitre xii de la 2ᵉ partie, p. 307 à 312.

[2] Sévigné, *Lettres* (27 et 29 avril 1671), t. II, p. 47, édit. de G.; t. II, p. 39, édit. de M. — *Ibid.* (6 janvier 1672), t. II, p. 337, ou t. II, p. 285, édit. de M.

[3] Sévigné, *Lettres* (9 février 1671), t. I, p. 311, édit. de G. de S.-G.; t. I, p. 235, édit. de M. — *Ibid.* (6 mai 1671), t. II, p. 59, édit. de G; t. II, p. 49, édit. de M.

la passion dont nous sommes fascinés rien de personnel, rien de sensuel; si tout en est pur et désintéressé; si, loin d'avoir été inspirée par une rencontre fortuite ou les événements du monde, elle a pris possession de nous par une des lois les plus sacrées de la nature; si elle s'est accrue par des habitudes obligées de chaque jour et de chaque moment; si enfin, loin de contrarier nos devoirs, elle nous donne plus de courage pour les accomplir? — Comment nous résoudre alors à nous soustraire au charme qui nous entraîne? Comment nous condamner à une continuelle privation? Ne sentons-nous pas que, si ce talisman venait à disparaître, il ne laisserait plus autour de nous qu'un vide affreux et une absence de toute sympathie, de toute joie, de tout contentement, de toute consolation, une existence solitaire et douloureuse, dont le fardeau nous deviendrait insupportable?

Mais vous vous êtes demandé si madame de Grignan méritait en effet tous les éloges que sa mère lui adresse; s'il était vrai qu'elle fût telle qu'elle la dépeint, d'une beauté parfaite, d'une grâce incomparable, douée de tant de talents, si fort au-dessus de son sexe pour le savoir et la réflexion, et comme vous avez trouvé des témoignages contraires à un si brillant portrait, vous concluez que les louanges qui lui sont prodiguées dans les lettres de madame de Sévigné sont exagérées et peu sincères : mais c'est cette exagération même qui prouve leur sincérité. Ce délire d'admiration ne peut provenir que d'un cœur passionné et d'une imagination qui s'exalte [1]. —

---

[1] SÉVIGNÉ, *Lettres* (11 et 31 mars, 27 avril, 31 mai, 2 septembre, 18 et 25 octobre, 29 novembre, 18 et 20 décembre 1671, 6 et 20 janvier 1672), t. II, p. 87, 213, 264, 270, 297, 315, 323-327, 335, 353, édit. de G. de S.-G.

Vous dites encore que cette femme qui se lamentait continuellement d'être séparée de sa fille ne semble plus être la même quand elle est avec elle sous le même toit; que leur union est fréquemment troublée par des explications, des froideurs et des raccommodements, des protestations et des dissimulations. La correspondance de madame de Sévigné le démontre malgré les précautions prises par les premiers éditeurs pour dissimuler cette triste vérité[1]. Il y a donc moins de réalité que d'imagination dans les expressions si vives et si réitérées de l'amour de madame de Sévigné pour sa fille. — Que vous connaissez mal les infirmités et les misères des cœurs maternels! Si la tendresse de madame de Sévigné avait pu être réglée par sa raison, elle eût, dans les plus grandes effusions de cœur, conservé cette mesure, ce discernement qui ne l'abandonne jamais dans toute autre occasion; vive, affectueuse, expansive, facile à émouvoir, elle eût reconnu, sans en être alarmée, que sa fille, indolente, froide et concentrée, devait avoir une manière de sentir et de s'exprimer différente de la sienne; elle eût assigné à sa véritable cause le contraste qui existait entre elles deux; elle eût compris qu'on peut rectifier ses opinions, réformer sa conduite, mais non pas changer sa nature; que la volonté exerce sa toute-puissance sur nos idées, sur nos actions, mais non pas sur nos sentiments; qu'à cet égard elle perd son libre arbitre; qu'elle ne peut rien sur cette faculté sympathique qui est en nous comme un sixième sens, qu'on désigne par le mot de sensibilité, parce qu'en effet ce sens comprend tous les autres; qu'il

---

[1] SÉVIGNÉ, *Lettres* (21 juin 1671). Lettre inédite, publiée par M. Monmerqué, p. 13.

s'associe à eux tous et semble être comme le lien commun qui les unit et qui leur donne la vie. La sensibilité préexiste en nous, et la volonté ne peut ni en augmenter ni en affaiblir l'intensité. Si madame de Sévigné avait reconnu la différence que la nature avait établie entre elle et sa fille à cet égard, satisfaite de posséder sa confiance plus que personne au monde, elle n'eût point fatigué l'objet de sa tendresse par ses ombrageuses susceptibilités et ses empressements tyranniques[1]. Rien n'eût troublé l'union qui exista toujours entre ces deux femmes si remarquables par leurs vertus, les agréments de leur personne et les qualités de leur esprit; rien n'eût altéré le plaisir qu'elles avaient de se trouver ensemble, et à entretenir un commerce de lettres lorsqu'elles étaient séparées. Mais je l'ai dit, l'amour maternel dans madame de Sévigné était une passion extravagante qui a duré toute sa vie et qui toute sa vie fut accompagnée des mêmes inquiétudes et des mêmes agitations que fait éprouver tout sentiment profond. Cette passion était, comme dit très-bien Saint-Simon[2], le seul défaut de cette charmante femme. Pardonnez-le-lui donc ce défaut; plaignez-la d'avoir été trop éprise de sa fille, d'avoir été si jalouse de son affection et sans cesse tourmentée par le désir de lui plaire et par la crainte de n'en être pas assez aimée. Plaignez-la, mais ne la blâmez pas de n'avoir pas eu une imagination plus calme, un cœur moins facile à émouvoir, puisque cela n'était pas en sa

---

[1] Conférez SÉVIGNÉ, *Lettres* (1678), t. VI, p. 74.—*Ibid.* (6 mai 1671), t. II, p 56, édit. de G. de S.-G.

[2] SAINT-SIMON, *Mémoires authentiques*, t. I, p. 352; t. IV, p. 271

puissance[1]. Autant vaudrait lui reprocher, comme un tort, d'être née avec des cheveux blonds, parce que vous préférez les bruns.

Écoutez comme, dès le début de sa correspondance et des premières lettres qu'elle échange avec madame de Grignan après leur séparation, elle exprime ce qu'elle sent. Madame de Grignan avait écrit qu'elle était jalouse de sa petite Marie-Blanche ; madame de Sévigné lui répond :

« Il est vrai que j'aime votre fille, mais vous êtes une friponne de me parler de jalousie ; il n'y a ni en vous ni en moi de quoi pouvoir la composer. C'est une imperfection dont vous n'êtes point capable, et je ne vous en donne non plus de sujet que M. de Grignan. Hélas ! quand on trouve en son cœur toutes les préférences et que rien n'est en comparaison, de quoi pourrait-on donner de la jalousie à la jalousie même? Ne parlons pas de cette passion, je la déteste : quoiqu'elle vienne d'un fonds admirable, les effets en sont trop cruels et trop haïssables. Hélas ! ma bonne, je suis persuadée que vous n'êtes que trop vive pour ma santé ; elle est à présent au-dessus de toutes les craintes ordinaires. Je vivrai pour vous aimer, et j'abandonne ma vie à cette unique occupation, à toute la joie, à toute la douleur, à tous les agréments, à toutes les

---

[1] Conférez SÉVIGNÉ, *Lettres* (9 et 18 février, 11 mars, 15 avril, 6 et 23 mai, 12 juillet 1671), t. I, p. 365 ; t. II, p. 18, 56, 80, 134, édit. de G. de S.-G.; t. I, p. 280, édit. de M. — *Ibid.* (30 octobre 1673).—*Ibid.* (14, 30 juin et 3 juillet 1677), t. III, p. 201.—*Ibid.*, t. V, p. 238, 259, 266, édit. de G. de S.-G.—*Ibid.* (18 septembre, 29 décembre 1679, 3 et 5 janvier 1680), t. VI, p. 74, 121, 271, 281, 285, édit. de G. de S.-G.— SÉVIGNÉ, *Lettre écrite à madame de Grignan le 21 juin* 1671, *rétablie* (par M. Monmerqué) *pour la première fois d'après le manuscrit autographe ;* Paris, 1826, in-8°, p. 13.

mortelles inquiétudes, enfin à tous les sentiments que cette passion pourra me donner [1]. »

Avant, elle lui avait dit qu'elle ne pouvait recevoir ses lettres sans pleurer : « Je ne le puis, ma fille, mais ne souhaitez point que je le puisse ; aimez mes tendresses, aimez mes faiblesses ; pour moi, je m'en accommode fort bien ; je les aime bien mieux que des sentiments de Sénèque et d'Épictète. Je suis douce, tendre, ma chère enfant, jusqu'à la folie ; vous m'êtes toute chose, je ne connais que vous. Hélas ! c'est ma folie que de vous voir, de vous parler, de vous entendre ; je me dévore de cette envie et du déplaisir de ne vous avoir pas assez écoutée, pas assez regardée ; il me semble pourtant que je n'en perdais guère les moments : mais enfin je n'en suis pas moins contente ; je suis folle, il n'y a rien de plus vrai ; mais vous êtes obligée d'aimer ma folie. Je ne comprends pas comment on peut tant penser à une personne : n'aurai-je jamais tout pensé ? Non, que quand je ne penserai plus [2]. »

Dans une autre lettre, écrite peu de temps après celle-ci, l'on trouve la preuve que les orages qui assombrissaient par intervalle ce touchant et pur amour et qui se renouvelèrent à différentes époques [3] avaient déjà commencé à paraître avant cette première séparation.

« Je vous prie, ma bonne, ne donnez point désormais

---

[1] *Lettres de madame* RABUTIN-CHANTAL, *marquise* DE SÉVIGNÉ, *à madame la comtesse de Grignan, sa fille;* la Haye, 1726, in-12, t. I, p. 95 et 96.—SÉVIGNÉ, *Lettres* (6 mai 1671), t. II, p. 59, édit. de G. de S.-G.; t. II, p. 46, édit. de M.

[2] SÉVIGNÉ, *Lettres* (18 mars 1671, la troisième de cette date), . I, p. 384, 385, édit. de G. de S.-G.; t. I, p. 297-298, édit. de M.

[3] SÉVIGNÉ, *Lettres* (1678 et 1679), lettre 670 de l'édit. de M., t. V, p. 427.

à l'absence l'honneur d'avoir mis entre nous une parfaite intelligence, et de mon côté la persuasion de votre tendresse pour moi ; quand elle aurait part à cette dernière chose, regrettons un temps où je vous voyais tous les jours, vous, ma bonne, qui êtes le charme de ma vie et de mes yeux ; où je vous entendais, vous dont l'esprit touche mon goût plus que tout ce qui m'a jamais plu. N'allons point faire une séparation de votre aimable vue et de votre amitié, il y aurait trop de cruauté à séparer ces deux choses ; et quoique M. de Grignan dise que les absents ont toujours tort auprès de vous, c'est une folie ; je veux plutôt croire que le temps est venu que ces deux choses marcheront ensemble ; que j'aurai le plaisir de vous voir sans mélange d'aucun nuage, et que je réparerai toutes mes injustices passées, puisque vous voulez bien les nommer ainsi. Après tout, que de bons moments que je ne puis assez regretter et que je regrette aussi avec des larmes et des tendresses qui ne peuvent jamais finir ! Ce discours même n'est pas bon pour mes yeux, qui sont d'une faiblesse étrange. Je me sens dans une disposition qui m'oblige à finir en cet endroit ; il faut pourtant que je vous dise encore que je regarde le temps où je vous verrai comme le seul que je désire et qui peut être agréable dans ma vie [1]. »

Dans une lettre écrite un mois après, et lorsque madame de Sévigné était aux Rochers, fort occupée de ce

---

[1] *Lettres de madame* RABUTIN-CHANTAL, *marquise* DE SÉVIGNÉ, *à madame la comtesse de Grignan, sa fille;* la Haye, 1726, in-12, t. I, p. 94 (6 mai 1671). Ce passage a été mutilé et altéré, ainsi que beaucoup d'autres, dans toutes les éditions subséquentes.—Conférez SÉVIGNÉ, *Lettres* (6 mai 1671), t. II, p. 56, édit. de G. de S.-G., ou t. II, p. 49, édit. de M.

qui devait se passer aux états de Bretagne qui allaient se réunir, elle s'exprime de manière à ne nous laisser aucun doute que ses plus vives peines provenaient de la froideur de madame de Grignan, qui lui faisait craindre que la tendresse qu'elle avait pour elle ne fût pas réciproque, et par cette raison ne lui fût à charge.

« Nous avons ici beaucoup d'affaires; ce qui est certain, ma bonne, et dont je crois que vous ne doutez pas, c'est que nous sommes bien loin d'oublier cette pauvre exilée. Hélas! qu'elle nous est chère et précieuse! Nous en parlons très-souvent; mais, quoique j'en parle beaucoup, j'y pense encore mille fois davantage, et jour et nuit, et en me promenant (car on a toujours quelques heures), et à toute heure, et à tout propos, et en parlant d'autre chose, et enfin comme on devrait penser à Dieu, si l'on était véritablement touché de son amour; il y a des excès qu'il faut corriger, et pour être polie, et pour être politique; il me souvient comme il faut vivre pour n'être pas pesante : je me sers encore de mes vieilles leçons[1]. »

Trois semaines après, elle revient encore dans une autre lettre sur les mêmes souvenirs : « Hélas! ma fille, c'est bien moi qui dis cette chanson que vous me rappelez : *Hélas! quand reviendra-t-il ce temps, bergère?* Je le regrette tous les jours de ma vie, et j'en souhaiterais un pareil au prix de mon sang; ce n'est pas que j'aie sur le

---

[1] *Lettre écrite par madame* DE SÉVIGNÉ *le 21 juin* 1671, *rétablie pour la première fois d'après le manuscrit autographe;* Paris, Blaise, 1826, in-8°, p. 13. Lettre mutilée dans toutes les éditions, rétablie par M. Monmerqué.—Conférez SÉVIGNÉ, *Lettres* (21 juin 1671), t. II, p. 105, édit. de G. de S.-G. Dans l'édition de la Haye, 1726, in-12, t. I, p. 120, le passage est comme dans le manuscrit autographe, sauf une faute d'impression grave.

cœur de n'avoir pas senti le plaisir d'être avec vous; je vous jure et vous proteste que je ne vous ai jamais regardée avec indifférence ni avec la langueur que donne quelquefois l'habitude; mes yeux ni mon cœur ne se sont jamais accoutumés à cette vue, et jamais je ne vous ai regardée sans joie et sans tendresse; s'il y a eu quelques moments où elle n'ait pas paru, c'est alors que je la sentais plus vivement : ce n'est donc point cela que je puis me reprocher; mais je regrette de ne vous avoir pas assez vue et d'avoir eu dans certains moments de cruelles politiques qui m'ont ôté ce plaisir. Ce serait une belle chose si je remplissais mes lettres de ce qui me remplit le cœur. Ah! comme vous dites, il faut glisser sur bien des pensées[1]. » Malheureusement, au lieu d'y glisser, elle pèse quelquefois dessus de tout son poids, et éclate en reproches amers; c'est ainsi que, longtemps après l'époque où nous sommes arrivés, mécontente du départ précipité de madame de Grignan, elle trace le plan d'un traité sur l'amitié, et dit : « Je ferai voir dans ce livre qu'il y a cent manières de témoigner son amitié sans le dire, ou de dire par ses actions qu'on n'a point d'amitié lorsque la bouche traîtreusement assure le contraire. Je ne parle pour personne, mais ce qui est écrit est écrit[2]. »

Le passage suivant fait encore allusion au genre de peines que madame de Sévigné éprouvait souvent de la part de sa fille alors même qu'elle jouissait du bonheur de la posséder, et il contient un reproche indirect et bien tendre, souvent répété dans le cours de cette correspondance.

---

[1] SÉVIGNÉ, *Lettres* (12 juillet 1671), t. II, p. 135.
[2] SÉVIGNÉ, *Lettres* (2 novembre 1679), t. VI, p. 191, édit. de G. de S.-G ; t. VI, p. 11, édit. M,

« Il y a demain un bal chez Madame; j'ai vu chez Mademoiselle l'agitation des pierreries; cela m'a fait souvenir des tribulations passées, et plût à Dieu y être encore ! Pouvais-je être malheureuse avec vous? toute ma vie est pleine de repentir. Monsieur Nicole, ayez pitié de moi, et me faites bien envisager les ordres de la Providence. Adieu, ma chère fille; je n'oserais dire que je vous adore, mais je ne puis concevoir qu'il y ait un degré d'amitié au delà de la mienne; vous m'adoucissez et m'augmentez mes ennuis par les aimables et douces assurances de la vôtre [1]. »

Cette autre fin de lettre, qu'avaient retranchée les premiers éditeurs, nous révèle encore plus clairement ce qui troublait les jouissances que goûtait madame de Sévigné dans son affection pour sa fille. « Adieu, ma très-chère et très-aimable; je prendrai grand plaisir à lire le chapitre de la tendresse que vous avez pour moi; je vous promets de demeurer fixée dans l'opinion que j'en ai; mais, pour plus grande sûreté, soyez fixée aussi à m'en donner des marques, comme vous faites. Vous savez avec quelle passion je vous aime et quelle inclination j'ai eue toute ma vie pour vous; tout ce qui peut m'avoir rendue haïssable venait de ce fond; il est en vous de me rendre la vie heureuse ou malheureuse [2]. »

On voit encore, dans une autre lettre, que madame de Sévigné trouvait dans l'exactitude que sa fille mettait à lui écrire des preuves plus fortes de son attachement que dans les protestations de tendresse que celle-ci se

[1] Sévigné, *Lettres* (20 janvier 1672), t. II, p. 353, édit. de G. de S.-G.; t. II, p. 298 et 299, édit. de M.
[2] Sévigné, *Lettres* (25 octobre 1671), t. II, p. 271, édit. de G. de S.-G.; t. II, p. 229, édit. de M.

croyait obligée de lui adresser pour calmer les inquiétudes de son cœur maternel. « Vous me voulez aimer pour vous et pour votre enfant : hé! ma chère fille, n'entreprenez pas tant de choses! Quand vous pourriez atteindre à m'aimer autant que je vous aime, ce qui n'est pas une chose possible, ni même selon l'ordre de Dieu, il faudrait toujours que ma petite fût par-dessus le marché; c'est le trop plein de la tendresse que j'ai pour vous[1]. »

Madame de Sévigné revient encore sur ces tristes souvenirs dans une lettre où elle répond à des observations, fort justes peut-être, sur sa trop grande susceptibilité, mais dont elle ne se montre pas très-satisfaite. — « Il est vrai qu'il ne faudrait s'attacher à rien et qu'à tout moment on se trouve le cœur arraché dans les grandes et petites choses ; mais le moyen? Il faut donc toujours avoir cette *morale* dans les mains comme du vinaigre au nez, de peur de s'évanouir. — Je vous avoue, ma fille, que mon cœur me fait bien souffrir. J'ai bien meilleur marché de mon esprit et de mon humeur. Je suis très-contente de votre amitié. Ne croyez pas, au moins, que je sois trop délicate et trop difficile ; ma tendresse me pourrait rendre telle, mais je ne l'ai jamais écoutée, et quand elle n'est point raisonnable je la gourmande; mais croyez-moi de bonne foi, et, dans le temps que je vous aime le plus et que je crois que vous m'aimez, croyez que les choses qui m'ont touchée auraient touché qui que ce soit au monde. Je vous dis tout cela pour vous ôter de l'esprit qu'il y ait aucune peine à vivre avec moi ni qu'il faille des observations fatigantes. Non, ma bonne, il

---

[1] SÉVIGNÉ, *Lettres* (9 août 1671), t. II, p. 176, édit. de G. de S.-G.; t. II, p. 146, édit. de M.

faut faire comme vous faites et comme vous avez su si bien faire quand vous avez voulu ; cette capacité qui est en vous rendrait le contraire plus douloureux[1]. »

Madame de Grignan avait fait des réflexions morales au sujet des vaines inquiétudes que l'on a pour un avenir qui bien souvent ne se réalise pas, ou qui, s'il se réalise, nous paraît alors tout autre qu'à l'époque où sa prévision fut la cause de notre tourment. Nous craignons des maux qui perdent ce nom par le changement de nos pensées et de nos inclinations[2]. Et à ce sujet, pour mieux faire goûter sa morale, madame de Grignan avait exalté les bonnes qualités de sa mère et déprécié les siennes. Madame de Sévigné, qui ne pouvait être dupe d'un tel stratagème oratoire, lui répond avec une grande gravité : « Vous n'êtes point sincère quand vous me louez tant aux dépens de vous-même, et vous méprisant comme vous faites. Il me siérait mal de faire votre panégyrique à vous-même, et vous ne voulez jamais que je dise du mal de moi..... Vous avez un fonds de raison et de courage que j'honore ; pour moi, je n'en ai point tant, surtout quand mon cœur prend le soin de m'affliger. Mes paroles sont assez bonnes ; je les range comme ceux qui disent bien ; mais la tendresse de mes sentiments me tue. Par exemple, je n'ai point été trompée dans les douleurs d'être séparée de vous ; je les ai imaginées comme je les sens ; j'ai compris que rien ne me remplirait votre place, que votre souvenir me serait toujours sensible au cœur ; que je m'ennuierais

---

[1] SÉVIGNÉ, *Lettres* (20 septembre 1671), t. II, p. 235, édit. de G. de S.-G.; t. II, p. 197, édit. de M. — *Lettres de madame* RABUTIN-CHANTAL, *marquise* DE SÉVIGNÉ; la Haye, 1726 (20 septembre), t. I, p. 183.

[2] SÉVIGNÉ, *Lettres*, t. II, p. 146, édit. de M.

de votre absence, que je serais en peine de votre santé ; que jour et nuit je serais occupée de vous. Je sens tout cela comme je l'avais prévu. Il y a plusieurs endroits sur lesquels je n'ai pas la force d'appuyer ; toute ma pensée glisse là-dessus, comme vous disiez, et je n'ai pas trouvé que le proverbe fût vrai pour moi, *d'avoir la robe selon le froid*. Je n'ai point de robe pour ce froid-là[1]. »

Cependant madame de Sévigné avait beaucoup de ressort dans le caractère, de la gaieté et de la vivacité ; elle s'intéressait à tout, aimait le monde, et se plaisait dans la solitude ; jouissait des personnes aimables, spirituelles ou instruites qu'elle rencontrait, et savait supporter celles dont la société était ennuyeuse, l'esprit borné ou futile, et assortir sa conversation à la leur. Madame de Grignan, au contraire, était sujette aux vapeurs ; elle s'ennuyait facilement ; il lui fallait de la compagnie, et une compagnie qui lui convînt[2]. Ce défaut venait en partie de son éducation et de l'habitude qu'elle avait contractée de la société de sa mère, de la trop grande indulgence et des extrêmes complaisances de celle-ci pour elle dans sa jeunesse. Le soufflet donné par elle à mademoiselle du Plessis le prouve[3] ; et c'est ce qui ressort aussi évidemment de plusieurs passages des lettres de

---

[1] *Lettres de madame* RABUTIN CHANTAL, *marquise* DE SÉVIGNÉ (7 août 1671), t. I, p. 155 et 156. — SÉVIGNÉ, *Lettres* (9 août 1671), t. II, p. 174, édit. de G.; t. II, p. 145, 146, édit. de M. Le texte de l'édition de la Haye est différent de celui des éditions modernes, et a pour date le 7 août.

[2] SÉVIGNÉ, *Lettres* (27 septembre 1671), t. II, p. 242, édit. de G. de S.-G.; t. II, p. 203 et 204, édit. de M.

[3] SÉVIGNÉ, *Lettres* (29 juillet 1671), t. II, p. 157.

madame de Sévigné et notamment de celui-ci : « Vous aimer, penser à vous, m'attendrir à tout moment plus que je ne voudrais, m'occuper de vos affaires, m'inquiéter de ce que vous pensez, sentir vos ennuis et vos peines, les vouloir souffrir pour vous s'il était possible, écumer votre cœur comme j'écumais votre chambre des fâcheux dont je la voyais remplie; en un mot, comprendre vivement ce que c'est que d'aimer quelqu'un plus que soi-même, voilà comme je suis : c'est une chose qu'on dit souvent en l'air; on abuse de cette expression, moi je la répète; et, sans la profaner jamais, je la sens tout entière en moi, et cela est vrai [1]. »

Rien ne touchait plus madame de Sévigné que les marques de tendresse que lui donnait sa fille. Elle en était avide, et il semble qu'elle craint toujours que ce cœur, dans lequel elle voudrait habiter, ne se refroidisse et ne devienne indifférent pour elle. Aux premières lettres qu'elle reçoit de madame de Grignan, elle répond :

« Je reçois vos lettres, ma bonne, comme vous avez reçu ma bague. Je fonds en larmes en les lisant; il semble que vous m'écriviez des injures, ou que vous soyez malade, ou qu'il vous soit arrivé quelque accident; et c'est tout le contraire. Vous m'aimez, ma chère enfant, et vous me le dites d'une manière que je ne puis soutenir sans des pleurs en abondance. Vous continuez votre voyage sans aucune aventure fâcheuse, et lorsque j'apprends tout cela, qui est justement tout ce qui me peut être le plus agréable dans l'état où je suis, vous vous

---

[1] SÉVIGNÉ, *Lettres* (1er avril 1671), t. I, p. 407, édit. de G. de S.-G.; t. I, p. 316, édit. de M.—*Ibid.* (26 juillet 1671), t. II, p. 159, édit. de G. de S.-G.

avisez donc de penser à moi, vous en parlez, et vous aimez mieux m'écrire vos sentiments que vous n'aimez à me les dire. De quelque façon qu'ils me viennent, ils sont reçus avec une tendresse et une sensibilité qui n'est comprise que de ceux qui savent aimer comme je fais. Vous me faites sentir pour vous tout ce qu'il est possible de sentir de tendresse.......................................
Adieu, ma chère enfant, l'unique passion de mon cœur, le plaisir et la douleur de ma vie ; aimez-moi toujours, c'est la seule chose qui peut me donner de la consolation[1]. »

Deux jours après, madame de Sévigné reçoit encore de nouvelles lettres de sa fille ; et, quoique brèves, elles dissipent tous les doutes qui s'étaient élevés dans son esprit en trouvant sa fille si peu expansive à son égard lorsqu'elles étaient toutes deux ensemble.

« Vos lettres, lui dit-elle, sont premièrement très-bien écrites, et de plus si tendres et si naturelles qu'il est impossible de ne les pas croire ; la défiance même en serait convaincue : elles ont le caractère de vérité qui se maintient toujours et qui se fait voir avec autorité... Vos paroles ne servent tout au plus qu'à vous expliquer ; et, dans cette noble simplicité, elles ont une **force** à quoi l'on ne peut résister. Voilà, ma bonne, comme vos lettres

---

[1] *Lettres de madame* RABUTIN-CHANTAL, *marquise* DE SÉVIGNÉ *à madame la comtesse de Grignan, sa fille* ; la Haye, 1726, in-12, t. I, p. 8 et 12 (janvier 1671).—SÉVIGNÉ, *Lettres* (9 février 1671), t. I, p. 235 et 240, édit. de M. — *Ibid.*, t. I, p. 310 et 316, édit. de G. de S.-G. La date est différente pour cette lettre dans l'édition de la Haye et dans les éditions plus modernes. Elle aura été mise par les éditeurs, et probablement même par les éditeurs modernes. Pour le texte nous avons préféré l'édition de la Haye, précisément parce que les éditeurs modernes se sont donné la peine de le corriger.

m'ont paru ; jugez quel effet elles me font et quelles sortes de larmes je répands en me trouvant persuadée de la vérité de toutes les vérités que je souhaite le plus sans exception ! Vous pouvez juger par là de ce que m'ont fait toutes les choses qui m'ont donné autrefois un sentiment contraire. Si mes paroles ont la même puissance que les vôtres, il ne faut pas vous en dire davantage. Je suis assurée que mes vérités ont fait sur vous leur effet ordinaire. Mais je ne veux point que vous disiez que j'étais un rideau qui vous cachait. Tant pis si je vous cachais, vous êtes encore plus aimable quand on a tiré le rideau ; il faut que vous soyez à découvert pour être dans votre perfection : nous l'avons dit mille fois. Pour moi, il me semble que je suis toute nue, qu'on m'a dépouillée de tout ce qui me rendait aimable. Je n'ose plus voir le monde ; et quoi qu'on ait fait pour m'y remettre, j'ai passé tous ces jours comme un loup garou, ne pouvant faire autrement. *Peu de gens sont dignes de comprendre ce que je sens.* J'ai cherché ceux qui sont de ce petit nombre, et j'ai évité les autres [1]. »

Sept jours après avoir écrit cette lettre, madame de Sévigné s'exprime sur le même sujet d'une manière plus significative encore dans sa réponse à une nouvelle lettre de sa fille.

---

[1] *Lettres de madame* RABUTIN-CHANTAL, etc. ; la Haye, 1726, t. I, p. 13 et 14 (mercredi 14 février 1671). — SÉVIGNÉ, *Lettres* (mercredi 11 février), t. I, p. 317, édit. de G. de S.-G. ; t. I, p. 241, édit. de M. Il y a une erreur dans le chiffre contenant la date du mois dans l'ancienne ou les nouvelles éditions. Dans celles-ci, le texte original a été à tort corrigé par les éditeurs modernes. Les mots mis en italique sont ainsi dans l'édition de la Haye, parce qu'ils étaient probablement soulignés dans l'original.

« Je vous conjure, ma chère bonne, de conserver vos yeux. — Pour les miens, vous savez qu'ils doivent mourir à votre service. Vous comprenez bien, ma belle, que, de la manière dont vous m'écrivez, il faut que je pleure en lisant vos lettres. Pour comprendre quelque chose à l'état où je suis, joignez, ma bonne, à la tendresse et à l'inclination naturelle que j'ai pour votre personne la petite circonstance d'être persuadée que vous m'aimez, et jugez de l'excès de mes sentiments. Méchante, pourquoi me cachez-vous quelquefois de si précieux trésors? Vous avez peur que je ne meure de joie; mais ne craignez-vous pas aussi que je ne meure de déplaisir de croire et de voir le contraire? Je prends d'Hacqueville à témoin de l'état où il m'a vue autrefois. Mais quittons ces tristes souvenirs, et laissez-moi jouir d'un bien sans lequel la vie m'est dure et fâcheuse. Ce ne sont point des paroles, ce sont des vérités. Madame de Guénégaud m'a mandé de quelle manière elle vous a vue; pour moi, je vous conjure, ma bonne, d'en conserver le fond; mais plus de larmes, je vous en conjure: elles ne vous sont pas si saines qu'à moi. Je suis présentement assez raisonnable, je me soutiens au besoin, et quelquefois je suis quatre ou cinq heures tout comme un autre; mais peu de chose me remet à mon premier état: un souvenir, un lieu, une parole, une pensée un peu trop arrêtée; vos lettres surtout, les miennes même en les écrivant, quelqu'un qui me parle de vous, voilà des écueils à ma constance, et ces écueils se rencontrent souvent..

Ah! ma bonne, je voudrais bien vous voir un peu, vous entendre et vous embrasser, vous voir passer, si c'est trop que le reste. Eh bien! voilà de ces pensées à quoi je ne résiste pas; je sens qu'il m'ennuie de ne vous plus avoir;

cette séparation me fait une douleur au cœur et à l'âme, que je sens comme un mal du corps[1]. »

Elle ne termine presque jamais sa lettre sans prier sa fille de l'aimer, sans renouveler le témoignage de sa tendresse par une expression vive et forte. — « Ma fille, aimez-moi donc toujours ; — c'est ma vie, c'est mon âme que votre amitié ; — je vous le disais l'autre jour, elle fait toute ma joie et toutes mes douleurs. » Dans une autre lettre : « Je souhaite, ma petite, que vous m'aimiez toujours ; c'est ma vie, c'est l'air que je respire [2]. » Dans une autre encore elle termine ainsi : « Je vous remercie de vos soins, de votre amitié, de vos lettres ; ma vie tient à toutes ces choses-là [3]. » Dans une autre enfin : « Vous êtes mon cœur et ma vie. *Seposto ho il cor nelle sue mani, a lei stara di farsi amar quanto le piace* [4]. »

Madame de Sévigné comprenait tout ce qu'il y avait d'insensé dans l'excès de cette tendresse ; aussi cherchait-elle à la combattre par la raison, par la religion, par tous les genres de distractions qui s'alliaient avec sa position, ses inclinations et ses devoirs ; et c'est lorsqu'elle veut

---

[1] *Lettres de madame* RABUTIN-CHANTAL, *marquise* DE SÉVIGNÉ ; la Haye, 1726, t. I, p. 18 et 21 (mercredi 18 février 1671).—*Ibid.*, t. I, p. 329, édit. de G. de S.-G. ; t. I, p. 251, édit. de M. C'est toujours le texte de l'édition primitive que nous transcrivons.

[2] SÉVIGNÉ, *Lettres* (17 avril, 31 mai 1672), t. II, p. 28 et 87, édit. de G. de S.-G. ; t. II, p. 23 et 73, édit. de M.

[3] SÉVIGNÉ, *Lettres* (18 octobre 1671), t. II, p. 264, édit. de G. de S.-G.; t. II, p. 23, édit. de M.

[4] « J'ai remis mon cœur dans vos mains, et il ne tiendra qu'à vous de vous faire aimer autant qu'il vous plaira. » Voyez *Lettres de madame* RABUTIN-CHANTAL, édit. de la Haye, t. I, p. 197. Ce passage italien a été omis dans les éditions modernes. Voyez Gault, t. II, p. 254 ; Monmerqué, t. II, p. 214.

badiner de sa peine, c'est lorsque la violence de ses sentiments se trahit malgré ses efforts pour les comprimer qu'elle nous touche le plus ; alors sa délirante gaieté nous serre le cœur et rend plus déchirant encore le cri de douleur qui la termine. Madame de Grignan était au château de Grignan. Elle écrit à madame de Sévigné, alors aux Rochers, qu'elle se fait peindre ; que le comte de Grignan s'amuse à jouer au mail, qu'il y est très-adroit, et qu'enfin il embrasse sa belle-mère. Rien ne paraît plus ordinaire et plus simple que ces détails, rien de moins propre en apparence à émouvoir la sensibilité. Mais voyez l'émotion qu'ils excitent dans le sein de cette pauvre mère, et jugez-en par ce peu de paroles qu'elle jette sur le papier : « Vous dites donc que M. de Grignan m'embrasse. Vous perdez le respect, mon pauvre Grignan. Viens donc un peu jouer dans mon mail, je t'en conjure ; il y fait si beau ; j'ai tant d'envie de vous voir jouer ; vous avez si bonne grâce, vous faites de si beaux coups ! Vous êtes bien cruel de me refuser une promenade d'une heure seulement. Et vous, ma petite, venez, nous causerons... Ah ! mon Dieu ! j'ai bien envie de pleurer [1]. »

Au milieu des plaisirs du monde, de la musique et des danses, madame de Sévigné se trouvait tout à coup assaillie par le souvenir de sa fille et plongée dans une invincible mélancolie. Les airs d'Ytier, que sa fille aimait, faisaient sur elle une impression douloureuse. Au sortir d'un bal où elle avait assisté à Vitré, elle écrit à madame de Grignan, du cabinet de la duchesse de Chaulnes : « Mais sera-t-il possible, ma fille, que M. de Grignan ne me

---

[1] Sévigné, *Lettres* (7 juin 1671), t. II, p. 94, édit. de G. de S.-G.; t. II, p. 78, édit. de M. Conférez encore (25 octobre 1671), t. II, p. 270, édit. de G. de S.-G.

donne jamais le plaisir de vous voir danser un moment ? Quoi ! je ne reverrai jamais cette danse et cette grâce parfaite qui m'allait droit au cœur ? Je meurs d'envie de pleurer au bal, et quelquefois j'en passe mon envie sans que personne s'en aperçoive ; certains airs, certaines danses font cet effet très-ordinairement[1]. »

De cette éloquence du sentiment, qui s'élève quelquefois jusqu'au sublime, madame de Sévigné tombe dans le plaisant et le grotesque, et elle exprime alors non moins énergiquement ce qu'elle éprouve, comme dans cette fin d'une de ses lettres : « Adieu, ma très-aimable bonne, je ne pense qu'à vous ; si, par un miracle que je n'espère ni ne veux, vous étiez hors de ma pensée, il me semble que je serais vide de tout, comme une figure de Benoît. » Ce Benoît était un artiste qui excellait à faire des portraits en cire ; il montrait pour de l'argent, réunies dans un grand salon, les effigies des principaux seigneurs de la cour, revêtus de leurs plus brillants costumes[2]. Dans une autre lettre, où elle plaisante sur son défaut de mémoire, elle dit : « Nous sentons plus que jamais que la mémoire est dans le cœur ; car quand elle ne nous vient pas de cet endroit, nous n'en avons pas plus que des lièvres[3]. »

Cependant un jubilé était ouvert ; la semaine sainte approchait, et madame de Sévigné, pour échapper aux pensées qu'elle se reproche et qui la tourmentent, se rend

---

[1] SÉVIGNÉ, *Lettres* (26 août 1671), t. II, p. 203, édit. de G. de S.-G.

[2] SÉVIGNÉ, *Lettres* (8 avril 1671), t. II, p. 9 et 10, édit. de G. de S.-G.—*Lettres de madame* RABUTIN-CHANTAL, *marquise* DE SÉVIGNÉ ; la Haye, 1726, t. I, p. 62 ; t. II, p. 8, édit. de M.

[3] SÉVIGNÉ, *Lettres* (9 septembre 1671), t. II, p. 220 t. II, p. 184, édit. de M.

à Livry, afin d'y passer quelques jours dans une retraite pieuse, bien résolue, tant qu'elle y serait, de ne point écrire à sa fille. Vaine résolution! — Elle se trouve forcée de retourner à Paris, où elle termine les tristes et humiliants aveux commencés à Livry.

« Ma chère bonne, il y a trois heures que je suis partie de Paris avec l'abbé [de Coulanges, son tuteur], Hélène [sa femme de chambre], Hébert [son valet de chambre] et Marphise [sa chienne], dans le dessein de me retirer du monde et du bruit jusqu'à jeudi au soir. Je prétends être en solitude; je fais de ceci une petite Trappe; je veux y prier Dieu, y faire mille réflexions; j'ai résolu d'y jeûner beaucoup, pour toutes sortes de raisons; de marcher pour tout le temps que j'ai été dans ma chambre, et surtout de m'ennuyer pour l'amour de Dieu. Mais ce que je ferai beaucoup mieux que tout cela, c'est de penser à vous, ma fille; je n'ai pas encore cessé depuis que je suis arrivée, et, ne pouvant contenir tous mes sentiments, je me suis mise à vous écrire au bout de cette petite allée sombre que vous aimez, assise sur ce siége de mousse où je vous ai vue quelquefois couchée. Mais, mon Dieu! où ne vous ai-je point vue ici? et de quelle façon toutes ces pensées me traversent-elles le cœur? Il n'y a point d'endroit, point de lieu, ni dans la maison, ni dans l'église, ni dans le pays, ni dans le jardin, où je ne vous ai vue... Je vous vois, vous m'êtes présente; je pense et je repense à vous. Ma tête et mon esprit se creusent; mais j'ai beau tourner, j'ai beau chercher cette chère enfant que j'aime avec tant de passsion, elle est à deux cents lieues de moi, je ne l'ai plus. Sur cela, je pleure sans pouvoir m'en empêcher. Ma chère bonne, voilà qui est bien faible; pour moi, je ne sais point être forte contre une tendresse si juste et si naturelle. L'état où ce lieu m'a mise est une chose incroyable : je vous prie de ne pas parler de mes faiblesses ; mais vous devez aimer et respecter mes larmes, qui viennent d'un cœur tout à vous [1]. »

Puis encore, le surlendemain, elle reprend la plume pour faire une nouvelle infraction à la résolution qu'elle avait prise ; et le jeudi saint elle écrit : « Si j'avais autant pleuré mes péchés que j'ai pleuré pour vous depuis que je suis ici, je serais très-bien disposée pour faire mes pâques et mon jubilé. J'ai passé ici le temps que j'avais résolu, et de la manière dont je l'avais prévu. C'est une chose étrange qu'une imagination vive qui représente toutes choses comme si elles étaient encore ; sur cela, on songe au présent ; et quand on a le cœur comme je l'ai, on se meurt. Je ne sais où me sauver de vous ; notre maison de Paris m'assomme encore tous les jours, et Livry m'achève. Pour vous, c'est par un effort de mémoire que vous pensez à moi ; la Provence n'est point obligée de me rendre à vous, comme ces lieux-ci doivent vous rendre à moi. J'ai trouvé de la douceur dans la tristesse que j'ai eue ici. Une grande solitude, un grand silence, un office triste, des ténèbres chantées avec dévotion, un jeûne canonique, et une beauté dans ces jardins dont vous seriez charmée ; tout cela m'a plu. Je n'avais jamais été à Livry la semaine sainte. Hélas ! que je vous y ai souhaitée ! Quelque ennemie que vous soyez de la solitude, vous auriez été contente de celle-ci. Mais je m'en retourne à Paris par nécessité. Je veux demain aller à la Passion du P. Bourdaloue

---

[1] *Lettres de madame* RABUTIN-CHANTAL, *marquise* DE SÉVIGNÉ ; la Haye, 1726, t. I, p. 47 et 48.—SÉVIGNÉ, *Lettres* (24 mars 1671), t. I, p. 394, édit. de G. de S.-G. ; t. I, p. 305, édit. de M.

et du P. Mascaron. J'ai toujours honoré les belles Passions. Adieu, ma chère petite ; voilà ce que vous aurez de Livry ; j'achèverai cette lettre à Paris. Si j'avais eu la force de ne vous y point écrire, et de faire un sacrifice à Dieu de tout ce que j'ai senti, cela vaudrait mieux que toutes les pénitences du monde ; mais, au lieu d'en faire un bon usage, j'ai cherché de la consolation à vous en parler. Ah ! ma bonne, que cela est faible et misérable[1] ! »

Elle retourne à Paris, et revient ensuite à Livry ; mais en s'y rendant elle avait été dîner à Pomponne avec son vieil ami, le père du marquis de Pomponne, et Arnauld d'Andilly, dont les sages admonitions firent sur elle une forte impression, sans qu'elle en devînt plus raisonnable. Voici ce qu'elle écrit à sa fille de cet homme vénérable, âgé alors de quatre-vingt-trois ans : « Je le trouvai dans une augmentation de sainteté qui m'étonna : plus il approche de la mort, plus il s'épure. Il me gronda très-sérieusement ; et, transporté de zèle et d'amitié pour moi, il me dit que j'étais folle de ne point songer à me convertir ; que j'étais une jolie païenne ; que je faisais de vous une idole de mon cœur ; que cette sorte d'idolâtrie était aussi dangereuse qu'une autre, quoiqu'elle me parût moins criminelle ; qu'enfin je songeasse à moi : il me dit tout cela si fortement que je n'avais pas le mot à dire. Enfin, après six heures de conversation très-agréable, quoique très-sérieuse, je le quittai, et vins ici, où je trouvai tout le triomphe du mois de mai : le rossignol, le coucou, la fauvette ont ouvert le printemps dans nos forêts ;

---

[1] *Lettres de madame* RABUTIN-CHANTAL, *marquise* DE SÉVIGNÉ ; la Haye, 1726, t. I, p. 49 et 50.—SÉVIGNÉ, *Lettres* (26 mars 1671), t. I, p. 396, édit. de G. de S.-G.

CHAPITRE XVIII. 371

je m'y suis promenée le soir toute seule, j'y ai trouvé toutes mes tristes pensées ; mais je ne veux plus vous en parler¹. »

Elle était bien loin de pouvoir garder cette résolution, qui ne fut jamais prise par elle sérieusement, puisque, encore près d'un an après la date de cette lettre, elle avoue qu'elle se trouve dans des dispositions toutes différentes, et que tout renouvelait ses douleurs. Le cardinal de Retz avait quitté sa retraite pour faire à Paris une courte apparition; il y avait été reçu par M. de la Rochefoucauld, madame de la Fayette et madame de Sévigné avec un empressement et une cordialité proportionnés à l'affection sincère qu'il avait dans tous les temps inspirée à ses anciens amis². Madame de Sévigné parle ainsi de lui à sa fille : « Nous tâchons d'amuser notre bon cardinal ; Corneille lui a lu une pièce qui sera jouée dans quelque temps et qui fait souvenir des anciennes. Molière lui lira samedi *Trissotin* ³, qui est une fort plaisante chose. Despréaux lui donnera son *Lutrin* et son *Art poétique :* voilà tout ce qu'on peut faire pour son service. Il vous aime de tout son cœur, ce pauvre cardinal ; il parle souvent de vous, et vos louanges ne finissent pas si aisément qu'elles commencent. Mais, hélas! quand nous songeons qu'on nous a enlevé notre chère enfant, rien n'est capable de nous consoler ; pour moi, je serais très-fâchée d'être consolée ; je ne me pique ni de fermeté ni de philosophie ; mon cœur me mène et me conduit. On disait l'autre jour (je crois vous l'avoir

---

¹ Sévigné, *Lettres* (29 avril 1671), t. II, p. 46, édit. de G. de S.-G.; t. II, p. 39, édit. de M.—Conférez, sur Arnauld d'Andilly et de Pomponne, la deuxième partie de ces *Mémoires,* p. 265 et 269, et ci-dessus, chap. III, p. 72.

² Sur le cardinal de Retz, conférez ci-dessus, chap. VI, p. 109-115.

³ Conférez sur ce passage les notes et éclaircissements à la fin du présent volume.

mandé) que la vraie mesure du cœur c'est la capacité d'aimer ; je me trouve d'une grande élévation par cette règle ; elle me donnerait trop de vanité si je n'avais mille autres sujets de me remettre à ma place[1]. »

Les Rochers, où madame de Sévigné avait tant de fois goûté le plaisir de se trouver seule avec sa fille, font sur elle la même impression que Livry lorsqu'elle y rentre pour la première fois après le départ de madame de Grignan, et elle écrit : « Enfin, ma fille, me voici dans ces pauvres *Rochers* : peut-on revoir ces allées, ces devises, ce petit cabinet, ces livres, cette chambre sans mourir de tristesse? Il y a des souvenirs agréables ; mais il y en a de si vifs et de si tendres qu'on a peine à les supporter. Ceux que j'ai de vous sont de ce nombre. Ne comprenez-vous pas bien l'effet que cela peut faire dans un cœur comme le mien? — J'ai quelquefois des rêveries, dans ces bois, d'une telle noirceur que j'en reviens plus changée que dans un accès de fièvre[2]. »

Un an après que sa fille l'eut quittée, le jour anniversaire où elle la maria, dans ce même couvent des sœurs de Sainte-Marie du Faubourg, où elle la fit élever, madame de Sévigné se trouva saisie d'une si forte douleur qu'elle ne put s'empêcher de prendre la plume pour exprimer tout ce qu'elle ressentait. « Me voici dans un lieu, ma bonne, qui est le lieu du monde où j'ai pleuré, le jour de votre départ, le plus abondamment et le plus amèrement. La pensée m'en fait encore tressaillir. Ma bonne, je n'en puis plus ; votre souvenir me tue en mille occa-

---

[1] *Lettres de madame* RABUTIN-CHANTAL, *marquise* DE SÉVIGNÉ, t. I, p. 247.—SÉVIGNÉ, *Lettres* (9 mars 1672), t. II, p. 415, édit. de G. de S.-G.; t. II, p. 353, édit. de M.

[2] SÉVIGNÉ, *Lettres* (31 mai 1671), t. II, p. 84 et 85 ; t. II, p. 70 et 71.

sions. J'ai pensé mourir dans ce jardin, où je vous ai vue mille fois; je ne veux point vous dire en quel état je suis : vous avez une vertu sévère qui n'entre point dans la faiblesse humaine. Il y a des heures, des moments où je ne suis pas la maîtresse; je suis faible, et je ne me pique point de ne l'être pas [1]. »

Madame de Sévigné fut vivement touchée de l'exactitude que madame de Grignan mettait à lui écrire. « Dès que j'ai reçu une de vos lettres, lui dit-elle, j'en voudrais tout à l'heure une autre; je ne respire que d'en recevoir. » Elle lui témoigne sans cesse le plaisir qu'elle ressent lorsque ses lettres lui parviennent; ses inquiétudes, ses impatiences quand elles n'arrivent pas aussitôt qu'elle les espère; la consolation et le soulagement que leur lecture lui procure. Elle cherche à l'encourager dans cette voie par des éloges souvent répétés [2]. Mais toutefois, au milieu de toutes ces louanges, on aperçoit quelquefois ce qui manquait aux lettres de madame de Grignan pour être entièrement du goût de sa mère. Puisqu'elle l'invite à ne jamais quitter le naturel, qui, selon elle, « surpasse un style parfait, » c'est que sa fille tombait souvent dans l'affectation. Les observations de madame de Sévigné produisaient leur effet : non que madame de Grignan adoptât les idées de sa mère sur les points importants de philosophie, de religion, de littérature; madame de Grignan avait au contraire sur toutes ces

---

[1] *Lettres de madame* RABUTIN-CHANTAL, *marquise* DE SÉVIGNÉ, édit. de la Haye, 1726, t. I, p. 231.—SÉVIGNÉ, *Lettres*, t. II, p. 365; édit. de G. de S.-G.; t. II, p. 309, édit. de M. (29 janvier 1672).

[2] SÉVIGNÉ, *Lettres* (18 février, 20 mars, 8, 10, 15 et 17 avril, 13 mai et 9 juillet 1671), t. II, p. 331, 333, 388, édit. de G. de S.-G.; t. II, p. 5, 13, 51, 29, 54, 124, édit. de M.

matières des opinions très-arrêtées, qui en bien des points différaient de celles de sa mère; mais elle devait à celle-ci une partie de son instruction. Pour l'italien, elle n'avait pas eu d'autre maître[1]; et le témoignage de tout le monde, comme son propre jugement, lui faisait sentir combien, dans le commerce épistolaire, sa mère lui était supérieure par l'esprit, les saillies et le prestige de l'imagination. Dès son enfance, et dans le court séjour qu'elle avait fait au couvent de Sainte-Marie de Nantes, elle avait eu soin de garder les lettres qu'elle recevait de madame de Sévigné[2]. Depuis elle ne cessa jamais de les conserver religieusement; et soit que ce soin fût dû à la piété filiale ou à l'excellence de son goût, on ne lui en est pas moins redevable du plus admirable recueil dont notre littérature puisse se glorifier. Mais peut-être est-ce à sa vanité qu'on doit attribuer la destruction de ses propres lettres, qui eussent jeté tant de jour sur celles de sa mère et que celle-ci, sans nul doute, avait conservées comme un précieux trésor. Il est certain que madame de Grignan ne paraissait pas contente des lettres qu'elle écrivait. Madame de Sévigné la gronde souvent sur son excès de modestie[3]. « Vous me déplaisez, lui dit-elle, mon enfant, en parlant comme vous faites de vos aimables lettres. Quel

---

[1] Sévigné, *Lettres* (4 mars 1671), t. I, p. 359, édit. de G. de S.-G.; t. I, p. 276, édit. de M. « Ne m'aimez-vous pas de vous avoir appris l'italien? »

[2] Sévigné, *Lettres* (13 mars et 5 novembre 1671), t. I, p. 375, édit. de G. de S.-G.; t. I, p. 289, édit. de M. « Si vous êtes encore de l'humeur dont vous étiez à Sainte-Marie, et que vous gardiez mes lettres. »

[3] Sévigné, *Lettres* (6 janvier 1672), t. II, p. 337, édit. de G. de S.-G.; t. II, p. 285, édit. de M.

. plaisir prenez-vous à dire du mal de votre esprit, de votre style, de vous comparer à la princesse d'Harcourt? Où prenez-vous cette fausse et offensante humilité? »

Par là nous apprenons que la princesse d'Harcourt, la fille de Brancas le distrait[1], avait peu d'esprit; mais c'était une belle femme, et sous ce rapport la comparaison n'avait rien d'humiliant pour madame de Grignan. La princesse d'Harcourt se trouvait enceinte en même temps que cette dernière, ce qui était une conformité de plus[2].

Madame de Sévigné savait que sa fille montrait ses lettres[3] ou les lisait aux personnes de sa connaissance en supprimant les louanges qu'elle lui donnait et ce qui lui était personnel; ce dont sa mère lui savait très-mauvais gré, car elle en agissait tout autrement. « Mais vous êtes bien plaisante, madame la comtesse, de montrer mes lettres! Où est donc ce principe de cachoterie pour ce que vous aimez? Vous souvient-il avec quelle peine nous attrapions les dates de celles de M. de Grignan? Vous pensez m'apaiser par vos louanges, et me traiter toujours comme la Gazette de Hollande; je m'en vengerai. Vous cachez les tendresses que je vous mande, friponne; et moi je montre quelquefois, et à certaines gens, celles que vous m'écrivez. Je ne veux pas qu'on croie que j'ai pensé

[1] Henri de Lorraine, prince d'Harcourt, était cousin germain maternel de M. de Grignan; et lui ainsi que sa femme et le comte de Brancas ont comparu au contrat de mariage de M. de Grignan. Voyez chapitre VIII, p. 129.

[2] CHOISY, *Mémoires*, t. LXIII, p. 432, de la collection de Petitot et Monmerqué.—SÉVIGNÉ, *Lettres* (1er mai 1671), t. II, p. 53, édit. de G. de S.-G.; t. II, p. 44, édit. de M. — (23 mai 1667), t. I, p. 116 et note, édit. de M.; t. I, p. 163, édit. de G.

[3] SÉVIGNÉ, *Lettres* (11 mars 1671), t. I, p. 268, édit. de G. de S.-G.; t. I, p. 283, édit. de M.

mourir, et que je pleure tous les jours, *pour qui? pour une ingrate*. Je veux qu'on voie que vous m'aimez, et que, si vous avez mon cœur tout entier, j'ai une place dans le vôtre. »

Cette certitude qu'avait madame de Sévigné que les lettres qu'elle écrivait à sa fille étaient souvent lues par M. de Grignan, auquel elles plaisaient beaucoup [1], et aussi par d'autres personnes, ne la gênait nullement. Jamais elle ne se corrigeait, et elle n'avait, comme elle le dit, qu'un trait de plume [2].

Aussi savait-elle très-bien qu'il lui échappait beaucoup d'incorrections. « Est-il possible, dit-elle à madame de Grignan, que mes lettres vous soient agréables au point où vous me le dites? Je ne les sens point telles en sortant de mes mains; je crois qu'elles le deviennent quand elles ont passé par les vôtres. Enfin, ma chère enfant, c'est un grand bonheur que vous les aimiez; car, de la manière dont vous en êtes accablée, vous seriez fort à plaindre si cela était autrement. M. de Coulanges est bien en peine de savoir laquelle de vos *madames* y prend goût; nous trouvons que c'est un bon signe pour elle, car mon style est si négligé qu'il faut avoir un esprit naturel et du monde pour pouvoir s'en accommoder [3]. »

Madame de Sévigné faisait cas du goût de sa fille en matière de style. « Je suis ravie, lui dit-elle, que vous ayez

---

[1] SÉVIGNÉ, *Lettres* (30 mars 1672), t. II, p. 437, édit. de G. de S.-G.

[2] SÉVIGNÉ, *Lettres* (3 avril 1671), t. I, p. 408, édit. de G. de S.-G.; t. I, p. 316, édit. de M.

[3] SÉVIGNÉ, *Lettres* (23 décembre 1671), t. II, p. 270, édit. de M.; t. II, p. 320, édit. de G. de S.-G. — *Ibid.* (15 janvier 1672), t. II, p. 346, édit. de G. de S.-G.; t. II, p. 293, édit. de M.

approuvé mes lettres ; vos approbations et vos louanges sincères me font un plaisir qui surpasse tout ce qui me vient d'ailleurs [1]. »

Madame de Sévigné écrivait à sa fille à toutes les heures du jour, souvent le matin, après dîner, après souper, quelquefois fort tard dans la nuit [2], non-seulement chez elle, mais chez ses parents et chez ses amis, chez toutes les personnes où elle était assez libre pour pouvoir le faire ; chez sa tante de la Trousse, chez son cousin de Coulanges, chez madame de la Fayette. Autrement, quand elle dînait en ville, si le départ de la poste l'exigeait, elle rentrait chez elle pour expédier son courrier. Le plus souvent aussi elle commençait ses lettres à sa fille bien avant le jour du départ; c'est ce qu'elle appelait écrire de provision [3], ou, comme elle le dit plaisamment, faire comme Arlequin, qui répond avant d'avoir reçu la lettre. Elle continuait quelquefois la même lettre pendant trois jours de suite, ce qui explique l'extrême longueur de quelques-unes; et comme souvent, en achevant, elle avait oublié ce qu'elle avait dit en commençant, elle revenait sur les mêmes nouvelles. « Quand je m'aperçois, dit-elle, de ces répétitions, je fais une grimace épouvantable; mais il n'en est autre chose, car il est tard; je ne sais point raccommoder, et je fais mon paquet. Je vous mande cela une

---

[1] SÉVIGNÉ, *Lettres* (22 avril 1671), t. II, p. 35, édit. de G. de S.-G.; t. II, p. 29, édit. de M. — *Lettres de madame* RABUTIN-CHANTAL, etc., édition de la Haye, 1726, t. I, p. 77 et 78. — *Ibid.* (23 mars 1671), t. I, p. 391 et 392.

[2] SÉVIGNÉ, *Lettres* (25 décembre 1671), t. II, p. 325, édit. de G. de S.-G.; t. II, p. 275, édit. de M.

[3] *Lettres de madame* RABUTIN-CHANTAL, etc., édit. de la Haye, 1726, t. I, p. 213 (23 déc. 1671). — SÉVIGNÉ, *Lettres* (15 avril 1671), t. II, p. 18; t. II, p. 316, édit. de G. de S.-G; t. II, p. 15, édit. de M.

fois pour toutes, afin que vous excusiez cette radoterie[1]. »
Elle écrivait avec rapidité, et ses lettres étaient, selon elle,
tracées avec la plume des vents[2]. Elle aimait à faire ce
qu'elle appelait des réponses à la chaude, c'est-à-dire sous
l'impression de la lettre qu'elle venait de lire[3]. Quand
elle écrivait en compagnie, soit chez elle, soit chez les
autres, elle s'interrompait souvent pour laisser écrire dans
ses lettres quelques-unes des personnes présentes[4]. Elle
recevait des lettres de sa fille exactement tous les trois
jours, et rarement pouvait-elle s'empêcher de verser quelques larmes en les lisant[5]. Afin qu'elles lui fussent remises
plus promptement, elle avait gagné un commis de Louvois, qui remettait à son domestique les lettres qui lui
étaient adressées aussitôt leur arrivée et avant qu'elles
fussent distribuées aux facteurs. Ce commis, qui se
nommait Dubois, elle l'appelait *son petit ami*. Lorsque
Louvois emmena Dubois avec lui à l'armée, elle eut
grand soin de se procurer à l'administration des postes
un autre *petit ami* qui lui rendît le même service[6]. Elle

[1] Sévigné, *Lettres* (11 mars 1672 et 27 mai 1680), t. II, p. 422,
édit. de G. de S.-G.; t. II, p. 359, édit. de M.—*Ibid.* (30 mars 1672),
t. II, p. 437, édit. de G. de S.-G.; t. II, p. 269, édit. de M.

[2] Sévigné, *Lettres* (30 mars 1672), t. II, p. 442; t. II, p. 373.—
Ibid. (23 mars 1671), t. I, p. 391 et 392, édit. de G. de S.-G.

[3] Sévigné, *Lettres* (11 mars 1672), t. II, p. 422, édit. de G. de
S.-G.; t. II, p. 359, édit. de M.

[4] Sévigné, *Lettres* (6 et 18 mars 1671, 2ᵉ lettre), t. I, p. 362 et
383, édit. de G. de S.-G.; t. I, p. 279 et 296, édit. de M. — *Ibid.*
(4 avril 1671), t. II, p. 3 et 5, édit. de M. —*Ibid.* (24 avril 1671),
t. II, p. 36, édit. de G. de S.-G.; t. II, p. 33, édit. de M. Un grand
nombre d'autres exemples pourraient être cités.

[5] Sévigné, *Lettres* (18 mars 1671), t. I, p. 381-385, édit. de G.
de S.-G.; t. I, p. 296, édit. de M.

[6] Sévigné, *Lettres* (20 avril 1672), t. II, p. 468, édit. de G. de

témoigne plaisamment son admiration pour la poste, et, comme il lui arrive souvent, sa raillerie se transforme en réflexions justes et philosophiques. « Je suis en fantaisie, écrit-elle à madame de Grignan, d'admirer l'honnêteté de messieurs les postillons, qui sont incessamment sur les chemins pour porter et rapporter vos lettres ; enfin, il n'y a jour de la semaine où ils n'en portent quelqu'une à vous ou à moi. Il y en a toujours à toutes les heures par la campagne. Les honnêtes gens ! qu'ils sont obligeants ! et que c'est une belle invention que la poste, et un bel effet de la Providence que la cupidité[1] ! »

Lorsque les lettres de madame de Grignan n'arrivaient pas aux jours et aux heures fixés, elle était aussitôt désespérée et en proie à de mortelles inquiétudes. Le 17 juin, elle écrit des Rochers à d'Hacqueville : « Enfin voilà le second ordinaire que je ne reçois point de nouvelles de ma fille ; je tremble depuis la tête jusqu'aux pieds, je n'ai pas l'usage de raison ; je ne dors point, et si je dors, je me réveille avec des sursauts qui sont pires que de ne pas dormir... Mais, mon cher monsieur, d'où cela vient-il ? Ma fille ne m'écrit-elle plus ? est-elle malade ? Ah ! mon Dieu ! que je suis malheureuse de n'avoir personne avec qui pleurer[2] ! »

Enfin les lettres de madame de Grignan, qui avaient été envoyées à Rennes à son fils, arrivent à madame de

---

S.-G.; t. II, p. 394, édit. de M.—*Ibid.*(23 mai 1672), t. III, p. 33, édit. de G. de S.-G.; t. II, p. 444, édit. de M.

[1] Sévigné, *Lettres* (12 juillet 1671), t. II, p. 136, édit. de G. de S.-G.; t. II, p. 114, édit. de M.

[2] Sévigné, *Lettres* (1671), t. II, p. 101, édit. de G. de S.-G.—*Lettres inédites de madame* de Sévigné; Paris, Klostermann, 1814, in-8°, p. 197 (mercredi 17 juin).

Sévigné trois jours après la lettre qu'elle a écrite à d'Hacqueville. « Bon Dieu ! dit-elle à sa fille, que n'ai-je point souffert pendant deux ordinaires que je n'ai point eu de vos lettres ? Elles sont nécessaires à ma vie ; ce n'est point une façon de parler, c'est une grande vérité [1]. »

Une autre cause d'inquiétude pour madame de Sévigné, dans sa correspondance avec madame de Grignan, était lorsque les lettres qu'elle adressait à celle-ci ne lui parvenaient pas ; alors elle soupçonnait qu'elles avaient été ouvertes et interceptées par les agents du gouvernement. Ceci explique les déguisements de noms et les mots couverts dont madame de Sévigné se sert pour communiquer à sa fille des nouvelles du roi et de la cour. « Je veux revenir à mes lettres qu'on ne vous envoie point ; j'en suis au désespoir. Croyez-vous qu'on les ouvre ? croyez-vous qu'on les garde ? Hélas ! je conjure ceux qui prennent cette peine de considérer le peu de plaisir qu'ils ont à cette lecture et le chagrin qu'ils nous donnent. Messieurs, ayez soin de les recacheter, afin qu'elles arrivent tôt ou tard [2]. »

Les correspondances que madame de Sévigné entretenait avec madame de Grignan, avec Bussy et avec quelques amis intimes n'étaient pas les seules. Par les plaintes qu'elle forme, on voit qu'on aimait à recevoir de ses lettres et qu'on saisissait le moindre prétexte pour lui écrire et en obtenir une réponse. Elle écrit des Rochers à madame de Grignan : « Je suis accablée des lettres de Paris ;

---

[1] *Lettre écrite par madame* DE SÉVIGNÉ (le 21 juin 1671), *rétablie d'après le manuscrit original* ; 1826, in-8°, p. 3. — SÉVIGNÉ, *Lettres*, t. II, p. 103, édit. de G. de S.-G. ; t. II, p. 85, édit. de M. ; t. I, p. 118, édit. de la Haye, 1626.

[2] SÉVIGNÉ, *Lettres* (18 mars 1671), t. I, p. 385, édit. de G. ; t. I, p. 297, édit. de M.

surtout la répétition du mariage de Monsieur me fait sécher sur pied ; je suis en butte à tout le monde, et tel qui ne m'a point écrit se réveille pour mon malheur, afin de me l'apprendre ¹. »

La correspondance de madame de Sévigné avec sa fille ne ressemblait, ne pouvait ressembler à aucune autre. C'était la continuation de ces épanchements de cœur, de ces causeries délicieuses, de ces confidences intimes qui avaient eu lieu entre la mère et la fille lorsqu'elles étaient réunies, surtout depuis que le mariage de M. de Grignan les avait entraînées plus fréquemment toutes deux à la cour et dans la haute société. Dès lors elles avaient été obligées de prendre leur part des agitations, des anxiétés que le choc des intérêts, des rivalités, des ambitions excite sans cesse dans le tourbillon du monde ; et elles éprouvèrent plus que jamais le besoin de se communiquer mutuellement leurs idées, leurs sentiments, leurs réflexions ; de se raconter l'une à l'autre ce qu'elles voyaient, ce qu'elles apprenaient, ce qu'elles entendaient, ce qu'elles observaient dans les cercles qui s'occupaient d'elles et dont elles étaient occupées.

Depuis que madame de Grignan, par son séjour en Provence, se trouvait écartée de la cour et de la société de la capitale, elle était plus que jamais tourmentée du désir de connaître ce qui s'y passait, et ce que faisait, ce que disait, ce que pensait sa mère. Celle-ci était charmée d'avoir des occasions, qui se renouvelaient sans cesse, de se rendre nécessaire ; son plaisir, sa consolation étaient dans son commerce de lettres avec sa fille. « Vous ne me parlez point assez de vous, lui dit-elle ; j'en suis nécessiteuse, comme

---

¹ Sévigné, *Lettres* (21 octobre 1671), t. II, p. 265, 266, édit. de G. de S.-G.; t. II, p. 244, édit. de M.

vous l'êtes de folies ; je vous souhaite toutes celles que j'entends ; pour celles que je dis, elles ne valent plus rien depuis que vous ne m'aidez plus : vous m'en inspirez, et quelquefois aussi je vous en inspire. C'est une longue tristesse, et qui se renouvelle souvent, d'être loin d'une personne comme vous [1]. »

Elle savait gré à sa fille de se plaire à la lecture de ses lettres. « Il y a plaisir, lui dit-elle, à vous envoyer des folies ; vous y répondez délicieusement. Vous savez que rien n'attrape tant les gens que quand on croit avoir écrit pour divertir ses amis, et qu'il arrive qu'ils n'y prennent pas garde ou qu'ils n'en disent pas un mot. Vous n'avez pas cette cruauté ; vous êtes aimable en tout et partout; hélas ! combien vous êtes aimée aussi ! combien de cœurs où vous êtes la première ! Il y a peu de gens qui puissent se vanter d'une telle chose [2]. »

Madame de Grignan, qui cependant n'aimait ni à écrire ni à lire de longues lettres [3], trouvait toujours trop courtes les lettres de sa mère [4] ; et c'est au désir que celle-ci avait de l'intéresser, de la distraire, de l'amuser que nous devons cette variété de récits, de portraits, de bons mots, de saillies, d'anecdotes, de récits joyeux ou touchants, ce tableau mouvant du monde de cette époque, qu'on trouve dans les lettres adressées par madame de Sévigné à madame de Grignan. « Ne vous trompez-vous point, lui écrit-

---

[1] Sévigné, *Lettres* (24 avril 1671), t. II, p. 36, édit. de G. de S.-G.; t. II, p. 30, édit. de M.

[2] Sévigné, *Lettres* (23 mars 1671), t. I, p. 302, édit. de M.

[3] Sévigné, *Lettres* (20 mars 1671), t. I, p. 386, édit. de G. de S. G.; t. I, p. 298, édit. de M.

[4] Sévigné, *Lettres* (13 et 15 janvier 1672), t. II, p. 345, 347, 352, édit. de G. de S.-G. ; t. II, p. 292, 294, 298, édit. de M.

elle, dans l'opinion que vous avez de mes lettres ? L'autre jour, un pendard d'homme, voyant ma lettre infinie, me demanda si je pensais qu'on pût lire cela. J'en tremblai, sans dessein toutefois de me corriger, et, me tenant à ce que vous m'en dites, je ne vous épargnerai aucune bagatelle, grande ou petite, qui vous puisse divertir. Pour moi, c'est ma vie et mon unique plaisir que le commerce que j'ai avec vous ; toutes choses sont ensuite bien loin après [1]. » On a dit que c'était par le désir qu'avait madame de Sévigné de plaire à sa fille qu'elle s'était laissé entraîner à des traits de médisance, à des sarcasmes virulents, à des jugements injustes envers les personnes qui déplaisaient à celle qu'elle aimait tant ; tandis qu'elle se montre pleine d'équité, d'indulgence et de bonté pour toutes celles qu'elle fréquentait, quand elles n'étaient pas frappées par cette cause de réprobation. De là on a généralement conclu que madame de Grignan, déjà convaincue d'être froide et dédaigneuse, était en outre envieuse et malveillante. Raisonner ainsi, c'est peut-être commettre une grande injustice envers la fille, par le désir qu'on a d'écarter de la mère des reproches mérités et de trouver réunies en elle toutes les perfections. Les lettres que madame de Grignan avait écrites auraient pu nous éclairer sur ce point ; et précisément le soin que l'on a eu de les faire disparaître et les conseils et les exhortations auxquels quelques-unes donnent lieu dans les réponses [2] qui lui sont faites par

---

[1] SÉVIGNÉ, *Lettres* (20 janvier 1672), t. II, p. 352, édit. de G. de S.-G. ; t. II, p. 298, édit. de M.

[2] SÉVIGNÉ, *Lettres* (18 et 22 septembre 1679), t. VI, p. 121, 132, édit. de G. de S.-G.—*Ibid.* (22 août 1675), t. IV, p. 47, édit. de G. de S.-G.— (24 mai 1694, lettre de Coulanges à madame de Sévigné), t. XI, p. 34, édit. de G. de S.-G.

sa mère font présumer qu'on a deviné le motif qui les a fait anéantir.

Quoi qu'il en soit, ce qui permettait à madame de Sévigné de donner toute liberté à sa plume quand elle écrivait à sa fille, c'est qu'elle connaissait sa prudence et sa discrétion. Elle savait que madame de Grignan ne communiquait les lettres qu'elle recevait d'elle qu'avec une grande réserve. Jamais surtout madame de Sévigné n'eut un seul instant la pensée que ses lettres à sa fille pussent être imprimées. Celles qui avaient fait le plus de bruit dans la société et dont on avait tiré des copies étaient écrites à d'autres personnes sur des sujets futiles et sans importance [1]. On n'imprimait pas alors de correspondance ou de *mémoires* qui pussent éclairer l'histoire ou révéler les secrets des familles. Les recueils de lettres recherchés du public et donnés après la mort de ceux qui les avaient écrites roulaient toujours sur d'élégantes bagatelles, ou n'étaient que des jeux d'esprit. De toutes les lettres de Voiture, tant renommé pour le genre épistolaire, son neveu Pinchesne n'a songé à publier que les lettres galantes ou complimenteuses. Des nombreuses et importantes dépêches que Voiture a dû écrire dans ses missions diplomatiques, pendant ses fréquents séjours en pays étranger, il ne nous en reste pas une seule, ou du moins aucune n'a encore vu le jour.

[1] SÉVIGNÉ, *Lettres* (10 avril 1673), t. III, p. 78, édit. de M.; t. III, p. 150, édit. de G. de S.-G.

CHAPITRE XIX.

1671 — 1672.

Le meilleur résultat des lettres de madame de Sévigné est de nous la bien faire connaître.—La plupart des lettres qu'elle avait écrites semblent perdues.— De la correspondance qu'elle avait entretenue avec M. de Pomponne. — Détails sur ce ministre. — De la correspondance de madame de Sévigné avec d'Hacqueville. — Comment elle trace le caractère de celui-ci lorsqu'il devient amoureux de la fille du maréchal de Gramont.—De la correspondance de madame de Sévigné avec Corbinelli. — Avec madame de la Fayette et M. de la Rochefoucauld. — Détails sur l'une et sur l'autre. — De la correspondance de madame de Sévigné avec M. et madame de Coulanges. — Détails sur l'un et sur l'autre. — De la correspondance de madame de Sévigné avec son fils. — Caractère de celui-ci. — Ses travers de jeunesse. — Sa tendresse pour sa mère. — Nouveaux détails sur la correspondance de madame de Sévigné avec sa fille

Poursuivons le sujet commencé dans le précédent chapitre ; et avant de conduire madame de Sévigné aux états de Bretagne et de lui faire entreprendre son grand voyage en Provence, avant de rechercher ce que les lettres qui nous restent d'elle nous apprennent sur l'histoire et les mœurs de son temps, voyons ce qu'elles nous font connaître sur elle-même ; étudions-la (elle en vaut la peine), étudions-la dans ses confidences les plus intimes, dans ses plus grandes indiscrétions, dans ses aveux les plus imprudents, et nous trouverons que, malgré ses faiblesses, peu de femmes peuvent lui être comparées pour l'élévation de l'âme, les qualités du cœur, les lumières de l'esprit et le talent d'écrire. Qu'on ne s'y méprenne pas ; elle eut de bonne heure le sentiment de son talent épistolaire ; et quoique jamais elle ne fût prise de la vanité de croire qu'elle pût, comme son amie madame de la Fayette, faire un livre et occuper les imprimeurs, elle savait que les moyens de plaire que lui donnait dans la société sa belle et vive imagination se retrouvaient en elle plus forts et plus séduisants encore au bout de sa plume et dans le silence du cabinet. Née pour le grand monde avant d'être absorbée par sa passion maternelle, avant que son amour-propre, son ambition, son orgueil fussent concentrés dans sa fille, elle était coquette partout et toujours. Elle voulait se montrer aimable à tous ceux qui lui plaisaient et à qui elle plaisait. Seule, et en leur absence, elle se rendait présente à eux par ses lettres et le charme de son esprit ; aussi devons-nous beaucoup regretter ce qu'elle écrivit dans son bel âge, lorsqu'elle-même en butte aux séducteurs elle s'intéressait aux intrigues galantes dont elle était entourée. Quelques courtes lettres écrites à Ménage, à Bussy, deux billets à Lenet [1], un billet en italien à la marquise d'Uxelles [2], voilà tout ce qui nous reste d'elle de ces premiers temps ; mais cela suffit pour nous montrer que dès lors même elle croyait pouvoir se rendre digne de la louange que Ménage lui avait donnée dans les vers qu'il composa sur son portrait :

---

[1] *Lettres inédites de madame* DE SÉVIGNÉ, publiées par M. Vallet de Viriville dans la *Revue de Paris*, 28 décembre 1844. (Dans la première de ces lettres, datée de minuit, ces mots : « Si je n'étais prête d'aller aux Quinze-Vingts, » veulent dire, Si je n'étais prête à fermer les yeux et à me coucher.)

[2] *Billet italien de madame* DE SÉVIGNÉ *à la marquise d'Uxelles, suivi d'une lettre de madame de Grignan à la même*, publié par M. Monmerqué ; Paris, 1844, p. 10-13.

CHAPITRE XIX. 387

> . . Questa ; questa è la man leggiadra e bella
> Ch' ogni cor prende, e, come vuol, l'aggira [1].

Malheureusement le plus grand nombre des lettres qu'elle avait écrites à toutes les époques semblent perdues pour toujours.

De toutes les correspondances que madame de Sévigné avait engagées avec diverses personnes, les plus regrettables sont celles avec son fils, avec M. et madame de Coulanges, avec madame de la Fayette et le duc de la Rochefoucauld, avec le cardinal de Retz, avec Corbinelli, avec d'Hacqueville et avec M. de Pomponne.

Ce fut une grande joie pour madame de Sévigné [2] lorsque de Pomponne, qui était ambassadeur en Suède, fut rappelé de son ambassade et fait secrétaire d'État des affaires étrangères en remplacement de M. de Lionne, décédé. L'opinion de son mérite et son intégrité avaient pu seules déterminer le roi à faire ce choix; car de Pomponne, ainsi que nous l'avons fait connaître, avait été, comme ami de Fouquet, pendant quelque temps en disgrâce [3] ; et de plus il appartenait à une famille dont tous les membres s'étaient en quelque sorte illustrés par leur dévouement au jansénisme. Aussi tous ceux qui tenaient à ce parti célébrèrent-ils son avénement au pouvoir comme un triomphe; l'un d'eux fit à ce sujet les vers suivants :

> Élevé dans la vertu
> Et malheureux avec elle,

---

[1] ÆGIDII MENAGII *Poemata*, 8ᵉ édit., p. 325. Sopra il ritratto della marchesa di Sevigni, sonetto II.

[2] SÉVIGNÉ, *Lettres* (13 septembre 1671), t. II, p. 189, édit. de M.; t. II, p. 225, édit. de G. de S.-G.

[3] Conférez ci-dessus, chap. I, p. 14, et la deuxième partie de ces *Mémoires*, p. 265 et 269.

> Je disais : A quoi sers-tu,
> Pauvre et stérile vertu ?
> Ta droiture et tout ton zèle,
> Tout compté, tout rabattu,
> Ne valent pas un fétu.
> Mais voyant que l'on couronne
> Aujourd'hui le grand Pomponne,
> Aussitôt je me suis tu.
> A quelque chose elle est bonne [1].

De Pomponne, devenu ministre, mit plus d'empressement que jamais à resserrer les nœuds d'amitié qui l'unissaient à madame de Sévigné ; voici comment elle en écrit à sa fille : « J'eus hier une heure de conversation avec M. de Pomponne ; il faudrait plus de papier qu'il n'y en a dans mon cabinet pour vous dire la joie que nous eûmes de nous revoir ; il sait écouter aussi bien que répondre, il me donne toujours de l'esprit ; le sien est tellement aisé qu'on prend sans y penser une confiance qui fait qu'on parle heureusement de tout ce qu'on pense : je connais mille gens qui font le contraire. Enfin, ma fille, sans vouloir m'attirer de nouvelles douceurs, dont vous êtes prodigue pour moi, je sortis avec une joie incroyable, dans la pensée que cette liaison avec lui vous serait très-utile. Nous sommes demeurés d'accord de nous écrire ; il aime mon style naturel et dérangé, quoique le sien soit comme celui de l'éloquence même [2]. »

Madame de Sévigné ne se trompa pas. Par M. de Pomponne elle obtint sur les affaires de la Provence une influence heureuse pour son gendre, et dont celui-ci fut

---

[1] Sévigné, *Lettres*, t. II, p. 368, édit. de G. de S.-G. ; t. II, p. 312, édit. de M., en note.

[2] Sévigné, *Lettres* (3 février 1673), t. II, p. 368 ; t. II, p. 312 édit. de M.

reconnaissant. Il est certain que, si l'on retrouvait les lettres qu'elle écrivit à ce ministre pendant ces deux années, nous verrions qu'elles sont au nombre des plus correctes et des mieux faites de toutes celles qu'elle a écrites [1].

La correspondance de madame de Sévigné avec le cardinal de Retz, pendant qu'il était dans sa retraite de Commercy, devait être très-active, et nous aurait appris beaucoup de particularités intéressantes sur elle-même. Cette correspondance était très-intime : Retz avait contribué au mariage de madame de Sévigné; il fut le parrain de Pauline de Grignan, et dans tous les temps il donna à toute la famille des preuves d'affection et d'amitié.

Mais une des correspondances perdues de madame de Sévigné qui semblait nous promettre le plus de particularités sur elle-même et sur les personnages de son temps est celle qu'elle entretenait avec d'Hacqueville, ce confident des affaires les plus secrètes de ses amis, cet ami *inépuisable*, si actif à obliger qu'il semblait se multiplier, si bien qu'on ne parlait de ses actes qu'en mettant son nom au pluriel, et en disant *les d'Hacquevilles*. Mais son écriture était indéchiffrable, et madame de Sévigné n'avait aucun plaisir à recevoir de ses lettres; elle ne devait donc lui écrire que par nécessité, et fort brièvement: les lettres qu'elle lui adressait étaient peu remarquables; mais elle s'intéressait beaucoup à lui, et il lui a fourni dans sa correspondance avec sa fille une des pages les plus piquantes qu'elle ait écrites. Madame de Sévigné avait mandé à madame de Grignan que ce d'Hacqueville, dont ses amis redoutaient l'austère sagesse, était devenu

---

[1] SÉVIGNÉ, *Lettres* (6 et 20 novembre 1672), t. III, p. 129, 144, 145, édit. de M.; t. III, p. 209, 228 à 230, édit. de G. de S.-G.

amoureux de la fille du maréchal de Gramont, privée d'un œil et sans attraits, mais très-jeune[1]. D'Hacqueville s'en défendait, et madame de Grignan ne pouvait croire à cette ridicule faiblesse de la part de cet ancien et prudent ami. Elle trouvait que son caractère bien connu et son âge le défendaient suffisamment contre de tels soupçons. Sa mère lui répond : « Vous me demandez les symptômes de cet amour : c'est premièrement une négative vive et prévenante ; c'est un air d'indifférence qui prouve le contraire ; c'est le témoignage de gens qui voient de près, soutenu de la voix publique ; c'est une suspension de tout ce mouvement de la machine ronde ; c'est un relâchement de tous les soins ordinaires pour vaquer à un seul ; c'est une satire perpétuelle contre les vieilles gens amoureux : Vraiment il faut être bien fou, bien insensé ! Quoi, une jeune femme ! Voilà une bonne pratique pour moi ; cela me conviendrait fort ! j'aimerais mieux m'être rompu les deux bras. Et à cela on répond intérieurement : Eh ! oui, tout cela est vrai, mais vous ne laissez pas d'être amoureux : vous dites vos réflexions, elles sont justes, elles sont vraies, elles font votre tourment ; mais vous ne laissez pas d'être amoureux : vous êtes tout plein de raison, mais l'amour est plus fort que toutes les raisons : vous êtes malade, vous pleurez, vous enragez, et vous êtes amoureux[2]. »

On croit lire la Bruyère, quand la Bruyère est excellent.

S'il est incontestable qu'une confiance entière et une estime réciproque, que l'accord des opinions et des sentiments, une complète sympathie du cœur donnent à l'es-

---

[1] SÉVIGNÉ, *Lettres* (19 février 1672), t. II, p. 234, édit. de M.
[2] SÉVIGNÉ, *Lettres* (9 mars 1672), t. II, p. 350, édit. de M.; t. II, p. 392 et 413, édit. de G. de S.-G.

prit plus d'activité, à l'imagination plus d'élan, on doit bien vivement regretter que les lettres de madame de Sévigné à Corbinelli ne nous soient pas parvenues ; car entre elle et lui tout ce qui fait le charme d'un commerce épistolaire se trouvait réuni, et la différence des sexes n'y nuisait pas. Nous avons un certain nombre de lettres de Corbinelli dans la correspondance de madame de Sévigné et un plus grand nombre encore dans celle de Bussy ; pas une seule ne dément l'éloge que fait de cet ami madame de Sévigné, lorsqu'elle le défend avec tant de chaleur contre une plaisanterie de sa fille, qui, dit-elle, pourrait surprendre les simples. Toutes ces lettres, au contraire, confirment cet éloge, et nous montrent en Corbinelli un philosophe, mais un philosophe chrétien, maltraité par la fortune, refusant de se mettre à sa poursuite, et préférant employer ses jours à cultiver les lettres, à servir ses amis, à leur rester fidèle dans l'adversité. « En lui, dit madame de Sévigné, je défends celui qui ne cesse de célébrer les perfections et l'existence de Dieu ; qui ne juge jamais son prochain, qui l'excuse toujours ; qui est insensible aux plaisirs et aux délices de la vie, et entièrement soumis à la volonté de Dieu ; enfin, je soutiens le fidèle admirateur de sainte Thérèse et de ma grand'mère [1] [sainte Chantal]. » Savant et versé dans la lecture des meilleurs auteurs de l'antiquité, de ceux de l'Italie et de la France, dont son heureuse mémoire lui rappelait au besoin les plus beaux passages, Corbinelli plaisait par sa conversation et par sa correspondance, l'une et l'autre souvent agréables, toujours utiles et instructives. Il ap-

---

[1] SÉVIGNÉ, *Lettres* (15 janvier 1690), t. X, p. 197. — *Ibid.* (24 mars 1684), t. VIII, p. 147, édit. de G. de S.-G. ; t. IX, p. 305, 309, 344, édit. de M.

préciait surtout dans madame de Sévigné cette vive imagination dont lui-même était dépourvu, et il comparait ses lettres à celles de Cicéron ; mais il aurait voulu qu'elle aimât sa fille avec plus de modération. « Nous lisons ici, dit madame de Sévigné à madame de Grignan, des maximes que Corbinelli m'explique ; il voudrait bien m'apprendre à gouverner mon cœur : j'aurais beaucoup gagné à mon voyage si j'en rapportais cette science[1]. » Elle devait savoir que cette science-là Dieu peut nous l'enseigner, mais non les hommes.

La perte de plusieurs lettres écrites à madame de Sévigné par madame de la Fayette et par M. de la Rochefoucauld (il n'est pas plus permis de séparer ces deux personnes quant à leur correspondance que quant à leurs relations avec le monde) est moins à regretter que ne donnerait lieu de le penser la célébrité littéraire de l'une et de l'autre. Lorsqu'elle était à Paris, madame de Sévigné ne se plaisait nulle part autant que chez son ancienne amie madame de la Fayette. Quand elle a des peines de cœur ou qu'elle désire se distraire, elle s'en va au *Faubourg*, c'est-à-dire chez madame de la Fayette[2]. Là elle y trouve M. de la Rochefoucauld, qui, malgré ses souffrances, aimable et spirituel, toujours courtisan, même hors de la cour, lui parlait souvent de la *reine de Provence*[3], de la *troisième côte de M. de Grignan*, et en faisait l'éloge ; il ne pensait pas tout ce

---

[1] Sévigné, *Lettres* (17 et 29 mai 1675), t. III, p. 276, édit. de M. ; t. III, p. 394-396, édit. de G. de S.-G.

[2] Sévigné, *Lettres* (6 février 1671), t. I, p. 306, édit. de G. de S.-G. ; t. I, p. 232, édit. de M.

[3] Sévigné, *Lettres* 9 février 1673, t. III, p. 141, édit. de G. de S.-G. ; t. III, p. 70, édit. de M.

qu'il en disait ; et lui et madame de la Fayette étaient moins bien vus des enfants de madame de Sévigné que de leur mère. C'est chez madame de la Fayette que madame de Sévigné retrouve sans cesse le cardinal de Retz et tous ses amis de la Fronde avec les beaux esprits de ce temps, Segrais, Huet, la Fontaine et Molière. C'est là qu'elle apprenait toutes les nouvelles relatives aux affaires publiques, aux intrigues de cour, aux bruits de ville, aux nouvelles promotions, et tout ce qui lui donnait les moyens de remplir les lettres qu'elle écrivait à sa fille. Madame de Sévigné, dans sa correspondance avec madame de Grignan, ne nous donne pas plus de détails sur cette dernière et sur elle-même que sur les deux illustres habitants du *Faubourg*. Par cette correspondance nous vivons en quelque sorte avec eux, et nous sommes initiés aux secrets les plus intimes de leur existence intérieure, de leurs habitudes les plus privées ; nous connaissons leurs jugements, leurs répulsions, les objets de leurs préférences [1], et le jargon de convention de leur société, hors de celle-ci inintelligible. Mais à cette époque la liaison de madame de Sévigné avec madame de la Fayette, malgré leur continuelle fréquentation, n'était plus la même qu'elle avait dû être dans leur jeunesse [2]. L'habitude depuis longtemps contractée d'être souvent ensemble, les amis qui leur étaient communs et enfin les sympathies de l'esprit avaient au moins autant et plus de part à leur longue et étroite liaison que les sentiments du cœur et l'accord des caractères. Madame de la Fayette était devenue par ses romans une célébrité littéraire. Par l'in-

---

[1] SÉVIGNÉ, *Lettres* (1er avril 1671), t. I, p. 314, édit. de M.; t. I, p. 405, édit. de G. de S.-G.
[2] Voyez la deuxième partie de ces *Mémoires*, chap. xx, p. 303.

fluence du fils de M. de la Rochefoucauld, le prince de Marsillac, autant que par son mérite et par le souvenir de MADAME, dont elle avait été la favorite, madame de la Fayette avait été l'objet des attentions et des bienfaits du roi ; et comme elle avait peu de fortune et deux fils à pourvoir, elle ménageait son crédit[1], et se montra peu empressée à en user pour ses amis, ce qui était un grand tort aux yeux de madame de Grignan. Ceci explique pourquoi celle-ci, ainsi que son frère, cherchaient à la desservir dans l'esprit de leur mère.

Cependant l'amitié de ces deux femmes, cimentée par le temps et fondée sur une estime réciproque, était sincère. Lorsque madame de Sévigné était bien payée de ses fermiers, que rien n'altérait son bien-être, que tout semblait concourir à sa satisfaction, sa philosophie ne pouvait tenir contre le chagrin que lui occasionnait le redoublement de dépenses que madame de Grignan se croyait obligée de faire dans son gouvernement de Provence et contre le redoublement de fièvre de madame de la Fayette. « Il n'importe guère, dit-elle, d'avoir du repos pour soi-même quand on entre véritablement dans les intérêts des personnes qui vous sont chères et qu'on sent tout leur chagrin peut-être plus qu'elles-mêmes. C'est le moyen de n'avoir guère de plaisir dans la vie, et il faut être bien enragée pour l'aimer autant qu'on fait. Je dis la même chose de la santé ; j'en ai beaucoup, mais à quoi me sert-elle ? à garder ceux qui n'en ont point[2]. »

---

[1] SÉVIGNÉ, *Lettres* (15 novembre 1684), t. VII, p. 197, édit. de M. —*Ibid.* (15 décembre 1675), t. IV, p. 255, 257, édit. de G. de S.-G.; t. IV, p. 30, édit. de M.

[2] SÉVIGNÉ, *Lettres* (20 mai 6672), t. III, p. 30, édit. de G. de S.-G., t. II, p. 440, édit. de M.

De son côté, madame de la Fayette avait pour madame de Sévigné un attachement plus fort que pour toute autre femme. Il lui manquait quelque chose lorsqu'elle était absente; et quand cette amie partait pour les Rochers, il ne fallait pas, par ménagement pour sa sensibilité, que madame de Sévigné lui fît ses adieux, ni qu'elle eût l'air de venir la voir pour prendre congé. M. de la Rochefoucauld goûtait beaucoup l'esprit et les lettres de madame de Sévigné; il disait aussi d'elle qu'elle contentait son idée sur l'amitié, avec toutes ses circonstances et dépendances; mais il était en proie aux souffrances de la goutte[1], et madame de la Fayette était accablée par les maux de nerfs ou dévorée par les fièvres, et tous deux détestaient d'écrire. Madame de la Fayette le déclare sans ménagement à son amie, qui se montrait exigeante à cet égard : « Le goût d'écrire vous dure encore pour tout le monde, il m'est passé pour tout le monde; et si j'avais un amant qui voulût de mes lettres tous les matins, je romprais avec lui[2]. »

En rapprochant toutes ces circonstances, nous devons présumer que les lettres que madame de la Fayette et madame de Sévigné s'écrivirent depuis l'époque du mariage de madame de Grignan, et qui se sont égarées, étaient en petit nombre; et que celles qu'elles ont pu s'écrire dans leur jeunesse, si on les retrouvait, seraient beaucoup plus intéressantes pour nous que ces dernières.

Il n'en est pas de même de la correspondance avec

---

[1] SÉVIGNÉ, *Lettres* (23 mars 1671), t. I, p. 303, édit. de M.; t. I, p. 391, édit. de G. de S.-G.

[2] SÉVIGNÉ, *Lettres* (30 juin 1673), t. III, p. 85, édit. de M.; t. III, p. 158, édit. de G. de S.-G.

madame de Coulanges et avec son mari, le petit Coulanges; c'est surtout avec ce dernier, avec ce compagnon de son enfance, que madame de Sévigné, toujours à l'aise, retrouvait toute sa verve. Les lettres les plus remarquables qu'elle ait écrites et les plus souvent citées lui sont adressées[1], et nous doivent faire vivement regretter celles qui sont perdues. Elle lui écrivait régulièrement tous les quinze jours, sans compter les jours d'exception[2]. De son côté, elle gardait soigneusement les lettres du spirituel chansonnier; selon elle, « il avait un style si particulier pour faire valoir les choses les plus ordinaires que personne ne saurait lui disputer cet agrément[3]. » Ainsi la plus complète et la mieux suivie de toutes les correspondances de madame de Sévigné, si nous les possédions toutes, après celles qu'elle eut avec sa fille et avec Bussy, serait le commerce de lettres qu'elle ne cessa d'entretenir, tant qu'elle vécut, avec son cousin de Coulanges. On sait que cet aimable épicurien poussa jusqu'à l'âge de quatre-vingt-cinq ans sa joyeuse vie[4]; qu'il jeta de bonne heure de côté la

---

[1] Celle sur le mariage de MADEMOISELLE (15 décembre 1670), t. I, p. 212, édit. de M.; t. I, p. 283, édit. de G. de S.-G.; celle sur le renvoi de Picard (22 juillet 1671), t. II, p. 127, édit. de M.; t. II, p. 153, édit. de G. de S.-G.

[2] SÉVIGNÉ, Lettres (22 juillet 1671), t. II, p. 127, édit. de M.; t. II, p. 153, édit. de G. de S.-G.

[3] SÉVIGNÉ, Lettres (7 mars 1685), t. VII, p. 251, édit. de M.; t. VIII, p. 29, édit. de G. de S.-G.—Ibid. (29 janvier 1685), t. VII, p. 229, édit. de M.—Ibid. (30 août 1671, 17 avril 1676), t. II, p. 172; t. IV, p. 261, édit. de M.; t. VIII, p. 3, édit. de G.

[4] SÉVIGNÉ, Lettres (10 juin 1695), t. XI, p. 174, édit. de G. de S.-G.—Ibid. (7 juillet 1703, 1er août 1705), t. XI, p. 121, édit. de G. de S.-G.; t. XII, p. 349, édit. de G. de S.-G.; t. X, p. 91 à 97, édit. de M.—Ibid. (7 juillet 1703), t. X, p. 287 à 295, édit. de M.

robe du magistrat, pour ne pas « se noyer trop souvent dans la mare à Grapin, » et que, né, comme il le dit lui-même, pour le superflu et jamais pour le nécessaire, dissipateur et dissipé, toujours chantant, toujours bien portant, il eut beaucoup d'amis et pas un seul ennemi[1]. Jeune encore, il se trouva un jour marié avec la jolie fille de l'intendant de Lyon, mademoiselle Dugué-Bagnols. Elle avait dix ans moins que lui. Tous deux s'unirent et se désunirent sans vivre moins bien ensemble, sans renoncer à se rejoindre et à se trouver aimables; créatures frivoles et légères, semblables à deux papillons dans un beau jour de printemps, qui se touchent un instant, voltigent, s'écartent et se rapprochent, sans s'inquiéter de ce que chacun d'eux est devenu dans les intervalles[2]. Madame de Coulanges fut une des femmes les plus séduisantes de la cour de Louis XIV[3]. Elle n'y fut pas seulement admise comme cousine germaine du ministre Louvois, mais elle fut invitée à toutes les réunions, à toutes les fêtes; elle avait ses entrées dans les cabinets particuliers, et était reçue aux heures réservées[4]. Son

---

[1] Sévigné, *Lettres* (29 janvier 1685), t. VII, p. 229, édit. de M.; t. VIII, p. 3, édit. de G. de S.-G.

[2] Sévigné, *Lettres* (13 avril 1672), t. II, p. 385, édit. de M.; t. II, p. 456, édit. de G. de S.-G.

[3] Sévigné, *Lettres* (5 janvier, 5 et 6 avril 1680), t. VI, p. 224 et 228, édit. de G. de S.-G. — *Ibid.* (1er septembre 1680), t. VI, p. 241, édit. de G. de S.-G.—*Ibid.* (23 juillet 1677), t. V, p. 148, édit. de G. de S.-G. — *Ibid.* (5 janvier 1680), t. VI, p. 189, édit. de G. de S.-G.; t. VI, p. 95, édit. de M.

[4] Sévigné, *Lettres* (5 janvier et 5 avril 1680), t. VI, p. 95 et 224, édit. de M. — *Ibid.* (3 et 5 janvier 1680), t. VI, p. 282, 284, 289, édit. de G. de S.-G.—*Ibid.* (12 avril 1680), t. VI, p. 233, édit. de M.; t. VI, p. 282, 284, 289, 448, édit. de G. de S.-G.

esprit, comme le dit très-bien madame de Sévigné, lui tenait lieu de dignité, et lui valut ces distinctions si enviées : par sa grâce, sa vivacité et ses attraits elle s'était rendue nécessaire. Ses bons mots, que l'on citait, sa conversation brillante et épigrammatique, ses succès auprès des princesses, de la reine, du Dauphin et du roi lui-même n'attirèrent point sur elle la haine ni l'envie, parce qu'on la savait désintéressée, sans ambition et sans intrigue, cherchant uniquement à s'amuser et à plaire, et n'en retirant aucun avantage ni pour elle ni pour les siens ; par ses manières aimables et prévenantes elle contentait tout le monde, hormis ses amants ; ceux-ci, elle les désolait par sa coquetterie et son humeur volage. Les surnoms de *Feuille*[1], de *Mouche*[2], de *Sylphide*[3], de *Déesse*[4], par lesquels madame de Sévigné la désigne, peignent ses manières vives et gracieuses, ses aimables caprices, ses piquantes reparties et tout ce que sa personne avait d'enchanteur. Madame de Coulanges, pour faire l'éloge du jeune baron de Sévigné, par lequel elle s'était fait accompagner à la cour, dit naïvement à sa mère : « Il est aimé de tout le monde, presque autant que moi[5]. »

Ses lettres spirituelles lui avaient donné pour ce genre d'écrire une réputation supérieure à celle de madame de

---

[1] SÉVIGNÉ, *Lettres* (19 janvier 1674), t. III, p. 220, édit. de M.

[2] SÉVIGNÉ, *Lettres* (23 juillet 1677), t. V, p. 148, édit. de M.; t. V, p. 303, édit. de G. de S.-G.

[3] SÉVIGNÉ, *Lettres* (2 septembre 1676), t. IV, p. 448, édit. de M.; t. V, p. 102, édit. de G. de S.-G.

[4] SÉVIGNÉ, *Lettres* (1er décembre 1690), t. IX, p. 422, édit. de M.; t. X, p. 358, édit. de G. de S.-G.

[5] SÉVIGNÉ, *Lettres* (24 février 1673), t. III, p. 143, édit. de G. de S.-G.

Sévigné et à celle de toutes les femmes de son temps. Nous ne pouvons juger si c'est à juste titre; ce qui nous reste de la correspondance de madame de Coulanges a été écrit dans un âge avancé, lorsque, revenue à la religion, elle avait, dans sa maison de Brevannes, pris goût au séjour de la campagne et à la retraite, et qu'elle cherchait à ramener son mari aux sentiments pieux dont elle était elle-même pénétrée[1]. Son amabilité ne fut pas moins grande, mais elle fut accompagnée de plus de bonté; et à cette époque elle se serait reproché l'emploi qu'elle faisait de son esprit dans sa jeunesse[2]. Dans le peu de lettres que nous avons d'elle au temps où elle brillait dans le monde, on entrevoit qu'il pouvait y avoir plus que dans les lettres de madame de Sévigné de ces traits malins, de ces fines allusions, de ces jeux de mots mordants, de ces contrastes inattendus auxquels s'applique plus particulièrement le nom d'esprit[3]; mais il y avait certainement moins d'imagination, de force et d'éloquence naturelle. Madame de Coulanges avait aussi beaucoup moins d'instruction que madame de Sévigné. De Coulanges, parlant de sa femme, nous apprend que son écriture et son orthographe ne répondaient pas à l'élégance de son style[4]. Aussi aimait-elle mieux dicter que de prendre la plume, et elle ne manquait jamais d'hommes empressés à lui servir de

[1] SÉVIGNÉ, *Lettres* (11 décembre 1689), t. IX, p. 247, édit. de M. — *Ibid.* (23 juillet 1691), t. IX, p. 461, édit. de M.; t. X, p. 129, 396, édit. de G.

[2] SÉVIGNÉ, *Lettres* (11 et 15 novembre 1688), t. VIII, p. 151, 154 et 156, édit. de M.; t. VIII, p. 431, 435 et 436, édit. de G. de S.-G.

[3] SÉVIGNÉ, *Lettres* (24 février 1673), t. III, p. 142-145, édit. de G. de S.-G.; t. III, p. 73, édit. de M.

[4] SÉVIGNÉ, *Lettres* (7 juillet 1703, à madame de Coulanges), t. XI, p. 398, édit. de G. de S.-G.

secrétaires. Madame de Sévigné a dit que c'était là une condition qu'elle enviait, tant elle avait une haute idée du talent épistolaire de madame de Coulanges. Le comte de Sanzei, neveu de son mari, lui ayant manqué pour cet office, elle prit son mari même ; c'est sur quoi madame de Sévigné la plaisante malignement, plutôt en souvenir du passé que pour des motifs présents. « Je serais consolée, dit-elle, du petit secrétaire que vous avez perdu, si celui que vous avez pris en sa place était capable de s'attacher à votre service ; mais, de la façon dont j'en ai ouï parler, il vous manquera à tout moment. Il est libertin. Après cela, mon amie, vous en userez comme vous voudrez. Je vous conseille de le prendre à l'essai ; quand vous le trouverez sous votre patte, servez-vous-en ; *tant tenu, tant payé* [1]. » Madame de Coulanges avait l'habitude d'écrire ses lettres sur de petites feuilles volantes, coupées des quatre côtés, ce qui impatientait madame de Sévigné. « Ces feuilles me font enrager, dit-elle ; je m'y brouille à tout moment ; je ne sais plus où j'en suis ; ce sont les feuilles de la Sibylle, elles s'envolent, et l'on ne peut leur pardonner de retarder et d'interrompre ce que dit mon amie [2]. » Toutefois madame de Sévigné aimait singulièrement à recevoir ces feuilles de la Sibylle, toujours si bien remplies de nouvelles de la cour, d'un grand intérêt. Ces deux femmes, qui différaient tant par leurs principes et surtout par leur conduite et leur genre de vie, avaient entre elles de fortes analogies de talents, d'esprit, de caractère, et il leur

---

[1] Sévigné, *Lettres* (26 février 1695), t. XI, p. 139, édit. de G. de S.-G. — *Ibid.* (9 septembre 1695), t. X, p. 127, édit. de M. — *Ibid.* (4 mars 1695), t. XI, p. 142 et 146, édit. de G. de S.-G.

[2] *Ibid.* (26 février 1695), t. XI, p. 140.

était impossible d'être attachées l'une à l'autre par des liens de famille sans l'être aussi par ceux de l'amitié. Madame de Sévigné se plut toujours dans la société de la femme de son cousin, et celle-ci était charmée de la cousine de son mari [1]. Madame de Thianges, qui avait entendu parler de deux lettres écrites par madame de Sévigné à madame de Coulanges, voulut les lire, et les envoya demander par un laquais. Madame de Coulanges rapporte cette circonstance à madame de Sévigné, puis elle ajoute : « Vos lettres font tout le bruit qu'elles méritent, comme vous voyez ; il est certain qu'elles sont délicieuses, et vous êtes comme vos lettres [2]. »

Une autre correspondance dont nous devons vivement regretter la perte est celle de madame de Sévigné avec son fils ; cette correspondance devait être surtout d'un grand intérêt à l'époque dont nous traitons, lorsque le baron de Sévigné était à l'armée, et que sa mère, déjà affligée par l'absence de madame de Grignan, était saisie d'effroi à l'arrivée de chaque courrier, tremblant sans cesse pour les jours d'un fils qui, à la tête des gendarmes, dont il était le guidon, s'exposait journellement au feu de l'ennemi. Sévigné aimait tendrement sa mère ; il quittait tous les plaisirs de la capitale et de la cour pour se retirer avec elle dans la solitude des Rochers ; il lui tenait compagnie à la promenade, auprès du foyer; il était son lecteur, son secrétaire, son complaisant, son factotum ; et au besoin il la soignait, et même la pansait

---

[1] SÉVIGNÉ, *Lettres* (1ᵉʳ décembre 1690), t. IX, p. 427, édit. de M.; t. X, p. 358, édit. de G. de S.-G.—*Ibid.* (22 juillet 1672), t. III, p. 42, édit. de M.—*Ibid.* (27 juillet 1672), t. III, p. 100, édit. de G. de S.-G.

[2] SÉVIGNÉ, *Lettres* (10 avril 1673), t. II, p. 150, édit. de G. de S.-G.

lorsqu'elle était malade [1]. Il avait en elle la confiance la plus entière : elle écoutait avec indulgence ses plus intimes confidences et le récit de toutes ses *diableries* et *ravauderies* [2], afin de pouvoir, par ses sages conseils, exercer sur la conduite de ce jeune homme une salutaire influence ; et quoiqu'elle n'y pût toujours réussir, elle ne se rebutait jamais. Sévigné [1], ainsi qu'elle naturellement porté à la gaieté, la divertissait ; il est peu de chagrins dont il ne parvînt à la distraire. Par sa fréquentation avec la Champmeslé, il avait acquis un merveilleux talent pour la déclamation ; il aimait à en faire jouir sa mère et à s'entretenir avec elle des auteurs qu'ils lisaient ensemble. Il avait fait d'excellentes études ; son goût en littérature s'était développé et perfectionné dans la société de Boileau et de Racine. Enfin malgré la différence de sexe et la guerrière éducation qu'il avait reçue, Sévigné avait, comme sa mère, cette vive sensibilité qui, facilement excitée par l'imagination, incline promptement à l'attendrissement et à la faiblesse. Il eut besoin d'aller aux Rochers à une époque où madame de Sévigné en était absente ; ce lieu lui parut désert et triste. Quand il se trouva seul dans l'appartement qu'elle occupait

---

[1] SÉVIGNÉ, *Lettres* (4 et 5 février 1685), t. VII, p. 235 et 238, édit. de M.; t. VIII, p. 5 et 11, édit. de G. de S.-G.—*Ibid.* (27 janv. 1676), t. IV, p. 192, édit. de M.; t. IV, p. 123, édit. de G. de S.-G.—*Ibid.* (2 février 1676), t. IV, p. 197, édit. de M.; t. IV, p. 329, édit. de G. de S.-G. *Ibid.* (9 mars, 8, 22 et 27 avril 1672), t. II, p. 454, 471, 482, édit. de G. de S.-G.; t. II, p. 355, 397 et 407, édit. M. — *Ibid.* (20 juin 1672), t. III, p. 74, édit. de G. de S.-G.; t. III, p. 10, édit. de M. — *Ibid.* (8 juillet 1672), t. III, p. 96, édit. de G.; t. III, p. 30, édit. de M.

[2] SÉVIGNÉ, *Lettres* (13 mars 1671, 1er avril 1671, 19 mai 1673, 26 juillet 1677), t. I, p. 374, 404, 405; t. III, p. 152; t. V, p. 304 à 306; t. VI, p. 191, édit. de G. de S.-G. — *Ibid.*, t. I, p. 288, 313, 314; t. III, p. 81; t. V, p. 149 et 150. — *Ibid.* (1er novembre 1679), t. VI, p. 187, édit. de G. de S.-G.; t. VI, p. 7, édit. de M.

et qu'on lui eut remis les clefs de ses cabinets, une pensée funeste le saisit: il songea qu'il arriverait un jour fatal où il serait encore à cette même place sans sa mère, sans aucun espoir de la revoir jamais, et il pleura [1]. Madame de Sévigné était heureuse de la tendresse qu'avaient pour elle ses deux enfants, et elle dit à sa fille, en parlant de son fils : « Votre frère m'aime, et ne songe qu'à me plaire ; je suis aussi une vraie marâtre pour lui [1], et ne suis occupée que de ses affaires. J'aurais grand tort si je me plaignais de vous deux ; vous êtes, en vérité, trop jolis chacun en votre espèce [2]. » Quand elle voulait s'entretenir de littérature et de poésie, madame de Sévigné préférait Sévigné à sa sœur, parce que madame de Grignan lisait presque exclusivement les livres sérieux et ceux qui traitaient de la nouvelle philosophie ; elle dédaignait les autres. Dans le grand nombre d'ouvrages divers que madame de Sévigné avait lus aux Rochers avec son fils, les romans n'étaient point exclus, et elle avoue franchement qu'elle prenait goût à ceux de la Calprenède ; mais elle trouvait le style de cet auteur détestable [3]. « Ce style, dit-elle, est maudit en mille endroits ; de grandes périodes, de méchants mots, je sens tout cela. J'écrivis l'autre jour à mon fils une lettre de ce style, qui était fort plaisante. [4] » Sa vive et flexible imagination se prêtait facile-

---

[1] Sévigné, *Lettres* (1er novembre 1679), t. VI, p. 187, édit. de G. de S.-G.; t. VI, p. 7, édit. de M.

[2] Sévigné, *Lettres* (8 avril 1672), t. II, p. 454, édit. de G. de S.-G.; t. II, p. 384, édit. de M.—*Ibid.* (27 juin 1672), t. III, p. 81 et 82, édit. de G. de S.-G.; t. III, p. 17 et 18, édit. de M.

[3] Sévigné, *Lettres* (12 juillet 1671), t. II, p. 137 et 138, édit. de G. de S.-G.; t. II, p. 115, édit. de M.

[4] Sévigné, *Lettres* (22 décembre 1675), t. IV, p. 265.

ment à cette variété de tons et de tournures, qui donne tant de charme à la lecture de ses lettres. « Je suis tellement libertine quand j'écris, dit-elle, que le premier tour que je prends règne tout le long de ma lettre[1]. » Cette imitation du style de la Calprenède, de la part d'une telle plume, eût été curieuse à lire. Nous ne l'avons point, et nous ne pouvons espérer de la retrouver, ni aucune des lettres que madame de Sévigné avait écrites à son fils avant qu'il fût marié. Si lui-même, par scrupule de conscience, n'a pas anéanti toutes celles qu'il avait reçues de sa mère dans sa jeunesse, sa femme n'aura pas manqué de le faire. Par le même motif, madame de Simiane (Pauline de Grignan) a fait disparaître toutes les lettres qui avaient trait à son éducation, quand elle a permis l'impression de la correspondance de son aïeule.

La correspondance de madame de Sévigné avec son fils, si nous la possédions, charmerait probablement les lecteurs par l'expression élégante et variée d'une tendresse maternelle vive et forte, mais non folle et passionnée, comme celle que madame de Grignan avait inspirée. On y trouverait aussi, de la part du baron de Sévigné, les protestations souvent répétées d'un amour filial qui satisfaisaient mieux madame de Sévigné que les témoignages de tendresse qu'elle recevait de sa fille, soit parce qu'en effet son fils mettait dans l'expression de ses sentiments plus de chaleur et d'abandon, soit parce que ce cœur maternel, trop fortement embrasé et avide dans sa fille d'une affection égale à la sienne, ne pouvait jamais de ce côté être complétement satisfait. Les lettres du baron de Sévi-

---

[1] Sévigné, *Lettres* (20 juillet 1679), t. V, p. 416, édit. de M.; t. VI, p. 100, édit. de G. de S.-G.

gné eussent surtout été curieuses sous le rapport historique par des nouvelles de l'armée et par des observations sur les généraux et les guerriers de cette époque; et celles de sa mère, comme les siennes, devaient, en traits de gaieté, en anecdotes amusantes, en jugements sur les ouvrages nouveaux et sur les littérateurs du temps, différer beaucoup de la correspondance entre madame de Sévigné et sa fille.

Cette correspondance est la plus fréquente, la plus longue, la mieux suivie de toutes celles dont madame de Sévigné fut occupée. Nous sommes loin de l'avoir entière : un grand nombre de lettres ont été, ainsi que nous l'avons dit, supprimées; plusieurs, probablement, ont été égarées; enfin toutes les lettres de madame de Grignan, qui jetteraient tant de jour sur celles de sa mère, nous manquent. Cependant, telle qu'elle est, telle qu'elle s'est successivement accrue par les soins de plusieurs éditeurs zélés, cette correspondance suffit pour nous faire connaître celle dont elle émane bien plus sûrement que ne pourraient le faire des mémoires élaborés avec soin pour être transmis à la postérité. Tout ce que madame de Sévigné écrivait à sa fille s'échappait de son âme, de son cœur, rapidement, sans retour, sans détours, sans réflexion. Nous avons déjà recueilli, dans ce qui est ainsi sorti de sa plume, plusieurs des traits qui la caractérisent; tâchons de saisir encore ceux qui peuvent servir à compléter cette peinture; achevons la partie la plus importante et la plus essentielle de la tâche que nous nous sommes imposée dans cet ouvrage.

CHAPITRE XX.

1671 — 1672.

Contraste entre madame de Sévigné et sa fille.—Elles ne se ressemblaient que par le plaisir qu'elles éprouvaient à correspondre ensemble.—Pourquoi les lettres de madame de Sévigné à madame de Grignan sont les plus intéressantes et les mieux écrites.—Madame de Grignan n'aimait pas à écrire, si ce n'est à sa mère. — Madame de Grignan néglige de répondre à le Tellier. —Madame de Sévigné avait formé sa fille pour le style épistolaire. — Madame de Grignan écrivait bien. — Elle fait une relation de son voyage à la grotte de Sainte-Baume, et une autre de son voyage à Monaco. —Madame de Sévigné montre à quelques personnes les passages remarquables des lettres qu'elle reçoit de madame de Grignan, et cite plusieurs de ses bons mots. — Madame de Sévigné lisait beaucoup. — Elle envoyait à sa fille les livres nouveaux les plus remarquables.—Madame de Sévigné différait de goût avec sa fille.—Des livres que chacune d'elles affectionnait. — Opinion de madame de Sévigné sur Racine ; —sur Bourdaloue.—Variété des lectures de madame de Sévigné.—Différences qui existaient entre elle et madame de Grignan sous le rapport de la religion. — Les convictions religieuses de madame de Sévigné étaient sincères, et elle pratiquait sa religion. — Madame de Grignan, adonnée à la philosophie de Descartes, était plus chancelante dans sa foi.—Sentiments de madame de Sévigné sur la religion.—Elle désira toujours être dévote.—Elle n'avait point de faiblesses superstitieuses.—Elle était fort instruite sur les points les plus difficultueux de doctrine religieuse.—Elle avait adopté les opinions des jansénistes. —Passage de ses *Lettres* où elles les défend.—Ses erreurs et son esprit ne nuisent en rien à ses bonnes résolutions.—Composition de sa bibliothèque à son château des Rochers.—Elle prend des leçons de Corbinelli sur la philosophie de Descartes.—Réfute Malebranche.— Appuie ses opinions sur l'autorité de saint Paul et de saint Augustin. —Contraste qui existait entre madame de Sévigné et madame de Grignan sous le rapport des sentiments maternels et la conduite de la vie.—Madame de Sévigné facile à émouvoir.—Madame de Grignan froide et impassible.—Madame de Sévigné eut une grande préférence pour sa fille.— Madame de Grignan voulait, pour l'avancement de son fils, mettre ses deux filles au couvent. —Madame de Sévigné cherchait à plaire à tous. —Madame de Grignan dédaignait le monde et l'opinion publique.—Madame de Sévigné économe et sage dans la gestion de sa fortune.—Elle exhorte sa fille à se rendre maîtresse des affaires de son mari, pour réduire son luxe et ses dépenses. —Les conseils de madame de Sévigné sont mal suivis.—Madame de Grignan fait de fréquentes pertes au jeu. —Inquiétudes de madame de Sévigné à ce sujet. —Elle fait des cadeaux et des remontrances à sa fille. —Le roi, mécontent des états de Provence, veut les dissoudre.—Madame de Sévigné conseille à M. de Grignan de ne pas exécuter les ordres rigoureux qu'il a reçus et d'écrire au roi. — Ce conseil est suivi. —Le roi approuve les observations des états, mais il envoie des lettres de cachet pour exiler les consuls —Madame de Sévigné conseille de ne pas faire usage de ces lettres.

Ce qui étonne le plus dans les lettres de madame de Sévigné à madame de Grignan, c'est qu'elles nous révèlent le contraste complet qui existait entre la mère et la fille[1] sans que leur parfaite union, leur confiance réciproque en fût altérée. Nul accord entre leurs caractères, leurs goûts, leurs opinions. Elles différaient en toutes choses hors en une seule, c'est à savoir dans le plaisir qu'elles éprouvaient de se communiquer leurs pensées, leurs sentiments, leurs projets; et comme l'imagination n'est jamais plus vive et plus puissante que lorsqu'elle reçoit les impulsions du cœur, il en résultait que les lettres de madame de Sévigné les mieux écrites, les plus riches par le style, par les faits, les réflexions et les images sont pré-

---

[1] SÉVIGNÉ, *Lettres* (8 juillet 1672), t. III, p. 95, édit. de G. de S.-G.; t. III, p. 29, édit. de M.

cisément celles qu'elle écrivait à sa fille, sans efforts, sans étude et avec un entraînement irrésistible. Elle-même le sentait, car elle lui dit [1] : « Je vous donne avec plaisir le dessus de tous les paniers, c'est-à-dire la fleur de mon esprit, de ma tête, de mes yeux, de ma plume, de mon écritoire ; et puis le reste va comme il peut. Je me divertis autant à causer avec vous que je laboure avec les autres. »

De son côté, madame de Grignan, si exacte à répondre à sa mère, se montrait d'une paresse extrême lorsqu'il lui fallait écrire à toute autre personne ; et madame de Sévigné était sans cesse obligée de lui rappeler les lettres de devoir, de politesse et d'affection pour lesquelles elle était en retard [2]. Ainsi Charles-Maurice le Tellier, frère du ministre Louvois, coadjuteur et depuis archevêque de Reims, qu'elle avait, avant son mariage, invité à correspondre avec elle [3], lui avait écrit deux fois sans recevoir de réponse. Il s'en plaignit à madame de Sévigné, qui fut obligée d'exhorter sa fille à payer plus exactement ses dettes en ce genre.

L'orgueil maternel, dans madame de Sévigné, se mêlait à l'admiration qu'elle avait pour le talent épistolaire de sa fille ; elle reconnaissait que, sous ce rapport, madame de Grignan était son élève ; aussi continuait-elle à lui in-

---

[1] SÉVIGNÉ, *Lettres* (1er décembre 1675), t. IV, p. 225, édit. de G. ; t. IV, p. 106, édit. de M.

[2] SÉVIGNÉ, *Lettres* (20 mars 1671), t. I, p. 386, édit. de G. ; t. I, p. 298, édit. de M.— *Ibid.* (16 août 1671), t. I, p. 162, édit. de la Haye. Cette édition à M. et à madame de Lavardin ajoute d'Hacqueville, t. II, p. 186, édit. de G. ; t. II, p. 154, édit. de M. — *Ibid.* (18 septembre 1671), t. II, p. 225, édit. G. ; t. II, p. 189, édit. M.

[3] Voyez ci-dessus, chap. IV, p. 79.

culquer encore ses leçons, et elle trouvait en elle, sur ce point, la même docilité que par le passé. Elle dit, en la complimentant sur une lettre qu'elle avait reçue d'elle[1] : « J'ai reçu deux lettres de vous qui m'ont transportée de joie ; ce que je sens en les lisant ne se peut imaginer. Si j'ai contribué de quelque chose à l'agrément de votre style, je croyais ne travailler que pour le plaisir des autres, et non pas pour le mien ; mais la Providence, qui a mis tant d'espaces et tant d'absences entre nous, m'en console un peu par les charmes de votre commerce. »

Madame de Sévigné faisait cas du goût de sa fille, qui n'était pas toujours d'accord avec le sien. En lui envoyant une lettre qu'elle avait écrite à l'évêque de Marseille . « Lisez-la, dit-elle, et vous verrez mieux que moi si elle est à propos ou non... Vous savez que je n'ai qu'un trait de plume, ainsi mes lettres sont fort négligées ; mais c'est mon style, et peut-être qu'il fera autant d'effet qu'un autre plus ajusté ; si j'étais à portée d'en recevoir votre avis, vous savez combien je l'estime et combien de fois il m'a réformée[2]. » Elle était de plus en plus charmée des lettres qu'elle recevait de madame de Grignan. « Mon Dieu, ma fille, dit-elle encore, que vos lettres sont aimables ! Il y a des endroits dignes de l'impression[3]... » — « Vous me louez continuellement sur mes lettres, et je n'ose plus parler des vôtres, de peur que cela n'ait l'air de rendre louanges pour louanges ; mais encore

---

[1] Sévigné, *Lettres* (28 juin 1671), t. II, p. 111, édit. de G. de S.-G.; t. II, p. 93, édit. de M.

[2] Sévigné, *Lettres* (27 septembre 1671), t. II, p. 243, édit. de G.; t. II, p. 205, édit. de M.

[3] Sévigné, *Lettres* (8 avril 1671), t. II, p. 5, édit. de G.

ne faut-il pas se contraindre jusqu'à ne pas dire la vérité : vous avez des pensées et des tirades incomparables; il ne manque rien à votre style[1]. »

Madame de Grignan faisait profession de détester les narrations et d'être ennemie des détails, ce qui tendait à mettre de la sécheresse dans ses lettres et une trop grande brièveté. Madame de Sévigné l'en reprend, et parvint à la réformer sur ce point, du moins en ce qui la concernait. « Défaites-vous, lui dit-elle, de cette haine que vous avez pour les détails ; je vous l'ai déjà dit et vous le pouvez sentir, ils sont aussi chers de ceux que nous aimons qu'ils nous sont ennuyeux des autres, et cet ennui ne vient jamais que de la profonde indifférence que nous avons pour ceux qui nous importunent; si cette observation est vraie, jugez de ce que me font vos relations[2]. » Aussi madame de Grignan triompha de son indolence et de sa paresse, et surmonta cette humeur noire qui la rendait indifférente à tout et qui était si opposée à la franche sympathie, à la vivacité et à la gaieté du caractère de madame de Sévigné[3]. Pour plaire à sa mère, madame de Grignan composa des *relations* : celle du voyage qu'elle fit à la grotte de Sainte-Baume, avec toute

---

[1] Sévigné, *Lettres* (22 janvier 1672), t. II, p. 355, édit. de G.; t. II, p. 301, édit. de M.

[2] Sévigné, *Lettres* (28 juin 1671), t. II, p. 112, édit. de G.; t. II, p. 93, édit. de M.

[3] Sévigné, *Lettres* (3 mars 1671), t. I, p. 355, édit. de G.; t. I, p. 272, édit. de M. — (4 mars 1672), t. II, p. 409, édit. de G.; t. II, p. 347, édit. de M.—*Ibid.* (8 juillet 1672), t. III, p. 95, édit. G.; t. III, p. 29, édit. M.—*Ibid.* (27 septembre 1671), t. II, p. 242, édit. G.; t. II, p. 204, édit. M.— *Ibid.* (16 juillet 1672), t. II, p. 105, édit. G.; t. III, p. 38, édit. M.— *Ibid.* (4 mai 1672), t. III, p. 1, édit. de G.; t. II, p. 416 et 417, édit. de M.

la pompe et le train dispendieux de la femme d'un gouverneur de province, charma madame de Sévigné. Elle crut lire un joli roman, dont sa fille était l'héroïne[1]. Elle fut aussi très-satisfaite du récit détaillé de son voyage à Monaco, et elle le fit lire à d'Hacqueville, au duc de la Rochefoucauld et au comte de Guitaud[2]. Mais c'est dans les lettres d'affaires que madame de Grignan avait une véritable supériorité. Madame de Sévigné, qui, dans l'intérêt de son gendre, entretenait de Pomponne de ce qui concernait la Provence, aimait mieux distraire des lettres qu'elle avait reçues de sa fille les portions relatives à cet objet et les envoyer à ce ministre que de les transcrire ou d'essayer d'exposer autrement ce qui était si bien et si nettement exprimé[3]. Aussi, pour les affaires, mamadame de Grignan écrivait particulièrement à l'abbé de Coulanges, qui lui rendait compte de tout, et débarrassait ainsi madame de Sévigné de détails qui l'auraient ennuyée[4]. Madame de Grignan écrivait aussi à Bossuet[5] des lettres que sa mère se chargeait de remettre. Quant aux lettres de madame de Grignan qui se recommandaient par les agréments du style et des pensées ingénieuses, madame de Sévigné en était non-seulement contente,

---

[1] SÉVIGNÉ, *Lettres* (22 avril 1672), t. II, p. 469, édit. G.; t. II, p. 396, édit. M. — *Ibid.* (16 mai 1672), t. III, p. 26, édit. G.; t. II, p. 438, édit. M. — *Ibid.* (20 mai 1672), t. III, p. 30, édit. G.; t. II, p. 441, édit. M.

[2] SÉVIGNÉ, *Lettres* (27 mai 1672), t. III, p. 37 et 39, édit. G.; t II, p. 447 et 448, édit. M.

[3] SÉVIGNÉ, *Lettres* (29 avril 1672), t. II, p. 488, édit. G de S.-G.; t. II, p. 412, édit. M.

[4] SÉVIGNÉ, *Lettres* (15 mars 1671), t. I, p. 378, édit. G.; t. I, p. 292, édit. M.

[5] SÉVIGNÉ, *Lettres* (1er avril 1671), t. I, p. 403, édit. de G. de S.-G.

mais glorieuse ; et elle avait grand soin d'en montrer les passages les plus remarquables aux personnes qui lui paraissaient les plus propres à les goûter. « Ainsi, ne me parlez plus de mes lettres, ma fille, dit madame de Sévigné ; je viens d'en recevoir une de vous qui enlève ; tout aimable, toute brillante, toute pleine de pensées, toute pleine de tendresse : c'est un style juste et court, qui chemine et qui plaît au souverain degré, même sans vous aimer comme je fais. Je vous le dirais plus souvent, sans que je crains d'être fade ; mais je suis toujours ravie de vos lettres, sans vous le dire ; madame de Coulanges l'est aussi de quelques endroits que je lui fais voir et qu'il est impossible de lire toute seule. Il y a un petit air de dimanche gras répandu sur cette lettre, qui la rend d'un goût non pareil[1]. »

Quinze jours après cette lettre, madame de Sévigné écrit encore à madame de Grignan[2] :

« Madame de Villars, M. Chapelain et quelque autre encore sont ravis de votre lettre sur l'ingratitude. Il ne faut pas que vous croyiez que je sois ridicule ; je sais à qui je montre ces petits morceaux de vos grandes lettres, je connais mes gens ; je ne le fais point mal à propos, je sais le temps et le lieu ; mais enfin c'est une chose charmante que la manière dont vous dites quelquefois de certaines choses : fiez-vous à moi, je m'y connais. »

Et avant, dans le même mois[3], elle lui avait écrit :

---

[1] SÉVIGNÉ, *Lettres* (9 mars 1672), t. II, p. 411, édit. de G. ; t. II, p. 349, édit. de M.

[2] SÉVIGNÉ, *Lettres* (23 mars 1672), t. II, p. 432, édit. de G. ; t. II, p. 366, édit. de M.

[3] SÉVIGNÉ, *Lettres* (1er mars 1672), t. II, p. 402, édit. de G. ; t. II, p. 341 et 342, édit. de M.

« Vos réflexions sur l'espérance sont divines ; si Bourdelot[1] les avait faites, tout l'univers les saurait ; vous ne faites pas tant de bruit pour faire des merveilles ; le *malheur du bonheur* est tellement bien dit qu'on ne peut trop aimer une plume qui exprime ces choses-là. »

Madame de Sévigné et madame de Grignan lisaient beaucoup ; mais à cet égard leur goût était différent[2]. Madame de Grignan lisait les livres de la nouvelle philosophie (la philosophie de Descartes), que madame de Sévigné goûtait peu[3]. Quoiqu'elle écoutât avec intérêt les discussions qui avaient lieu en sa présence entre ses amis sur ce grave sujet et qu'elle en parlât souvent avec eux, elle aimait mieux confier à sa foi religieuse la solution des hautes questions de la métaphysique que de se fatiguer à les comprendre ; elle ne pouvait se résoudre à admettre une théorie qui prétendait lui démontrer que sa chienne *Marphise* n'avait point d'âme et était une pure machine[4] ; et elle disait malignement des cartésiens que s'ils ont envie d'aller en paradis c'est par curiosité[5]. Elle mettait un grand empressement à envoyer à sa fille les plus inté-

---

[1] Bourdelot avait fait une pièce contre l'*espérance*, et la princesse Palatine y fit une réponse : cette petite joute de bel esprit fit quelque bruit dans le temps.—Voyez Bussy, *Lettres*, t. III, p. 333. — Sévigné, *Lettres* (1er mars 1672), t. II, p. 402, édit. de G.

[2] Sévigné, *Lettres* (12 juillet 1671), t. II, p. 138, édit. de G.; t. II, p. 13, édit. de M.

[3] Sévigné, *Lettres* (30 août 1671), t. II, p. 209, édit. G.; t. II, p. 175, édit. M. — *Ibid.* (20 et 30 septembre 1671), t. II, p. 212, 213 et 233, édit. G.; t. II, p. 177 et 195, édit. M.

[4] Sévigné, *Lettres* (20 et 30 septembre 1671), t. II, p. 234 et 245, édit. de G.; t. II, p. 197 et 209, édit. de M.

[5] Sévigné, *Lettres* (30 septembre 1671), t. II, p. 248, édit. G.; t. II, p. 209, édit. M.

ressantes nouveautés littéraires, qui, presque toutes, avaient alors pour éditeur le libraire Barbin. Lorsque celui-ci ne les lui faisait pas remettre assez tôt pour que madame de Grignan les reçût par elle avant qu'elles fussent parvenues en Provence, elle accusait plaisamment *ce chien de Barbin*, qui, disait-elle, la haïssait, parce qu'elle ne faisait pas de *Princesses de Clèves* et de *Montpensier*, comme son amie madame de la Fayette[1]. On comprend très-bien pourquoi madame de Sévigné mettait au premier rang de tous les soins qu'elle se donnait pour plaire à sa fille celui de lui envoyer les ouvrages nouveaux ; elle y était personnellement intéressée. Ces ouvrages étaient ceux qu'elle-même lisait, et qui fournissaient de nouveaux aliments à cette correspondance, son bonheur et ses délices[2]. C'est pourquoi madame de Sévigné ne manquait jamais de mettre madame de Grignan au courant des lectures qu'elle faisait ou qu'elle se proposait de faire[3]. Elle trouvait tant de douceur à être, en ceci comme en toutes choses, en rapport avec elle, que, lui ayant recommandé la lecture d'un des ouvrages de Tacite, que madame de Grignan n'acheva pas, elle lui en témoigna ses regrets, et l'engagea à lui écrire la page où elle en était restée, afin qu'elle pût terminer pour elle cette lecture[4]. Madame de Sévigné savait

---

[1] SÉVIGNÉ, *Lettres* (16 mars 1672), t. II, p. 426, édit. de G.; t. II, p. 362, édit. de M.

[2] SÉVIGNÉ, *Lettres* (28 juin 1671), t. II, p. 113, édit. de G.; t. II, p. 94 et 100, édit. de M.

[3] SÉVIGNÉ, *Lettres* (12 juillet 1671), t. II, p. 136, édit. de G.; t. II, p. 113, édit. de M.

[4] SÉVIGNÉ, *Lettres* (11 et 12 août 1676), t. IV, p. 420, édit. de M.; et t. V, p. 71, édit. de G.

peu le latin. S'il en avait été autrement, Corbinelli, écrivant quelques lignes à Bussy dans une des lettres de madame de Sévigné, n'aurait pas dit que c'était en sa considération qu'il traduisait un passage d'Horace[1]. Elle-même n'aurait pas annoncé qu'elle se proposait de lire Térence et de se faire traduire par son fils la satire contre les folles amours que renferme la première scène de l'*Eunuque*[2]. Ce n'était pas une chose très-rare alors cependant, même parmi les femmes, que de pouvoir lire les auteurs latins dans leur langue originale. L'abbesse de Fontevrault, sœur de madame de Montespan, madame de Rohan de Montbazon, abbesse de Malnou, avaient cet avantage; il en était de même de madame de la Sablière, de mademoiselle de Scudéry et de plusieurs autres, sans nommer madame Dacier, qui, pour la haute érudition, est restée une exception[3]. Mais c'est dans la traduction de Perrot d'Ablancourt que madame de Sévigné admirait l'éloquence et l'harmonie des phrases de Tacite; c'est aussi par le même traducteur qu'elle avait appris à goûter l'esprit de Lucien. C'est dans la traduction italienne d'Annibal Caro qu'elle lisait Virgile[4]. Cependant, comme elle mande à madame de Grignan qu'elle a fait mettre en lettres d'or sur le grand autel de sa chapelle cette inscription : SOLI DEO HONOR ET GLORIA, on peut croire qu'elle ainsi que sa fille entendaient[5] assez le latin pour lire en cette lan-

[1] SÉVIGNÉ, *Lettres* (30 juillet 1677), t. V, p. 316-318, édit. de G.
[2] SÉVIGNÉ, *Lettres* (22 septembre 1680), t. VII, p. 223, édit. de G.; t. VI, p. 470, édit. de M.
[3] Sur les femmes savantes de cette époque, consultez MÉNAGE, *Lezione sopra 'l sonetto di Francesco Petrarca*, p. 58-64, à la suite du traité intitulé *Historia mulierum philosopharum*.
[4] SÉVIGNÉ, *Lettres* (26 juillet 1672), t. III, p. 105, édit. G.
[5] SÉVIGNÉ, *Lettres* (4 août 1688), t. VII, p. 145, édit. G.

gue les Actes des Apôtres et les livres d'église. Dans les jugements qu'elles portaient sur les auteurs, elles différaient beaucoup entre elles. Madame de Sévigné avait plus que madame de Grignan le sentiment vif et prompt des beautés littéraires ; son goût était moins sévère, moins dédaigneux, mais peut-être moins pur. Madame de Sévigné se passionnait facilement pour les auteurs qu'elle lisait, et proportionnait ses louanges aux émotions et aux inspirations qu'elle en recevait. Madame de Grignan, au contraire, aimait à critiquer, à se rendre raison de tout, et se défendait d'admirer. Madame de Sévigné avait plus que sa fille le goût de la solitude et de la campagne; les sombres et mélancoliques horreurs de la forêt avaient pour elle de l'attrait [1]. Elle lisait plutôt pour le plaisir de lire que par l'ambition de devenir savante; c'était tout le contraire dans madame de Grignan.

Les prédilections de madame de Sévigné en littérature se trahissent lorsqu'elle quitte la capitale pour aller passer quelques jours dans sa retraite de Livry. Quels sont les auteurs qu'elle emporte alors de préférence? Corneille et la Fontaine. On lui a reproché d'avoir manqué de discernement, et, dans son admiration exclusive pour Corneille, de n'avoir pas rendu justice à Racine. Tout le monde sait cependant aujourd'hui qu'elle n'a jamais dit ni cité ces mots ridicules que lui prêtent Voltaire, la Harpe et tant d'autres : « Racine passera comme le café [2] ; »

---

[1] SÉVIGNÉ, *Lettres* (14 octobre 1671), t. II, p. 260, édit. G.—*Ibid.* (22 avril, 13, 17, 20 et 17 mai 1672), t. II, p. 471-483 ; t. III, p. 13, 14 et 40, édit. de G. de S.-G. (Elle fit graver ces mots sur un arbre de l'allée la plus obscure de son parc des Rochers : *E di mezzo l'orrore esce il diletto.*)

[2] Conférez SÉVIGNÉ, *Lettres* (10 mai 1676), t. IV, p. 463, édit. G.;

mais elle a dit « qu'il n'irait point plus loin qu'Andromaque[1]. » Ce qui prouve seulement que cette pièce, qu'elle loue avec effusion et qui lui faisait verser des larmes même lorsqu'elle la voyait jouer par une troupe de campagne[2], était, selon elle, le *nec plus ultra* du talent de Racine. — Avec sa tendresse maternelle, pouvait-elle penser autrement? Si elle avait vécu du temps de Voltaire, nul doute qu'elle n'eût préféré aussi *Mérope* à toutes les pièces de cet auteur. Tout le monde juge ainsi : ce qui touche le plus le cœur est aussi ce qui émeut le plus fortement l'imagination. A la vérité, madame de Sévigné cherche à atténuer le succès de *Bajazet*, et elle en donne la plus forte part au talent de la Champmeslé. Cependant elle envoie cette pièce à sa fille aussitôt qu'elle a paru; il est vrai qu'elle préfère Corneille à Racine, et qu'elle trouve plus de génie dramatique à l'auteur du *Cid*, de *Polyeucte*, des *Horaces*, de *Cinna*. A-t-elle si grand tort? On n'a pas remarqué que lorsqu'elle parle ainsi Corneille avait produit tous ses chefs-d'œuvre, et qu'il n'en était pas ainsi de Racine, dont la réputation n'était encore qu'à son aurore, quoique cette aurore eût un grand éclat. On oublie que madame de Sévigné avait alors de bien légitimes motifs pour ne pas aimer Racine, et que les déplaisirs qu'il lui causait devaient très-naturellement disposer son esprit à juger peu favorablement des

t. IV, p. 291, édit. M.—SAINT-SURIN, *Notice sur madame de Sévigné*, t. I, p. 106 de l'édition des *Lettres de* SÉVIGNÉ, par Monmerqué, 1820, in-8°.—HÉNAULT, *Abrégé chronologique* (1669), t. III, p. 371. —LEMONTEY, *Hist. de la régence*, t. I, p. 442.

[1] SÉVIGNÉ, *Lettres* (16 mars 1672), t. II, p. 426, édit. G.; t. II, p. 362, édit. M.

[2] SÉVIGNÉ, *Lettres* (12 août 1671), t. II, p. 183, édit. G.; t. II, p. 152, édit. M.

productions de ce poëte. On se représente toujours Racine dans un âge avancé, couronné par l'auréole de sa gloire poétique, vénéré par sa fervente piété, uniquement occupé de son salut et de l'éducation de ses enfants, refusant d'aller dîner chez un grand de la cour, afin d'avoir le plaisir de manger un beau poisson en famille, et pourtant écrivant encore *Esther* et *Athalie* pour les vierges d'un couvent. Le jeune auteur d'*Andromaque* et de *Bajazet* était un personnage tout différent. Ingrat et malin, dans deux lettres très-spirituelles et pleines de mordants sarcasmes, il avait versé le ridicule sur les pieux solitaires de Port-Royal, qui l'avaient élevé, parce qu'ils avaient osé soutenir que le théâtre est un divertissement peu favorable aux bonnes mœurs et à la religion. Quand il faisait imprimer ses tragédies, il y mettait des préfaces qui étaient la critique acérée des ouvrages de ses rivaux, particulièrement de Corneille; et il composait contre eux de sanglantes épigrammes. Alors amoureux de la Champmeslé, Racine soupait souvent chez elle avec Boileau, son ami; et le baron de Sévigné, qui courtisait cette actrice et auquel la société des deux poëtes plaisait beaucoup, payait les soupers. Madame de Sévigné ne trouvait pas bon que son fils jouât le rôle ridicule d'Amphitryon et contribuât aux plaisirs des amants de sa maîtresse. On doit donc peu s'étonner que dans son dépit, en écrivant à sa fille, elle parle avec le même dédain de la courtisane et des deux poëtes. Plus tard, et lorsque son fils a rompu avec la Champmeslé, elle s'exprime sur eux avec l'admiration due à leur caractère et à leur talent; et quand, longtemps après, elle assistait à Saint-Cyr aux représentations d'*Athalie* et d'*Esther*, elle ne disait plus que Racine composait des tragédies pour la Champmeslé, et non pour la postérité, et qu'il ne serait

CHAPITRE XX.

plus le même quand il ne serait plus jeune et amoureux ; mais elle remarque, au contraire, le caractère de son talent, sa sensibilité, et dit « qu'il aime Dieu comme il aimait ses maîtresses [1]. » La même chose lui arriva lorsqu'elle entendit débuter le P. Bourdaloue dans l'église de son collége. Selon elle, il a bien prêché ; mais son éloquence, appropriée à son église, n'en franchira pas l'enceinte. Et cependant elle assista ensuite assidûment à ses sermons [2], et ne peut trouver de termes assez énergiques pour peindre sa vive admiration, pour exprimer le bien qu'elle ressentait des pieuses convictions produites par la parole du grand orateur. Elle loue aussi avec le même discernement, mais non avec le même enthousiasme, Mascaron et Fléchier. Elle variait beaucoup ses lectures [3]. Les sermons ne l'empêchaient pas d'aller au spectacle, d'assister aux pièces de Molière, de se plaire à l'Opéra et de trouver céleste la musique de Lulli, de lire des romans (l'*Astrée*, *Cléopâtre*, *Pharamond*, etc.) [4], les Contes de la Fontaine, Rabelais, l'Arioste, le Tasse, Pétrarque, Tassoni, Marini, Montaigne, Charron ; elle mêlait ensemble Corneille, Despréaux, Sarrasin, Voiture, les livres de con-

---

[1] SÉVIGNÉ, *Lettres* (16 mars 1672, 28 janvier et 7 février 1689), t. II, p. 360, et t. VIII, p. 310 et 325, édit. de M.; t. II, p. 426 et 427, et t. IX, p. 126 et 127, édit. de G.

[2] SÉVIGNÉ, *Lettres* (18 février, 11, 13, 20 et 26 mars, 13 avril, 25 décembre 1671), t. I, p. 330, 367, 370, 372, 374, 376, 388, 394, 396, 397, 404, 406 ; t. II, p. 324, édit. de G.

[3] SÉVIGNÉ, *Lettres* (11 et 13 mars, 29 avril, 8 mai, 2, 22 et 28 juin, 5 juillet, 19 août, 16 et 30 septembre, 1er, 4 et 11 novembre 1671), t. I, p. 370, 374 ; t. II, p. 49, 61, 67, 87, 105, 125, 136, 141, 195, 229, 238 et 239, 352 et 377, édit. de G. de S.-G.

[4] SÉVIGNÉ, *Lettres* (28 juin 1671), t. II, p. 113, édit. de G. ; t. II, p. 94, édit. de M.—*Ibid.* (11 septembre 1675), t. III, p. 465, édit. M.

troverses religieuses, l'Alcoran et Don Quichotte. Quelquefois elle entreprenait de longues lectures historiques, et elle bravait la fatigue que lui faisaient éprouver les interminables périodes du P. Maimbourg, pour s'instruire sur l'histoire des croisades et sur celle de l'arianisme et des iconoclastes. Puis elle lit l'*Histoire de la découverte de l'Amérique par Christophe Colomb*, « qui la divertit au dernier point; » la *Vie du cardinal Commendon*, « qui lui tient très-bonne compagnie; » et une *Histoire des Grands Vizirs*, de Chassepol, qui eut dans le temps beaucoup de succès. Malgré son inclination pour Tacite, et quoiqu'elle lût et relût Josèphe, Plutarque et Lucien, elle préférait l'*Histoire de France* à l'histoire romaine, où elle n'avait, disait-elle spirituellement, ni parents ni amis. On est étonné de lui voir lire en quatre jours l'in-folio de l'académicien Paul Hay du Chastelet, contenant la *Vie de Bertrand du Guesclin* ; mais tout ce qui concernait l'*histoire de Bretagne* avait pour elle un intérêt de famille[1].

Elle aimait avant tout les livres de morale, et surtout

---

[1] Sévigné, *Lettres* (3 novembre 1675*)*, t. IV, p. 186, édit. de G. t. IV, p. 69, édit. de M. — *Ibid*. (14 juillet 1680), t. VII, p. 104, édit. de G.; t. VI, p. 372, édit. de M.—*Ibid*. (25 septembre 1680, 14 décembre 1689), t. VII, p. 221-228 ; t. X, p. 137, édit. de G.—*Ibid*. (1er août 1672), t. II, p. 377, édit. de M. ; t. II, p. 447, édit. de G.— *Ibid*. (15 mai, 4 juin, 11 et 12 août 1676), t. IV, p. 297, 326 et 420, édit. de M. ; t. IV, p. 439-472; t. V, p. 71, édit. de G. — *Ibid*. (9 janvier 1676), t. IV, p. 312, édit. de G.—*Ibid*. (15 janvier 1690), t. X, p. 196. Voyez *Lettre écrite par madame de Sévigné le 21 juin 1671, rétablie d'après le mss. original*, 1826, in-8°, p. 15.—*Ibid*. (7 juin 1671), t. II, p. 88, édit. de G. Conférez encore sur les lectures de madame de Sévigné (20 janvier et 24 février 1672), t. II, p. 352 et 397, édit. de G —*Ibid*. (15 janvier 1690), t. X, p. 196, édit. de G. — *Ibid*. (6 novembre 1675), t. IV, p. 190, édit. de G.

de morale religieuse. Les *Essais* de Nicole étaient ceux qu'elle préférait. Les meilleurs et les plus beaux éloges qu'on ait faits de cet écrivain ont été tracés par Voltaire dans son *Siècle de Louis XIV* et par madame de Sévigné dans les lettres écrites à sa fille [1]. Nicole est l'auteur favori de madame de Sévigné ; elle le lisait et le relisait ; elle y trouvait des ressources contre tous les maux, toutes les misères de la vie, même, disait-elle, contre la pluie et le mauvais temps ; elle veut s'en pénétrer, se l'assimiler ; elle souhaiterait pouvoir en faire un bouillon et l'avaler [2]. Il était, suivant elle, de la même *étoffe* que Pascal, et elle ajoute : « Cette étoffe-là est si belle qu'elle me plaît toujours ; jamais le cœur humain n'a été mieux anatomisé que par ces messieurs-là [3]. » Elle lisait aussi les Traités de Bossuet, et surtout son *Histoire des Variations* [4]. En bonne janséniste, elle avait lu saint Augustin et les Lettres de Saint-Cyran ; mais elle se tenait éloignée du rigorisme de la secte.

Sa foi était forte et sincère, et en cela surtout elle différait de sa fille. Comme toutes les femmes de son temps, madame de Grignan pratiquait sa religion ; mais sa raison, enorgueillie par les lueurs vacillantes d'une philosophie qu'elle croyait comprendre, faisait subir aux croyan-

---

[1] SÉVIGNÉ, *Lettres* (13 et 30 septembre, 1er et 4 novembre 1671), t. II, p. 226-277, 279 et 286, édit. de G. ; t. II, p. 208 et 238, édit. de M. ; t. I, p. 180, édit. de la Haye.
[2] SÉVIGNÉ, *Lettres* (1er et 4 novembre 1671), t. II, p. 276 à 280, édit. de G. ; t. II, p. 238, édit. de M.
[3] SÉVIGNÉ, *Lettres* (19 août 1671), t. II, p. 195, édit. de G. ; t. II, p. 162, édit. de M.—*Ibid.* (23 mai 1671), t. II, p. 81, édit. de G.
[4] SÉVIGNÉ, *Lettres* (23 novembre 1689), t. X, p. 106, édit. de G. ; t. IX, p. 226, édit. de M.

ces qui lui avaient été inculquées dès son enfance des doutes peu conformes à la soumission due aux décisions de l'Église. Telle n'était point madame de Sévigné, qui ne partageait pas le superbe dédain de Port-Royal pour l'efficacité de l'intervention du saint sacerdoce. Elle avait soin de faire dire des messes pour détourner les malheurs qu'elle redoutait, et elle ne manquait pas d'en agir ainsi lorsque sa fille voyageait ou lorsque celle-ci était enceinte [1], et encore après qu'elle était accouchée [2]. Quoique nous n'ayons pas les lettres que madame de Grignan avait écrites à sa mère, ce qui nous reste de leur correspondance témoigne suffisamment de la lutte qui avait lieu entre elles deux, en raison de leur dissidence d'opinion sur ces graves matières. Jamais madame de Sévigné ne laisse échapper l'occasion de manifester à madame de Grignan combien sa religion lui est chère, et de s'efforcer de lui persuader qu'elle satisfait mieux le cœur et la raison que toutes les vaines subtilités des philosophes. Elle la mit dans la confidence de tous ses scrupules religieux et des tourments de sa conscience. Elle plaint sa fille de n'avoir pas en Provence de P. Bourdaloue ni de P. Mascaron : « Comment, dit-elle, peut-on aimer Dieu quand on n'entend jamais bien parler de lui [3] ? »

---

[1] SÉVIGNÉ, *Lettres* (4 novembre 1671), t. II, p. 281, édit. de G.; t. II, p. 238, édit. de M. « Je fais dire tous les jours des messes pour vous : voilà mon emploi. »

[2] SÉVIGNÉ, *Lettres* (29 novembre 1671), t. II, p. 298, édit. de G.: « Comme vous êtes philosophe, vous savez la raison de tous ces effets; pour moi, je les sens, et je m'en vais faire dire autant de messes pour remercier Dieu de cette grâce que j'en faisais dire pour la lui demander. »

[3] SÉVIGNÉ, *Lettres* (1er avril 1671), t. I, p. 315, édit. de M.; t. I, p. 406, édit. de G.

Et madame de Grignan est instruite toutes les fois que des devoirs religieux appellent sa mère à l'église de Saint-Paul de la rue Saint-Antoine ou des Minimes de la place Royale. « Ma fille, lui écrit-elle, je m'en vais prier Dieu, et me disposer à faire demain mes pâques : il faut au moins sauver cette action de l'imperfection des autres. Je voudrais bien que mon cœur fût pour Dieu comme il est pour vous [1]. » Bien souvent madame de Sévigné se lamente de n'avoir pas le courage de rompre les liens du monde et de conformer sa vie aux préceptes de sa croyance ; et sa fille, qui n'avait pas intérêt à ce qu'il en fût ainsi, combat toujours ce penchant à la dévotion, qui était commun alors aux personnes les plus mondaines. Ainsi, dès cette année 1671, madame de Sévigné écrivait, au sujet de la mort du chevalier de Beous [2] :

« C'est un beau sujet de réflexions que l'état où vous le dépeignez. Il est certain qu'en ce temps-là nous aurons de la foi de reste ; elle fera tous nos désespoirs et tous nos troubles ; et ce temps que nous prodiguons et que nous voulons qui coule présentement nous manquera, et nous donnerions toutes choses pour avoir un de ces jours que nous perdons avec tant d'insensibilité... La morale chrétienne est excellente à tous les maux ; mais je la veux chrétienne ; elle est trop creuse et trop inutile autrement. »

Trois mois avant cette lettre, elle avait déjà écrit à ma-

---

[1] SÉVIGNÉ, *Lettres* (vendredi saint, 15 avril 1671), t. II, p. 462, édit. de G. ; et t. II, p. 390, édit. de M.

[2] SÉVIGNÉ, *Lettres* (20 sept. 1671), t. II, p. 232, édit. de G. (de Buous dans cette édit.); t. II, p. 194 et 195, édit. de M.—*Lettres de madame* RABUTIN-CHANTAL, *marquise de Sévigné*, t. I, p. 180, édit. de la Haye, 1726.— Il y a au commencement de cette lettre seize lignes de plus dans cette édition, qui ont été supprimées dans toutes les autres.

dame de Grignan : « Une de mes grandes envies, ma fille, ce serait d'être dévote ; j'en tourmente la Mousse tous les jours. Je ne suis ni à Dieu ni à diable ; cet état m'ennuie, quoique, entre nous, je le trouve le plus naturel du monde. On n'est point au diable parce qu'on craint Dieu, et qu'au fond on a un principe de religion ; on n'est point à Dieu aussi, parce que sa loi paraît dure, et qu'on n'aime point à se détruire soi-même ; cela compose les tièdes, dont le grand nombre ne m'étonne point du tout : j'entre dans leurs raisons. Cependant Dieu les hait ; il faut donc sortir de cet état, et voilà la difficulté[1]. »

Vingt ans après, madame de Sévigné en était encore au même point ; mais du moins sa foi n'avait point varié, et elle se trouvait encore plus fermement établie par les études qu'elle avait faites dans l'intervalle. « Vous me demandez, écrit-elle à madame de Grignan, si je suis toujours une petite dévote qui ne vaut guère : oui, justement voilà ce que je suis toujours, et pas davantage, et à mon grand regret. Tout ce que j'ai de bon, c'est que je sais bien ma religion et de quoi il est question ; je ne prendrai point le faux pour le vrai ; je sais ce qui est bon et ce qui n'en a que l'apparence ; j'espère ne m'y point méprendre, et que, Dieu m'ayant déjà donné de bons sentiments, il m'en donnera encore : les grâces passées me garantissent en quelque sorte celles qui viendront ; ainsi je vis dans la confiance, mêlée cependant de beaucoup de crainte[2]. »

---

[1] SÉVIGNÉ, *Lettres* (10 juin 1671), t. II, p. 98, édit. de G. de S.-G.; t. II, p. 83, édit. de M. — *Lettres de madame* RABUTIN-CHANTAL; la Haye, 1726, in-12, t. I, p. 117.

[2] SÉVIGNÉ, *Lettres* (15 janvier 1690), t. X, p. 197, édit. de G.; t. IX, p. 305, édit. de M.

Quoiqu'elle trouvât que dans cette voie ses progrès fussent lents, pourtant elle reconnaissait qu'elle faisait des progrès. « Si je pouvais seulement, dit-elle, vivre deux cents ans, il me semble que je serais une personne admirable. »

Madame de Sévigné avait foi aux promesses de la religion et espérait en elles ; mais elle répugnait à croire aux terreurs qu'on voulait lui inculquer en son nom. « Vous aurez peine, dit-elle à madame de Grignan, à nous faire entrer une éternité de supplices dans la tête, à moins que, d'un ordre du roi et de la sainte Écriture, la soumission n'arrive au secours [1]. » Léger sarcasme aussi juste que mérité contre le despotisme de Louis XIV, qui mal à propos faisait intervenir son autorité dans les querelles théologiques, et les évoquait à son conseil, non sans dommage pour l'État et pour la religion. Madame de Sévigné n'aimait pas que l'on portât trop loin l'esprit de pénitence, et la rigueur des règles nouvellement imposées aux religieux du couvent de la Trappe par le Bouthillier de Rancé [2] lui paraissait extravagante. « Je crains, dit-elle, que cette Trappe, qui veut surpasser l'humanité, ne devienne les Petites-Maisons [3]. »

Madame de Sévigné n'avait aucune de ces faiblesses superstitieuses dont quelques esprits très-fermes ne sont pas toujours exempts. Elle se dépite de ce que le bel abbé

---

[1] Sévigné, *Lettres* (20 septembre 1671), t. II, p. 233, édit. de G.; t. II, p. 194, édit. de M.

[2] De Marsollier, *Vie de dom Armand-Jean le Bouthillier de Rancé*, 1703, in-12, 1re partie, liv. III, ch. xii, xiii et xiv, t. I, p. 413 à 460.

[3] Sévigné, *Lettres* (15 avril 1671), t. II, p. 21, édit. de G.—*Ibid.*, t. II, p. 17, édit. de M.

24.

de Grignan, qui devait l'accompagner en Provence, la supplie de différer son départ de quelques jours, parce qu'il ne peut consentir à se mettre en route un vendredi. « On ne peut, dit-elle malignement, tirer les prêtres de Paris ; il n'y a que les dames qui en veuillent partir[1]. » Elle était plus incrédule que sa fille sur certains faits surnaturels, que madame de Grignan semblait disposée à croire. « Je trouve plaisants, lui écrit-elle, les miracles de votre solitaire ; mais sa vanité pourrait bien le conduire du milieu de son désert dans le milieu de l'enfer... Dieu est tout-puissant, qui est-ce qui en doute ? Mais nous ne méritons guère qu'il nous montre sa puissance[2]. »

Ses croyances était raisonnées ; elle lisait beaucoup de livres de controverse, même ceux que composaient des protestants[3], et aussi, pour complaire à sa fille, ceux qui étaient écrits d'après les principes de la nouvelle philosophie ; mais elle en était peu satisfaite. « J'ai pris, dit-elle à madame de Grignan, les *Conversations chrétiennes;* elles sont d'un bon cartésien, qui sait par cœur votre *Recherche de la vérité* [du P. Malebranche]... Je vous manderai si ce livre est à la portée de mon intelligence ; s'il n'y est pas, je le quitterai humblement, en renonçant à la sotte vanité de contrefaire l'éclairée, quand je ne le suis pas. Enfin Dieu est tout-puissant, et fait tout ce qu'il

---

[1] Sévigné, *Lettres* (13 mai 1671), t. II, p. 66 et 67, édit. de G ; t. II, p. 55, édit. de M.

[2] Sévigné, *Lettres* (18 octobre 1671), t. II, p 263 et 264, édit. G. ; t. II, p. 23, édit. M.

[3] Sévigné, *Lettres* (22 septembre 1680), t. VII, p. 224, édit. G.; t. VI, p. 470.—*Ibid.* (13 août 1688), t. VIII, p. 337, édit. de G. ; t. VIII, p. 63, édit. de M.—*Ibid.* (24 janvier 1689), t. IX, p. 117, édit. de G.

veut, j'entends cela ; il veut notre cœur, nous ne voulons pas le lui donner, voilà tout le mystère [1]. »

Mais elle comprend fort bien ces questions qu'elle feint d'être trop ardues pour son intelligence, et elle exhorte sa fille, pour les résoudre, à lire le traité de la *Prédestination des Saints*, par saint Augustin, et surtout celui du *Don de la persévérance*. « Lisez, dit-elle, ce livre, il n'est pas long ; c'est où j'ai puisé mes erreurs. Je ne suis pas la seule, cela me console ; et en vérité je suis tentée de croire qu'on ne discute aujourd'hui sur cette matière avec tant de chaleur que faute de s'entendre [2]. »

Cette lecture de saint Augustin et les commentaires de ses amis de Port-Royal l'avaient confirmée dans l'opinion des jansénistes sur la grâce. Madame de Grignan, pour combattre cette opinion, profita de l'exemple de madame de la Sablière, connue par son savoir et par son attachement à la philosophie cartésienne, qui cependant, touchée des vérités de la religion, s'était convertie. « Oui, dit madame de Sévigné, elle est dans ce bienheureux état, elle est dévote et vraiment dévote, elle fait un bon usage de son libre arbitre ; mais n'est-ce pas Dieu qui le lui fait faire ? N'est-ce pas Dieu qui la fait vouloir ? N'est-ce pas Dieu qui l'a délivrée de l'empire du démon ? N'est-ce pas Dieu qui a tourné son cœur ? N'est-ce pas Dieu qui la fait marcher et qui la soutient ? N'est-ce pas Dieu qui lui donne la vue et le désir d'être à lui ? C'est cela qui est couronné ; c'est Dieu qui couronne ses dons. Si c'est cela

---

[1] SÉVIGNÉ, *Lettres* (15 juin 1680), t. VII, p. 42, édit. de G. ; t. VI, p. 319, édit. de M.
[2] SÉVIGNÉ, *Lettres* (26 juin 1680), t. VII, p. 63, 70, édit. de G. ; t. VI, p. 342, édit. de M.

que vous appelez le libre arbitre, ah ! je le veux bien[1]. »

Dans la même lettre, elle professe l'opinion de Jansénius avec toutes ses conséquences. « Je n'ai rien à vous répondre, dit-elle à madame de Grignan, sur ce que dit saint Augustin, sinon que je l'écoute et que je l'entends quand il me dit et me répète cinq cents fois dans un même livre « que tout dépend, comme le dit l'Apôtre, non de « celui qui veut ni de celui qui court, mais de Dieu, qui « fait miséricorde à qui il lui plaît; que ce n'est point en « considération d'aucun mérite que Dieu donne sa grâce « aux hommes, mais selon son bon plaisir... Il appelle « notre libre arbitre une délivrance et une facilité d'aimer « Dieu, parce que nous ne sommes pas sous l'empire du « démon, et que nous sommes élus de toute éternité, selon « les décrets du Père éternel, avant tous les siècles. »

Cependant cette doctrine sur la grâce, qui conduit droit au fatalisme, ne pouvait être admise par un esprit aussi juste que celui de madame de Sévigné sans y faire naître beaucoup de doutes; et nous voyons dans la même lettre qu'ils surgissent surtout à la lecture du chapitre dont le sommaire est : *Comment Dieu jugerait-il les hommes si les hommes n'avaient point de libre arbitre?* « En vérité, dit-elle, je n'entends point cet endroit, et je suis toute disposée à croire que c'est un mystère; mais comme ce libre arbitre ne peut pas mettre notre salut en notre pouvoir et qu'il faut toujours dépendre de Dieu, je n'ai pas besoin d'être éclaircie sur ce passage, et je me tiendrai, si je puis, dans l'humilité et dans la dépendance[2]. »

---

[1] SÉVIGNÉ, *Lettres* (21 juin 1680), t. VII, p. 62 et 65, édit. de G.; t VI, p. 366 et 367, édit. de M.

[2] SÉVIGNÉ, *Lettres* (21 juin 1680), t. VII, p. 63 et 64, édit. de G.; t. VI, p. 337-338, édit. de M.

CHAPITRE XX.

Ainsi l'on voit que les erreurs de son esprit ne la faisaient dévier en rien de la rectitude de ses résolutions. Elle trouvait dans saint Augustin des pensées si nobles et si grandes « que tout le mal qui peut arriver de sa doctrine aux esprits mal faits était moindre que le bien que les autres en retirent [1]. »

Elle revient cependant si souvent sur ce sujet, et quelquefois avec une telle éloquence et avec tant de chaleur, qu'il est manifeste qu'elle a le désir de ramener sa fille à son opinion [2]. Elle désigne par le titre de *frères* ses amis les écrivains de Port-Royal. « Quand je veux nourrir, dit-elle, mon esprit et mon âme, j'entre dans mon cabinet, j'écoute *nos frères* et leur belle morale, qui nous fait si bien connaître notre pauvre cœur [3]. » Toute sa vie elle aima à lire; mais dans son âge avancé ce goût de sa jeunesse se dirigea exclusivement sur les lectures graves et sérieuses. Sa fille lui reproche d'avoir relu jusqu'à trois fois les mêmes romans. « Ce sont de vieux péchés, dit-elle, qui doivent être pardonnés en considération du profit qui me revient de pouvoir relire aussi plusieurs fois les plus beaux livres du monde, les Abbadie, Pascal, Nicole, Arnauld, les plus belles histoires [4]. »

C'est vers l'âge de cinquante ans que se fit cette révolution dans ses goûts pour les lectures; et elle a donné en peu de mots à sa fille la composition de sa petite biblio-

---

[1] Sévigné, *Lettres* (4 nov. 1876), t. V, p. 192, édit. de G.; t. V, p. 50, éd. de M. — Conférez encore (16 août 1680), t. VII, p. 145, éd. de G.

[2] Sévigné, *Lettres* (14 juillet 1689), t. VII, p. 104, édit. de G.; t. VI, p. 372, édit. de M.

[3] Sévigné, *ibid.*, t. VII, p. 102 et 103.

[4] Sévigné, *Lettres* (8 février 1690), t. X, p. 248, édit. de G.; t. IX, p 349, édit. de M.

thèque des Rochers et de quelle manière elle l'avait elle-même classée en une seule matinée [1]. « J'ai apporté ici quantité de livres, je les ai rangés ce matin ; on ne met pas la main sur un, tel qu'il soit, qu'on n'ait envie de le lire tout entier ; toute une tablette de dévotion, et quelle dévotion ! bon Dieu, quel point de vue pour honorer notre religion ! L'autre est toute d'histoires admirables ; l'autre, de morale ; l'autre, de poésies, et de nouvelles, et de mémoires. Les romans sont méprisés, et ont gagné les petites armoires. Quand j'entre dans ce cabinet, je ne comprends pas pourquoi j'en sors ; il serait digne de vous, ma fille. »

Il n'est fait dans ce passage aucune mention des livres sur la philosophie de Descartes, lecture favorite de madame de Grignan. Il semble que madame de Sévigné les considérait comme un exercice pour son intelligence, comme les romans pour son imagination ; mais qu'étant inutiles pour son salut et pour éclairer sa raison ils ne devaient point trouver place dans sa bibliothèque choisie. Pour cette partie de son instruction, elle s'en reposait sur Corbinelli. « Il est souvent avec moi, dit-elle, ainsi que la Mousse, et tous deux parlent de votre *père* Descartes ; ils ont entrepris de me rendre capable d'entendre ce qu'ils disent ; j'en serai ravie, afin de n'être pas comme une sotte bête quand ils vous tiendront ici [2]. »

Évidemment madame de Sévigné, en cette occasion, n'est pas franche dans sa modestie, et sa correspondance nous prouve qu'elle était plus instruite sur ces hautes

---

[1] Sévigné, *Lettres* (5 juin 1680), t. VII, p. 19, édit. de G.; t. VI, p. 300, édit. de M.

[2] Sévigné, *Lettres* (8 juillet 1676), t. V, p. 19, édit. de G.; t. IV, p. 372, édit. de M.

questions de métaphysique qu'elle ne veut le faire paraitre. Sa feinte ignorance est un avantage qu'elle se donne pour combattre plus efficacement les raisonnements de sa fille; et un petit nombre de passages remarquables de ses lettres, ajoutés à ceux que nous avons déjà rapportés, suffiront, je l'espère, pour montrer quelles étaient les convictions religieuses de cette femme, en apparence si fortement livrée aux élans et aux agitations de sa vive sensibilité, et cependant si studieuse, si calme, si profondément réfléchie. Mais il y a des naturels puissants et si heureusement formés qu'ils peuvent allier les qualités les plus contraires.

Contre l'opinion de Malebranche, que tout ce qui se fait dans la nature est par la nature de l'ordre, opinion sur laquelle avait écrit madame de Grignan, madame de Sévigné répond : « La Providence veut donc l'ordre : si l'ordre n'est autre chose que la volonté de Dieu, quasi tout se fait contre sa volonté; toutes les persécutions que je vois contre saint Athanase et les orthodoxes, la prospérité des tyrans, tout cela est contre l'ordre, et par conséquent contre la volonté de Dieu. Mais, n'en déplaise à votre père Malebranche, ne serait-il pas aussi bien de s'en tenir à saint Augustin, que Dieu permet toutes ces choses, parce qu'il en tire sa gloire par des voies qui nous sont inconnues? Saint Augustin ne connaît ni de règle ni d'ordre que la volonté de Dieu; et si nous ne suivons pas cette doctrine, nous aurons le déplaisir de voir que, rien dans le monde n'étant quasi dans l'ordre, tout s'y passera contre la volonté de celui qui l'a fait : cela me paraît bien cruel [1]. » Et ensuite :

---

[1] *Lettres de* MARIE RABUTIN-CHANTAL, *marquise* DE SÉVIGNÉ

« Je voudrais bien me plaindre au P. Malebranche des souris qui mangent tout ici ; cela est-il dans l'ordre ? Quoi ! de bon sucre, du fruit, des compotes !... Et l'année passée était-il dans l'ordre que de vilaines chenilles dévorassent toutes les feuilles de notre forêt [de Livry] et de nos jardins, et tous les fruits de la terre ? Et le père Païen, qui s'en revient paisiblement et à qui on casse la tête, cela est-il dans la règle ? Oui, mon père, tout cela est bon, Dieu sait en tirer sa gloire ; nous ne voyons pas comment, mais cela est vrai ; et si vous ne mettez sa volonté pour toute règle et pour tout ordre, vous tomberez dans de grands inconvénients[1]... Si vous lisez l'arianisme, vous serez étonné de cette histoire ; elle vous empêchera de rêver. Vraiment, vous y verrez bien des choses contre l'ordre : vous y verrez triompher l'arianisme et mettre en pièces les serviteurs de Dieu ; vous y verrez l'*impulsion* de Dieu, qui veut que tout le monde l'aime, très-rudement repoussée ; vous y verrez le vice couronné, les défenseurs de Jésus-Christ outragés : voilà un beau désordre ; et moi, petite femme, je regarde tout cela comme la volonté de Dieu, qui en tire sa gloire, et j'adore cette conduite, quelque extraordinaire qu'elle me paraisse ; mais je me garde bien de croire que si Dieu eût voulu cela eût été autrement, cela n'eût pas été[2]. »

« Il y a un endroit de la *Recherche de la vérité*, con-

(31 juillet 1680), édit. de la Haye, 1726, ou t. VI, p. 400, édit. de M. ; t. VII, p. 141, édit. de G. de S.-G.

[1] SÉVIGNÉ, *Lettres* (4 avril 1680), t. VII, p. 145 et 146, édit. de G. de S.-G. ; t. VI, p. 405, édit. de M.—*Ibid.*, sur l'aventure du P. Païen (7 juillet 1680), t. VI, p. 364, édit. M. ; t. VII, p. 94, édit. G.

[2] SÉVIGNÉ, *Lettres, ibid.*, t. VII, p. 149, édit. de G. ; t. VI, p. 407, édit. de M.

tre lequel Corbinelli a écrit; on y dit « que Dieu nous « donne une *impulsion* à l'aimer, que nous arrêtons et « détournons à volonté. » Cela me paraît bien rude qu'un être très-parfait et par conséquent tout-puissant soit ainsi arrêté au milieu de sa course [1]... » Ce sujet occupe si fortement la pensée de madame de Sévigné qu'elle y revient encore dans la lettre suivante : « Je suis toujours choquée, dit-elle, de cette *impulsion* que nous arrêtons tout court; mais si le P. Malebranche a besoin de cette liberté de choix qu'il nous donne, comme à Adam, pour justifier la justice de Dieu envers les adultes, que fera-t-il pour les petits enfants? il faudra en revenir à l'*altitudo*. J'aimerais autant m'en servir pour tout, comme saint Thomas, qui ne marchande pas [2]. »

Enfin, c'est lorsque avaient lieu les persécutions contre les plus fervents soutiens du jansénisme, lorsque Nicole était exilé dans les Ardennes, qu'Arnauld était obligé de se cacher, que madame de Sévigné éprouve plus que jamais le besoin de faire prévaloir ses opinions dans l'esprit de sa fille. « Je ne vous obligerais plus, lui dit-elle, de répondre sur cette divine Providence que j'adore et que je crois qui fait et ordonne tout; je suis assurée que vous n'oseriez traiter cette opinion de mystère inconcevable avec les disciples de votre père Descartes; ce qui serait vraiment inconcevable, ce serait que Dieu eût fait le monde sans régler tout ce qui s'y fait; les gens qui font de si belles restrictions et contradictions dans leurs livres en parlent bien mieux et plus dignement quand ils

---

[1] SÉVIGNÉ, *Lettres* (3 juillet 1680), t. VI, p. 359, édit. de M.; t. VII, p. 89, édit. de G.
[2] SÉVIGNÉ, *Lettres* (31 mai 1680), t. VII, p. 5 et 6. édit. de G.

ne sont pas contraints ni étranglés par la politique [1]. »

Les principes des jansénistes étaient mal vus à la cour ; et madame de Sévigné recommandait à sa fille de ne pas montrer au comte de Grignan les passages de ses lettres qui avaient trait à ces matières ; elle avait fini par éviter de lui en écrire ; mais comme sa fille était revenue à la charge, et lui avait cité saint Augustin et saint Paul, le souvenir des écrits de ces deux grands confesseurs de la foi la ranime, et, avec l'impétuosité ordinaire de sa plume, elle répond : « Vous lisez donc saint Paul et saint Augustin? Voilà les bons ouvriers pour rétablir la souveraine volonté de Dieu ; ils ne marchandent point à dire que Dieu dispose de ses créatures : comme le potier, il en choisit, il en rejette ; ils ne sont point en peine de faire des compliments pour sauver la justice, car il n'y a point d'autre justice que sa volonté : c'est la justice même, c'est la règle ; et, après tout, que doit-il aux hommes? que leur appartient-il? rien du tout. Il leur fait donc justice quand il les laisse à cause du péché originel, qui est le fondement de tout, et il fait miséricorde au petit nombre de ceux qu'il sauve par son fils. JÉSUS-CHRIST le dit lui-même ;
« Je connais mes brebis, je les mènerai paître moi-même :
« je n'en perdrai aucune, je les connais, elles me connais-
« sent. Je vous ai choisis, dit-il à ses apôtres ; ce n'est pas
« vous qui m'avez choisi. » Je trouve mille passages sur ce ton, je les entends tous ; et quand je vois le contraire, je dis : C'est qu'ils ont voulu parler communément ; c'est comme quand on dit que *Dieu s'est repenti, qu'il est en furie;* c'est qu'ils parlent aux hommes ; et je me tiens à

---

[1] SÉVIGNÉ, *Lettres* (7 juillet 1680), t. VI, p. 363, édit. de M. ; t. VII, p. 93, édit. de G.

cette première et grande vérité, qui est toute divine, qui me représente Dieu comme Dieu, comme un maître, comme un souverain créateur et auteur de l'univers et comme un être enfin très-parfait, selon la réflexion de votre *père* [Descartes]. Voilà mes petites pensées respectueuses, dont je ne tire point de conséquences ridicules, et qui n'ôtent point l'espérance d'être du nombre choisi, après tant de grâces, qui sont des préjugés et des fondements de cette confiance. Je hais mortellement à vous parler de tout cela ; pourquoi m'en parlez-vous ? Ma plume va comme une étourdie [1]. »

Le contraste que l'on remarque entre madame de Sévigné et madame de Grignan, relativement à leurs goûts en littérature et à leurs opinions religieuses, est encore plus prononcé et plus étrange si on les considère toutes deux dans leurs sentiments maternels et dans leur conduite et leurs relations avec le monde.

Les larmes mouillaient souvent les yeux de madame de Sévigné pour peu qu'elle fût fortement émue ; madame de Grignan, calme et froide, trahissait rarement par des signes extérieurs les impressions faites sur son cœur ; sa mère en fait la remarque : « Vous pleurâtes, lui dit-elle, ma très-chère fille, et c'est une affaire pour vous ; ce n'est pas la même chose pour moi, c'est mon tempérament [2]. »

---

[1] SÉVIGNÉ, *Lettres* (14 juillet 1680), t. VII, p. 102 à 104, édit. de G. de S.-G.; t. VI, p. 371, édit. de M.

[2] SÉVIGNÉ, *Lettres* (15 avril 1671), t. II, p. 19, 20 et 22, édit. G.; t. II, p. 16, édit. M.—*Ibid.* (18 décembre 1671), t. II, p. 316, édit. G.; t. II, p. 267, édit. de M.—*Ibid.* (20 mai 1672), t. III, p. 30, édit. de G., t. II, p. 440, édit. de M.—*Ibid.* (21 octobre 1671), t. II, p. 297, édit. de G.; t. II, p. 225, édit. de M. (Voyez ci-dessus, p. 320, ch. XVI.)

Madame de Sévigné, on le sait, poussait jusqu'à l'excès son amour pour sa fille ; elle lui accordait sur son fils, sur l'unique héritier du nom de Sévigné, une injuste préférence, et elle se laissait dominer par cette inclination au point de négliger quelquefois ses devoirs envers Dieu et d'oublier sa charité envers le prochain. La tendresse maternelle de madame de Grignan pour ses deux filles ne fut jamais assez forte pour l'empêcher de vouloir sacrifier le bonheur de leur vie entière à la grandeur de sa maison, à la fortune et à l'élévation de celui qui pouvait seul continuer la noble race des Adhémar. Madame de Grignan exécuta ce projet à l'égard de Blanche, l'aînée de ses filles, qu'elle contraignit à se faire religieuse ; et si la jolie figure, les grâces et l'esprit de Pauline, la plus jeune, n'avaient pas convaincu sa mère qu'elle la marierait facilement et sans une forte dot, madame de Sévigné aurait été impuissante à lui persuader [1] de ne pas commettre cette seconde immolation [2].

Mais c'est dans ses relations avec le monde, dans la conduite de la vie, dans la gestion des affaires que madame de Sévigné montre une grande supériorité sur sa fille. Quel jugement exquis ! quel prompt et juste discernement ! quels admirables conseils ! quels beaux et utiles préceptes de sagesse et de savoir-vivre, heureusement exprimés ! Les lettres de madame de Sévigné nous font admirer une mère tendre, mais non aveugle ; elle

---

[1] Sévigné, *Lettres* (6 octobre 1679), t. V, p. 453, édit. M. ; t. VI, p. 150, édit. G.

[2] Sévigné, *Lettres* (10 novembre 1688), t. VIII, p. 150, édit. de M. —*Ibid.* (6 janvier 1687), t. VII, p. 406. — *Ibid.* (8 décembre 1679), t. VI, p. 61.

cherche à empêcher que madame de Grignan ne se fasse tort par son caractère hautain, ou ne devienne victime de sa vanité et de son orgueil.

Madame de Grignan, retranchée sur les hauteurs de ses pensées philosophiques, faisait profession de mépriser les jugements du public. Capricieuse et indolente, elle était sujette à des accès de mélancolie et de misanthropie ; elle fuyait alors la société, et se complaisait dans ce qu'elle appelait sa *tigrerie*[1] ; élevée à la cour et dans le grand monde, les manières et les habitudes cérémonieuses des provinces lui déplaisaient[2], et elle ne prenait guère alors la peine de dissimuler son ennui. Madame de Sévigné, qui prévoyait combien ces défauts et ces travers étaient nuisibles à sa fille dans la position élevée où elle était placée, cherche à lui démontrer la nécessité de s'en corriger ou du moins de les dissimuler. Dans une lettre écrite en réponse à une de celles où madame de Grignan lui disait qu'elle était heureuse de se trouver retirée dans la solitude de son château, madame de Sévigné lui dit : « Je trouve votre esprit dans une philosophie et dans une tranquillité qui me paraît bien plus au-dessus des brouillards et des grossières vapeurs que le château de Grignan. C'est tout de bon que les nuages sont sous vos pieds ; vous êtes élevée dans la moyenne région, et vous ne m'empêcherez pas de croire que ces beaux noms que vous dites, que vous donnez à des qualités naturelles, sont un effet de votre raison et de la force de votre esprit.

---

[1] Sévigné, *Lettres* (7 septembre 1671), t. II, p. 220, édit. G.; t. II, p. 184, édit. M. — *Ibid.* (4 mai 1672), t. III, p. 1, édit. G.; t. II, p. 416, édit. M.

[2] Sévigné, *Lettres* (30 août 1671), t. II, p. 206, édit. G.; t. II, p. 172, édit. M.

Dieu vous le conserve si droit! il ne vous sera pas inutile; mais il faut un peu agir, afin que votre philosophie ne se tourne pas en paresse, et que vous puissiez être en état de revoir un pays où les nues seront au-dessous de vous. Il me semble que je vous vois dans l'indolence que vous donne l'impossibilité; ne vous y abandonnez qu'autant qu'il est nécessaire pour votre repos, et non pas assez pour vous ôter l'action et le courage [1]. »

Ce que madame de Sévigné combat le plus souvent dans madame de Grignan, c'est le mépris que celle-ci affichait pour l'opinion publique; et ce désaccord était entre elles déjà ancien, car madame de Sévigné, écrivant à M. de Grignan au sujet des louanges que le monde donnait à sa fille, dit : « Voilà mon ancienne thèse, qui me fera lapider un jour. C'est que le public n'est ni fou ni injuste [2]. »

A peine madame de Grignan est-elle arrivée en Provence que sa mère l'encourage à ne pas se lasser de répondre aux politesses ennuyeuses dont elle est l'objet. « Il est vrai, dit madame de Sévigné, que c'est un métier tuant que cet excès de cérémonies et de civilités ; cependant ne vous relâchez sur rien ; tâchez, mon enfant, de vous ajuster aux mœurs et aux manières des gens avec qui vous avez à vivre; accommodez-vous un peu de ce qui n'est pas mauvais ; ne vous dégoûtez point de ce qui n'est que médiocre ; faites-vous un plaisir de ce qui n'est pas ridicule [3]. »

---

[1] Sévigné, *Lettres* (30 août 1671), t. II, p. 210, édit. G.; t. II, p. 175, édit. M.

[2] Sévigné, *Lettres* (6 août 1670), t. I, p. 265, édit. de G.; t. I, p. 196, édit de M.

[3] Sévigné, *Lettres* (18 mars 1671), t. I, p. 379, édit. de G.; t I, p. 293, édit. de M.

CHAPITRE XX.

Madame de Sévigné rappelle souvent à sa fille que, quand par sa haute position on se doit au public, il ne suffit pas d'*être*, mais qu'il faut aussi *paraître*.

Comme la Rochefoucauld avait mis les *maximes* à la mode, madame de Sévigné commence une de ses lettres par cette réflexion, qu'elle intitule, en badinant, MAXIME : *La grande amitié n'est jamais tranquille* [1]. Et en effet, ce qui était pour elle l'objet de continuelles inquiétudes, ce qui excitait le plus sa sollicitude et lui paraissait toucher le plus au bonheur de sa fille dans l'avenir, c'était la conservation et, s'il se pouvait, l'augmentation de sa fortune ; car, étant beaucoup plus jeune que M. de Grignan, il était probable qu'elle lui survivrait. Aussi madame de Sévigné termine une de ses lettres par cet aveu bien sincère : « Votre santé, votre repos, vos affaires, ce sont les trois points de mon esprit, d'où je tire une conclusion que je vous laisse à méditer [2]. »

Madame de Sévigné ne pouvait ignorer le caractère du comte de Grignan, facile jusqu'à la faiblesse, fastueux jusqu'à la prodigalité [3]. Une partie de la dot de sa femme avait servi à réparer le désordre de ses affaires. Madame de Sévigné craignit qu'avec le luxe coûteux de représentation qu'exigeait le rang de lieutenant général gouverneur M. de Grignan ne dérangeât de nouveau sa fortune; et elle ne voyait de salut pour lui et pour ma-

---

[1] SÉVIGNÉ, *Lettres* (16 septembre 1671), t. II, p. 228, édit. de G.
[2] SÉVIGNÉ, *Lettres* (15 mars 1671), t. I, p. 378, édit. de G. ; t. I, p. 292, édit. de M.
[3] SÉVIGNÉ, *Lettres* (21 août 1680, 16 février 1690), t. VII, p. 171; t. X, p. 274, édit. de G. de S.-G. ; et ci-dessus, ch. VIII, p. 139 et 143, et *Catalogue des archives de la maison de Grignan*, par M. VALLET DE VIRIVILLE, p. 31 à 36, n°s 191, 199, 202, 203, 206 et 207.

dame de Grignan que dans l'intervention de celle-ci, qu'elle avait habituée, par ses leçons et ses exemples, à l'ordre et à l'économie. Dès que madame de Grignan eut rejoint son mari en Provence, madame de Sévigné s'empressa d'exhorter sa fille à profiter de l'ascendant qu'elle avait sur lui pour le faire consentir à lui abandonner sans réserve la direction de ses affaires et la gestion de ses biens, et à régler ses dépenses de manière à ce qu'elles n'excédassent pas ses revenus. De son côté, elle se montrait généreuse, et adoucissait par des cadeaux la sévérité de ses remontrances [1].

Dans une lettre qui a été étrangement altérée dans toutes les éditions, hors la première, madame de Sévigné dit à madame de Grignan : « Vous me donnez une belle espérance de votre affaire; suivez-la constamment, et n'épargnez aucune civilité pour la faire réussir. Si vous la faites, soyez assurée que cela vaudra mieux qu'une terre de dix mille livres. » Ceci s'applique à la demande faite à l'assemblée des états de Provence, par le comte de Grignan, d'une augmentation d'appointements pour subvenir au payement de ses gardes et à la splendeur de ses hautes fonctions [2]. Madame de Sévigné continue ensuite ainsi :

---

[1] SÉVIGNÉ, *Lettres* (23 mars 1671), t. I, p. 393, édit. G.; t. I, p. 304, édit. M.—*Ibid.* (10 avril 1671), t. II, p. 13, édit. G.; t. II, p. 10, édit. M.—*Ibid.* (22 avril 1672), t. II, p. 469, édit. G.; t. II, p. 396, édit. M.—*Ibid.* (9 mars 1672), t. II, p. 419, édit. G.; t. II, p. 355, édit. M.

[2] Voyez ci-dessus, chap. XVI, p. 307, et conférez l'*Abrégé des délibérations faites en assemblée générale des communautés du pays de Provence, tenue à Lambesc dans les mois de décembre 1670, janvier, février et mars 1671, par autorité et permission de monseigneur le comte* DE GRIGNAN, *lieutenant général pour le roi et autres pays, et par mandement de messieurs les procu-*

« Pour vos autres affaires, je n'ose y penser, et j'y pense pourtant toujours ; rendez-vous la maîtresse de toutes choses, c'est ce qui vous peut sauver ; et mettez au rang de vos desseins celui de ne vous point abîmer par une extrême dépense, et de vous mettre en état, autant que vous le pourrez, de ne pas renoncer à ce pays-ci. J'espère beaucoup de votre habileté et de votre sagesse ; vous avez de l'application, c'est la meilleure qualité que l'on puisse avoir pour ce que vous avez à faire[1]. » Et plus loin elle lui répète encore : « L'abbé est fort content du soin que vous voulez prendre de vos affaires ; ne perdez pas cette envie, ma bonne, soyez seule maîtresse : c'est le salut de la maison de Grignan[2]. »

Mais malheureusement les conseils de madame de Sévigné ne furent pas strictement suivis. Madame de Grignan, soit que sa vanité le trouvât nécessaire à sa position, soit qu'elle ne pût résister aux volontés de son mari, eut un état de maison beaucoup trop somptueux pour que les émoluments du lieutenant général pussent y suffire. Le jeu vint encore accroître son déficit ; et quoique ce jeu fût assez modéré pour le temps, cependant,

---

reurs généraux dudit pays; à Aix, par Charles David, imprimeur du roi et du clergé de la ville, 1671, in-4°, p. 43-45 (séance du 21 mars 1671).

[1] *Lettres de madame* RABUTIN-CHANTAL, *marquise* DE SÉVIGNÉ, *à madame la comtesse de Grignan, sa fille*; la Haye, 1726, in-12, t. I, p. 34 et 35 (13 mars 1671).

[2] *Lettres de madame* RABUTIN-CHANTAL, *marquise* DE SÉVIGNÉ; la Haye, 1726, in-12, t. I, p. 40.—Tout ce que nous citons ici a été retranché dans les autres éditions.—Conférez, avec cette édition de la Haye, dans celle de Monmerqué, deux lettres à madame de Grignan, en date du 18 mars 1671, t. I, p. 292 et 296 ; ou dans l'édit. de G. de S.-G., t. I, p. 379 à 383.

comme madame de Grignan et son mari perdaient très-souvent, les dépenses, par cet article seul, se trouvaient considérablement augmentées. Madame de Sévigné, justement alarmée de cet état de choses, n'épargne pas à sa fille les avertissements. « Prenez garde, lui dit-elle, que votre paresse ne vous fasse perdre votre argent au jeu ; ces petites pertes fréquentes sont comme les petites pluies, qui gâtent bien les chemins. Je vous embrasse, ma chère fille. Si vous pouvez, aimez-moi toujours, puisque c'est la seule chose que je souhaite en ce monde. Pour la tranquillité de mon âme, je fais bien d'autres souhaits pour ce qui vous regarde ; enfin tout tourne ou sur vous, ou de vous, ou par vous[1]. » Elle revient encore à la charge peu de temps après : « Quelle folie de perdre tant d'argent à ce chien de brelan !... Vous jouez d'un malheur insurmontable, vous perdez toujours ; croyez-moi, ne vous opiniâtrez point ; songez que tout cet argent s'est perdu sans vous divertir ; au contraire, vous avez payé cinq ou six mille francs pour vous ennuyer et être houspillée de la fortune[2]. » Enfin, elle déclare que ces pertes continuelles que font madame de Grignan et son mari au jeu ne sont pas naturelles, et qu'elle croit qu'ils ont affaire à des fripons[3]. Ce genre d'improbité n'a jamais été rare parmi les plus hauts personnages adonnés au jeu, et il était loin de l'être à cette époque.

[1] Sévigné, *Lettres* (23 mars 1671), t. I, p. 393 et 394, édit. G.; t. I, p. 305, édit. M.—Madame de Sévigné revient encore sur ce sujet (18 mai 1671), t. II, p. 79, édit. de G.; t. II, p. 66, édit. de M.

[2] Sévigné, *Lettres* (9 mars 1672), t. II, p. 419, édit. de G.; t. II, p. 356, édit. de M.

[3] Sévigné, *Lettres* (30 mars 1672), t. II, p. 441, édit. de G.; t. II, p. 372, édit. de M.

Madame de Grignan semblait cependant s'être décidée à suivre les conseils de sa mère, qui, en lui témoignant combien elle est satisfaite de la résolution qu'elle a prise, lui en inculque encore plus fortement la nécessité. En l'entretenant du voyage de Provence, qu'elle a le projet de faire avec l'abbé de Coulanges, et après lui avoir dit qu'elle sera charmée de voir toutes les antiquités de ce pays et les magnificences du château de Grignan, elle ajoute : « L'abbé aura bien des affaires; après les ordres doriques et les titres de votre maison, il n'y a rien à souhaiter que l'ordre que vous y allez mettre; car, sans un peu de subsistance, tout est dur, tout est amer. Ceux qui se ruinent me font pitié ; c'est la seule affliction dans la vie qui se fasse sentir également et que le temps augmente, au lieu de la diminuer [1]. »

Nous avons vu que madame de Sévigné portait, dans l'intérêt de madame de Grignan, ses regards sur le gouvernement de la Provence [2], et qu'elle se tenait au courant de tout ce qui se faisait à cet égard. Les conseils qu'elle donne sur ces graves matières à son gendre et à sa fille ne sont pas moins sages et moins salutaires que ceux qu'elle leur adressait pour leurs affaires domestiques.

Louis XIV avait mal accueilli les délais et les refus des états de Provence, qui ne voulaient point accorder la totalité des subsides demandés en son nom par le lieutenant général gouverneur, et la résolution qu'on avait prise de lui envoyer une députation. Il avait transmis au comte de Grignan l'ordre de dissoudre l'assemblée, et en même

---

[1] SÉVIGNÉ, *Lettres* (28 juin 1671), t. II, p. 117 et 118, édit. de G.; t. II, p. 98, édit. de M.

[2] Voyez ci-dessus, chap. XVI, p. 302-309.

temps de faire part aux membres qui la composaient de l'indignation du roi, en leur annonçant qu'à l'avenir le mode de lever les impôts serait changé et que la province serait assujettie, pour punir sa désobéissance, à loger un plus grand nombre de troupes [1]. Madame de Sévigné avait fait en vain, de concert avec l'évêque d'Uzès, des démarches auprès de le Tellier, pour que des ordres moins rigoureux fussent expédiés; et, n'ayant pu y réussir, elle avait écrit à sa fille le 1er janvier 1672, à dix heures du soir, pour la prévenir que ces ordres sévères allaient être envoyés. Elle conseille d'en suspendre l'exécution et de faire écrire au roi, par le lieutenant général gouverneur, « une lettre d'un homme qui est sur les lieux et qui voit que, pour le bien de son service, il faut tâcher d'obtenir un pardon de sa bonté pour cette fois. » Ce conseil fut suivi, et eut un plein succès; car nous lisons dans les procès-verbaux de l'assemblée des états que M. de Grignan se rendit, le 9 janvier au matin [2], dans la salle des *états*, pour leur faire part de ce qui s'était passé, leur défendre d'envoyer une députation au roi, leur recommander d'attendre la réponse à la supplique qu'il avait adressée à Sa Majesté et de suspendre toute délibération jusqu'au retour du courrier qu'il avait envoyé. Ce courrier ne revint à Aix que le 22 janvier, et le même jour [3] l'assemblée fut convoquée. Il lui fut donné lecture de

---

[1] *Abrégé des délibérations faites en assemblée générale des communautés de Provence*, etc.; à Aix, par Charles David, 1671, in-4°, « séance du neuvième du même mois de janvier, du matin, » p. 41.

[2] *Abrégé des délibérations*, etc., p. 41, 42, 43.

[3] *Ibid.*, « séance du vingt-deuxième du même mois, de relevée, » p. 52.

la lettre du roi, qui acceptait l'offre des états ; tout fut terminé à la satisfaction du lieutenant général gouverneur, qui cependant avait reçu des lettres de cachet pour exiler les consuls, en raison de ce que le roi n'avait pas été obéi ponctuellement. Madame de Sévigné fut aussi informée de cet envoi par l'évêque d'Uzès; et elle écrit à sa fille de manière à nous prouver combien elle désapprouvait ces mesures despotiques. Elle engage son gendre à ne point faire usage des lettres, et trace avec un admirable bon sens le principe qui doit diriger toute son administration. « Ce qu'il faut faire en général, c'est d'être toujours très-passionné pour le service de Sa Majesté ; mais il faut tâcher aussi de ménager les cœurs des Provençaux, afin d'être plus en état de faire obéir au roi dans ce pays-là [1]. » Le roi demandait cinq cents mille francs à l'assemblée des communautés. L'assemblée offrit quatre cent cinquante mille francs, et l'offre fut acceptée. La misère de la Provence était grande alors [2].

[1] Sévigné, *Lettres* (1ᵉʳ janvier 1672), t. II, p. 329 et 330, édit. de G.; t. II, p. 579, édit. de M.
[2] *Lettre de M.* de Grignan *à Colbert*, insérée dans l'*Histoire de Colbert*, par M. P. Clément, 1846, in-8°, p. 352 et 353.

NOTES

ET

ÉCLAIRCISSEMENTS.

NOTES
ET
ÉCLAIRCISSEMENTS.

CHAPITRE PREMIER.

Page 4, lignes 7 et 8 : En écriture du temps.

Dans le recueil manuscrit, en 6 vol. in-folio, que nous avons souvent cité dans nos deux premières parties, on trouve plusieurs des couplets du cantique attribués à Bussy, mais détachés et mêlés avec d'autres, et non sous la forme d'un seul noël. Il y a celui sur *Deodatus*, celui sur mademoiselle de Vandis, avec laquelle Bussy n'a pas cessé d'entretenir des relations amicales, ainsi qu'avec MADEMOISELLE, qui figure dans le même couplet et qui cependant écrivit à Bussy de sa propre main après la publication de l'édition de l'*Histoire amoureuse de France*, où ce cantique, attribué à Bussy, était inséré, le 12 septembre 1666. (Voyez *Nouvelles Lettres de messire* ROGER DE RABUTIN, chez la veuve Delaulne, 1727, in-12, t. V, p. 2.) — Mais je n'en finirais pas si j'entrais dans le détail des preuves qui établissent, d'après le seul texte de ce cantique, que Bussy n'a pu en être l'auteur.

Page 4, ligne 12 : L'éditeur de l'*Histoire amoureuse de France*.

L'*Histoire amoureuse des Gaules* n'était pas encore imprimée en mai 1664, mais elle l'était en mars ou avril 1665 (voyez les *Mémoires de* BUSSY; Amsterdam, 1721, t. II, p. 212 et 213); d'où je présume que les deux éditions anonymes portant sur le titre *Liége* avaient paru au commencement de l'année 1665. Il est difficile de dire quelle est la première des deux ; peut-être est-ce la moins bien imprimée, qui n'a pas la croix de Saint-André. — La troisième édition est nécessairement celle avec la date de 1666 et le nom *Liége*, que je cite seulement d'après Barbier ; quant aux éditions de cet ouvrage, dont l'intitulé est l'*Histoire amoureuse de France*, celles que je connais portent les dates de 1666, 1671, 1677, 1708, 1709 et 1710. Il y a aussi dans les bibliothèques plusieurs copies manuscrites de cet ouvrage; et, en comparant la copie qui est à la Bibliothèque de l'Institut, j'ai vu qu'elle différait en plusieurs endroits des éditions imprimées. Je possède les trois éditions primitives de cet ouvrage de Bussy, portant pour titre *Histoire amoureuse des Gaules,* avec la rubrique de *Liége* sur le frontispice, les deux premières sans date : la première la plus belle, et avec les types d'Elzevier, avec une croix de Saint-André ; la seconde sans croix ni aucune figure sur le titre; la troisième avec la date 1666 et une sphère sur le titre, qui porte *Nouvelle édition.* Toutes les trois ont la même clef, mais aucune ne contient le fameux cantique qui est dans l'édition de 1666, avec nom d'auteur et un autre titre ; celle-ci a été la tige de toutes les éditions qui portent pour titre *Histoire amoureuse de France.*

Page 8, lignes 16 et 17 : Quatre hommes à cheval, également armés.

J'ai cité Ménage en note, parce qu'il se vengea à sa manière du ridicule rôle que Bussy lui fit jouer dans son *Histoire amoureuse des Gaules,* et que l'épigramme qu'il composa contre lui prouve que l'on connaissait la colère de Condé et de Turenne contre Bussy, et que les insultes que l'on suppose avoir été faites par ce dernier au roi et à la reine mère n'entraient pour rien dans les causes de sa détention. Voici l'épigramme de Ménage contre Bussy, qu'on ne trouve que dans la 8ᵉ édition de ses *Poésies ;* Amstelodami, 1687, p. 147, n° CXXXVIII.

IN BUSSIADEN.

Francorum proceres, media (quis credat?) in aula
    Bussiades scripto læserat horribili.
Pœna levis : Lodoix, nebulonem carcere claudens,
    Detrahit indigno munus equestre duci.
Sic nebulo gladiis quos formidabat Iberis,
    Quos meruit Francis fustibus eripitur.

Ménage cite aussi un couplet de Bussy contre Turenne qui peut nous donner une idée de ceux qui furent chantés à Roissy :

    Son altesse de Turenne,
    Soi-disant prince très-haut,
    Ressent l'amoureuse peine
    Pour l'infante Guénégaud ;

Et cette grosse Clymène
Partage avec lui sa peine.
Ménagiana, t. IV, p. 216.

Dans le paragraphe précédent (p. 215) Ménage dit : « C'est un bel et bon esprit que M. Bussy de Rabutin ; je ne puis m'empêcher de lui rendre cette justice, quoiqu'il ait tâché de me donner un vilain tour dans son *Histoire des Gaules*. » Certes Ménage ne se fût point exprimé ainsi s'il avait cru Bussy capable d'écrire contre le roi les couplets publiés sous son nom.

Page 9, ligne 22 : Les blessures qu'elle lui fait sont incurables.

C'est certainement faute d'avoir lu, comme nous avons été obligé de le faire, tous les écrits de Bussy imprimés et un grand nombre de ceux qui sont restés manuscrits que des auteurs d'ailleurs studieux ont pu, sans faire attention à ses dénégations, croire Bussy l'auteur de tous les couplets du cantique. Si l'on venait m'apporter une histoire sans style, sans esprit, sans goût, sans jugement, sans critique, imprimée à Bruxelles et portant le nom de l'auteur de l'*Histoire de France sous le ministère du cardinal Mazarin*, je prononcerais aussitôt que c'est une piraterie de nos voisins, et que cette histoire n'est pas de l'élégant et spirituel écrivain auquel on l'attribue. Comment donc, lors même qu'il n'y aurait pas bien d'autres raisons, ne pas croire Bussy lorsqu'il n'a pas, lui si indiscret, écrit une seule ligne qui puisse le démentir ; quand il déclare devant un juge, devant un lieutenant criminel, après avoir levé la main et prêté serment, qu'il n'est point auteur des couplets qu'on lui attribue ; lorsqu'il offre sa tête à l'échafaud si on peut administrer la moindre preuve contraire à cette assertion ? (*Mémoires*, 1721, t. III, p. 304.) Sa vanité, son libertinage, son orgueil si déplaisant doivent-ils empêcher, à son égard, la critique d'être juste ? Je m'étonne surtout que, pour la seule raison que Bussy, dans une de ses lettres à sa cousine, parlait de ce cantique impie autrefois chanté dans le repas de Roissy, on n'ait pas compris que ce noël, ou alléluia, ne pouvait être composé de tous les immondes couplets qui sont insérés dans l'*Histoire amoureuse de France*, très-connue et très-souvent réimprimée, lorsque Bussy écrivit cette lettre. Il est probable que le cantique chanté à Roissy était encore plus impie que libertin. Il y en a un de ce genre dans le recueil de vaudevilles mss., où la sainte Vierge est chansonnée avec les beautés galantes de l'époque, mais avec esprit et sans aucun terme obscène. Je reconnaîtrais plus volontiers dans cette pièce le cantique chanté à Roissy que dans celui qu'on a inséré dans l'*Histoire amoureuse de France* : ce qui appuie cette opinion, c'est la manière dont Bussy parle du premier dans le passage de la lettre dont j'ai fait mention, et que je vais citer :

« J'ai mille choses à vous dire et à vous montrer ; je vous dirai que je viens de faire une version du cantique de Pâques, *O filii et filiæ*; car je ne suis pas toujours profane. Vivonne, le comte de Guiche, Manicamp et moi fîmes autrefois des *alleluia* à Roissy, qui ne furent pas aussi approuvés que le seraient ceux-ci et qui nous firent chasser tous quatre. Je dois cette réparation, pour mes amis et pour moi, à Dieu et au monde. » SÉVIGNÉ, *Lettres* (17 avril 1692), t. X, p. 436, édit. G.; t. IX, p. 498, édit. M.

CHAPITRE II.

Page 41, note 3 : *Ballet royal des Muses.*

Dans la troisième entrée du *Ballet des Muses*, avant de commencer la pièce de *Mélicerte*, composée par Molière pour ce ballet, un des personnages du ballet récita ces vers, que Benserade avait composés pour le grand comique :

> Le célèbre MOLIÈRE est dans un grand éclat ;
> Son mérite est connu de Paris jusqu'à Rome.
> Il est avantageux partout d'être honnête homme ;
> Mais il est dangereux, avec lui, d'être un fat.
>
> BENSERADE, *Œuvres*, t. II, p. 359.

Ces vers seraient plats et insignifiants si on donnait aux mots *honnête homme* le sens qu'on leur donne aujourd'hui. Mais alors cette expression était le plus souvent employée dans le sens d'homme élégant, d'homme aimable et aimant le plaisir, à manières distinguées et qui cherchait à plaire aux femmes et à les séduire. L'exagération de ce caractère produisait la fatuité ; le fat était à l'honnête homme ce que les précieuses ridicules étaient aux véritables précieuses. La comédie s'attaquait aux défauts, mais elle épargnait les vices.

Page 43, ligne 12 : Il créa, en 1665, la compagnie des Indes.

Colbert fut nommé président ; le prévôt des marchands, le président de Thou et Berrier, un des premiers commis de Colbert, directeurs. Les commerçants, véritables directeurs de cette compagnie, furent Pocquelin (était-il de la famille de Molière?), Langlois de Faye, de Varennes, Cadeau, Hérin, Bachelier, Jaback et Chanlate. — Forbonnais ne dit rien de cette création, qui est rappelée cependant par le président Hénault.

Page 44, ligne 23, note 1 : Bussy, *Lettres*.

Nous apprenons par la lettre du P. Rapin à Bussy, en date du 24 juillet 1671 (t. III, p. 378), que le livre du P. Rapin qui fut envoyé par madame de Scudéry à Bussy, avec sa lettre du 5 juillet 1671, était les *Réflexions sur l'éloquence*. M. Daunou, dans son article RAPIN (*Biographie universelle*, t. XXXVII, p. 94), dit que ces Réflexions sur l'éloquence sont de 1672 (in-12). Peut-être le livre n'était-il pas encore rendu public. — Rapin dit dans cette même lettre à Bussy : « Je dois faire imprimer un recueil de trois comparaisons des six premiers savants de l'antiquité, de Platon et d'Aristote, de Démosthène et de Cicéron, d'Homère et de Virgile, pour faire, dans un même volume, une philosophie, une rhétorique et une poétique historique; et, dans l'idée du livre qui me paraît le plus faible des trois, un rayon de votre esprit que vous laisserez écouler sur ce livre le recommandera et le corrigera (p. 379). » Ce projet a-t-il reçu son exécution? Je le crois; et je présume que c'est le recueil qui parut en 1684, en 2 vol. in-4°; et Amsterdam, 2 vol. in-12.

CHAPITRE III.

Page 53, ligne 16 : Ils ont eu tort de supprimer de ces lettres les passages qui concernaient les envois de pièces de vers.

Ainsi la lettre de Bussy à sa cousine, du 1er mai 1672, se termine par ces mots, qui ne se trouvent dans aucune édition des lettres de Sévigné :

« Je me suis amusé à traduire les épîtres d'Ovide; je vous envoie celle de Pâris à Hélène. Qu'en dites-vous? »

Madame de Sévigné n'en dit rien dans sa réponse (lettre du 16 mai 1672, t. III, p. 18-23, édit. de G. de S. G. — Bussy, *Lettres*, p. 94 à 98. A la page 94 il faut lire, de madame S..., au lieu de madame B..., qui est une faute d'impression); elle dit seulement : « Je vous laisse à votre ami ; » elle ne veut pas flatter ni courroucer ce poëte vaniteux, et elle charge Corbinelli, qui écrit dans sa lettre, de mentir pour elle. La louange que Corbinelli donne à Bussy paraîtrait aujourd'hui une dérision, et cependant je crois qu'elle était sincère. — Les deux pièces de vers de Bussy, quoique annoncées comme des traductions d'Ovide, ne sont ni des traductions ni même des imitations ; ce sont des paraphrases de deux héroïdes d'Ovide, où les pensées de cet ancien sont travesties en ce style facile, cavalier et presque burlesque si fort à la mode alors, et qui semblait caractériser ce qu'on appelait la *poésie galante*. Considérées sous ce point de vue, ces deux pièces de vers de Bussy, qui sont fort longues, ne paraissent pas aussi mauvaises qu'elles le sont en effet. On n'y trouve aucune trace de l'antiquité : images, tournures, comparaisons, tout est à la française ; et sans doute l'auteur se félicitait de cela comme d'un grand mérite.

Pâris, dans sa lettre à Hélène, lui dit, dans Ovide :

> Intereà, credo, versis ad prospera fatis,
>   Regius agnoscor per rata signa puer.
> Læta domus, nato post tempora longa recepto ;
>   Addit et ad festos hunc quoque Troja diem.
> Utque ego te cupio, sic me cupiere puellæ.

Voici comme Bussy traduit ces vers :

> Cependant le Destin, peut-être
> Las de me faire tant de mal,
> Me fait à la fin reconnaître
>   Enfant royal.
> Pour dire la métamorphose
> De tristesse en plaisir que cause mon retour
>   A la ville comme à la cour,
>   Il faudrait plus d'un jour,
>   A ne faire autre chose.
> J'avais tout le monde charmé ;
> Et comme à présent je vous aime,
> En ce temps-là j'étais aimé
> Des princesses, des nymphes même.

Voilà ce que Corbinelli appelle embellir Ovide !

Page 55, ligne 3 : Madame de Montmorency, etc.

L'auteur de la notice sur madame de Montmorency insérée dans l'édition des *Lettres* citée en note, p. XXVI, présume que cette dame était la mère du maréchal de Luxembourg. Cela n'est pas. La mère du maréchal de Luxembourg était Élisabeth, fille de Jean de Vienne, président de la chambre des comptes. Elle avait épousé Bouteville, cet ami du baron de Chantal, père de madame de Sévigné, qui, ainsi que nous l'avons dit (t. I, p. 5), eut la tête tranchée pour cause de duel. Sa veuve, après soixante-neuf ans de viduité, mourut en 1696, à l'âge de quatre-vingt-neuf ans. (Voyez SAINT-SIMON, *Mémoires*, t. I, p. 143 à 149.) Je crois qu'Isabelle de Palaiseau, qui correspondait avec Bussy et qui est un peu compromise par cette correspondance et par l'inscription de son portrait, était la femme de Montmorency-Laval.

Page 58, ligne 17 : Madame de Scudéry..... on la confond avec la sœur de Scudéry.

Il est dit, dans le *Carpenteriana*, p. 383, que le continuateur de Moréri, en anglais, depuis 1688 jusqu'en 1705, a commis cette faute. M. Rœderer avait aussi fait cette confusion dans son *Essai sur la société polie*. Nous l'en avertîmes lorsqu'il nous lut, avant l'impression, cet écrit spirituel, mais peu exact. Il a effacé ce qu'il avait dit des prétendues lettres « de mademoiselle de Scudéry, la sœur de Scudéry, à Bussy-Rabutin. » Cependant il a encore laissé des traces de cette méprise, comme lorsqu'il dit, p. 169, chap. XIV, que le bon duc de Saint-Aignan se montrait très-assidu aux cercles de mademoiselle de Scudéry. — Charpentier dit : « Scudéry s'est marié avec une demoiselle de basse Normandie, nommée mademoiselle Martinvas, qui n'écrit pas moins bien que mademoiselle Scudéry. »

CHAPITRE V.

Page 89, lignes 13 et 17 : « Elle eut lieu dans le château et les jardins de Versailles, qui, quoique non encore achevés, surpassaient déjà en magnificence toutes les demeures royales. »

J'ai, dans les notes de la deuxième partie (p. 506), fait observer de quelle manière les auteurs les plus sérieux et les plus renommés, qui subissaient l'influence des idées et des mouvements révolutionnaires de 1789, écrivaient l'histoire.

Mirabeau évaluait à douze cents millions les dépenses de Louis XIV pour Versailles; Volney, à quatre milliards, (Leçons d'histoire prononcées en l'an III, 1799, in-8°, p. 141.)

Les vérifications des états originaux de toutes les dépenses de constructions, d'embellissement, d'entretien, depuis 1661 jusqu'en 1689, pendant près de vingt ans qu'elles ont duré, ont constaté que la totalité de ces dépenses a été, au cours du temps, de 116,257,330^{ll} 2^s 7^d, correspondant à 280,643,326 fr. 32 c. (Voyez Eckard, *Dépenses effectives de Louis XIV en bâtiments;* 1838, in-8°, p. 44. — Id., *États au vrai de toutes les sommes employées par Louis XIV*, p. 38.) Il faut ajouter à la somme ci-dessus 3,260,341^{ll} 19^s, pour les dépenses de la chapelle, depuis 1690 jusqu'en 1719. (Conférez encore Eckard, *Recherches historiques et biographiques sur Versailles*, p. 142 à 152. —*Id.*, A. Jules Taschereau, *au sujet des dépenses de Louis XIV*, 1836, in-8°. — Guillaumot, *Observations sur le tort que font à l'architecture les déclamations hasardées et exagérées contre la dépense qu'occasionne la construction des monuments publics;* Paris, an IX (1801). Guillaumot n'estimait cette dépense, d'après les états, qu'à 83 millions, cours d'alors; 165 millions, cours actuel. — Volney exagérait de même la dépense des monuments construits de son temps; ainsi il avançait que le Panthéon avait coûté 30 millions, et il avait coûté au plus 12 millions. — (Voyez Peignot, *Dépenses de Louis XIV;* 1827, in-8°, p. 167 et 173.)

Au reste, il paraît que, pour pouvoir apprécier au juste la dépense réelle de Versailles dans toute la durée du règne de Louis XIV en valeurs du jour, il faudrait consulter les archives de la Liste civile, où l'on peut puiser les matériaux nécessaires pour obtenir le chiffre total de toutes ces dépenses, et le combiner avec le prix moyen des journées de travail, celui des denrées, les salaires des artistes, etc. M. Eckard se plaint, dans un de ses écrits, qu'on lui ait refusé la faculté de compulser, dans les archives de l'administration de la Liste civile, les pièces relatives aux dépenses de Versailles sous Louis XIV. Je suis informé que des calculs ont été faits dans cette administration pour évaluer le montant de ces dépenses. Mon opinion est que, quels que soient les efforts que l'on fasse pour accroître le chiffre de ces dépenses, si l'on opère avec sincérité, il n'excédera pas, et probablement n'atteindra pas, 400 millions de notre monnaie actuelle, dans toute la durée du règne de Louis XIV.

CHAPITRE VI

Page 108, ligne 1 et 2 : Je la mettrais volontiers dans mon Dictionnaire.

Bayle ajoute à cet endroit de sa lettre : « Elle sera sans doute dans le Moréri de Paris, et madame Deshoulières aussi ; » et Prosper Marchand, éditeur des œuvres de Bayle, a mis en note (p. 653, note 16) : « Elles ne sont ni l'une ni l'autre dans le Moréri de Hollande ni dans la dernière édition du *Dictionnaire* de Bayle, 1702. »

Les premiers renseignements sur madame de Sévigné furent donnés par M. de Bussy (qui n'est pas le comte de Bussy de Rabutin), dans la préface du recueil des *Lettres* de madame de Sévigné à sa fille, publié en 1726, sans nom de lieu, 2 vol. in-12 ; et dans l'édition de la Haye, chez P. Gosse et Jean Néaulme, 2 vol. in-12, donnée en 1726, simultanément avec l'autre, et dont l'éditeur, d'après une note de mon exemplaire, était un nommé Gendebien. Le chevalier Perrin donna enfin une notice plus détaillée dans l'édition de 1734, notice qui fut considérablement augmentée dans l'édition de 1754. C'est avec ces matériaux que Chauffepié, dans son *Nouveau Dictionnaire historique et critique, pour servir de supplément ou de continuation*, in-folio, 1756, à celui de Bayle, réalisa le vœu que Bayle avait formé, et composa un article SÉVIGNÉ, qu'il inséra dans son *Dictionnaire*, t. IV, p. 245-258. Cet article est à la manière de Bayle, c'est-à-dire que le texte est accompagné de très-longues notes qui l'éclaircissent, le développent ou le complètent ; de sorte que ce texte n'est autre chose que des sommaires de chapitres qui se composent des notes qui leur correspondent. Cette manière est fatigante pour les lecteurs, surtout pour les lecteurs paresseux ; mais il faut convenir qu'elle est très-favorable à l'instruction ; et, s'il faut dire toute notre pensée, malgré les notices, les volumes même que l'on a composés sur madame de Sévigné depuis Chauffepié, son article SÉVIGNÉ, si peu vanté, si peu lu peut-être, était encore ce qu'on avait écrit de plus propre à la faire bien connaître ; et cela parce que cet honnête compilateur a compris que, pour faire un bon article sur madame de Sévigné selon le plan de Bayle, il fallait joindre de longs et judicieux extraits de ses lettres aux faits que l'on pourrait puiser ailleurs que dans sa correspondance.

CHAPITRE VIII.

Page 126, lignes 26 et 28 : Lorsque madame de Sévigné recevait quittance de deux cent mille livres tournois, etc.

Le propos de mauvais ton et de mauvais goût qu'on prête à madame de Sévigné au sujet de cette somme payée à compte sur la dot de sa fille est un conte absurde, qui n'est appuyé sur aucun témoignage valable et qui, inséré longtemps après sa mort dans un mauvais recueil d'*ana*, a été répété par tous ceux qui, en écrivant sur la vie de personnages célèbres, se croient obligés de n'omettre aucune des sottises qui ont été débitées sur leur compte. M. de Saint-Surin, qui a rapporté cette anecdote dans sa notice (t. I, p. 86 de l'édit. des *Lettres de* SÉVIGNÉ, par Monmerqué), ne cite pas d'autre autorité que l'*Histoire littéraire des dames françaises*.

Page 133, ligne 1 : Du duc de Retz, grand-oncle.

La procuration dressée à Machecoul, transcrite dans l'acte, porte *duché de Rais* et *duc de Rais*. Dans l'acte dressé à Paris, il est toujours écrit *Retz*.

Page 135, ligne 4 : Marie d'Hautefort, veuve de François de Schomberg.

Dans sa note sur la lettre de madame de Sévigné, du 5 janvier 1674, un commentateur a dit (édit. de G. de S.-G., t. III, p. 294) que madame de Schomberg était la mère du maréchal, alors vivant : il y a deux erreurs dans ce peu de mots. Madame de Schomberg, dont parle madame de Sévigné, était la femme et non la mère du maréchal ; et le maréchal avait alors cessé de vivre depuis plusieurs années.

Page 135, ligne 16 : Olivier Lefèvre d'Ormesson, seigneur d'Amboille.

Ce nom d'Amboille ou Amboile a occasionné de fortes méprises de la part de nos rédacteurs de dictionnaires géographiques de la France, et sur nos cartes. Amboille est un hameau près de Paris, entre Chenevière et Noiseau, par delà le parc ou bois de Saint-Maur. Amboille, vers le milieu du XVIIIe siècle, en 1745, ne contenait que trente-huit feux, et formait cependant une paroisse distincte de celle de Noiseau, qui, sur le coteau opposé, n'en est séparée que par un ruisseau. Il est souvent fait mention d'Amboile sous le nom d'*Amboella*, dans les titres du xiie siècle ; mais l'héritier d'Olivier Lefèvre d'Ormesson ayant réuni à la terre d'Amboile celle de Noiseau et de la Queue, on laissa le nom d'Amboile au lieu où se trouvait le château d'Ormesson, et l'on attribua le nom d'Ormesson à Noiseau. (Voyez la carte des environs de Paris, de dom Coutance, n° 11.) C'était une erreur : la carte de France dressée récemment par l'administration de la guerre (n° 48, Paris) a fait disparaître le nom d'Amboile et inscrit en place Ormesson, et n'a rien ajouté au nom de Noiseau. Amboile se trouve encore sur la carte de Cassini (n° 1, Paris), ainsi que Noiseau, tous deux sans le nom d'Ormesson ; mais, dans le *Dictionnaire universel de la France*, de Prudhomme, il n'en est pas même fait mention. Sous le nom d'*Ormesson*, le compilateur a confondu l'Ormesson de la paroisse d'Amboile avec le lieu du même nom qui se trouve près de Nemours. — Valois a aussi omis Amboile, *Amboella*, dans sa notice du diocèse de Paris. Hurtaut, dans son *Dictionnaire historique de la ville de Paris*, t. I, p. 244, dit que c'est un village situé près de Villeneuve-Saint-George, et il en est éloigné de près de douze kilomètres. Ainsi le nom de ce lieu, important pour l'intelligence des écrits du xiie et du xiiie siècle, deviendrait, si on n'y mettait ordre, un *desiderata* en géographie. Cependant la famille d'Ormesson est encore, au moment où j'écris, propriétaire de la seigneurie d'Amboile, et y réside. Il y a une église à Amboile ou Ormesson, mais elle est moderne. Le château est curieux ; il fut, dit-on, construit par Henri IV pour une demoiselle de Centeny ou Santeny, dont il était amoureux ; son portrait y est encore comme en 1758, au temps de l'abbé le Bœuf, qui rapporte cette tradition, souvent reproduite depuis, sans qu'on ait encore découvert rien qui la justifie. (Conférez LE BOEUF, *Histoire du diocèse de Paris*, t. XIV, p. 38 à 385.)

Page 136, ligne 4 : Épouse du marquis de la Fayette ; et en note, ligne 26 : Delort, *Voyage aux environs de Paris*, t. I, p. 217 à 224.

La huitième des *Lettres* de madame de la Fayette, publiée par Delort, indiquée par cette citation, était depuis longtemps publiée lorsque M. Sainte-Beuve l'a redonnée, d'après le manuscrit, comme inédite, dans la *Revue des Deux Mondes* (t. VII, p. 325, 4e série, 5e livraison, 1er septembre 1836).

Page 136, ligne 15 : Jean-Baptiste Adhémar de Monteil de Grignan, coadjuteur de son oncle l'archevêque d'Arles.

Je présume que c'est à celui-ci qu'est dédié un petit ouvrage de Pontier, prêtre et docteur en théologie, intitulé *le Fare de la vérité* ; à Paris chez Michel Vavyon, 1660, in-12. — La dédicace commence ainsi : *A monsieur de Grignan, abbé de Notre-Dame d'Aiguebelle* ; et à côté sont gravées, sur une feuille à part, les armes de la maison de Grignan, presque en tout semblables à celles que M. Monmerqué a fait graver dans son édition de Sévigné.

Pontès dit, dans cette dédicace :

« Monsieur,

« Vous tirez la naissance d'une maison dont l'ancienne grandeur est connue de toute la terre... Elle reluit encore aujourd'hui d'une manière extraordinaire en la personne de ses deux princes de l'Église, d'Arles et d'Uzez. »

Jean-Baptiste de Grignan, en 1660, étudiait probablement en théologie et recevait peut-être des leçons de Pontès.

Dans toutes les éditions des *Lettres* de madame de Sévigné (même celle de 1754, t. III, p. 35) on a imprimé, dans la lettre du 31 mai 1675 : « L'abbé de Grignan reprendra le nom qu'il avait quitté depuis vingt-quatre heures, pour se cacher sous celui d'*abbé d'Aiguebère*. » Il faut lire l'*abbé d'Aiguebelle*. L'édition de 1754 est la première où cette lettre ait été donnée et où se trouve la faute : les éditeurs suivants s'y sont conformés.

Page 140, lignes 6 et 7 : Avait perdu sa première femme, Angélique-Clarice d'Angennes, en janvier 1665.

Voilà pourquoi, dans une édition du troisième acte de la traduction du *Berger fidèle* de Guarini (*Gabriel Quinet*, 1665, in-12), l'auteur, dans la dédicace au comte de Grignan, le félicite de s'être allié « à une maison qui a toujours été l'asile des Muses, de l'honneur et de la vertu, » ce qui désigne les d'Angennes de Rambouillet, et non les Sévigné, comme l'a cru le savant auteur du catalogue de la bibliothèque dramatique de M. de Soleinne, p. 60. Voyez la seconde partie de ces *Mémoires*, p. 381, note du chapitre IV de la première partie.

NOTES ET ÉCLAIRCISSEMENTS. 461

Pages 140, lignes 10 et 11 : La seconde femme qu'il avait épousée était d'une noblesse encore plus ancienne, quoique moins illustre que les d'Angennes.

La famille du Puy du Fou prétendait descendre de Renaud, seigneur du Puy du Fou, qui épousa Adèle de Thouars, fille d'Émery, vicomte de Thouars, en 1197, sous Philippe-Auguste. — Voyez le *tableau* cité.

Page 140, ligne 26 : A cette époque, le gouvernement militaire du Languedoc.

Le gouvernement civil et financier de cette province était, comme celui de toutes les autres provinces, confié à un ou deux intendants. De 1665 à 1669, il y en eut deux, M. de Besons et M. de Tubœuf; de 1669 à 1673, M. de Besons fut le seul intendant; de 1674 à 1687, ce fut M. d'Aguesseau; de 1687 à 1719, M. de Basville. Conférez l'*Essai historique sur les états généraux de la province de Languedoc*, par le baron Trouvé; 1818, in-4°, chap. XIX, XX et XXI, p. 161, 191, 200, 211.

Page 141, ligne 17 : Que vous connaissez il y a longtemps.

Sur ces mots, M. Monmerqué, t. I, p. 154, de son édition des *Lettres* de Sévigné, a mis cette note : « Mademoiselle de Sévigné avait vingt et un ans, le comte de Grignan trente-neuf. » Je crois qu'il y a erreur dans ce dernier chiffre soit de la part de l'imprimeur, soit de celle de l'auteur. — Saint-Simon, dans ses *Mémoires* (chap. V, t. XII, p. 59), dit, sous l'année 1715 : « Le comte de Grignan, seul lieutenant général en Provence et chevalier de l'Ordre, gendre de madame de Sévigné, qui en parle tant dans ses *Lettres*, mourut à quatre-vingt-trois ans, dans une hôtellerie, allant de Lambesc à Marseille. » Donc le comte de Grignan était né en 1632, et au commencement de l'année 1669 il ne pouvait avoir que trente-sept ans accomplis ou trente-six ans et quelques mois; ce qui fait soupçonner que, dans la note de M. Monmerqué, le 9 est un 6 retourné. Madame de Grignan avait, lors de son mariage, vingt-trois ans et non vingt-deux ans; il n'y avait donc que douze ans de différence entre elle et son mari.

CHAPITRE IX.

Page 149, ligne 18 : A Bouchet, le savant généalogiste.

Jean Bouchet, dont parle madame de Sévigné, a été un des plus savants généalogistes. Il fut chevalier de l'Ordre du roi, maître d'hôtel ordinaire, et mourut, en 1684, à l'âge de quatre-vingt-cinq ans. On a de lui six à sept ouvrages in-folio, sur l'histoire et les généalogies, pleins de recherches et de pièces justificatives curieuses.

Page 159, ligne 18 : Je ne sais pas ce que j'aurais fait d'un *jobelin*.

Cette épithète de *jobelin*, appliquée à un jeune homme novice auprès des femmes, était alors souvent employée à cause du fameux sonnet de Job ; elle prouve que, dès l'époque où écrivait madame de Sévigné, cette patience auprès des femmes, ce respect qu'on leur portait, qui avait fait le succès du sonnet de Job, était tourné en ridicule, et que les *uraniens* avaient triomphé des *jobelins*. Ce qui dut y contribuer, c'est la paraphrase un peu longue, mais spirituelle, du poëte Sarrazin, contre le sonnet de Benserade. On sait que ce célèbre sonnet se terminait ainsi :

> Il eut des peines incroyables ;
> Il s'en plaignit, il en parla :
> J'en connais de plus misérables.

La paraphrase de Sarrazin finit ainsi :

> Mais, à propos, hier, au Parnasse,
> De sonnets Phébus se mêla ;
> Et l'on dit que, de bonne grâce
> Il s'en plaignit, il en parla :
> J'aime les vers *uraniens*,
> Dit-il ; mais je me donne au diable
> Si, pour les vers des *jobelins*,
> J'en connais de plus misérables.

(Conférez SALLENGRE, *Mémoires de littérature*, 1715, in-12, t. I, p. 127 à 134.)

Le mot *jobelin* n'a jamais été admis dans le *Dictionnaire* de l'Académie française ; du moins il ne se trouve ni dans la première ni dans la dernière édition ; il ne se trouve pas non plus dans le dictionnaire de Trévoux. Cependant Richelet l'avait inséré dans le sien, publié en 1680, et l'avait ainsi défini : « JOBELIN, s. m., manière de c***. C'est un *jobelin*. » Boiste, de nos jours, l'a aussi inséré dans son lexique, avec la signification que lui donne madame de Sévigné, un *niais*, un *sot* ; il le donne comme synonyme d'homme patient comme Job, et il cite Rabelais. Alors l'emploi de ce mot serait, dans notre langue, plus ancien que le sonnet de Job ; et cela est certain, car je trouve *jobelin* dans le *Dictionnaire anglais* de Randle Cotgrave (1632) avec la signification que lui donne madame de Sévigné : JOBELIN *a sot, gull, doult, asse, cokes*. Ainsi l'Académie a eu tort de ne pas admettre ce mot, qui n'a jamais cessé d'être en usage dans le langage familier.

CHAPITRE X.

Page 166, lignes 1 et 2 : De la Rivière, son second mari, dont elle ne porta jamais le nom.

Elle prit celui de comtesse d'Aletz, et c'est de ce nom qu'elle a signé la fastueuse épitaphe qu'elle composa pour son père et qu'elle fit graver sur sa tombe dans l'église de Notre-Dame d'Autun. Cette épitaphe fait tous les frais de la notice que d'Olivet a insérée, sur Bussy, dans l'*Histoire de l'Académie française*, t. II, p. 251, édition in-4°.

Louise-Françoise de Bussy, marquise de Coligny, veuve de Gilbert de Langheac, avait trente-huit ans lorsqu'elle épousa de la Rivière ; elle s'était mariée à M. de Coligny, à Chaseu, le 5 novembre 1675 ; Le marquis de Coligny mourut en 1676, à Condé, dans l'armée de M. de Schomberg. Madame de Coligny en eut un enfant et tout son bien. (Voyez *Lettres choisies de M.* DE LA RIVIÈRE, t. I, p. 25 et 26, et sur la Rivière, avant le mariage, BUSSY, *Lettres*, t. III, p. 233 et 234 ; et t. V, p. 165.)

CHAPITRE XII.

Page 199, ligne 27, note 1 : DARU, *Histoire de Venise*.

M. Daru ne paraît point avoir connu les Mémoires du duc de Navailles ; s'il les avait consultés, il n'aurait pas fait de cette partie de la guerre de Candie, à laquelle les Français prirent part, un récit si peu exact; il ne se serait pas contenté des seules assertions des auteurs vénitiens. Sans doute on ne saurait excuser l'historien qui, même dans un but patriotique, permet à sa plume d'altérer la vérité : c'est pour lui un devoir de n'épargner aucun soin pour la connaître, et d'avoir le courage de la dire même lorsqu'elle lui répugne; mais ce devoir est encore plus impérieux quand l'honneur national se trouve, comme dans cette circonstance, inculpé par des témoins suspects et intéressés à rejeter sur nos compatriotes leurs fautes et leurs malheurs.

Page 203, lignes 15 et 17 : Il semble qu'on ne peut guère douter du fait, puisqu'il est attesté par une lettre de Boileau.

Je ne parle pas du témoignage de Louis Racine, parce que dans les *Mémoires sur la vie de Jean Racine* (Lausanne, 1747, p. 80) il s'appuie sur la lettre de Boileau, ce qui prouve qu'il ne savait pas la chose par son père ni même par tradition de famille; et Louis Racine n'a publié ses *Mémoires* que soixante-dix-sept ans après la première représentation de *Britannicus*.

Page 206, note 3, ligne dernière : GEOFFROY, *Œuvres de Racine*, t. III, p. 11.

Les doutes de l'éditeur ne sont pas fondés; Henriette mourut avant l'impression de la pièce de Racine.

Page 207, lignes 19 et 21 : L'abbé de Villars, le spirituel auteur des *Lettres du comte de Gabalis sur les sylphes, les gnomes et les salamandres.*

Pope a mis à profit ces lettres dans son poëme badin et médiocre, selon nous, de la *Boucle de cheveux enlevée* (*The rape of the lock*).

Page 209, ligne 23 : *Pour envoyer l'effroi de l'un à l'autre pôle.*

Dans l'édition de 1692, donnée par Thomas Corneille, il y a :

Pour envoyer l'effroi sous l'un et l'autre pôle.

Si l'autre variante est autorisée par quelque édition antérieure, il faut la préférer; sinon, il faut rétablir celle de l'édition de Thomas Corneille, qui est la bonne.

Page 213, ligne 1 : Un gentilhomme nommé Mathonnet.

Voici le passage de la lettre de Louvois : « Il est à propos que vous continuiez à garder soigneusement le sieur Mathonnet pour le faire parler, Sa Majesté sachant très-bien que, pendant qu'il a été à Paris, il allait souvent à Chaillot voir mademoiselle d'Argencourt ; et il faut qu'il soit de cette cabale-là. »

Page 218, ligne 6 : La Feuillade,..... laid de visage, ayant un teint bilieux et bourgeonné.

La mère du duc de la Feuillade fut cette demoiselle de Roannès à laquelle Pascal inspira de tels sentiments de dévotion qu'elle ainsi que son frère le duc de Roannès ne voulaient pas se marier, et firent vœu de chasteté ; ce qui mit dans une telle fureur le père de ces deux personnes que le concierge de l'hôtel de Roannès monta à l'appartement de Pascal, logé dans cet hôtel, pour le tuer. M. de la Feuillade, cadet de l'archevêque d'Embrun, épousa mademoiselle de Roannès, à laquelle son frère qui voulut rester célibataire, transmit tous ses biens et son titre. Elle eut de ce mariage trois enfants avant de mettre au monde le duc de la Feuillade, qui fut maréchal. Le premier de ces enfants mourut en naissant, le second fut un fils contrefait et le troisième une fille naine, qui mourut à dix-neuf ans. Conférez un morceau curieux sur la biographie de mademoiselle de Roannès, par M. Victor Cousin, *Bibliothèque de l'École des chartes*, t. V, p. 1 à 7.

Page 221, ligne 12 S'abandonnant sans scrupule à des plaisirs réprouvés.

Nous avons déjà signalé les dangers de ces travestissements d'hommes en femmes, que la trop indulgente Anne d'Autriche permettait dans les ballets durant l'enfance et l'adolescence même du roi. L'exemple de l'abbé de Choisy, dans sa jeunesse, en fut une preuve bien étrange. Il a lui-même pris plaisir à écrire toutes les aventures amoureuses que ces travestissements lui ont procurées, et elles passent en libertinage licencieux les fictions du détestable roman de Louvet, auquel il a servi de modèle (Voyez l'*Histoire de la comtesse Desbarres*; Anvers, 1735, in-12, in-18, p. 138. — *Vie de l'abbé de Choisy*, 1742, in-8°, p. 22-26. — Monmerqué, *Notice sur l'abbé de Choisy et sur ses Mémoires*, t. LXIII de la collection des *Mém. sur l'hist. de Fr.*, p. 123 à 146.)

Page 224, ligne 19 : Mais lui n'eut aucun doute.

Sismondi est, de tous les historiens, celui qui a le mieux raconté cette mort ; il hésite dans son opinion, et ne semble pas bien persuadé que le duc d'Orléans ne fût pas coupable ; puis il incline ensuite pour le *cholera-morbus*. Les caractères de l'agonie de la princesse et de ses derniers moments, si bien décrits dans la relation de Feuillet, n'ont point le caractère de cette maladie ; et le procès-verbal d'autopsie, quoique concluant qu'il n'y a pas eu d'empoisonnement, constate, suivant nous, le poison par la description de l'état des viscères. Ce procès-verbal a été publié par Bourdelot, et se trouve dans les *Pièces intéressantes*, de Poncet de la Grave, que j'ai citées. Les médecins anglais envoyèrent en Angleterre une relation toute contraire à celle des médecins français. Henriette elle-même, aussitôt qu'elle eut avalé le verre d'eau de chicorée et éprouvé des douleurs, déclara qu'elle était empoisonnée. Enfin, le rapport fait à Louis XIV par Vallot, son médecin, daté de Versailles le 1er juillet 1670, dont M. Gault de Saint-Germain a publié la conclusion, implique que l'opinion de ce médecin était pour l'empoisonnement. La lettre de Bossuet aura été fabriquée dans le temps, comme les avis des médecins, pour donner le change à l'opinion. Philibert de la Mare, qui demeurait en province, a pu croire à son authenticité, mais à la cour personne n'aurait pu s'y tromper ; c'est probablement ce qui aura été cause qu'on n'a pas osé lui donner une grande publicité.

CHAPITRE XIII.

Page 227, ligne 31, note 3 : SÉVIGNÉ, *Lettres* (23 janvier 1671).

Cette lettre a été publiée pour la première fois par M. Monmerqué. Dans le recueil des *Lettres de* BUSSY, comme dans celui des *Lettres de madame de* SÉVIGNÉ *au comte de Bussy*, 1775, p. 21, n° 12, on en avait donné les premières lignes, où il n'est pas dit un mot de la princesse de Condé. Ce récit, fait par MADEMOISELLE (*Mémoires*, t. XIII, p. 297), s'accorde plus complétement avec celui de Guy-Patin qu'avec celui de madame de Sévigné ; MADEMOISELLE dit : « Un joueur qui avait été son valet de pied, à qui elle avait accoutumé de faire quelques largesses, entra dans sa chambre pour lui demander de l'argent; sa demande fut accompagnée de manières qui firent croire qu'il avait envie d'en prendre ou de s'en faire donner. L'abbé Lainé, sur l'avis qu'on avait donné que le valet de pied s'était sauvé dans le Luxembourg, me vint demander la permission de le laisser prendre; il ne s'y trouva point, et il fut pris hors la ville. »

Page 229, lignes 5 et 6 : Des gens que le prince avait chargés de garder.

MADEMOISELLE accuse le duc d'Enghien, qu'elle n'aimait pas, d'avoir conseillé à Condé ce traitement envers sa mère : « Il était bien aise, disait-on, d'avoir trouvé un prétexte de la mettre dans un lieu où elle ferait moins de dépense que dans le monde. » D'après ce que mande madame de Montmorency à Bussy, ceci paraît être calomnieux. Le duc d'Enghien était un caractère dur, il est vrai; mais les autres mémoires du temps ne permettent pas de croire qu'il fût à ce point méchant, ingrat, fils dénaturé. Lord Mahon, dans sa *Vie du grand Condé*, a pris fait et cause avec chaleur pour la princesse, et il transcrit à ce sujet l'extrait d'une correspondance secrète tirée de la secrétairerie d'État de la cour de Londres, qui prouve seulement que le correspondant avait été mal informé, ou plutôt qu'il donnait le récit de cette affaire comme on désirait que la cour de Londres en fût instruite et conformément au bruit que l'on fit courir dans Paris. Cependant l'extrait de cette correspondance est curieux, et nous apprend que la princesse fit tous ses efforts pour sauver Duval, dont Condé voulait la mort. Il est facile d'atténuer les torts de la princesse par ceux que son époux eut envers elle, mais il n'est pas possible d'en douter. Le silence des contemporains après son malheur, et leur insensible indifférence, en dit encore plus que leurs témoignages accusateurs. Conférez lord MAHON's, *Life of great Condé*, 1845, in-12, part. II, p. 269 à 275. — Voici le passage de Coligny, p. 26, sur la conduite de la princesse en 1650 : « Le marquis de Cessac, dont j'ai dit un mot, s'attacha à madame la princesse, ou plutôt la princesse à lui; car il faut que ces dames-là fassent plus de la motié du chemin si elles veulent avoir des galants, qu'autrement le respect ferait taire. Comme elle n'était pas pourvue d'un grand esprit, ce défaut et la passion lui firent faire tant de minauderies indiscrètes que tout le monde connut aisément ses affaires. »

Ce témoignage est celui du plus virulent ennemi de Condé et de son plus grand détracteur.

Page 234, ligne 9, et page 235, ligne 7 : La maréchale de la Ferté.

Quand il est fait mention, dans les mémoires et les libelles du temps, de madame de la Ferté ou de la duchesse de la Ferté, il faut se garder de confondre la belle-mère et la belle-fille, toutes deux pouvant être désignées de la même manière. La maréchale était Madeleine d'Angennes de la Loupe; la belle-fille était Marie-Isabelle-Gabrielle-Angélique de la Mothe-Houdancourt, duchesse de la Ferté, fille de la maréchale de la Mothe-Houdancourt, ancienne gouvernante des enfants de France et sœur cadette des duchesses d'Aumont et de Ventadour. La maréchale de la Ferté était la sœur de Catherine-Henriette d'Angennes, comtesse d'Olonne, dont les mœurs furent encore plus déréglées que celles de la duchesse.

CHAPITRE XIV.

Page 246, ligne 9 : La faiblesse de la santé de la princesse de Condé.

Guy-Patin dit que dans cette prévision la reine mère écrivit à Gaston pour mettre obstacle à ce mariage.

Page 282, ligne 3 : Il finit par subir une rigoureuse détention.

La chronologie des faits relatifs à la biographie de Lauzun n'est pas facile à déterminer. Saint-Simon place en 1669 l'affaire relative à l'espionnage de madame de Montespan par le moyen d'une femme de chambre séduite par Lauzun, et celle de la place de grand maître de l'artillerie sollicitée par lui, et le beau trait du roi jetant sa canne par la fenêtre dans la crainte de se laisser aller à en frapper un gentilhomme. Mais alors tout cela paraît antérieur au mariage, ce qui n'est pas probable. Saint-Simon a écrit plus de quarante ans après ces faits, et s'est évidemment trompé sur les dates. Je pense, avec M. Petitot (t. XL, p. 356), que ce fut la conduite insolente de Lauzun avec madame de Montespan qui détermina le roi à le faire arrêter.

Page 283, lignes 1 et 2 : Il obtint par ses services de nouveaux grades et de nouveaux honneurs.

Des lettres de duc furent données à Lauzun en 1692. Lauzun mourut en 1723 et survécut huit ans à Louis XIV.

CHAPITRE XV.

Page 296, ligne 22 : Mademoiselle Dugué-Bagnols.

Le chevalier Perrin nous apprend, dans son édition des *Lettres de madame de Sévigné*, que mademoiselle Dugué-Bagnols fut mariée depuis à M. Dugué-Bagnols, son cousin.

Page 297, ligne 19 : C'était la première femme de Claude de Saint-Simon ; elle succomba le 2 décembre 1670.

Diane-Henriette de Budos, duchesse de Saint-Simon, mourut, selon l'assertion de M. Monmerqué (*Lettres de Sévigné*, t. I, p. 208), à quarante ans ; et comme Saint-Simon dit que son père l'épousa en 1644, il en résulterait qu'elle n'aurait eu que quatorze ans lorsqu'elle s'est mariée. Comme l'âge nubile était alors fixé par les lois à douze ans, cela n'est pas impossible, mais cela est peu probable.

C'est en 1743 que Saint-Simon a écrit le volume de ses *Mémoires* qui concerne les années 1722 et 1723. J'avais dit cela dans une note qui est à la page 453 de mon deuxième volume, 1re édition ; mais je suis obligé de le répéter, parce qu'il y a deux fautes d'impression dans les chiffres de cette note. J'ajouterai ici que Saint-Simon, pour ce qui concerne les dates et les généalogies, s'est beaucoup servi des Mémoires manuscrits de Dangeau, c'est-à-dire de ses portefeuilles.

Page 298, ligne 12 : Et, par la grande mortalité qu'éprouva la population.

D'après un recueil statistique de Paris, déposé à la Bibliothèque du Roi, le nombre des naissances dans cette capitale fut de 16,810, celui des décès de 21,460 ; le nombre des décès surpassa donc les naissances de 4,651.

CHAPITRE XVI.

Page 303, ligne 29 : Le gouverneur et son lieutenant se trouvèrent tous les deux absents.

Dans une semblable circonstance, en 1673, Brulart, premier président du parlement de Bourgogne, écrivit à Louvois qu'en l'absence du gouverneur et de son lieutenant général le gouvernement de la province lui appartenait de droit. Voyez la lettre de BRULART à Louvois, dans l'ouvrage intitulé *Une province sous Louis XIV*, par M. Thomas, 1844, in-8°, p. 431.

Page 312, lignes 3 et 4 : Elle écrivait à madame de Sévigné.

Il est probable que madame de Sévigné avait conçu cette aversion pour les filles de Sainte-Marie d'Aix par les lettres de sa filleule ; elle la manifeste en toute occasion, et elle appelle ces religieuses des baragouines. Elle montre, au contraire, une prédilection particulière pour les filles de cet ordre, fondé par son aïeule, qui étaient dans d'autres couvents. Il est évident aussi, d'après le passage suivant de la lettre de madame de Sévigné, du 24 juillet 1680, que, pour avantager les autres enfants de madame de Grignan, on voulait que Marie-Blanche fît des vœux ; sa vocation paraît au moins douteuse. « Votre petite d'Aix me fait pitié, d'être destinée à demeurer dans ce couvent *perdu* pour vous ; en attendant une vocation, vous n'oseriez la remuer, de peur qu'elle ne se dissipe. Cette enfant est d'un esprit chagrin et jaloux, tout propre à se dévorer. Pour moi, je tâterais si la Providence ne voudrait pas bien qu'elle fût à Aubenas ; elle serait moins *égarée*. » La sœur de M. de Grignan était abbesse du couvent d'Aubenas, et madame de Sévigné espérait que sa petite-fille pourrait un jour lui succéder. Nous reviendrons, dans la suite de ces *Mémoires*, sur ce passage de la lettre de madame de Sévigné et sur les mots *perdu* et *égarée*, que Grouvelle, M. Monmerqué et Gault de Saint-Germain ont expliqués diversement.

CHAPITRE XVII.

Page 325, ligne 19 : Une très-belle femme, madame de Valence, qui s'était faite religieuse.

J'ai cité ici l'édition de la Haye, t. I, p. 20, parce que c'est la seule qui dans cet endroit nous semble donner le vrai texte de madame de Sévigné. Ce texte est ainsi :

« Vous me dites des merveilles du tombeau de Montmorency et de la beauté de madame de Valence. »

Les premiers éditeurs des *Lettres de madame de Sévigné*, ne trouvant aucune mention de cette madame de Valence dans toute la correspondance de madame de Sévigné, ont substitué aux mots qui la concernent « et de la beauté de mesdemoiselles de Valançai » (lettre du 18 février 1671, t. I, p. 332, édit. G.), parce qu'en effet madame de Sévigné, en passant aussi à Moulins cinq ans après madame de Grignan, lui avait écrit de cette ville que les petites-filles de madame de Valançai, que madame de Grignan y avait vues, sont *belles et aimables* (lettre du 17 mai 1676, t. IV, p. 440, édit. G.). Mais elles étaient, lorsque madame de Grignan les vit, trop jeunes et trop petites pour qu'il fût question de leur beauté; et la lettre de madame de Sévigné au comte de Guitaud, publiée pour la première fois dans l'édition de M. Gault de Saint-Germain (lettre 1693, t. X, p. 445, édit. G.), qui nous apprend que madame de Valence a été au couvent de la Visitation, explique celle qu'elle avait écrite précédemment, et ne laisse aucun doute sur l'exactitude de l'édition de la Haye. La preuve que les éditeurs ont altéré le texte de cette lettre en voulant la corriger se tire encore du passage qui suit immédiatement, où madame de Sévigné dit à sa fille (t. I, p. 20) : « Personne n'écrit mieux que vous ; ne quittez jamais le naturel, votre tour s'y est formé, et cela *surpasse* un style parfait. » Tous les éditeurs subséquents ont substitué (t. I, p. 332) : « Vous écrivez entièrement bien, personne n'écrit mieux ; ne quittez jamais le naturel, votre tour s'y est formé, et cela *compose* un style parfait. » Indépendamment du pléonasme dans les deux premiers membres de phrase, qui n'était pas dans madame de Sévigné, en mettant le mot *compose* à la place du mot *surpasse* on a fait disparaître une expression énergique et piquante pour y substituer une expression impropre et plate; et de plus, en croyant rendre la pensée plus logique, on l'a dénaturée, et on lui a ôté tout ce qu'elle a d'original et de profond. L'intention de madame de Sévigné est de faire distinguer ici l'écrivain du grammairien, le talent d'écrire d'avec l'art d'écrire. Le naturel dans le style, c'est la grâce :

> Et la grâce, plus belle encor que la beauté,

dit la Fontaine quand il veut donner une idée des séduisants attraits de Vénus. C'est la même pensée que celle de madame de Sévigné, exprimée d'une manière analogue. Je dois dire que le savant et exact éditeur des *Lettres de madame de Sévigné* n'a pu ni rectifier ce texte ni éviter cette méprise, puisqu'il n'avait pu se procurer l'édition de la Haye, 1726, lorsqu'il fit la sienne ; et que la publication de la lettre de madame de Sévigné au comte de Guitaud, qui fait mention de madame de Valence, est bien postérieure à celle de son édition. Voyez *Lettres* DE SÉVIGNÉ, édit. de Monmerqué, in-8°, t. I, p. 48.

Page 329, lignes 4-7 : Une relation admirable, selon elle, adressée à M. de Coulanges par M. de Ripert, homme d'affaires de M. de Grignan.

Voici le texte de l'édition de la Haye :

« M. de Coulanges vient de m'apporter une relation admirable de tout votre voyage, que lui fait très-agréablement M. Ripert; voilà justement ce que nous souhaitons (p. 38). » ... « M. le marquis de Saint-Andiol m'est venu voir; je lui ai montré la relation de Ripert, dont il a été ravi pour l'honneur de la Provence... J'attends celle de Corbinelli (p. 39). »

On peut voir aux endroits cités de l'*Histoire de Sévigné*, par M. Aubenas, et surtout dans la note, p. 588, qui termine l'ouvrage de cet auteur, quelles sont les prétentions de la famille de Ripert. Du temps de madame de Sévigné, il y avait au moins quatre frères de ce nom; car, dans la lettre du 6 septembre 1676, t. V, p. 113, de l'édition de G. de S.-G., madame de Sévigné dit : « Mon fils me mande que les frères Ripert ont fait des prodiges de valeur à la défense de Maestricht; j'en fais mes compliments au doyen et à Ripert. » Ce doyen était le Ripert du chapitre de Grignan, et le dernier mentionné celui qui était attaché à M. de Grignan comme homme d'affaires.

Des deux lettres du 18 mars 1671 des éditions modernes, il n'y en a qu'une dans l'édition de la Haye; et dans les éditions modernes il y a beaucoup de suppressions, qui portent principalement sur les noms propres. Ainsi ces mots, « Bandol vous est d'un grand secours, » p. 34, ont été supprimés. Suppression ensuite d'un long paragraphe important, qui remplit la page 35; puis, page 36, le nom de *Sessac*, donné intégralement, remplacé par S***. Tout le paragraphe 37 de madame de Janson supprimé; page 39, le passage sur d'Harouys supprimé.

CHAPITRE XVIII.

Page 359, lignes 29 et 30, note 1 : 20 septembre, *Lettres de madame* RABUTIN-CHANTAL; la Haye, 1726, 20 septembre 1671.

Toute la première page de cette lettre ne se trouve que dans l'édition de la Haye, et a été supprimée dans toutes les autres.

Page 371, lignes 16 et 17 : Molière lui lira samedi *Trissotin*.

On a écrit (voyez Taschereau, *Histoire de Molière*, 3ᵉ édit., 1844, grand in-12, p. 256) que, lors des premières représentations des *Femmes savantes*, le personnage de *Trissotin* portait le nom de *Tricotin*, pour que la satire contre l'abbé Cotin, dont ce rôle était l'objet, en pût ressortir sans aucun détour. Mais la lettre de madame de Sévigné semble être contraire à cette assertion peu vraisemblable, puisqu'elle désigne ce rôle, et par ce rôle toute la pièce, par le nom de *Trissotin*, qui est le seul qu'on trouve dans la pièce imprimée. *Les Femmes savantes* furent jouées le 11 mars 1672 (Taschereau, *Histoire de Molière*, 3ᵉ édition, p. 169). La lettre de madame de Sévigné est datée du mercredi 9 mars, c'est-à-dire de deux jours antérieure à la représentation, qui eut lieu le vendredi : ainsi dès lors le rôle portait le nom de *Trissotin*. La lecture de cette pièce par Molière, annoncée dans la lettre de madame de Sévigné pour le samedi 12 mars, n'eut probablement pas lieu, puisque le jour fixé au samedi était le lendemain même de la représentation. Cette pièce fut achevée d'imprimer le 10 décembre 1672, comme nous l'apprend le catalogue de la *Bibliothèque dramatique de M. de Soleinne*, n° 1296, p. 298. La mention de cette édition manque dans la bibliographie de Molière, de M. Taschereau.

Page 378, ligne 7 : Pour laisser écrire dans ses lettres.

Surtout par Corbinelli. Des lettres de Corbinelli à Bussy, qui se trouvent dans la correspondance de ce dernier, il n'y en a qu'un petit nombre qui portent le nom de Corbinelli ; il y en a beaucoup qui n'ont que l'initiale du nom C*** ; enfin il y en a sans initiale. Un lecteur familiarisé à la lecture des auteurs de ce siècle les reconnaît facilement. Toutes sont très-mal rangées, ainsi que toute cette intéressante correspondance, qui mériterait bien de trouver un éditeur savant et intelligent.

CHAPITRE XIX.

Page 387, ligne 12 : Ce fut une grande joie pour madame de Sévigné lorsque de Pomponne...

Nous apprenons par le Portefeuille de Dangeau, manuscrit de la Bibliothèque du Roi, A, 253, que de Pomponne fut nommé secrétaire d'État, en remplacement de M. de Lyonne, le 10 septembre, et qu'il prêta serment le 12 septembre ; la lettre de madame de Sévigné, qui donne cette nouvelle à sa fille, est datée du 13 septembre. Il ne faut pas confondre les Portefeuilles de Dangeau que nous citons ici et que nous citerons peut-être encore avec le Journal de Dangeau ; c'est tout autre chose.

Page 396, ligne 4 : Les lettres les plus remarquables qu'elle ait écrites.

Deux de ces lettres étaient ainsi désignées, la lettre sur *le cheval* et celle sur *la prairie*. Cette dernière est, comme on l'a très-bien remarqué, celle qui est relative au renvoi de *Picard* (du 22 juillet 1671) et où madame de Sévigné explique si agréablement à son cousin de Coulanges, tout à fait étranger, comme un vrai citadin, aux travaux ruraux, en quoi consiste l'opération du fanage.

Page 396, ligne 9 : Elle gardait soigneusement les lettres du spirituel chansonnier.

« Ce petit Coulanges vaut trop d'argent ; je garde toutes ses lettres. » (SÉVIGNÉ, *Lettre* du 29 janvier 1685, t. VII, p. 229, édit. de M.)

Page 397, lignes 7 et 8 : Elle avait dix ans moins que lui.

Philippe-Manuel de Coulanges était né à Paris vers 1631 ; Marie-Angélique Dugué en 1641. Elle se maria le 16 décembre 1659, et n'avait alors que dix-sept ans et quelques mois.

Page 399, lignes 16 et 17 : Auxquels s'applique plus particulièrement le nom d'esprit.

Comme, par exemple, lorsqu'elle dit du duc de Villeroi, qui était amoureux d'une femme nullement éprise de lui : « Il est plus charmé qu'il n'est *charmant*. » Ce dernier mot, ainsi placé, est à la fois verbe et adjectif et applicable au duc dans sa double et maligne signification. (Voyez la lettre du 24 février 1673.)

Page 399, lignes 21 et 22 : Son écriture et son orthographe ne répondaient pas à l'élégance de son style.

Coulanges a inséré ces mots dans une lettre de sa femme à madame de Grignan :

« Je viens de prendre la liberté de lire tout ce que madame de

Coulanges vous écrit; c'est grand dommage que ce ne soit une meilleure écriture et une meilleure orthographe ; son style assurément le mériterait bien, convenez-en, madame; mais il ne faut pas espérer qu'elle s'en corrige. Tout ce qui est à souhaiter, c'est que vous puissiez lire ce qu'elle vous mande. » (Lettre de madame de Coulanges à madame de Grignan, 7 juillet 1703, t. XI, p. 398.)

Page 401, lignes 3 et 4 : Madame de Sévigné se plut toujours dans la société de la femme de son cousin.

Madame de Sévigné ne voulait pas que son cousin quittât la rue du Parc-Royal pour aller demeurer au Temple, parce que cela éloignait d'elle madame de Coulanges. « Au lieu de trouver, comme je faisais, cette jolie madame de Coulanges sous ma main, prendre du café avec elle, y courir après la messe, y revenir le soir comme chez soi ; enfin, mon pauvre cousin, ne m'en parlez pas : je suis trop heureuse d'avoir quelques mois pour m'accoutumer à ce bizarre dérangement. » (Lettre du 1er décembre 1690, t. IX, p. 427.)

CHAPITRE XX.

Page 415, lignes 23 et 24 : SOLI DEO HONOR ET GLORIA.

Cette inscription, qui est tirée du texte de l'épître de saint Paul aux Romains, a donné lieu au continuateur de Bayle (Chauffepié, Supplément au Dictionnaire de Bayle) de prêter à madame de Sévigné, dans l'intérêt du protestantisme, des sentiments contraires à l'invocation des saints, que ses lettres démentent en un grand nombre d'endroits.

Page 416, ligne 26 : Racine passera comme le café.

L'usage du café n'ayant été introduit en France que vers l'an 1669, il en résulte que les premiers chefs-d'œuvre de Racine lui sont antérieurs; *Andromaque* date de 1669, les *Plaideurs* de 1668, *Britannicus* de 1669, *Bajazet* de 1672. Le premier traité, je crois, publié sur le café, en français, est celui qui est intitulé *De l'usage du caphé, du thé, et chocolate* (sic); Lyon, chez Girin, 1671, in-8°. Il est traduit du latin, et il est dit, page 30, « que la plupart de ceux qui usent du café y sont réduits par nécessité, et le prennent plutôt comme un médicament que comme un régal. » Il en était de même du thé et du chocolat. Mais dix ans plus tard il se faisait de toutes ces substances, et surtout du café, une très-grande consommation à Londres et à Paris, « non-seulement, dit de Blégny, chez les marchands de liqueurs, mais encore dans les maisons particulières et dans les communautés. » *Du bon usage du thé, du café et du chocolat, pour la préservation et la guérison des maladies,* par M. de Blégny ; Paris, 1687, in-12, p. 96 et 166. De Blégny, d'après Bernier, dit que dans l'Inde et la Perse on use très-peu de café, et seulement dans les ports de mer ; mais que par toute la Turquie on en fait un fort grand usage. « Peu s'en faut, ajoute de Blégny, que les Anglais et les Hollandais ne suivent l'exemple des Turcs, et peu s'en faut aussi que nous ne soyons aussi avancés que ceux-là sur cette habitude ; mais en revanche les Espagnols, les Italiens et les Flamands ne s'y portent pas volontiers. » (P. 166.) Bien loin de dénigrer le café, et surtout le café au lait, madame de Sévigné fut une des premières à en prendre, et elle en recommandait l'usage à sa fille. (SÉVIGNÉ, *Lettres,* 19 février 1690, t. X, p. 263, édit. de G.)

SUPPLÉMENT

AUX NOTES ET ÉCLAIRCISSEMENTS DE LA PREMIÈRE PARTIE.

En développant dans la première et la seconde partie de cet ouvrage la politique de Mazarin, j'ai souvent eu occasion de citer des lettres autographes de Mazarin, de Colbert et de Louis XIV[1], qui appartiennent à la Bibliothèque royale. Des fragments de ces lettres avaient déjà été imprimés, mais très-incorrectement, par Soulavie, dans les *Œuvres de Saint-Simon*. Elles ont été très-bien publiées dans les *Documents historiques sur l'histoire de France*, par M. Champollion-Figeac, qui me les avait indiquées. Mais j'ai cité à la page 215 de la première partie une *lettre autographe d'Anne d'Autriche au cardinal Mazarin*, que je ne trouve point dans le recueil de M. Champollion-Figeac. Cette lettre n'a point été publiée ailleurs, et il est intéressant de la faire connaître, parce qu'elle vient à l'appui de ce que j'ai dit du refroidissement d'Anne d'Autriche pour le cardinal Mazarin, lorsque celui-ci, afin de conserver le pouvoir, se fit un appui du jeune roi, dont il avait capté toute la confiance, contre la reine sa mère, ou plutôt contre les intrigues des personnes qui l'entouraient.

LETTRE D'ANNE D'AUTRICHE AU CARDINAL MAZARIN.

« A Saintes, ce 30 juin 1660.

« Vostre letre ma donnee une grande joye je ne say si je seray asses heureuse pour que vous le croies et que si eusse creu qune de mes letres vous eust autant pleut j'en aurays escrit de bon cœur et il est vray que den voir tant et des transports avec lon les recent et je les voyes lire me fesoit fort souvenir d'un autre tant [2] don je me souviens presque a tout momants quoy que vous en puissiez croire et

---

[1] Voyez IIe partie, p. 155, 161, 229.
[2] Temps.

douter je vous asseure que tous ceux de ma vie seront enploies à vous tesmoigner que jamais il ni a euee damitie plus veritable que la mienne et si vous ne le croies pas jespere de la justice que jay que vous vous repâtires¹ quelque jour den avoir jamais douté et si je vous pouves aussi bien faire voir mon cœur que ce que je vous dis sur ce papier je suis asseurée que vous series contant, ou vous series le plus ingrat homme du monde et je ne croic pas que cela soiet. La Reyne ² qui escrit eicy sur ma table me dit de vous dire que ce que vous me mandes du confidant ³ ne lui déplait pas et que je vous asseure de son affession, mon fils ⁴ vous remercie aussi et 22 ⁵ me prie de vous dire que jusques au dernier soupir ‡‡‡‡ quoique vous en croies ‡

« Et au dos est escrit : *A Monsieur le Cardinal.* »

La lettre était fermée par une petite faveur rouge, scellée des deux côtés du cachet d'Anne d'Autriche, et dont les bouts subsistent encore, ainsi que les cachets. Cette lettre, ployée, n'a que la grandeur d'un billet.

Cette lettre a été écrite lorsque Louis XIV, après son mariage, revint avec toute la cour, de Saint-Jean-de-Luz à Paris. D'après les nombreuses relations de ce voyage, le 23 juin on était à Bordeaux, le 27 à Blaye. « Le 29, dit Colletet dans sa relation (pag. 5), les reines partirent pour Saintes, » où elles arrivèrent le 30 ; c'est de là et de ce jour qu'est datée la lettre. Le roi s'était écarté, et avait été au Brouage avec le cardinal, qui rejoignit les reines le lendemain à Saint-Jean-d'Angely.

---

¹ Repentirez.
² Le jeune reine, la femme de Louis XIV.
³ Le confident, c'est le roi. Voyez les *Lettres inédites de* MAZARIN ; publiées par M. Ravenel.
⁴ Philippe de France, le frère de Louis XIV.
⁵ Le numéro 22 est, dit-on, la reine elle-même ; et aux conjectures que ces ‡‡‡‡ remplacent les mots par lesquels elle était convenue d'exprimer sa tendresse pour Mazarin. Voyez la clef dans les *Lettres inédites de* MAZARIN, publiées par M. Ravenel, 1836, in-8°, p. 491.

TABLE SOMMAIRE

DES CHAPITRES DE CE VOLUME.

CHAPITRE PREMIER. — 1664-1666.

Pages.

Occupation de Bussy dans son exil.—Louis XIV et sa cour.— Madame de Sévigné et madame Duplessis-Guénégaud.— De Pomponne, ambassadeur en Suède.—Société réunie à Fresnes. — Correspondance de M. de Pomponne et de madame de Sévigné 1

CHAPITRE II. — 1666-1667.

Mademoiselle de Sévigné est produite dans le monde.—Partis qui se présentent pour elle. — Madame de Sévigné aux Rochers. — Guerre d'Espagne. — De Louis XIV et de son gouvernement.—De ses victoires et de ses maîtresses........ 31

CHAPITRE III. — 1667.

De Bussy et des personnes avec lesquelles il était en correspondance... 48

CHAPITRE IV. — 1666-1667.

Madame de Sévigné passe l'automne au château de Fresnes.— Arnauld d'Andilly. — Le comte de la Rochefoucauld.—Madame de la Fayette.—Madame de Motteville.—Le comte de Cessac.—Madame de Caderousse.—Lettre de mademoiselle de Sévigné à l'abbé le Tellier...................... 70

CHAPITRE V. — 1668-1669.

Pages.

Conquête de la Franche-Comté.— Paix d'Aix-la-Chapelle. — Fête donnée à Versailles. — Place qu'y occupaient madame de Sévigné et sa fille.—Bruits qui couraient de l'inclination de Louis XIV pour mademoiselle de Sévigné.—Intrigues du roi.—La duchesse de Sully.—La Vallière, madame Scarron et madame de Montespan........................... 82

CHAPITRE VI. — 1668-1669.

Versailles.—Goût de madame de Sévigné pour les divertissements du théâtre.—Influence du grand mouvement littéraire de l'époque sur le talent de madame de Sévigné.—Sa correspondance avec le cardinal de Retz.—Occupations de celui-ci. 98

CHAPITRE VII. — 1668-1669.

Siége de Candie.—Sévigné s'embarque pour aller au secours de cette ville.—Tristes résultats de cette expédition.—Sévigné revient avec la Feuillade, et rejoint sa mère............ 116

CHAPITRE VIII.—1668-1669.

Mariage de mademoiselle de Sévigné avec le comte de Grignan. —Détails et réflexions sur ce mariage.................. 125

CHAPITRE IX. — 1669.

Altercations de madame de Sévigné avec Bussy.—Politique de Louis XIV.—Madame de Sévigné veut que Bussy écrive au comte de Grignan.—Bussy résiste, et ensuite consent..... 146

CHAPITRE X. — 1669-1671.

Bussy. — Sa famille. — Société qui fréquentait son château.— Son animosité envers madame de Monglat.—Son commerce de lettres avec madame de Scudéry. — Bussy écrit ses Mémoires... 163

CHAPITRE XI. — 1670-1671.

Correspondance de Bussy avec madame de Sévigné.—Claude Fremyot institue madame de Sévigné son légataire universel.—Bussy saisit cette occasion de renouer avec elle son commerce de lettres.—Nouvelles altercations entre eux....... 181

CHAPITRE XII. — 1670-1671.

Louis XIV envoie de nouveaux secours à Candie.—Beaufort y périt. — Traité secret avec Charles II. — Prospérité de la France.—Molière, Racine et Corneille continuent à travailler pour le théâtre.—Madame de Montespan devient maîtresse en titre.—Ses enfants sont confiés à madame Scarron.—Retraite de la Vallière à Chaillot. — Détails sur les favoris de Louis XIV.—Henriette d'Angleterre périt par le poison. — Madame de Sévigné parle de tous ces événements......... 196

CHAPITRE XIII. — 1670-1671.

Duel entre Duval, valet de pied de la princesse de Condé, et Bussy-Rabutin, son page.—Celui-ci s'enfuit en Allemagne.— Madame de Sévigné entre en correspondance avec lui et avec sa femme, la duchesse de Holstein.—Madame de Sévigné est bien instruite des intrigues de cour. — Du comte de Saint-Paul et du comte de Fiesque.—Pouvoir de madame de Montespan.— La Vallière se retire encore à Chaillot.—Colbert la ramène à la cour................................... 226

CHAPITRE XIV. — 1671.

MADEMOISELLE et Lauzun.—Lettre de madame de Sévigné sur leur mariage... 242

CHAPITRE XV. — 1669-1671.

Madame de Sévigné à Livry.—Mort de Saint-Pavin.—Le comte

de Grignan est nommé lieutenant général gouverneur de la Provence. — Correspondance de madame de Sévigné avec toute la famille de Coulanges à Lyon.—Nouvelles diverses. —M. de Grignan musicien.—Éloges donnés par madame de Sévigné aux ouvrages de Nicole et de la Fontaine et aux prédications de Bourdaloue.............................. 285

CHAPITRE XVI. — 1670-1671.

Affaires de la Provence.—Conseils donnés par madame de Sévigné au comte de Grignan.—Madame de Grignan se dispose pour aller en Provence rejoindre son mari............. 302

CHAPITRE XVII.—1671.

Départ de madame de Grignan.—Son voyage de Paris à Aix. —Elle rencontre à Moulins madame de Guénégaud. — Madame de Grignan arrive à Aix.—Honneurs qui lui sont rendus par M. de Vivonne............................. 319

CHAPITRE XVIII.—1671-1672.

Etats de Bretagne.—Motifs qui forcent madame de Sévigné d'aller en Bretagne.—Examen de sa correspondance avec sa fille... 337

CHAPITRE XIX.—1671-1672.

Détails sur la correspondance de madame de Sévigné avec diverses personnes : — avec d'Hacqueville, — Corbinelli, — madame de la Fayette, — M. et madame de Coulanges, — avec Sévigné, son fils............................. 385

CHAPITRE XX.— 1671-1672.

Parallèle entre madame de Sévigné et madame de Grignan.— Caractères, habitudes, inclinations de l'une et de l'autre.—

TABLE SOMMAIRE DES CHAPITRES.

Pages.

Leur goût et leurs opinions en littérature, — en philosophie, — en religion. — Bons conseils donnés par madame de Sévigné à sa fille.. 406

NOTES ET ÉCLAIRCISSEMENTS............................. 449

SUPPLÉMENT AUX ÉCLAIRCISSEMENTS DE LA PREMIÈRE PARTIE... 477

Lettre inédite d'Anne d'Autriche au cardinal Mazarin....... *ibid.*

FIN DE LA TABLE DES CHAPITRES.

LIBRAIRIE DE FIRMIN-DIDOT ET Cⁱᴱ, RUE JACOB, 56.

CHEFS-D'ŒUVRE DE LA LITTÉRATURE FRANÇAISE.

Format in-18 anglais, la plupart avec portraits.

PRIX DE CHAQUE VOLUME : TROIS FRANCS.

Les volumes d'un prix différent sont indiqués.

Anciens monuments de la langue française.

	Vol.
ÉGINHARD, Vie de Charlemagne, 4 fr.	1
FROISSART, Chroniques, 4 fr.	1
GRÉGOIRE DE TOURS, trad. par H. Bordier, 8 fr.	2
JOINVILLE, Vie de saint Louis. Vie de Joinville, par M. Ambr. Didot. Prix : 5 fr.	1
LORRIS (DE), Roman de la Rose, 8 fr.	2
PASQUIER, Recherches sur la France; 8 fr.	2
RABELAIS, Œuvres complètes, 8 fr.	2
RONSARD, Choix de poésies, 8 fr.	2

	Vol.
NISARD, Hist. de la littérature française, 16 fr.	4

	Vol.
BEAUMARCHAIS, Théâtre.	1
BERNARDIN DE SAINT-PIERRE, Paul et Virginie.	1
— Études de la nature.	1
BOILEAU.	1
BOSSUET, Sermons.	1
— Oraisons.	1
— Discours sur l'Histoire universelle.	1
BUFFON, Époques de la nature.	1
— Les Animaux.	1
CHATEAUBRIAND, Atala.	1
— Génie du christianisme.	2
— Martyrs.	1
— Natchez.	1
— Itinéraire de Paris à Jérusalem.	2
— Mélanges politiques et littéraires.	1
— Études historiques.	1
— Analyse de l'histoire de France.	1
CHEFS D'ŒUVRE TRAGIQUES.	2
CHEFS-D'ŒUVRE COMIQUES.	8
CHEFS-D'ŒUVRE HISTORIQUES.	2
CLASSIQUES DE LA TABLE.	2
CORNEILLE, Théâtre.	2
COURIER (Paul-Louis).	1
CUVIER, Révolutions du globe.	1
D'AGUESSEAU (le chancelier).	1
DE FOÉ, Robinson Crusoé.	1
DELILLE (Choix).	1
DESJARDINS, Vie de Jeanne d'Arc.	1
DIDEROT.	2
DUREAU DE LA MALLE, L'Algérie.	1
FÉNELON, Télémaque.	1
— Éducation des filles.	1
— Existence de Dieu.	1
FLORIAN, Fables.	1
— Don Quichotte.	1
GENOUDE (DE), Vie de Jésus-Christ.	1
GONCOURT (DE), Marie Antoinette.	1
HAMILTON, Mémoires de Grammont.	1
LA BRUYÈRE, Caractères.	1
LA FONTAINE, Fables.	1
LA ROCHEFOUCAULD.	1
LE SAGE, Gil Blas.	1
MALHERBE, J.-B. ROUSSEAU, LEBRUN.	1
MARMONTEL, Littérature.	3
MASSILLON, Petit Carême.	1
MAURY, Éloquence.	1
MIGNET, Révolution française, 7 fr.	2
MOLIÈRE, Théâtre.	2
MONTESQUIEU, Grandeur des Romains.	1

	Vol.
MONTESQUIEU, Esprit des lois.	1
NAPOLÉON, par M. Kermoysan.	4
PASCAL, Provinciales.	1
— Pensées.	1
RACINE, Théâtre.	1
RACINE (LOUIS), Poème de la Religion.	1
REGNARD, Théâtre.	1
ROLAND, Histoire d'Angleterre, d'Écosse et d'Irlande.	1
ROLLIN, Traité des études.	3
— Histoire ancienne.	10
— Histoire romaine.	10
ROUSSEAU, Nouvelle Héloïse.	1
— Émile.	1
— Confessions.	1
— Petits chefs-d'œuvre.	1
RULHIÈRE (DE), Révolutions de Pologne.	3
SAINT-ÉVREMOND, 4 fr.	1
SCRIBE, Théâtre.	5
SÉVIGNÉ, Lettres complètes.	6
— Choix.	1
SOUZA (DE), Lettres portugaises.	1
SILVIO PELLICO, Mes Prisons.	1
STAËL (DE), Corinne.	1
— De l'Allemagne.	1
— Delphine.	1
VIENNET, Mélanges de poésies.	1
— Le Cimetière du Père-Lachaise.	1
VIES DES SAINTS.	2
VOLTAIRE, Commentaires sur Corneille.	1
— Henriade.	1
— Théâtre.	1
— Louis XIV.	1
— Louis XV.	1
— Charles XII.	1
— Contes.	1
— Romans.	1
WALCKENAËR, Mémoires sur madame de Sévigné, 24 fr.	6
— Vie d'Horace, 8 fr.	2
— Vie de la Fontaine, 8 fr.	2
— Géographie des Gaules, 8 fr.	2
— Lettres sur les contes des fées, 4 fr.	1

LITTÉRATURE ANCIENNE
(TRADUCTION FRANÇAISE).

	Vol.
ARISTOPHANE, trad. par Artaud, 7 fr.	2
EURIPIDE, trad. par le même, 7 fr.	2
HÉRODOTE, traduction par Miot.	2
HOMÈRE, Iliade, trad. par Dugas-Montbel.	1
— Odyssée, trad. par le même.	1

LITTÉRATURE ÉTRANGÈRE.

	Vol.
ARIOSTE, L'Orlando furioso.	2
BOCCACE, Il Decamerone.	1
CAMOËNS, Os Lusiadas.	1
DANTE, La Divina Commedia.	1
— Traduction par Artaud.	1
GOLDONI, Commedie scelte.	1
TASSE, La Gerusalemme liberata.	1
— Traduction française.	1

TYPOGRAPHIE FIRMIN-DIDOT. — MESNIL (EURE).

www.ingramcontent.com/pod-product-compliance
Lightning Source LLC
Chambersburg PA
CBHW060235230426
43664CB00011B/1661